전북지역 노동운동의 역사 다시 쓰기

이 저서는 2005년 정부(교육인적자원부)의 재원으로 한국학술진흥재단의 지원을 받아
수행된 연구입니다. (KRF-2005-079-BS0064)

이 도서의 국립중앙도서관 출판시도서목록(CIP)은 e-CIP홈페이지(http://www.nl.go.kr/ecip)에
서 이용하실 수 있습니다. (CIP제어번호 : CIP2009000050)

전북지역 노동운동사연구 1

전북지역 노동운동의 역사 다시 쓰기

남춘호·이성호 엮음
(전북대학교 노동운동사 연구팀)

한울
아카데미

서문

　　산업화가 지체되고 노동운동의 불모지나 다름없던 전북지역에서 민주노조운동이 출현한 지 이미 20여 년의 세월이 흘렀다. 그동안 전국적 차원의 한국노동운동 일반에 대해서는 높은 관심과 활발한 연구가 진행된 데 비해 지역노동운동은 사회적·학술적 관심으로부터 배제된 채 방치되어왔다. 특히 지역사회 특유의 사회구조적 맥락에서 전개된 지역노동운동의 형성과정을 밝혀줄 수 있는 귀중한 현장의 자료와 자원들이 소실될 위험에 놓여 있다. 이 연구는 이처럼 흩어진 채 망실되어가고 있는 지역노동운동 현장의 1차 자료들을 발굴하고, 관계자들의 증언을 수집·분석함으로써 전북지역 노동운동의 특성과 장기적 흐름을 재구성해내기 위한 목적에서 출발했다.

　　본 연구팀은 전북지역 노동운동의 장기적 흐름을 파악하기 위해 이념과 주체 형성의 측면에서 전북지역 노동운동사를 세 시기로 구분했다. 첫째 시기는 1978년부터 1986년까지로 전북지역 민주노조운동의 태동기이고, 둘째 시기는 1987년 노동자대투쟁부터 전북노련이 해소되고 민주노총이 건설되는 1996년까지로 전북지역 노동운동의 대중적 확산기이며, 셋째 시기는 1997년 이후의 신자유주의적 재편기다. 이러한 구분에 기준해 본 연구의 결과를 크게 두 부분으로 나누었다. 먼저 1980년대 전북지역 민주노조운동의 특성을 규명하고 노동운동의 현장에서 활동한 활동가들의 구술생애사 분석을 통해 지역 노동계급의 형성과정을 미시적 수준에서 밝혀보고자 했다. 다음으로 1990년대 후반 이후 지역사회의 신자유주의적 재편과정에서 지역노동운동이 처한 상황을 분석하고 이에 대한 지역노동운동의 대응전략을 검토했다.

자료를 통해 나타나는 전북지역 노동운동의 특성은 대체로 산업화의 지연으로 인한 노동운동의 지체로 특징지어진다. 지역의 산업화와 계급분화가 지연됨에 따라 전북지역 노동운동에서는 1970년대 민주노조운동의 전통이 나타나지 않는다. 즉 전북지역에서는 1980년대 초반에 이르러서야 비로소 자생적인 민주노조운동이 태동하기 시작했던 것이다. 우리는 연구를 진행하면서 이러한 산업화의 지연에 따른 노동운동의 지체가 지역사회의 고유한 조건에서 비롯되는 전북지역 노동운동의 특수성이라고 해석할 수 있을 것인가, 아니면 전국적으로 보편적인 노동운동의 경로에서 지역 간 양적 편차로 인해 불가피하게 나타나는 단순한 시간 지체(time lag)에 불과한 것인가에 관한 진지한 토론을 벌일 수 있었다.

본 연구팀은 전북지역 민주노조운동이 한국노동운동의 전반적 흐름에 비해 시간적으로 지체되고 있지만 그 흐름은 한국 민주노조운동의 일반적 경로와 맥을 같이하고 있다는 결론을 내리게 되었다. 산업화와 계급분화가 지체되었음에도 전북지역에서는 1980년대 초반 지역 민주노조운동이 자생적으로 태동하기 시작했으며 이 과정에서 종교단체와 대학의 노동운동 활동가들이 현장과의 연대를 시작했다. 1987년 노동자대투쟁을 계기로 전북지역 민주노조운동은 이념과 조직의 차원에서 타 지역과의 연대에 참여하게 되었다. 특히 이 기간 동안 전북노동조합연합회를 건설하고 전노협에 참여하면서 한국노총의 노사협조주의 노선과 분명하게 선을 긋고 지역민주노조운동의 정체성을 확립하게 되었다. 전북지역 민주노조운동의 특성은 민주성, 자주성, 연대성으로 정리될 수 있는데, 이는 한국 민주노조운동의 특성을 그대로 담아내고 있는 것이다. 이러한 점에서 전북지역 민주노조운동은 시간적으로 지체되었음에도 전국적 민주노조운동과 흐름을 같이한다고 할 수 있다.

지금까지 한국노동운동 연구는 대부분 거시적이고 구조적인 연구방법에 의해 진행되었다. 하지만 이러한 방식은 자료와 사료의 한계로 인한 여러 가지 문제점을 드러낸다. 특히 그동안 지역노동운동은 학술적 관심에서 배제된 사각지대에 놓여 있었기 때문에 문헌자료는 거의 전무하다고 할 수 있다. 따라서 지역노동운동에 관한 연구는 전국적 차원의 노동운동연구에 비해 1차 자료의 발굴에 더욱 힘을 쏟아야 한다. 또한 노동운동 활동가들의 증언과 제보에 의존하지 않을 수 없다. 이러한 이유에서 본 연구는 1차 자료를 발굴·수집하고 주요 제보자들의 증언을 모으는 심층면접방법을 통해 분석을 수행했다. 본 연구는 전북지역 노동운동에 대한 객관적 조건과 지역노동운동의 행위와 동력 분석을 목적으로 하기 때문에 거시적 접근방법과 미시적 접근방법을 결합함으로써 노동운동사에 대한 총체적 접근을 모색한 것이다.

본 연구를 통해 이루어진 전북지역 노동운동의 특성과 흐름, 그리고 모색과 전망에 관한 분석들은 노동운동 단체 및 활동가, 노동정책 수립의 담당자, 지역노동운동 연구자들과의 토론회와 발표회 등을 통해 공개되고 평가될 것이다. 이러한 작업을 통해 연구의 성과들이 지역노동운동의 미래지향적 전망을 세우고 발전적 노동정책을 수립하기 위한 정책적 자료로 활용될 수 있을 것이다. 또한 지역 및 한국노동운동 연구의 이론적 자원으로 활용될 수 있을 것으로 기대된다.

우리 연구의 결과물은 모두 3종의 책으로 출판할 계획을 세웠다. 그 첫 번째는 전북지역 노동운동의 현장에서 활동한 지역노동운동가들의 증언을 모아 정리한 자료집이다. 2년의 연구기간 동안 40여 명의 지역노동운동 관련자들이 개인적 체험을 포함해 지역노동운동에 관한 구체적인 이야기들을 들려주었다. 이들의 증언은 전북지역 민주노조 운동이 태동하기 시작한 1980년대 초반부터 최근까지의 흐름을 정리하는 데 매우 중요한 지침을 제공하고 있다. 이 중 먼저 1980년대 전북지역 노동운동의 현장에서 활동한 활동가들의 증언을 정리해 출판하기로 했다. 두 번째는 그동안 수집된 자료와 증언들을 토대로 분석한 연구논문들을 묶어 출판하기로 했다. 지금까지의 연구 성과는 모두 10편의 논문으로 발표되었는데 이를 두 권의 책으로 묶어 출판하기로 했다. 그리고 마지막으로 문서 자료들을 정리해 자료집을 출판하기로 했다. 지금까지 우리는 수십 상자 분량의 자료를 수집할 수 있었다. 이 중 1980년대 전북지역 노동운동에 관련된 자료들을 먼저 정리해 단행본으로 출판하기로 했다.

이 책은 본 연구팀의 출판 계획 중 첫 번째 책에 해당한다. 여기에는 1980년대 전북지역 노동운동의 현장에서 활동한 8명의 증언이 수록되어 있다. 전북지역 민주노동운동은 1970년대 후반부터 많은 활동가들의 헌신의 결과로 태동·성장해왔다. 채록된 증언 중에서 본 연구팀이 첫 번째 책에 수록하기로 한 것들은 지역노동운동에서의 기여도나 중요도를 기준으로 삼지 않았다. 1980년대 초반부터 후반까지 전북지역 노동운동이 진행되어온 경로를 노동 현장을 중심으로 비교적 소상히 보여줄 수 있는 증언들을 일차적으로 선정한 것이다. 앞에서 밝힌 바와 같이 약 40여 명의 활동가들이 들려준 이야기의 양이 너무 방대하여 짧은 기간에 모두 정리하고 편집하는 것이 불가능했다. 그래서 우리 연구팀은 앞으로 좀 더 시간을 투자하여 시기별·내용별로 분류하고 정리하기로 했다. 이번에 출간하는 책은 그 방대한 증언자료 중 첫 번째로 정리된 성과물이라고 보면 되겠다.

이 연구가 수행되는 동안 우리는 참으로 많은 분들의 도움을 받았다. 1981년부터 전북지역에 노동야학을 개설해 노동현장의 젊은 노동자들과의 만남을 시작함으로써 지역 민주노동운동의 출발점이 되었던 가톨릭 노동자의집 노동사목이었던 이철순, 박순희, 오두희 님께 감사드린다. 전북지역 노동운동의 출발점이라 할 수 있는 이들은 바쁜 중에도 직접 전주를 방문해 귀한 시간을 쪼개 우리들에게 20여 년 전의 이야기를 들려주었다. 그리고 1980년대의 폭압적인 환경에 맞서 온몸으로 지역노동운동의 현장을 지켜낸 노동운동 활동가들인 이송준, 현주억, 김광수, 이민우 님께도 감사드린다. 이들은 이른바 지역노동운동이 노학연대의 틀을 갖추는 데 기여한 분들이다. 이들이 아니었으면 1987년을 전후해 전북지역 민주노조운동이 지역적 연대의 틀을 갖추어가던 당시의 흐름을 정리하기 어려웠을 것이다. 무엇보다도

10대의 어린 나이에 노동현장에 뛰어들어 민주노조를 만들고 지켜가면서 조금씩 그러나 단호하게 노동운동 활동가로 변모한 지역노동운동의 진정한 주체들이 20여 년 전의 기억을 더듬어 묻혀 있던 전북지역 민주노조운동의 역사를 복원해주었다. 1980년대 초반의 노동야학과 전북지역 민주노조운동의 출발점이던 태창메리야스 투쟁의 기억을 들려준 김덕순, 서소화, 박영숙, 박종순, 강영희 님, 1987년 이전 후레아훼숀 노조투쟁 당시의 기억을 생생하게 들려준 박경이, 이금자, 이경희 님, 백양메리야스 투쟁과 같은 주요한 투쟁사를 정리할 수 있도록 자료를 제공해준 김희전, 신민경 님, 에이스제과투쟁의 자료들을 아낌없이 제공해준 이금희 님, 그리고 1990년대 기아자동차투쟁의 자료를 하나도 빠뜨리지 않고 보관해온 이재현, 조성옥 님을 비롯해 수많은 노동운동가들이 도움을 주었다. 이들은 지역노동운동사를 정리한다는 명분 앞에 괴롭고 다시 떠올리고 싶지 않은 기억까지 스스럼없이 끄집어내어 보여주었다. 그리고 오래오래 간직하고 있던 귀중한 자료들을 아무런 조건 없이 제공해주기도 했다. 진정한 의미에서 지역노동운동의 주체인 이분들께 더할 나위없는 감사의 마음을 드린다. 민주노총 및 단위노동조합에서 활동하고 있는 활동가들도 소중한 시간을 내주었다. 민주노총 전북본부의 염경석, 나미리, 이창석, 방용승 님께 감사드린다. 이러한 한 분 한 분의 증언과 자료들이 우리 연구 성과의 대부분을 차지하고 있다는 점을 밝혀두고자 한다.

 마지막으로 이 작업의 출발부터 우리와 뜻을 같이했던 고 조문익 씨에게 이 자리를 빌려 감사의 인사를 드리고 싶다. 그는 이번 연구가 진행되는 동안 우리 연구팀의 일원으로 누구보다 열심히 자료를 모으고 연구의 맥을 짚어내는 역할을 하다가 2006년 초 불의의 사고로 유명을 달리했다. 애초 조문익 씨가 아니었으면 우리는 이번 연구를 계획하지도 못했을 것이고 우리 연구팀은 구성되지도 못했을 것이다. 우리 연구팀은 앞서 가신 전북지역 민주노조운동의 열사들과 함께 조문익 동지의 영전에 이 연구 성과들을 드리고자 한다.

2008년 가을,
전북 노동운동사 연구팀을 대표하여
남춘호 · 이성호 씀

차례

서문 • 4

그녀의 삶은 질경이였다! / 김덕순 • 13

공부하고 싶었던 열세 살 시다에서 진짜 노동자가 되기까지 / 이송준 • 59

노동해방, 여성해방의 한가운데서 / 박영숙 • 131

곁의 동지를 산소로 생각하며 사는 그녀 / 김희전 • 191

날 선 직업활동가에서 편안한 생활운동가로 / 전희남 • 243

시, 소설을 쓰던 문학도에서
　　성명서를 쓰는 교육선전 활동가가 되다 / 이정엽 • 313

민주노조운동에서 시민운동으로 / 김택천 • 351

87년, 점진적 개혁을 선택,
　　한국노총의 세대교체 주도 / 김준희 • 383

그녀의 삶은 질경이였다!

김 덕 순

김덕순(49세)은 익산에서 자랐다. 여느 가난한 집의 딸들이 그랬듯, 어려운 집안 형편으로 1975년 태창메리야스에 취직을 했다. 태창메리야스는 1981년 전북 지역에서 최초로 민주노조가 설립된 회사다. 박복실 1기 위원장 체제가 시작되고 어느 날 대의원을 한 번 해보라는 한 언니의 권유에 대의원이 되면서, 박복실을 알게 되고 쟁의부장을 맡으면서 본격적으로 노조 활동을 하게 되었다. 그러다가 태창의 민주노조를 분쇄하려는 정부와 회사의 탄압으로 해고를 당하고, 이후 동료들과 함께 힘든 투쟁을 했다. 이후 아세아스와니에 취직을 했지만 블랙리스트에 오른 탓에 22일 만에 해고를 당하고 다시 단식 농성 등을 하며 복직 투쟁, 블랙리스트 철폐투쟁을 힘겹게 해나갔다. 1989년까지 지난한 싸움을 하다가 결혼을 하고 현재는 피자가게에서 일하고 있다.

어린 시절은 어떻게 보내셨어요?

제가 그때 성장했을 때는 보릿고개다 해가지고 생활들이 굉장히 [어려운] 시절이었고, 저희 집은 그때 당시 어머니는 튀밥, 광주리장사 하셨고, 아버지는 워낙 건강하셔가지고, 뭐냐, 나무, 조경일요? 조경일, 그거 하셨어요. 조경일 하시는데, 워낙 건강하시다 보니까 나무 같은 거 이런 것도 남들은 못 하는데, 엄청 큰 것도 서슴없이 해결해가지고 인정도 많으시고, 그런데 단지 하나는 부모님이, 아버지가 연세가 많으신데, 자녀들이 어리다 보니까 [그게 힘들었죠] 그리고 생활기반도 없고 이러다 보니까 집에 오시면, 술 드시고 오셔서 어머니한테 화를 많이 내시는 편이었고. 그서(그래서) 그런 부분들이 밖에 나가지고 경험을 했을 때, 아버지 연세 정도 되시면 자녀들이 그때 당시 스물, 서른 다 되고 이랬거든요? [근데 아버지 연세에 비해 우리들은 너무 어렸어요.] 인제 힘이 드시니까, 경제적으로 힘이 드시니까 그 화가 엄마한테 돌아가더라고요. 제가 학교 다니고 어쩌고 하다 보니까, 인제 초등학교 다니면서도 어려우니까 동생들이 많고, 위에 언니 하나가 있는데, [나이] 차이가 좀 많이 나요. 언니도 어렸을 때는, 다른데 노부모 사시는 분들한테도 입양 간 상태였고, 그래가지고 제가 가장 노릇하면서 동생들을 거의 키우다시피 했어요. 그래가지고 인제 나중에는 광주리장사 해서 어머니가 구루마로 해가지고 땅콩 장사 하시면서 생활을 유지해나가시고 그랬는데, 거기에 인제 동생들을 제가 학교 끝나고 나면 집에 와서, 동생 하나 업고 하나 뒤에, 자전거, 옛날에는 진짜 자전거가 엄청 큰 것이 있었어요. 그것을 초등학교 3학년 때 배워가지고 동생들, 하나는 업고, 하나는 뒤에 태워가지고 엄마한테 가서 동생 젖 먹이러 다니고, 그렇게 다니다가 동생 뭐 사다준다고 엄마 장사하는 데서 왔다 갔다 하다가 그 자전거에 치어가지고 여기 상처 났거든요. 그때도 어렸을 때라 그렇게 생활을 하다가 내가 인제 초등학교 졸업 않고 한 5학년 정도, 인제 6학년 올라가면서 직장을, 직장생활을 하다시피 한 거죠. 그때 당시로서는 이사 다니다 보니까 학교를 좀 늦게 들어갔었어요. 11살에 들어갔었거든요. 그다 보니까 나이가 인제 어느 정도 회사 다닐 나이가 되어가지고 태창에 들어가게 된 거죠. [고향은 군산. 태어날 때는 군산에서 태어났는데, 제가 여섯 살 때,

> 어머니는 튀밥 장사, 광주리장사 하셨고 아버지는 연세는 많으신데 자녀들이 어리다 보니까 생활 기반도 없고, 회사 다닐 나이가 되어가지고 태창에 들어가게 된 거죠.

대천에서 살다가 여섯 살 때 이사 왔어요, 익산으로. 그니까 갓난아기 때 태어나가지고 대천으로 이사 가서, 대천에서 제가 여섯 살 때, 그때도 대천에서도 살기가 너무 힘드니까 익산으로 이사 오게 된 거예요. 부모님이 대천에서도 농사를 지었는데, 바닷가 옆이라 바닷물이 들어와가지고 농사짓는데 벼가 안 돼가지고 다 내놓고, 그냥 이쪽으로 이사 온 거예요.

어릴 때 꿈은 글쎄, 저 같은 경우에는 어렸을 때 꿈이, 제가 생활이 너무나 힘들어가지고 꿈보다도 인제 학교 졸업하면 직장 생활을 어떻게 해서 돈을 버냐, 그 생각 외에는 다른 거 안 했던 것 같애. 생활이 너무 힘들어가지고. 동생들을 거의 제가, 그때 당시는 달동네, 지금은 달동네라고 하죠, 달동네. 거기 저희 살았던 데는 피난촌이라고 했었거든요, 판자촌. 거기서 살 때는 생계유지하기도 힘든 때라 단지 돈

버는, 어떤 돈 벌 기회가 생기면 돈 벌어야겠다라는 그런 생각 외에는 다른 생각할 여유가 없었던 시절이었어요. 저희 같은 경우에 그때 당시 동네가 전부 생활하기가 힘들어가지고 평일날은 직장 다니는 사람도 많이 있고, 또 부모들은 다른 일, 밭일, 논일, 뭐 이런 거 다니는 부모들이 거의 많았고, 그러고 주일날같이 쉬는 날엔 고구마, 이삭, 그때 당시 고구마 캔 뒤 이삭 주스러(주우러) 많이 다녔고, 그래가지고 일요일날 쉬는 날은 어른들 따라다니면서 걸어서 몇십 리 길을 걸어서 고구마, 이삭 주워가지고 한 푸데씩 이고 다니고, 끼니를 고구마로, 그때는 점심을 고구마로 [때우고 그랬죠.] 언니도 일찍부터 노부부 사는 집으로 입양 갔다가 다시 나이, 어느 정도 적령 되어가지고 노부모님 돌아가신 뒤로 나와가지고 양품점, 양품점이 아니라 양장점, 그때 마침, 그리 들어가서 기술 배워가지고 결혼해가지고 지금은 그거 수선하면서 생활하고, 형부도 일찍 돌아가시고 그래가지고 애들은 전부 지금 고등학교까지 싹 졸업시키고, 아들은 대학교까지 졸업시키고 혼자 고생하면서 가르쳤어요. 제가 언니, 밑으로는 동생 다섯이 있어요. 남동생 셋에다가 여동생 둘. 맏이 노릇, 가장 노릇, 집안일까지 완전히 도맡아서 큰일 같은 거 치를 때도 제가 다 해가지고. 그때 당시는 동생들이 어려가지고 다 초등학교 다닌 시절이었고 큰애가 중학, 중학교? 중학교 2학년 때인가, 아마 3학년 때인가, 아마 아버지가 돌아가셨을 거예요. 그래가지고 고등학교 들어갈 때, 지가 하고자 하는 부분도 그렇고 [못 했죠.] 생계를, 태창 해고싸움, 해고당해가지고 회사를 못 다니니까, 조금씩 어디 가서 벌기는 벌었는데, 하튼 태창에서 해고당한 뒤로는 별로 집안에다 도움이 못 되었어요. 태창을 한 8년을 다녔으니까.

우리 부모님들은 너무나 온순하신 분들, 남의 탓도 않고, 그냥 있으면 있는 대로, 없으면 없는 대로, 그냥 베푸는 형식, 베풀면서 나누면서 그냥 웃으면서 사는, 그런 부모님들이어가지고, 부모님들은 진짜, 없는 것 빼놓고는 너무 좋으신 분이죠. 아버님은 그때 당시 제가 아세아스와니 나와가지고 싸우면서 유치장에 잠깐 들어갔다가 나왔을 때 딱 한 달 만에 돌아가셨어요. 워낙 건강하셨는데, 동네 분들이, 형님 형님 하고 잘 따르는 분들이 있으셨는데, 노루를 잡아가지고 피가 나오니까 그걸 한 그릇씩 나눠 드셨나 봐요. 그거 마시고 다음 날 혈압이, 겨울이라 혈압이, 여기 완전 뇌출혈로 한가운데 정면으로 [돌아가셔버린 거예요.] 긍게 병원에서도 그러더라고요. 건강하신 분이기 때문에 지금까지 버텼다고 글 안하면 그 자리에서 그냥 돌아가셨다고 그러더라고. 어머니는 지금 건강하시고.

종교가 천주교였어요?

종교는 어려서부터 가졌었어요, 기독교. 저희 동네 옆에가 불교가 있었고, 불교는 인제 행사 때마다 찾아가서 보고 이랬었는데, 그것도 인제 가다 보면 다 나 잘되게 해주십쇼 하는 기도 외에 다른 건 없더라고요, 기독교도 그렇고. 기독교 다니면서 어떤 사람보다도 성서 위주로 먼저 생각을 하고 다녔기 때문에, 어려운 일이 많이, 그 기독교 안에서도 많이 있었어요. 저한테 압력도 들어오고. 제가 교회에서 워낙 열심히 활동을 하다 보니까 교회까지 압력이 들어가가지고 교회에서도 저한테 다니지 말라, 회사를, [그랬었어요.] 그러면 그 안에 있는 신자들까지도 어려움을 당하게 된다고 했다, 그렇게 얘기를 하더라고요. 그래서 갈등을 많이 했어요, 솔직히. 그때도 많이 울었고. 그러다

창인동 성당에서. 맨 왼쪽에 서 있는 사람이 김덕순.

그때 지오세(JOC)[1] 활동하면서, 지오세 공부하면서, 지오세 정신이 너무 좋아서, 그것도 성서 기준이 비슷한 내용들이 거기가 들어가 있어도 그때 당시는 몰랐었는데, 성서 기준이 너무나 와닿았고, 지오세

---

[1] JOC(Jeunesse Ouvriere Chretienne)는 가톨릭 노동 청년을 뜻하는 프랑스어다.

정신이 하느님 말씀대로 살아가는 데 우선을 두기 때문에, 공부를 하기 시작했는데, 그렇게 하다 보니까 형제자매들하고 같이 정말 힘들 때에 함께 더불어 살아야 되겠다라는 그런 거, 그리고 우리가 지켜가면서 살아야 할 규칙들, 이런 것들이 너무 와닿아가지고 활동을 하기 시작했거든요. 진짜 열심히 해왔는데, 그렇게 하면서 성당을 나가게 되었던 거죠. 성당을 나갔는데, 진

미사에 참석한 김덕순의 모습.

짜 성서 기준으로 행동하는 게 너무 틀리니까 좀 그렇더라구요. 그때 창인동 성당, 최초로 나갔어요.

지오세는 태창에서 복실이 언니 소개로 나갔죠. 그 언니가 80년도에 회사를 들어왔어요. 80년도에 들어와가지고, 그 언니는 검사 역할, 검사 하면서 인제 알게 되었어요. 검사 하면, 미싱을 하면, 원단 하다 보면 좀 잘못된 부분들 이런 것 있고, 그런 거 있으면 왔다 갔다 왕래하고, 이러다 보면 서로 얼굴을 알고 우연히 어떻게 알게 되어가지고, 그러니까 82년도에 해고를 당했는데, 해고당하면서 교육받고, 81년도 초부터 시작해갖고, 싸움이 시작되어가지고 왔다 갔다 하면서 82년도에 인제 해고당하면서, 지오세에 가입하게 된 거죠. 지오세 활동은

아이들 만나서 교육[하는 거.] 청소년 책이 있어요. 책이 있으니 그거 공부하고, 성서 공부하고, 전국적으로 모임 있으면 모임 활동 하고, 일반 아이들 만나서 어떤 기본적인, 어떤 여러 가지 사회생활 하는 데 도움이 될 수 있는 여러 가지 어떤 거, 규칙적인 거를 알려주면서, 이해시키면서, 주로 그런 활동을 하죠. 지오세의 정신적인 교육, 올바른 정신, 정말 힘들 때 서로의 관계, 어떻게 상부상조하면서 살아가야 되는가, 그런 부분, 서로를 자기 자신 먼저 위주로, 뭐라그냐, 그 이기적인 생각으로 살아가는 것보다도 정말 힘들 때 [서로 도와주는 거,] 그러고 이 청년단체가, 이 지오세가 왜 생겼는지, 최초에 생겼는지, 그런 부분들이, 정말 희망을 주는, 절망 속에서 정말 나는 왜 이렇게 고생스럽게 고통 속에서만 살아야 되는지, 다른 사람들은 잘사는 이들도 있는데, 나는 왜 이렇게 살아야 되는지 허는 사람들이 많잖아요. 그래가지고 희망을 잃고 절망 속에서 살아가는 사람들이 많은데 그런 부분들을 진짜 힘 있게 가르쳐주는 부분들이 그 안에 많이 있어요. 정말 힘 있게 도덕적으로 정말 진실되게 살아가는 그런 부분들이. 서로 감싸주고, 서로 이해해주고, 힘들 때 서로 채워주고, 이런 것들이 같이 거 안에 있기 때문에 그런 것들을, 밑바탕을 가르쳤을 때, 자기가 어디 가서 어려움을 당해도 힘차게 이겨낼 수 있는 그런 교육 차원, 그런 것들이 너무 좋아가지고. 지오세 활동했을 때 그 경험들이 이후에 살아가는 데 많이 도움이 되었죠. 진짜 그 기반에, 기본을 바탕으로 해서 힘들 때 많이 버팀목이 되었고, 그래서 이겨낼 수 있었고, 참고 견디면서 살아오면서 지금까지 살아왔던 거죠.

태창에서는 어떻게 노동운동을 하게 되셨어요?

그때 당시는 태창이 익산에서 젤로 들어가기 좀 힘들었던 곳이었어요. 월급도 많이 나오고, 규모도 크고, 그 당시에는 조건이 좀 괜찮았다고 봐야죠. 그때 제 나이가 17살이었으니까 75년도죠. 미싱보조 1년 하다가, 반장 하다가, 궁게 한 3년 만에 미싱으로 올라간 거죠. 월급이 그 당시는 몇 만 원밖에 안 되었죠. 제가 그때 당시 했을 때는, 처음 한 3만 원? 그러다가 저희가 해고당했을 그때는 16만 얼마 [정도 되었어요.] 많이 올라가지고. 태창 들어가면서도 봉급 타가지고 아버지한테 딱딱 다 갖다 주고 그리고 생활을 인제 주욱 해오다가, 태창에 맨 처음 들어갔을 때는 현장 안이 너무 살벌했어요. 살벌해가지고 꼭 봉급 때나 아니면 인상철, 아니면 상여금철, 이런 때 되면 불황이다라는 말을 꼭 하더라구요. 근데 그 당시에는, 처음에는 나이가 어리고 그러니까 못 느꼈었는데, 몇 년 다니다 보니까 수시로 때만 되면 이뤄지더라고요. 현장 안이, 70년도 후반부터 해가지고 80년도 초까지, 그때 당시는 어렵다 보니까 초등학교도 졸업도 않고, 인자 열두 살, 열세 살, 이런 애들이 진짜 많이 들어왔어요. 글고 가장으로서 많이 들어오고, 할머니하고 사는 애들도 많이 있었고, 아빠하고 사는 애들도 많이 있었고, 그리고 아니면 동생들하고 사는 애들도 많이 있었고, 이런 애들이 많이 들어오다 보니까 현장 안에서도 굉장히 침침해 있는 상태였고. 그다 보면 불황이다 해가지고, 현장 딱 들어가면, 암튼 딱 들어가면 미싱사하고 진행자하고 옆에서 보조하는 애하고 같이 어떤 신제품이 나오면 그거에 대해서 작업을 할려면 물어봐야 되거든요. 그러면 그걸 물어보면 물어본다는 트집으로 고참 언니들이 해고를 많이 당했어요. 항상! 인상철 되고 상여금철 되면 해고를 많이 당하고,

그런 부분들이 공포 속에서 인제 직장생활을 꾸준히 해오다가 관리자들이, 이 욕설이, 폭언이 진짜 말도 못해요. 그냥 욕하는 거는 당연한 거고, 저쪽에서 잡담을 하면 어떤 이유도 없이 그냥 그 사무실에 앉아 있는 상태에서 이런 모든 게, 기구가 날라 오는 거예요. 글 안하면 걔네들을 불러가지고 왜 작업 때 잡담하냐 해가지고 무조건 때리고, 이런 것들이 현장 안에서 이루어지다 보니까 너무 현장이 살벌하고, 아이들도 인제 작업하면서 공포심이 있었고. 그러다 봉게 조금씩 변화되면서, 아이들이 작업 현장에서 공부하고 싶어 하는 애들이 많이 있잖아요. 공부를 많이 못 해서. 그런 부분들을 이용해가지고, 그 때 당시 학교, 야학하고, 또 야간 학교들이 있응게 학교 넣어줄 테니까 생산량 하루에 어떻게 빼라, 이런 식으로 그래가지고, 초시계를 재가지고 화장실 갈 틈도 없이 앉아가지고 1시간에, 10분에, 10분 동안 재고, 30분 재고, 1시간 재가지고, 그 초를 재가지고 몇 장씩 빼는가를 파악을 해요. 그래가지고 파악한 부분을 하루에 8시간, 딱 감을 잡아주고 몇 장 빼라 정해주는 거예요. 그러면 화장실 갈 시간이 없어요. 이케 너무나 시간을 꽉 짜가지고 생산량을 정해주다 보니까, 어떤, 그 일하다 보면 계속 이게 작업이 들어가는 게 아니라 어떤 빈틈이 생길 수도 있는 거 아니에요. 고런 공간이 없어요. 그런 부분들이 잠깐 생기면, 이게 인제 생산량 2개, 3개 뺄 시간에 못 빼게 되는 거죠. 그러면 나중에 8시간 정도 작업을 하다 그 시간이 되어서, 생산량을 한 1,000장, 아니면 600장, 이렇게 정해졌던 부분들이, 큰 거 작은

> 태창에 맨 처음 들어갔을 때는 현장 안이 너무 살벌했어요. 봉급 인상철, 아니면 상여금철, 이런 때 되면 불황이다라는 말을 꼭 하더라구요.

태창에서 동료 노동자와 함께.

거에 따라서 공정별로 정해지는 게 틀리거든요. 그러면 그 매수량 정해지던 수량을, 그 시간 안에 미수됐던 부분은 채우고 학교를 가야 돼. 그때 당시는 내수 성적이 우선이었으니까 현장 안에서 관리자의 어떤 그 평가에 따라서 올라가는 [시절이었어요.] 그래서 [아이들이] 졸업도 하고, 성적도 올라가고, 그러거든요? 그니까 거기에 얽매여져가지고 울면서 해야 돼! 학교 못 가고. 그래서 그런 것들 때문에, 야간학교 다니기 위해서 그렇게 얽매여 있었고, 아이들 그렇게 뚜드려 맞고, 욕설당하고, 아침에 와서 울기 시작하면 저녁때까지 침묵해가지고 시무룩한 상태에서 작업하다 가고, 이런 것들이 너무 불공평하고 힘들어가지고, 저도 내성적이어가지고 그때 당시는 진짜 말 그대로 시계 그 초처럼, 집허고 회사밖에 몰랐어요. 누구 옆에 사람들하고 대화하지도 않고, 근데 인제 그때 당시 집허고 왔다 갔다 하다가, 누구하고 대화도 않고 혼자만 그러고 다니다가 현장에서 그런 걸 또 목격하고 그러다 보니까, 제가 나름대로 또 인제 교회를 다니다 보니까, 성서의 기준이, 어, 제가 생각하는 것이 옆의 굶주리고 있는 자를 남몰라라 하고, 또 그 어렵게 고통당하는 자를 나 혼자 잘 살겠다고 남몰라라 하고, 이런 것들, 남몰라라 하면서 어떻게 보이지 않는, 보이지 않는 하나님을 사랑한다고 표현할 수 있느냐, 이런 말이 너무 공감이 가지고, 그저 하나의 기억 속에서 그렇게 살고 싶어가지고 [싸움을] 했었는데, 현장에 가니까 그런 부분들이 있더라구요. 그저 현장 안에서 이런 부분들이 정말 언제까지 이렇게 가야 되나, 뭔 방법이 없나라고 생각하고 있었는데, 그때 당시 노사협의회라는 게 있었어요. 현장 안에서는 저희들한테 그때 당시 1,000원씩 떼었거든요? 근데 그 돈이 뭔 돈인지도 모르고 저희들은 그냥 떼는갑다 하고 했는데, 그때 당시는 그런 돈들이 노사협의회라는 게 회사 사장 처남으로 해서, 동생으로 해서, 식구들끼리 해가지고 노사협의회라는 걸 형식적으로만 만들어놓고 그 돈을 사용해갖고 다 썼던 모양이에요. 저희는 모르고 있었지. 근데 마침 지오세 언니들이 들어와서 현장 안에서 왕래하면서 만나고 웃으면서 친밀감을 갖고 [같이 생활하다가 그런 부분들을 알았어요. 노사협의만 있던 부분이, 노동조합이라는 걸 설립을 해야 된다라는 걸 알게 되면서, 인제 노동조합 설립을 하게 되는데, 그때 당시는 순조롭게 노동[조합] 설립을 하게 되었어요, 하게 되었는데. 인제 싸우기도 많이, 그렇게 순조롭지는 않았지만 싸우기도 많이 싸웠고, 노동조합 설립하면서 위원장 선출이, 인제 복실이 언니가 순조롭게 되었고 저희가 그 대의원, 노동조합 하면서 위원장은 처음에는 어떻게 쉽게 되었는데, 그 다음에 두 번째 대의원 선거를 하는데, 어떤 언니가 와가지고 저한테 대의원 선거 나가고 싶은 생각 없냐고 그러더라구요. 그게 뭐냐, 물어 봤더니 노동자들이 어려움을 당했을 때 대표자로서 대변을 할 수 있고 그런 걸 해결할 수 있는 어떤 대변인이다라고 얘기를 하더라구요.

현장 안에서 그렇게 간부, 관리자들이 어떤 호칭 같은 거 부를 때도 그냥 야, 너, 그리고 막 욕설도 이케 씨발년, 부르는 건 뭐 보통이고, 글 안하면 물건 던져가지고 맞춰가지고 다치게 하고, 글 안하면 막 때리고, 이렇게 그런 현장 분위기들이 [안 좋았죠.] 앉아서 한 50미터 떨어진 거리에서도 그냥 자리에 앉아가지고 큰 소리로 막 부르고, 소리지르고, 그리고 생산량 못 빼면 다 빼고 가라고 막 야단치고 왜 못 뺐냐고 불러가지고 야단치고, 그리고 뭐 초시계 재가지고 수시로, 인제 안 빼면 다 불러갖고 전체적으로 어떤 언성 높여가면서 무시하면서, 폭언하

> 마침 지오세 언니들이 들어와서 노동조합이라는 걸 설립을 해야 된다라는 걸 알게 됐고, 어떤 언니가 와가지고 저한테 대의원 선거 나가고 싶은 생각 없냐고 그러더라구요.

면서, 뭐라고 하는 그런 것들, 그런 부분들이 살벌하다 보니까 이런 걸 좋은 분위기로 만들 수 있는 뭐가 없을까 생각하고 있었는데, 어느 날 그 언니가 와갖고 대의원 한 번 해보고 싶지 않냐고 물어보더라고요. 그래서 그게 어떤 거냐고 물어보니까 그 언니가 노동자들이 힘들 때 어려운 일 당하고 이럴 때 나서서 이렇게 대변인 해주고, 권리를 찾아주는 그런 거다라고 얘기를 하더라고요. 그러면 [좋다 하고] 흔쾌히 승낙을 한 거죠. 그 언니는 노조나 JOC(지오세)하고는 아무 관계가 없었어요. 없는 분이었는데 이상하게 언니가 그 얘기를 하더라고. 그래가지고 함께해가지고 그런 걸 좋게 만드는 부분이라고 얘기를

하는데, 그 말을 딱 들으니까 공감이 가더라고요. 그서 그거를, 대의원대회를 한다고 해서 그러면 해보겠냐라고 해서 한다고 했더니, 그거를 제가 수락하고 나서부터 회사에서 저를 부르기 시작하는 거예요. 왜 그거를 할려고 하느냐, 하지 마라 그러는 거예요. 왜 그러느냐 물어봤어요. 그랬더니 하면은 안 좋은 거니까 하지 말래요. 그서 어떻게 안 좋으냐 그래서, 하튼 안 좋은 거래요. 하지 말라고, 무조건 하지 말라고, 하면 너한테 안 좋은 거니까 하지 말라고. 그서 내가 봤을 때는 안 좋은 것이 아니고 정말 필요한 것이다, 지금까지 봤을 때 나는 회사 측에서 이렇게 막는다라는 자체가, 하지 말라고 하는 자체가 더 의심스럽다, [그러면서 거부를 했어요.] 그래가지고 [회사에서는 아침에 출근하면 골방에, 창고 아니면 수의실 같은데, 그 골방에다가 가둬 놓고 저녁 퇴근 시간까지 실갱이를 해요. [그래도 저는 끝까지 변함없이 [대의원을] 한다고 했어요. 그래갖고 대의원대회 나가가지고 인제, 하튼(하여튼) 90%가 찬성을 하더라고요. 찬성을 하는데 [대의원에] 돼 가지고, 제가 대의원대회를 해가지고 저희 과에, 따로 인제 과가 있었는데, 거그가 한 거의 100명 정도 되거든요, 그래가지고 진짜 열심히 활동을 했었거든요. 그래가지고 활동하다 보니까 또 변화가 되고 여러 가지 또 회사 측하고 저희가 다른 데보다는 무난하게 잘 협의가 돼가지고 잘 나갔거든요? 하튼 노동조합 세우고 분위기가, 현장 분위기도 너무 활성화되고 생산량도 많이 올라가지고 그러다 보니까 여러 가지가 좋았었는데, 그 상여금쯤 되니까, 상여금 줄 때 되니까 갑자기 회사 측에서도 인제 불황이니까 회사가 살려면 여러분들이 많이 협조해주어야 된다, 이렇게 나오더라구요. (한숨) 우리 현장의 조합원들이 그랬죠. 그러면 일단 회사가 있어야 우리도 있는 거니까, 아침에 1시간,

점심 때 1시간, 저녁에 1시간, 무료로, 우리가 그러면 생산량을 더 빼주자 해가지고 열심히 했어요. 근데 회사 측에서도 자기네들이 열심히 해주면 120% 상여금 주겠다, 방송까지 했거든요. 그래가지고 진짜 열심히 했는데, 상여금 줄 때쯤 되니까 그거는 못 주겠다, 그거는 무슨 무슨 이유가 있어서 못 주겠다라는 것도 아니고, 안 주겠다, 이유 없이, 그냥 안 주겠다 이러니까 그때부터 인제 자기네들 나름대로 삶 속에서 계획이 있고, 계획도 짜놓았고, 어떻게 어떻게 하겠다라는 게 다 있는데, 무조건 안 주겠다라고 나오니까 사기가 떨어질 수밖에 없잖아요, 자동으로. 긍게 사람들이 사람 마음이라는 게 감정이 있는데 그 말 딱 들으니까, 진짜 열심히 해줬는데 딱 당하니까, 안 준다고 하니까, 사기가 자동으로 떨어져가지고 자동으로 파업이 들어가게 된 거죠. 그게(파업이) 시작이 되니까 거기서 인제 단합이 너무 잘 되니까 이게 문제가 된 거예요.

인제 상여금 문제가 그렇게 되면서 나중에 싸워가지고 어느 정도, 한 120%에서 한 70% 다운되어가지고 상여금 나와가지고 일단은 풀어줬거든요. 나중에 인상철이 되니까, 인상철 때 또 그러는 거야. 아이들이 아침에 출근해가지고 저녁때까지 거의 일만 하고 침침하고 [분위기가 그랬었는데,] 아이들 기분도 그렇고 그러니까 서로 모여가지고, 서로 마음도 나누고 대화도 하고 그러고, 먹을 거 만들어갖고 선물 같은 것도 조그만 거 만들어가지고 [서로 나눠주고 그랬어요.] 반에서 콩쿨대회 한다고 노래자랑 같은 거 이런 것도 하고, 안에서 가족 분위기를, 현장 안에서 제가 만들었어요. 그러다 보니까 너무 현장이 일치가 돼가지고 누가 시키지도 않고 자기 스스로들 다 너무 열심히 하는 거야. 그래가지고 분위기가 너무 좋았는데 인상철 되니까, 인상이 저희가 요구하는 부분들도 있고 또 저희들한테 잘못하는 여러 가지 일들을, 요구사항을 그 사람들한테 내놓았었거든요. 근데 이제 거기에다 노동부도 끼었고 그랬는데, 노동부는 형식적이니까 간부가 참석만 했었는데, 다 회사 측이고 대화가 안 이뤄지고 그러다 보니까 [어려운 거예요.] 우리 요구사항도 너무 순수한 건데, 노동자들 입장에서 인제 말 함부로 하지 말고 [노동자들에게] 예의를 지켜주는 부분들, [임금] 인상도 우리가 사람들 일주일에 한 번 고기 먹을 때 우리는 멸치라도 사다 먹을 수 있는 수준, 다른 사람들은 일주일에 네다섯 번 고기 먹을 때 우리는 일주일에 한 번 정도 먹을 수 있는 수준, 이런 부분들을 계산해가지고 시장조사 해가지고 임금 인상을 요구를 했었거든요. 근데 너무 다운을 시키고 안 해줄려고 하니까, 못 해주겠다라고만 하니까, 거기에서 자동으로 뭐지? 뭐야. 투쟁 들어간 거. 투쟁이라기보다는 싸움이 들어간 거죠. 자동으로.

일은 하기는 했는데, 목표량이 안 나온 거예요. [우리가 일부러 목표량을 안 뺀 거죠.] 1,000장을 빼려다 보면 300장밖에 안 뺀 거예요. 그러다 보니까 타격이 엄청 큰 거죠! 그러다 보니까 70% 주겠다 나와가지고 70% 받았는데, 그렇게 해갖고 해결이 되었는데, 나중에 봄에 인상 문제 때매 [투쟁에 들어간 거죠.] 82년도에 인상 문제 때문에 타협을 보게 되는데, 우리가 그때 당시 18%인가 내놓았었는데, 회사 측에서는 7%로 다운시킨 거예요. [18%] 그 정도 돼야 어느 정도 생활할 수 있는, 최하로 잡아가지고 했는데도 거기서 못 해주겠다, 그리고 나름대로 요구 조건, 복지 조건 같은 것도 세 가진가 내놓았었는데 다 못 들어주겠다 하는 바람에, 인제 저희가 조합원들한테 알렸죠. 몇 차례에 걸쳐서 얘기를 했는데도 도저히 인자 이게 안 되겠다 싶으니까 그 찰나에 회사 측에서는 이거 하면서 애들을 교육시키기 시작하는 거예요, 이간질을. 거기서부터 자연스럽게 우리를 만나자고 하면서, 아이들을 이간질시켜가면서, 교육시켜가면서, 오석철 그쪽으로 막 이렇게 하면서 하기 시작한 거예요. 하튼 TV 방송까지도 엄청 크게 났어요.

그렇게 해가지고, 거기서 인제 임시직으로, 그 다음에 복실이 언니가 그런 행위를 해서 조합비를 탕진해서 자격이 없다 해가지고 회사 측에 앞장선 애들, 대의원들이 또 몇 명 있어요. 그런 애들이 [회사에서] 밀고(밀어주고) 나가버리니까, 그러면 그 사람을 그만두게 하고 새로 입회하에, 새로 대의원대회를 열어가지고 새로, 저기, 위원장을 선출하기로 했어요. 근데 그것도 인제 문진주 씨가 된 거예요, 또 거기서. 복실이 언니는 현장에서 일하다가 나중에는 매점으로 쫓겨났었는데, 나중에는 대의원대회를 해가지고, 긴급회의를 해가지고, 대의원대회 해서 문진주가 위원장이 되었는데, 거기서도 또 안 된다고 해가지고 위에서 내려온 거죠. 조합원대회를 하면서 남자 조합원 딱 한 명 있는데, 가한테 10만 원 쥐가면서 니가 나서라 해가지고 가를 조합장으로, 1 대 1, 문진주허고 그

JOC 출신의 박복실 위원장이 위원장직을 사퇴하고, 이후 다시 JOC 출신의 문진주 씨가 당선되자, 회사 측은 이를 무효화하고 새로운 위원장을 선출하고자 임원보선을 실시한다는 공고문을 냈다.

사람하고 둘이 내세워가지고 총회를 한 거죠. 총회를 할 때 그 법(전기를 차단하는 법)을 써가지고 불법으로 남자가 된 거죠. 그래갖고 남자가 되면서 그 불 끄고 전기 나가게 3분 동안 해가지고, 아까 뒤집어서, 인제 표를 바꿔치기 해가지고 한 것처럼, 그런 식으로 해가지고 인제 그 남자가 위원장 선출된 것처럼 광고하고, 그렇게 하면서 남자 되자마자 저희들을 밖으로 쫓아낸 거예요.

나중에는 인제 안 되겠다 싶어가지고 단식 농성, 한겨울인데 농성들 어가면서 인제 태창에서, 저희들이 태창싸움하면서 천주교에서 단식 농성을, 그때 당시 한 보름을 넘게 하니까 먹어가면서 한다 이런 소문이 들렸었거든요. 그러다 보니까, 노동부로 들어가가지고 단식 농성을 하니까 거짓말인 줄 알았나 봐요. 저희가 단식 농성하는데. 그니까 자기네들이 제과점에 가서 음식은 제일 좋은 걸로 사다 놓은 거예요. 그리고 그 안에다가 먹으라고 [놓았어요. 우리는] 하나도 입도 안 대고 계속 [단식 농성을 했죠.] 계속 그대로 있으니까 나중에는 안 되겠다 싶응게, 강제로 한밤중에 쳐들어와가지고 병원에다 입원시켰는데, 거기서도 또 복실이 언니하고 저하고는 탈출해가지고 노동부 뚫고 창문으로 들어가, 그 안에 들어가서, 그 안에 또 누워 있었어요. 그런 식으로 싸웠어요, 거기서. 그렇게 싸우다가 그 안에서도 결국에는 쫓겨나가지고, 하튼 그때 당시 너무 뚜드려 맞고 자기네들이 최고 악랄한 방법을 다 쓰는 데도 그걸 견뎌내니까, 하튼 그런 것까지 쓰더라고. 그렇게 싸우다가 인제 각자 흩어져가지고…… 시집을 일찍 가는 사람 있었고, 인제 부모들이 와서 강제로 데려가는 애들도 있었고, 그래가지고 결혼하고, 근데 결혼 않고 살았던 언니는 복실 언니밖에 없었죠.

노동조합에서 어떤 직책을 맡게 되신 거예요?

쟁의부장으로는 모든 활동 면에서, 쟁의, 뭐라그냐, 하튼 움직였을 때 투쟁 같은 거, 아니면 그 협의 같은 거 나가고 그랬을 때 준비사항 같은 거 [그런 걸 맡죠.] 그리고 회사에서 어떤 요구사항들이 이루어지지 않았을 때 전체적인 이미지를, 조합원들 이끌어가는 데 그런 계획성 같은 거, 이런 거 조정하고, 세우고, 인제 해가지고 같이 움직일 수 있는 부분들 세우고, 조합원들이 부당하게 당하는 여러 가지 모습들을 모든 걸 체크를 해서, 가서 요구조건 내세워서 항의하고 인제 증거자료 만들고 이런 거죠. 그러면 노동자들이 너무 좋아했어요. 단합이 [너무 잘됐어요.] 그 전에 노동협의라는 게 있었지만 그게 무엇인지도 모르고 돈만 나갔었는데, 노동조합 설립하면서 노동조합이라는 그런 내용을 이해를 다 시켰어요. 우리한테(자신들한테) 어떤 역할을 하고 어떤 보호대가 되는 부분들을 그 조합원들한테 이해를 시키다 보니까, 그건 노동자와 회사의 입장에서 있어서 정말 우리가 어려운 일을 당했을 때, 혼자 1인으로 회사하고 싸울 수 없으니까 회사는 돈과 권력이 있고 우리한테는 모이는 힘밖에 없는데, 1 대 1로 했을 때는 당할 수밖에, 해고당할 수밖에 없고 직장에서 쫓겨나니까, 그런 부분들을 정말 억울했을 때는 함께 그걸 해결할 수 있는, 함께 있을 수 있는, 그런 부분들을 보호해줄 수 있는 역할을 할 수 있는 노동조합이다라는 교육을 전부 인제 이해를 시킨 거죠. 그렇게 해가지고 하다 보니까 대의원들이, 거기서도 수월하게 대의원이 선출이 된 거죠, 우리 쪽에 있는 사람들이. 회사 측에서 내세운 사람들도 많이 있었지만 저희 측이 차지를 많이 했어요. 저희들이 또 현장에서 너무나 많은 거를 보아왔기 때문에 개선하기 위해서 [많이 노력했고 정말 많이 변화되었죠, 쉽게. [노동조합 만들어진 이후는] 완전 천지, 천국이라고 바라봐야죠. 너무 편하니까. 왜 그냐면 현장 분위기들이, 모든 행동, 잔업부터 시작해가지고, 아이를 어디, 무슨 이동을 시킨다든가, 뭔 변동, 이 자리에서 변동사항이 [생긴다든가,] 암튼 월급 문제, 이동 문제, 다른 라인으로 갔을 때 그런 문제, 시간일 하는 문제, 이런 문제들이 대의원을 통해서 협의하에 모든 게 이루어지죠. 그리고 언어행위 같은 게, 폭언 같은 거, 이런 것도 절대 하지 못하게, 그래서 그런 부분이 부드럽게 전부 바뀌었어요. 현장이 진짜 부드러웠어요. 관리자하고 노동자의 관계는 옛날에 머슴과 주인 입장이었죠, 옛날로 하면! 거리가 상당히 많았죠. 그래서 노동조합이 더 생겼고, 그래서 노동조합 생긴 뒤로는 진짜 잘했어요, 관리자들이. 하튼 180도로 달라졌어요. 왜 그냐면 저희 노동조합이 힘이 있으면서 관리자들도 회사 그 높은 사람들이 함부로 못하니까 그런 부분들이 좀 있더라고요. 그서 하튼 잘했어요. 함부로 말도 않고. 야, 하던 것이 무슨 양 바뀌고 [하하하] 야, 너 뭐, 이렇게 보통 말이 거칠었어요, 반말로. 근데 무슨 양 해가지고 불러가지고 이랬어, 저랬어, 막 이런 식으로 하고 부드러워졌어요, 상당히.

[태창메리야스에] 전라북도에서 최초로 [민주노조개] 생겼고, 그 어려운 시기에 민주노조를 세운 건 저희밖에 없었어요, 전라북도에서. 그러다 보니까 싸움이 들어가고 너무나 심각하게 되다 보니까 관, 공수가 다 온 거야, 공수부대까지! 간부들이! 그때 당시 여덟 군데가 다 모였어요. 아주 있는 관은 다 모였으니까. 그렇게 해가지고 그 사람들이 압력을 집어넣어가지고 깨기 시작한 거죠. 그때부터 깨기 시작하는데, 그 안에서 일만 했던 애들은 인상도 더 해주고 직책도

반장이나, [반장이] 라인별로 있고, 전체 반장이 있고 막 이러거든. 근데 그런 거 직책을 준다 하니까 애들이, 회사에서 그렇게 해준다고 하니까, 우리 같은 애들을 인제 몰아내는 데 앞장을 서 달라 한 거예요. 그다 보니까 몇몇 애들이 노조에서도 간부가 한 명이 넘어갔고, 최고 총무가 넘어갔고, 그 다음에 아이들이 악랄한 애들, 쫌 싸나운 애들 이런 애들을 선출을 해가지고 회사 측으로 다 앞장을 선 거예요. 그런 애들이 인자 선동을 해가지고 몰아내기 시작하는데, 진짜 아주 언제 봤냐는 식으로 그렇게 악랄할 수가 없어. 뒤에서 받침

[태창메리야스에 민주노조가] 전라북도에서 최초로 생겼고, 그렇게 해가지고 사람들이 압력을 집어넣어가지고 [민주노조를] 깨기 시작한 거죠.

이, 돈 대주지, 권력 대주지, 먹을 것 다 해주지, 일 안 해도 되지, 이러니까 애들이 갑자기 완전히 180도 돌아버린 거야. 그래가지고 아주 앞뒤 안 가려요. 뭐 폭력에다가, 욕설에다가, 막 [우리를 끌어내는데, 단체로 달려들어가지고 끌어내고 이러다 보니까 [힘들어지기 시작한 거죠.] 우리가 하는 소리가 "야, 니네들 그 말을 믿냐, 그 사람들이 그렇게 해줬을 때 생각 한번 정도 해보면 안 되겠냐"[고 설득을 해도] 소용없어. 아무 말이 안 먹혀요. 결국은 "니네는 언젠가는 그 사람들한테 버림받는다"라고 얘기해줬고, 저희들은 끝까지 싸움을 했었고. 저희 3층 같은 경우 단합이 잘되다 보니까 그 사람들(회사 측) 말을 안 들어주고, 우리 말에 우선을 하니까 인제 [회사에서는] 저를 밖으로 완전히 몰아낸 거예요. 아예 정문에서 아침에 딱 가면 들어가지를 못해. 제지를 당했어요. 우리 몰아내기 위해서, 전기, 자동으로 뒤에서 관리직들이 [전기를] 내리는 거죠. [우리개 안 나가니까, 일을 못 하게

해갖고. 다 전기 내리고 몽둥이 하나씩 들고 나가라고 하는데, 우리 과는 안 나온 거예요, 애들이 한 명도. 그러니까 나중에는 온갖 협박 다 해도 애들이 안 나오고 그러다 보니까 그 과를 다 없애버렸어요. 그 층을 없애고 아래층으로 완전히 다 보낸 거예요. 그래가지고 결국은 저희가 인제 싸움을, 그렇게 뚜드려 맞고 몰아내고 현장에도 못 들어가게 하는데도 저희가 인제 계속 싸움을 하니까 공단에 근로청소년회관이 생긴 거예요. 그때 당시 그렇게 해가지고 거기 근로복지회관이 만들어진 거예요. 그래가지고 저희 태창 애들은 한 30명, 50명, 이렇게 교육을 받으면, 다른 회사 애들은 한두 명, 그서 집중적으로 태창 애들을 교육을 시킨 거예요. 그도 저희들이 당당하게 거기서 생활을 하니까 저희 과 없앤 3층에다가 저희 7명만 일하게, 거기다 또 하는 거예요. 형식적으로 노동부에서 와가지고 주위에 눈들이 있으니까 인제 자꾸 복직시켜라 말로만 하니까 우선 임시직으로 해가지고, 거기다 인제 실밥 따는 걸로, 실밥이, 미싱이 박아 나오면 실이 이렇게 달려 있거든요. 인제 그런 거 따라고 하는 거야. 거기서 따다가 얼마 안 있어서 또 몰아내는 거예요. 그런 거 경험하면서 [한숨] 아무것도 몰랐던 우리들이 진짜 순진하고 일만 하면 되는갑다 싶었는데 [그게 아니더라구요.]

　근로자 센터(근로청소년회관) 교육이라고 하는 것은 노동조합하고 조합원들하고 이간질시키는 건데 조합장이 조합비로 옷 사 입고, 구두 사 신고, 밥 먹으러 다니고 놀러 다니고 이런다고 교육을 시킨 거예요. 그니까 자기네들이 했던 부분을 우리가 한 거처럼 그렇게 이간질을 시키는 거예요.

태창 민주노조 출범 이후 정부는 공단 안에 노동자를 교육하기 위해 근로청소년회관을 두었다. 이 회관이 만들어지기 전에는 농민의집에서 교육이 이루어졌는데, 교육 내용은 주로 태창 민주노조 관계자와 일반 노동자를 이간질하기 위한 것이었다.

근데 사람들이 봤을 때는 우리가 현장에, 자기네들이, 너무 살벌하고 대접 못 받고 인간 취급 못 받으면서, 그 현장 생활 했던 부분들이 우리가 노동조합하면서 너무나 활성화가 되고 자기네들이 대접 받아가면서 변화가 많이 되었다라는 것, 그리고 복지 같은 것도 너무 변화 되었다라는 거, 이런 걸 피부로 느끼니까 쉽게 교육이 안 먹혀 들어가는 거예요. 그래가지고 거기서 하튼 교육을 다른 데는 한두 명씩, 회사들은 한두 명씩 왔는데, 태창 식구들은 30~40명씩 데려다가 교육을 시켰어요. 그래서도 선뜻 저희가 노동조합하면서, 활동하면서 너무나 자기들한테 이익이 되는 부분들이 많았기 때문에 그렇게 나서지는 않았어요. 나서지를 않으니까 강제로 전기 스위치를 다 내리고, 다 몽댕이 둘르고 다님서 몰아냈다고 하더라고요. 회사에 앞잡이 노릇 한 30명 정도 빼놓고는 거의 다 강제로 몰아냈다고 하더라고. 스위치 내리는데 일을 못 하니까. 그러고 몽댕이 들고 다니면서 몰아냈대요. 긍게 어쩔 수 없이 나오게 된 거죠. 나와서도 멀뚱멀뚱 뒤에서 서 있으니까, 회사 앞잡이 노릇 하는 애들이 나와가지고 막 온갖 욕설 퍼부으면서, 중간에서 이간질을 시키는 거예요.

그러다 보니까 적극적으로 막 하다가 그것도 안 되니까, 서울에서 그때 당시 무슨 박사를 회사로 데리고 와가지고 교육까지 시켰어요. 근데 그 사람은 나중에 알고 보니까 일제의 앞잡이! 그때 당시 시골이니까, 이쪽 같은 데는 시골이니까 박사라는 사람이 와가지고 우리를 간첩으로 몰으니까 애들이 그쪽에서 많이 갈등을 가졌던 것 같아요. [빨갱이, 이런 얘기들을 썼어요.] 빨갱이! 지오세를 강조를 하면서 몇몇 이런 사람들이 빨갱이에 소속되어 있다, 이렇게 [소문을 냈죠.]

우리는 당당하고 떳떳하니까 당연하게 맞서기는 맞섰는데, 거기서도 안 되니까 인자 우리들은 개인적으로 엄포 주기 위해서 노동청 중앙위까지 저희들을 데리고 가서 조사도 하고 그랬는데, 거기서도 에피소드 같은 게[가 있어요.] 질문을 하는데요, 회사에서 일어나는 모든 문제를 놓고 질문하는 게 아니라 기냥 질서 없이 이것저것, 아무 관계도 없는 질문들을 던지고 그러더라고요. 그래가지고 저희들이

창인동 성당 주변에 늘 서 있던 경찰차.

당당하고, 아무것도 죄도 아닌데 죄를 만들어가지고 죄인 취급하니까 저희들은 더 당당하죠. 그러다 보니까 거기서 우리들이 큰소리쳐가면서 오히려 따지고 들어버리니까 그 사람들이 당황하더라고요. 하튼 조사받고 나오니까 오히려 그 사람들이 저희들한테 잘해주더라고요. 그때 당시 중앙위원회노동회 거기 가가지고, 본사 가가지고 저희들이 조사를 당했어요. 회사 측에서 고발을 해가지고.

진짜 우리가 당하고 사는 것들이 정말 당연한 것이 아니다라는 거를 알게 되어가지고, 계속 인제 홍보작업을, 그 어려움 속에서 [했죠.] 1 대 1로 경찰들이 붙어가지고 쫓아다녔어요.

어디 뭐 화장실 가는 것까지, 아주 꼼짝을 못 하게 아주, 형사들이 쫓아다녔으니까. 도망도 많이 다니고, 형사들한테 뚜드려 맞기도 많이 뚜드려 맞고, 그 안에 들어가가지고 막, 스프레이 막 얼굴에 뿌려가지고 난리치고 이랬는데, 그렇게 싸우는데도 두 명은 떨어져나가고 다섯 명이서 싸우고 돌아다니니까, 한 3년을 싸우는데도 어디서 해고당하는 사람이 없고 시끄러운 일이 없으니까 정말 우리가 간첩인 줄 알았대요. 간첩이라고 소문을 냈으니까. 근데 그 이후로 조금씩 한 5년 정도 되니, 5년 이후 되니까 조금씩 변화되어가지고, 여기저기서 하나 둘씩 나타나다 보니까 그때 좀 변화되더라고.

박복실 씨가 위원장은 활동을 얼마 하지도 못했죠. 한 1년도 안 하고, 1년 하면서 그 다음 해에 그 조건을 만들어가지고 해고를 시키기 시작했으니까. 80년도 초에 [노조를] 설립을 해가지고, 81년도부터 분쟁이 일어난 거예요. 그래가지고 80, 81, 82년도 초에 다시 노동조합 [위원장을 선출하기 위해서 투표를 했соответ.] 근데 유일하게 조합원이 하나가 있었어요, 남자가. 그때 당시 10만 원 주고 가를 내세운 거예요. 그래가지고 가가 [당선이 됐는데] 부정으로 인제 된 거야. 우리를 다 내쫓고 투표를 하기 시작하는데, 제가 그때 쟁의부장이어가지고 카메라를 들고 다녔었거든요. 그서 행동을 전부 사진 찍고 돌아다녔었는데, 걔네들한테 뺏을려고 많이 노력도 하고 그랬었는데, 제가 안 뺏기고 다 찍고 다녔죠. 하튼 제가 어떻게 그렇게 과감했는지 모르겠어요. 나중에는 총회를 하기 시작해가지고 식당 안으로, 밑에로 [노동자들이] 다 들어가게 했었는데, 카메라를 든 저를 또 하튼 못 들어가게 하는데, 우리도 조합원이니까 들어가야 된다 해가지고 앞에서 많이 싸웠어요. 나중에는 노동부에서 들어가도 된다, 들어가게 해라 해가지고 맨 뒤에 앉아 있었어요. 근데 카메라는 가지고 못 들어갔죠. 근데 중간, 거의 다 [투표 용지 점검을] 하고 인제 한 30% 정도 남았나? 그 정도 되니까 전기를 3분 동안 내리는 거야. 전기를 3분 동안 끄더만, 표를 뭉치를 이미 다 만들어놓은 거야. 그래가지고 지네들끼리 앞에서 회사 앞잡이 노릇 했던 애들이 그거를 투표한 거하고 바꿔치기 한 거야. 그거를

아세아스와니에서 22일 만에 해고된 후 힘겨운 복지투쟁을 하고 있는 김덕순. 길거리에서 온몸으로 추운 겨울을 나고 있다.

눈으로 다 보고 있었는데도 [우리는 어떻게 할 방법이 없었어요.] 그런 생각들이 어떻게 그렇게 그때는 앞서갔는지. 암튼 지켜보고 있었어요, 근데 그 순간에 그렇게 하고 있더라고, 3분 동안 나간 찰나에. 아이들은 전부 다 정전된 줄만 알고 있고, 정전만 막 수습하고 있는 줄 알았죠. 근데 그 찰나에 수단을 쓰더라구요. 근데 그런 거를 노동위원회에 가서 얘기해봤자 증거물이 없어가지고, 사진도 찍을 수 없는 상황이었고. 그때 다른 사람들은 그걸 맨 앞에 있는 사람들은 봤어도 가네들을 내세울 수 없는 입장이었고, 아, 정치도 이런 식이구나 [생각했죠.]

그래가지고 계속 그런 식으로 싸우다 저희들이 그것도 이겨내니까 결국에는 아침에 인자 못 들어가게 하는 거지, 정문에서. 그 싸움을 상당히 오래 했어. 인자 싸움을 하다가 83년 11월달에 거기 아세아스와니에 들어가게 된 거죠. 11월달에 들어가가지고, 22일 만에 노동부에 발각이 돼가지고 거기서 해고를 당한 거예요. 저희가 노동부로 들어가자마자 어떻게 이럴 수가 있느냐 따지고 있는데, 근로감독관 그 리스트가 있는 거를 소기화가 본 거예요. 그 전에는 그런 리스트가 있다라는 건 알았었는데, 물질적으로 본 거는 없었는데, 그때 가서 그걸 본 거예요. 그때부터 더 활성화가 돼가지고 싸움이 시작된 거죠.

> 아세아스와니 들어갔는데, 블랙리스트로 20일 만에 발각되면서 싸움이 시작됐죠.

그때부터 블랙리스트 철폐투쟁에 들어간 거예요, 직접적으로 목격을 했기 때문에. 회사 들어가면 자꾸 안 된다고, 서류를 내면 서류 보고 안 된다고 하더라고요. 다 된다고 해서 가면은 얘기해가지고 보더만 안 된다고 그러더라고요. 몇 군데 다니다가 계속 그런 이미지를 보여서 왜 그러냐고 물어봤어요. 그랬더니 한 군데에서는 그걸 알려주더라고, 이케 리스트가 와가지고 쓰지 말라고 했다고 알려주더라고요.

아세아스와니에서 아무튼 그렇게 나와가지고 다른 데 못 들어가고, 섬유회사 조금 다니다가 식당 차리고, 인제 식당 차리다가 결국은 식당하면서 결혼하게 되고, 결혼하면서 잠시 태창싸움 때문에 다시 들어갔다가 노태우가 갑자기 또 신년 행사로 해가지고 또 바뀌는 바람에 복직되려다가 거의 가능성 있다라고 그랬는데, 12시 딱 넘기자마자 변화돼가지고 다시 계속 거기서 싸우다가 결국에는 그냥 태창 식구들이 완전히 그 앞에서 텐트치고 했었거든요. 그 앞에서 텐트치고 싸우다가 결국에는 가네들이 철거해가지고 싹 없애버리고, 저희는 쫓겨나고, 그래가지고 인제 그 알리는 작업, 계속 홍보작업하다가 인자 결국에는 너무 길어지고, 인자 생계유지도 하기도 힘들고, 그다 보니까 각자 흩어져가지고 생활을 한 거죠. 구류도 13일 구류 받아가지고 10일 살고 나왔나. 그 안에서도 제가 들어가는 날은 [형사개] 딱 잡고 5분 데이트하자고 해서 들어갔더니, 집 앞에서 하자고 해서 나갔더니 잡아갖고 바로 유치장으로 데리꼬 가더라고. 들어가갖고 얘기하는데, 유치장 딱 집어넣더만. 그 안에 있는 애들이 "아줌마, 머리 무슨 머리예요? 위에 옷은 뭔 옷이에요? 무슨 색깔이에요? 바지는 뭔 바지예요? 무슨 색깔이에요? 키는 몇이에요?" 이러고 다 물어보더라고요, 신상 기록을. 그래서 아무 말도 않고 버티고 있었더니 이 아줌마 안 되겠네, 계속 물어보더라고요. 암말도 않고 계속 안 했어. 그랬더니 뒤에 갇혀 있는 애들이 "아줌마 말 안 하면 맞아요" 글더라구요. 애들이 막 자꾸 말하라고 그러더라고요. 암말도 않고 서 있었어. 계속 협박하길래 [내가 그랬지.] "이것 보쇼, 내가 법 지키다가 여까지 들어왔는데, 나 여그 살아서 나가야 되니까, 법 안 지킬 테니까, 너네 맘대로 하라고", 그랬더니 알아서 허더라고.

노조활동 하면서 가장 힘들었던 점은요?

친구들하고 본의 아니게 고통들을 많이 당해서, 한밤중에 정말 옳은 일인데도 불구하고 그런 사람들을 피해가면서 성당 담 넘어서 만나야 되고, 담 넘어서 나와야 되고, 몰래 만나가지고 막 대화하면서도 쉬쉬하면서, 긴장 속에서 대화하면서 어려움을 겪었던, 근데 그 속에서 다음에 어떤 어려움을 이겨내기 위해 계획을 짜서 나가면, 다음날 회사에서 미리 알고 있었다라는 것, 그것이 진짜 너무 가슴이 아팠어요. 근데 나중에는 누가 그랬는지 알아냈는데, [하하하] ○○○씨가 이중인격이 있어가지고 결국에는 [회사 측으로 넘어가버렸는데] 할 때는

투쟁 기간 군산월명공원이나 바닷가 등지에 와서 휴식을 취했다. 다시 마음을 다잡고 힘을 모으기 위한 그녀들의 연대 방식이었다.

또 잘하는데, 유혹에 넘어가가지고 왔다 갔다 수시로 그래가지고, 하튼 아쉬움이, 고생하면서도 그런 부분이 있을 때 아픔이 있었어요. 서로, 그때 당시는 고생하면서도 서로 의심할 수밖에 없는 입장에 몰르니까 (몰리니까), 그런 아픔이 있으니까 더 슬펐죠.

실제 태창싸움은 그게 아세아스와니에 들어갔다 해도 그게 이어지면서, 주욱 하다 보면 89년도까지 했다고 봐야죠. 89년도 마지막 해고싸움 시작하고, 노태우 때미(때문에) 하게 되면서 그때 하고, 도저히 생활 때문에 안 돼가지고 [싸움을 더 이상 할 수 없었죠.]

그때 싸움하면서 정신적으로는 여성단체 같은 데, 그런 데 언니들이 같이 와서 활동을 해주니까 그런 거는 인제 지식적으로나 그런 건 있었고, 물질적으로는 인제 저희가 나갈 때 그런 교통비 같은 이런 거, 그 외에는 아무것도 없었죠. 저희가 활동비 마련하기 위해서 장사 같은 거, 이런 거 좀 해갖고 기금 모금해가지고 쓰고. 풍물패는 학생하고 연결돼가지고 와갖고 가르쳐준 거고, 어떤 그 유인물 관계, 인제 같이 뿌려주고, 같이 연결해가지고, 인제 연락해서 서로 강의 같은 거 하게 알려주고 그런 거, 그런 것 같아요. 해고당하면서, 저희들이 홍보 작업하면서 연극으로 표현하기 위해서 배우기 시작해서 한 거예요. 식당은 제가 풍물패 하다가 너무, 인제 그 여러 가지, 내부에 남남끼리 만나서 분위기를, 하다 보면 나름대로 이기적인 애들도 있고, 이러다 보니까 분쟁이 일어나면 그런 것들 수습하기 위해서는 어디 가서 또 자리를 마련하기 위해, 그런 부분은 또 돈이 들어가잖아요, 금전적으로. 그러다 보니까 돈이 부족하다 보니까, 어디 나올 때는 없고. 제가 인제 [하하해] 이중인격이 있어가지고 장사를 차린 건데, 엄마한테는 집이 형편이 어려우니까 내가 가게라도 하겠다 하고 차렸는데,

결론은 그게 아니죠, 활동비인데. 풍물패 운영하는 데 여러 가지 지원 자금이 필요해가지고 해서 차린 건데, 거기서도 주인이 그냥 순간에 맘 변하는 바람에 그만두게 된 거죠. 그서 풍물패는 그 후배한테 물려주고 하라고 하고 저는 인제 전주로 가가지고 전주에서 또 지오세 회장 활동하면서 식당하면서 하다가 결국에는 다른 사람한테 인계하고, 식당 운영하다가 태창싸움 들어가면서 거기서 인제 결혼해, 결혼해가지고 태창싸움도 들어갔기 때문에 제가 아이를, 큰애를 배서 결국에는 인제 생활로 들어갔죠. 그때부터 지금까지 생활하게 된 거죠.

당시 여성노동자들은 회사 끝나고 나면 뭐했어요?

그때 당시는 나이트클럽, 지금은 성인나이트클럽이죠. 그때는 청소년 나이트클럽 에이비시(ABC) 같은 거 이런 거 있었거든요. 저녁에 가서 많이, 해소를 많이 했었어요. 청소년 나이트클럽이 있어가지고 그때는 청소년 상대로, 익산시가 그런 데가 세 군데가 있었는데, 그런데 거의 다 많이 가서 스트레스를 풀은 것 같애. 일요일날도 바쁠 때는 안 쉬고, 바쁠 때 목표량을 더 해야 되는데, 그런 게 좀 딸렸을 때는 나오는 데가 있었어요. 라인 전체가 나오는 것은 아니고, 나오는 부분만 있어가지고 나와서 일하고. 회사 복지, 다른 데보다는 복지 수준이 낮았다고 봐야죠. 회사 규모는 컸어도 복지시설은 그렇게 좋았다고는 볼 수 없죠. 그냥 탈의실만 근근히, 자기 물품들만, 도시락하고 가방하고 싸갖고 다녀야 하기 때문에 고것만 간신히 만들어줬죠. 일요일에 집에서 쉴 때는 교회 갔다 오고 토요일 같은 경우에는 밤에 당시 교회 같은 데 제단에 화분 같은 거 올려놓잖아요. 그면 최고급으로 화분 둘레 만들어가지고 새벽에 나가서 그 화분 쫙 둘르게 다 해놓고, 아침에, 새벽에 나가면 저녁에 11시쯤 집에 갔어요. 그때는 어려운 사람들은 나름대로 쉬는 날은 집에서 쉬고, 자고, 아니면 집안일 좀 하고, 글 안하면 다른 애들은 주말에 친구들 만나고, 형편이 그런대로 좀 괜찮은 애들은 친구들도 만나고, 놀러도 등산도 가고, 자기 나름대로 인자 취미생활 찾아서, 인제 뭐 공예 같은 거, 뜨개질 배우는 애들이 많이 있었어요.

저는 미팅 같은 거 안 해봤어요. 크리스마스 때 돌아오면 주로 밤 지내고 싶어서 놀고 싶어가지고, 그런 거는 조금 있었지요. 이케 평일날 같은 때는, 주일날 같은 때 남자친구들하고 놀러도 가는 애들도 좀 있었는데, 부분별로. 꿈들이 나름대로 다 틀리니. 남자친구들하고 놀러 가고 갔다 와가지고 얘기들을 즐겁게 하고, 어떤 애들은 집에서 지

> 쉬는 날은 집에서 쉬고, 자고, 아니면 집안일 좀 하고, 자기 나름대로 취미생활 찾아서 공예 같은 거 뜨개질 배우는 애들이 많이 있었어요.

내는 친구들도 있고, 글 안하면 경제적으로 안 따라주니까, 집에서 인제 동생들이나 같이 지내는 애들이 있고. 연애 같은 거는 될 수 있으면 고학력층에 좋은 남자들 만나고 싶어 하는 사람이 많았죠. 현장 안에서도 관리직, 쪼끔 저기한 나이 비슷한 이런 사람들은 같이 잘해주고 그러면 뿌듯해가지고 다니는 노동자들도 많이 있었고. 현장에 연애사건도 많아요. 그런 것도 많이 있죠. 안 좋은 일도 많이 있고. 안 좋은 것은 관리자들이 한 사람이 아닌 여러 사람을, 같은 친구, 또래들, 같은 또래들을 전부 다, 어떤 그런 호기심 풀면 버리고 해가지고 결국은 다른 사람하고 결혼하는 거. 거의 다 시집 잘 가는 게 꿈이었

죠. 회사생활 하다 보니까, 너무 힘드니까 인제 결혼이, 힘든 생활에서 벗어나서 결혼 빨리 하고 싶은 사람들이 많았죠. 그때 당시는 그랬어요. 결혼하는 게, 왜 그냐면 현장 생활이 너무 힘들다 보니까, 결혼에 집중적으로 신경을 쓰다 보니까, 결혼해서 편하게 살아야겠다라는 게, 거기다 항상 주의를 두고 있으니까 사람, 남자들 만나서 적극적으로 잘해주다 보면 [그 남자를 따르게 되고,] 그 남자는 '호기심' 풀으면 인자 배척하는 부분들이, 힘든 부분이 [있어가지고] 그서 나가는 사람들도 많았고.

당시 회사에서 근무환경은 어땠어요?

[평상시 공장 생활할 때 노동자들한테 강조하는 것은] 생산량. 아침 조회 하면 주로 인제 잡담 많이 한다, 생산량이 적다, 그런 똑같은 얘기 하죠. 복창 같은 걸로 열심히 하자, 잡담을 줄이자, 이런 거 주로 하고. 전체 조회 시간 끝나고 인제 부별로, 라인별로 또 하게 되면 화장실 자주 가는 사람들 지적하고. 보조반장들이나 아니면 미싱반장들이 잡담 많이 하는 사람들은 몰래 적어놔요. 이름 적어놓았다가 반장한테 주는 거죠. 그것도 아부성이 많은 사람들이나 하지 전체적으로 다 하는 편은 아닌데, 그런 사람들이 주로 많았어요. 그래가지고 갖다 일르면 개네들은 칭찬받는 것을 좋아하니까 뭐 주고 이러니까, 데리고 가서 밥도 사주고 그러니까 그러다 보면 그걸 일러요. 그러다 그 조회 시간에 그런 것들을 지적하지. 누구누구는 잡담 심하고 뭐 어떻게 하고 화장실 많이 간다, 이렇게 인제 막 앞에다 내세우고 하는 사람도 있고, 인자 간접적으로 또 그냥……. 그런 공개적인 말만 하기도 하고. 화장실 한 번 가는 것도 눈치 많이 봐야죠. 진짜 대화하기

힘들어요. 화장실 자주 가도 뭐라고 하고. 자주 가면, 자주 가면 반장들이 지키고 있다가 뭐라 해요. 너무 화장실 자주 간다고, 왜 이렇게 자주 가냐고 뭐라 해요.

일만 막 묵묵히 해야 돼요. 앞에만 바라보고 그냥 일만 해야 돼요. 잡담 쪼금만 해도 막, 고참은 무조건 해고돼요. 이유도 없어요. 무조건 해고당해요. 동료들끼리 일하면서 작업을 해야 능률이 있는데, 그 사람들은 그렇게 생각을 안 해요. 관리자들은 잡담을 하게 되면 아무래도 눈이 미싱에 돌아가야 되는데, 보고 해야 되는데 잡답을 하게 되면, 일하면서 잡담도 할 수 있는데, 한 번씩 고개 딱 돌려가지고 뭐 물어보고 이래도 그런 것들이 다 잡담으로 들어가고, 무조건 그래가지고 나이 어리고 들어온 사람들은 봉급이 적

> 화장실 한 번 가는 것도 눈치 많이 봐야죠. 진짜 대화하기 힘들어요. 화장실 자주 가면 반장들이 지키고 있다가 뭐라 해요. 너무 화장실 자주 간다고.

으니까, 저기 뭐야, 보너스 같은 것도 적게 나갈 것 아녜요. 그니까 그런 부분들은 쪼끔 참작을 하는데, 나이 많이 먹은 사람들은 월급도 많고 보너스도 많고 이러다 보니까 그런 사람들은 보너스 탈 때, 월급 오를 때 되면 무조건 트집 잡아서 다 해고시켜요.

출근은 8시 30분! 그 10분 전, 5분 전, 조회 있는 날은 인제 15분 전에 가야 해요. 10분 전에 조회를 하기 시작해가지고 끝나면 바로 들어가게. 새마을 운동 같은 거 하게 되면 밖에 나와가지고 뭐 주위에 있는 거, 드러운 거 이런 거, 쓰레기 같은 거 이런 거 치우고 화단가꾸기, 뭐 이런 거, 다 아침에 점심시간, 퇴근시간 맞춰가지고 막 화단가꾸

기, 막 이런 거 하고. 이런 것도 근무시간에는 절대 안 해. 점심은 제공됐죠. 처음에는 싸갖고 다녔었는데, 그것도 나중에 [제공됐어요.] 5년 넘게 도시락 싸갖고 다녔어요. 현장에서도 먹고 그 속에서도 먹고 그랬으니까. 현장에서 냄새 난다고 못 먹게도 많이 하고, 추우니까 밖에 안 나가고 [안에서 먹으면 냄새 난다고 뭐라고 했죠.] 하루 안 나가면 월급에서 까지고. 하루 결근하면 이틀 치 수당까지 싹 빠지니까. 이틀 치가 빠져요, 그날 결근하면. 수당하고 많이 차이나니까 결근들을 잘 안 하는 편이에요, 어지간하면. 생리해도 출근해야 했어요. 생리통 심한 사람들은 막 궁글어 다녀요, 아파가지고. 그런 사람들도 인제 아퍼도 약 먹고 견뎌야 되니까, 애지간하면 견뎌야 되니까, 그런 것들 때매. 생리통 휴가가 그때 당시 없었는데, 노동조합 생기고 그런 것들 때매 휴가를 줘야 된다 해가지고 나중에는 생리 휴가가 있었죠. 생리 휴가가 그때 하루. 그 대신 생리 휴가 하면 일 안 한 거만 빠지고 수당이 안 빠지니까.

되게 [그런 공순이랜 호칭 싫어했죠. 진짜 싫어했죠. 그 말, 공순이. 그 말 싫어해가지고 학교 더 많이 다녔고, 애들이. 공순이라고 불르면 되게 싫어했어요. [공순이라는 걸] 숨기고, 애들도 공장 다니는 거 숨기고. 학생, 대학생들 미팅 같은 것도 하는 애들은 [자기가 공순이라는 걸 숨기고 회사 다닌다는 것 숨기고 [그랬어요. 개인적으로도] 싫었지만 그걸 어떻게 뭐라고 표현할 수는 없죠. 나중에는 공장 다니니까, 여자니까 하는 말인갑다 하고 무덤덤하고. 어느 날 이런 노동조합 생기고 사회 운동이 시작되다 보니까 그런 말들이 좀 들어갔죠. 지금 근로자라고, 원래 근로자라고도 표현했죠. 우리는 [근로자라고 안 한다고, 노동자라고 그러는데. 근로자라는 것도 이 사회에, 회사 측이 지어낸 거라 그것도 별로 안 좋아하니까 [우리는 노동자라고 써. 쓰면 회사에서는 [노동자라는 말을] 반대를 했어요. 노동자라는 말에는 강력한 부분도 있지만, 어떤 저희 일하는 노동자들한테 어떤 권리감을 주는 이름이었기 때문에 [우리는 그렇게 썼죠.] 근데 근로자라는 부분은 근면 성실에 대한 회사 측의 요구사항만 들어 있기 때문에 그거는 회사 측에서 원하는 사항이고, 우리는 우리 나름대로 권리였기 때문에 회사 측에서는 싫어했죠. 거기에 대한 힘과 희망, 또 의지라는 게 그런 부분들도 있었고, 노동자라는 게. 회사 측에서는 암튼 되게 싫어했어요.

관리자한테 대들고 그러면, 저희들이 가면은 주로 인제, 안에서 부정한 행동들 같은 거 이런 거 일어나고 그러면 막 소리 지르고, 또 아무것도 아닌 것 같고, 관리자들이 불러서 [뭐라고 해요.] 정말 작업상에, 저희들이 작업하러 갔으니까 작업상 외에 뭐 있겠어요. 글 안하면 가정적인, 아니면 친구들 얘기, 나름대로 인제 놀러갔다 와가지고 재미난 얘기 쪼끔씩 일하다 지치니까 한 번씩 할 수도 있는데, 그런 것도 있다고 하지만 주로 작업상 이야기인데도 주로 관리자들이 불러가지고 [뭐라고 해요.] 그런 거 갖고 따지면 감히 여자가 어디서 대드냐는 식으로 [그랬죠. 복장 같은 것도] 거기 회사에 가운이 있어가지고, 작업복이 있어요. 항상 그걸 입고 다녀야 돼. 작업현장에 들어가면 안 입으면 혼나죠.

성적 모욕이나 성희롱의 경험이 있으세요?

[성희롱이나 성적인 모욕은 아세아스와니에서. 태창에서는 제가, 이제 대화하면서 골방에 가둬놓고, 그 이외에는 없었고, 아세아스와니에

서는 저를 술집, 룸싸롱까지 데리고 갔을 정도니까. 가가지고 저를 있는 대로 꼬실려다가 결국에는 못 꼬시니까 그 다음날 회사 가니까 온갖 화를 다 내더라고. 그게 [그 사람한테] 책임이 있었나 봐요. 위에서 시켜가지고 한 거라 책임이 있었는가 본데 안 되니까 인제 있는 대로 [나한테] 화를 내더라구요. 자기는 최소한도로 인간적으로 해줄려고 했었는데, 내가 안 맞춰주니까 그랬다고. 인제 아세아스와니 다녔을 때 제가 회사에서 그렇게 몰매 맞아가면서 그 추운데 단식 농성하면서도 버티니까 나중에는 익산시 깡패 시켜가지고, 깡패 시켜서 [강간을 시도했었죠.] 그 깡패가 그때 당시 그 수배당하는 일반 애들, 한참 성장기 때 그 반항하는 애들이 있잖아요. 그런 애들이 실수로, 친구 실수로 교도소에 한 번 들어갔다 나왔나 보더라고요. 그런 애들이 수배 중에 있었는데, 가를 잡아다가 저를 강간시키는 목적으로, 회사에서 100만 원을 받고, 깡패가 100만 원을 받고, 야는 수배 중인 거를 풀어주는 조건으로, 기소 중에 있는 거를 풀어주는 조건으로 저를 그렇게 하기로 인제 약속을 했나 봐요. 그래가지고 집에 와가지고 피곤해가지고 힘들어서 일기장을, 그때 당시 언니들은 서울 가고 둘이 있었는데, 방에서 일기장을 쓰다가 잠깐 잠든 사이인데 창문 쪽으로 들어와가지고 저를 [범하려고,] 방에 불 켜고 있었는데 불도 껐더라고. 근데 저를 누군지는 모르니까 칼을 들고 와갖고 갈등하고 있는 찰나에 불을 딱 끄니까 성모 묵주가 걸어져 있었거든요, 야광 묵주가. 그걸 보는 순간 성당 다니는 자기 엄마가 기도를 많이 하는 모습, 그런 모습들이 생각이 나가지고 갈등하는 찰나에 우리가 일어난 거예요. 일어나니까 걔가 나한테 목에다가 칼을 대더라고요. 그서 내 이름을 부르면서 누구냐고, 김덕순이가 누구냐고 물어보더라고요. 그서 얘가 기다고. 그랬더니 걔가 인제 꼼짝 말라고, 소리 지르면 죽인다고 그러더라고. 그서 제가 그랬죠. 보시다시피 여긴 아무도 없고 외딴 데고 들어오면서 다 봤을 건데, 둘레 다 봤을 건데 소리 질러도 올 사람도 없고, 그러니까 죽이는 건 나중에 문제고 아저씨가 우리를 왜 죽여야 되는지, 나를 왜 죽여야 되는지 이유나 알고 합시다. 제가 그랬어요. 그랬더니, 도대체 왜 그러는지 말해보라고 그랬더니 그 사람이 칼을 버리더라고요. 칼도 주방에서 갖고 들어왔더라고. 칼을 버리길래 옆에 있는 친구한테 가서 물을 떠오라고 했어요. 제가 물을 떠오라고 해갖고, 찬물을 떠오라고 해서 멕이고, 안 먹으려고 한 걸 먹어라, 그래갖고 거기서 얘기를 조근조근 했어요. 그랬더니 아세아스와니 누가 다니냐고 물어보더라고. 그서 내가 다니고 이름은 내가 김덕순이고, 근다고 했더니, 그냐고. 그러면서 그때는 그냥 나갔어요. 그렇게 하고 그 사람이 그냥 나갔어요. 저희는 긴장되고 떨려가지고 그 사람이 간 뒤에, 주연동에 이수연 신부가 있어가지고, 이수연 신부를 불러가지고 그분이 오셨어. 오셔서 같이 있었는데 한 30분 지나니까 뭐가 이상한 소리가 밖에서 나길래 나가봤더니, 이만한 쪽지에다가 편지를 써가지고 돌에다 묶어가지고 던졌더라고요. "누나 미안해" 이래가지고 던졌더라고. 나중에 얼마 지나가지고 저희들이 막 데모하고 이러니까 가가 나를 다시 만나서 얘기를 [하자고 왔어요. 나도 왜 그랬는지, 모든 걸 물어보려고 가를 만날려고 많이 애썼어요. 근데 결국에는 나하고만 얘기하고 싶다고 그래가지고 [둘이서만 만나서] 얘기를 했어요. 그랬더니 얘기를 다 하는 거예요. 깡패가 100만 원을 회사에서

> 나를 강간을 시켜서 회사를 못 다니게 해라, 그렇게 했다고 가가 인제 다 얘기를 하는 거예요.

받고, 기소 중지를 풀어주기로 하고, 나를 강간을 시켜서 회사를 못 다니게 해라, 그렇게 했다고. 가가 인제 다 얘기를 하는 거예요. 미안하다고 그렇게 해가지고. 남자들허고 그런 약속을 해놔가지고 그렇게 했다고. [그걸] 녹음까지 다 하고 그썼는데, 지금 그때 당시 그렇게 하고 미안하다고 하고. 가는 인제 그 창인동 성당 옆에 살았었는데, 나중에는 멀리 자기 형 돌일 하는 데로 가가지고 숨어서 살았다고는 하더라고요. 그래갖고 지금은 결혼도 하고 사는데, 저번에도 〈이제는 말할 수 있다〉 거기서 방송와가지고 얘기를 하라고 그러는데, 그 사람을 찾아서 말을, 답변을 들었으면 좋겠다라고 얘기를 하더라구요. 근데 이미 결혼해서 살고 있고 이 사회의 권력에, 힘에 아직도 눌려 있는 상태인데, 이미 그렇게 조용하게 결혼해갖고 사는 사람 괜히 피해 가게 하고 싶지는 않고, 그거를 정말 둘레에서 지켜줄 수 있는 부분이라면 모르는데, 그렇지 않을 경우에는 말하고 싶지 않다고 그랬더니 결국에는 그냥 추려가지고 자기네들이 알아서 했더라고요. 우리가 봤을 때는 회사가 아니라 정부가 시킨 것 같아요. 아세아스와니에서는 나의 정신적인 의식이 두려웠다라고 봐야죠, 그 사람들은. 그러기 때문에 교회(성당)를 나가지 말라고, 모든 가정 책임을 다 책임질 테니, 회사에서 다 책임질 테니까 교회를 나가지 말라고 강조를 한 거죠. 나는 끝까지 나가겠다 하니까 그럼 회사를 나오지 말라 한 거죠, 회사는. 그 이후로는, 타당성이 없으니까 저는 끝까지 나오겠다, 그래가지고 싸우게 된 건데. 회사애들도 그때 당시에는 아무것도 [모르고] 조용하게 [다녔어요.] 도급제기 때문에 일하는 대로 거기도 돈을 벌었거든요. 진짜 힘들게, 아주 힘들게 일했던 곳이에요. 도급제로, 가격도 싸고 그래가지고, 거기서도 거의 다 99%가 야간학교, 다 그 조건으로도 거기 다녔어요. 그런 애들을 나 때문에, 나 몰아내기 위해서 교육을 시킨 거예요. 교육을 시켜가지고 나 몰아내기 위해서 인자 가네들 일도 안 시키고 계속 시켜가지고 그렇게 하다가 나는 나중에 도저히 안 되겠다 싶어갖고 그만두고 안 가게 되니까 그 회사에서 인제 이용해 먹던 공장장을 위에 상무가, 거기서는 상무가 제일 높았었는데 해고를 시킨 거예요. 공장장을 이용해먹고 인자. 그러니까 거기 공장장이 해고당하면서 거기 근로자들이 공장장을 다시 복직시키라고 데모를 한 거예요. 거기서도 저 몰아내기 위해서 나이 먹어서 시집도 안 가고 뭐 이런 데, 그 어린애들하고 일하는 게 추접스럽지도 않느냐, 막 이러면서 하튼 온갖 모욕을 주면서도 애들을 식당에다 싹 모아놓고, 나 거기 위에다가, 단상 위에다 올려놓고 그 많은 애들이 질문을 던져가면서 다 하게 하는 거예요. 그서 그 답변을 싹 하면서, 질문을 던지면 답변을 해주면 중간의 애들이 몇 명이서 막 소리를 지르는 거예요. 그 말소리를 못 알아듣게. [내가 물어보는 말에 답변을 하면서 노동자들을] 이해를 시키니까. 또 노사위원회를 몇 명을 대표, 회사 대표를 만들어 놓고, 가네들 사무실이, 우리가 이렇게 팀별로 해가지고 회의하는 데가 있거든요. 거기다 방에다 [나를 가둬놓고, 한 다섯 명허고 5 대 1로 해가지고 인제 녹음기 하나 갖다놓고 나를 약점을 잡기 위해서 대화를 시키는 거예요. 근데 내가 자세하게 가네들을 설명을 시키고 설득을 시키니까 밖에서 듣고 있다가 도저히 안 되게 생겼는가, 중단시켜가지고 다시 데려가고.

요즘 아이들 교육이 힘들죠?

이 사회가 문란하다 보니까 아이들한테 정말 밑바탕의 올바른 지식이 더 중요하다라고 해서, 주로 학교교육도 중요하지만 성서교육을 집중적으로 시켜요. 그래서 사회 속에, 밖에 나가면 유혹하는 것들이 너무 순간적으로 많아서 자기 본인한테 올바른 지식이, 주관이 뚜렷하게 박혀 있지 않으면 유혹되는, 한 번 실수하면 헤어나올 수 없으니까.

제가 활동했던 것이, 그때 당시 최고 악랄한 사람으로 찍혀갖고 [하하하] 진짜 겁 없이 싸웠어요. 노조 활동할 때는 형사들한테 잡혀가 가지고 협박도 많이 당하고, 아세아스와니 같은 경우에는 관리자들한테 뚜드려 맞고, 태창 같은 데는 관리자들이 간혹 한 번씩 폭력이 있지만 그 앞에 같은 동료들끼리 싸움을 시켜가지고, 우리는 인제 가만히 있는 입장인데 걔네들은 폭력을 쓰죠. 그렇게 해갖고 많이 맞았죠. 거의 우리들은 인자 지키고 있는 입장이고 묵묵한 입장이니까, 가네들은 우리를 어떤 협박을 써서라도 몰아내야 하는 입장이었기 때문에. 우리는 하튼 폭력이든 욕설이든 모든 걸 당해야 하는 입장이어서 엄청 맞았죠. 진단서도 떼고 그러기도 했었는데. 너무 내가 주관이 뚜렷해 가지고 가네들도 골탕도 많이 [당했죠.] 골탕이라고 하는 것보다도 우리는 그냥 있는 그대로 표현했을 뿐인데 그 사람들은 그때 당시 자기네들 생계 위주, 직장 위기, 직장을 잃을 뻔한 그런 위기였기 때문에 지금에 와서 오기를 부려요. 어쨌든 인간인 [이상] 양심이 있으니까 언젠가는 느끼겠지 하고 그냥 지나가죠. 우연히 만나면 미안해 해. 그때는 자기들 생계 때문에, 직장 때문에, 잃을까봐 어쩔 수 없이 했지만 지금은

> 아이들한테 정말 밑바탕의 올바른 지식이 더 중요하다라고 해서, 학교교육도 중요하지만 주로 성서교육을 집중적으로 시켜요.

염치없어라 해, 진짜 염치없어라 해.

남편은 당시 노동운동한 것을 알고 계세요?

남편도 활동했던 것을 알죠. 거기 활동하면서 만났으니까. 활동하는 거 다 알아. [아이들도] 제가 그랬다 하면 의아해해요, 책 같은 것도. 공동체, 공동체 소설에 나와 있으니까. 인제 인터넷 들어가면 나오거든. [아이들이] 정말이냐고 [물어봐요.] 왜 그때 와서도 〈이제는 말할 수 있다〉 TV에서, MBC에 와서 방송해가니까 진짜냐고 막 몇 번 물어보더라고요. 조용히 항상 말없이만 있다가 그런 일이 있으니까, 애들도 [내개] 집에서 일만 하고 그러니까 그런갑다 했는데, 그런 일이 있으니까, 근데 싫어하지는 않더라고요.

남편은 조경일을 바로 그만뒀어요. 그만두고 목수일을 시작[했는데,] 목수일이라는 게 여러 가지로 어려움이 있어갖고 생활을 할 수 없어갖고 제가 장사를 시작했는데, 장사하면서도 저 나름대로 어려움이, 타산이 안 맞으니까. 결혼 전에 했던 식당은 치우고 조경일 신랑이 하면서 잘 안 돼가지고 제가 미싱일을 주야간으로 했어요. 그거 하다가 거까지는 전주에서 살았는데, 익산으로 와가지고 귀금속 팔찌 이렇게 하는 거, 악세사리, 그거 갖다가 밤낮으로 그것도 고리 연결하면서 생활을 해왔고, 튀김집 한 3년 하다가 IMF 들어오는 바람에 문을 닫고, 애들 때매 안 되겠다, 식당에 들어갔는데, 아침 9시에 나갔다가 저녁에 집에 오면 12시 다 되더라고요. 애들이 생활이 너무 불균형해가지고, 제가 집에 없으니까, 애들이 밖으로만 도니까 너무 안 되겠더라고요. 너무 마르고 건강도 안 좋고. 그래서 그만두고 우유장사를 했어요. 그서 우유장사를 하다 보니까 인제 어려움이 또 많더라고. 그런 찰나에

이 피자집을 해왔는데, 피자집 하면서 어려움이 더 커져버렸어.

노동운동하고 제가 여성으로서 변화된 거는 무조건 남자한테 뭐 순종만 해가면서, 좋든 나쁘든 순종만 하면서 옳은 일이든 나쁜 일이든 남자가 무조건 명령하면 따라야 된다라는 어떤 의식이, 그런 의식이 아니다라는 게 바뀐 것 같아요. 아닌 건 아닌 거고 긴 건 긴 거고, 예, 아니요를 분명히 하게, 자부심을 갖게 해주었다라고 봐야죠. 그런 것들이 이 사회에서도 그렇고. 왜 그냐면 인제 어떤 권력 있는 사람들, 돈 많은 사람들, 이런 사람들, 지금도 그래요. 제가 이 사회에서 이렇게 살면서 어려운 일 있을 때 경찰서를 가기 싫어해요. 왜 그냐면 경찰서에 가서 뭐 같은 거 신고하고 그러면 옛날 기록이 다 뜨잖아요. 보복을 해요. [경찰들이] 오기를 부려. 오히려 내가 피해자인데 가해자로 만들어놔부려. 될 수 있으면, 애지간하면 그냥 그 안에 있는 한도에서 조용히 살고 좋게 해결하고 그럴려고 많이 노력을 [해요.]

마지막으로 꼭 하고 싶은 얘기가 있다면요?

사람이 산다는 게 힘들긴 힘든데, 보이지 않게 서로의, 상대방이 있음으로 해서 사는 건 마찬가지인데, 이용하는 것도 마찬가지고 똑같은데 그냥 이용하고, 그 사람한테, 어떤 이용하면서까지 잘못되었을 때는 상대방한테 덮어씌우는 어떤 그런 사람들이, 이기적인 그런 것들이 많이 있지 않나 싶은데, 그런 것들이 서로 좋을 때만 생각하지 말고, 자기가 좋을 때만 생각하는 사람들이 더 많은데, 나중에 길게 안목을 [갖고] 바라보면서 좀 양심적으로 진실되게 살았으면 좋겠다라는 생각이에요. 제가 살면서 너무 사람들한테 이용당하다 보니까 바보 취급만 받고 지금도 살고 있는데 내가 힘들어도, 원래 생활하면서 내가 힘들어도 상대방의 어려움을 먼저 생각하다 보니까 지금까지 당하는 부분들이 많아요. 처음 노동운동도 그렇고 사회 나가서 일하면서도 그렇고, 지금 생활하면서 사회 사람들하고 같이 어울려 사는 것도 그렇고, 내 주관이, 주관은 뚜렷하지만 그냥 상대방을 이해 먼저 한다라는 게 너무 힘든 것인데도, 당하면서도 그렇게 살으니까, 또 그렇게 살지 않은 사람들은 그거를 바보 취급하면서 이상하게 보는 눈들이 없었으면 하는 생각이 들어요. 그래서 더 열심히 상대방을 이해하면서 살려고 하는 사람들이 부족하지 않나 그렇게 생각해요.

¶ 강현아, 진양명숙이 2006년 2월 10일과 2월 13일 두 차례에 걸쳐 인터뷰했고, 진양명숙이 정리했다.

공부하고 싶었던 열세 살 시다에서
진짜 노동자가 되기까지

이 송 준

이송준은 1952년 완주군 비봉면에서 출생, 11살 이후 익산시에서 살았다. 초등학교 졸업 후 13살 때 자개 만드는 가내 수공업체에 최초로 취업한 이후 여러 직장을 전전하다 19살 때인 1978년 창신공업사에 취업하여 자동차 정비 노동자가 되었다. 1984년 JOC 회원으로 활동하면서 노동운동을 시작하고 이후 '노동자의 집'에서 계속 활동했다. 1986년 창신공업사에 재입사하여 1987년 창신공업사 노동조합 설립을 주도하고, 1989년 이후부터는 전북노련 교육부장으로 상근활동을 시작하면서 JOC 활동을 정리했다. 이후 1990년 교육선전국장, 1991년 임투상황실장, 1992년 사무처장, 1993년부터 1995년까지 전북노련 의장을 맡으며 지역 노동운동 전반에 주도적으로 참여했고, 1995년 민주노총 전북본부 출범 이후 초대 사무처장으로 활동했다. 현재 민주노총 전북본부 지도위원이자 민노당원으로 활동하고 있으며 지난 2006년 지방 선거에서 기초의원 선거에 출마했다. 2006년 인터뷰 당시 자신의 정비소를 운영하고 있던 늘 그대로인 노동자였다.

태어나신 곳은 어디신가요?

완주군 비봉면에서 태어나 11살 때 이사를 왔어요. [이사 다닌 건] 10번 넘을 거예요. 우리 아버지가 많이 다녔어. 아버님이 비봉에서 나와가지고 [많이 이사 다녀서] 도대체 나도 다 어디 살았는지 기억이 안 나니까요. 주로는 익산시 동산동에 계속 살았어요. 거기서 다 성장을 했지요. 지금도 거기 살고요. 지금 금강동이 동산동이에요. 마찬가지예요. 동네에서 왔다 갔다 한 거죠. 셋방 살고 전세 살고 나중에 다 커가지고는 아버지가 집을 하나 샀죠. 결혼도 거기서 했죠, 동산동. 결혼하면서 분가를 한 거죠. 주현동에 한 번 살았죠. 결혼 초에 주현동에 5년 살았고 다시 동산동으로 왔어요.

어린 시절 이야기 좀 들려주세요. 부모님과 가족관계가 어떻게 됐어요?

남자 형제 5형제였어요. 그중에서 셋째예요. 가족은 할머니까지 8명이었어요. 긍게 우리 집 이사 다닐려면 굉장히 힘들었어요. 대식구라 방이 없어요. 방이 꼭 두 개씩 있어야 되고 [그랬죠.] 대개 방 2개 내주는 집 없거든요. 어렸을 때는 가난했으니까 기를 못 폈죠. 기를 못 피니까 조금 다툼이 많았어요. 부모님은 농사도 짓고 노동일을 병행을 했어요. 건설노동자였죠. 땅이 있었어요. 많이 지을 때는 한 4,000평 있었어요. [4,000평이면] 스무 마지기니까 두 필지 가까이 되죠. 꽤나 있었죠. 지금도 농사는 한 2,000평 짓는데 형제들이 짓고 있지요.

농사를 한 4,000평을 지었으면 동네에서 그렇게 가난한 축은 아니었을 것 같아요.

근데 우리 아버님이 욕심을 부린 거예요, 땅에 대한 욕심. 긍게 사실은 4,000평 농사를 못 지는 거야. 촌에서 나올 적에, 암튼 촌에서는 좀 부자였던 걸로 저도 알아요. 그 동네에서는 상당히 잘 살았어. 살았는데 우리 고모부가 우리 아버지를 사기를 친 거야, 친고모부가. 그래가지고 전주에다 땅을 사놓고 집까지 사놓고 딱 갈려고 하는데, 이게 사기라는 것을 우리 아버지는 모르니까 고모부는 다른 사람이 사기 쳤다고 하는데, 같이 친 거야, 말하자면. 그래가지고 아버지가 익산으로 [나왔어요.] 전주 동산촌으로 나가서 농사를 질려다가 그것이 안 되니까 그걸 팔아가지고 익산으로 나왔어요. 익산으로 나와서 또 열심히 일을 해가지고 원래는 한 2,000평밖에 없었는데, 열심히 일을 해가지고 계를, 쌀계 뭐 이렇게 해가지고 또 2,000평을 늘렸어요, 1,700평인가를 [늘렸어요.] 이게 무리가 된 거예요, 말하자면. 이게 무리가 되니까 집에 돈이 없는 거예요. 우리 큰형은 고모부 때문에 사기 맞아가지고 상급학교 진학 못 했고, 그때부터 계속 가난해버렸고, 나는 인자 상급학교 진학하려고 하는데 땅을 사버린 거야, 아버지가. 땅을 사니까 중학교를 그때 당시로는 7,000원인가 7,700원인가 있었으면 들어가거든요. 근데 7,700원은 있는데, 뭐야, 그 다음 학비 낼 돈이 없으니까 못 보낸 거예요. 그래가지고 아버지하고 진짜 성장해가지고 화해를 못 했어요. 돌아가실 때는 물론 화해를 했는데, 우리 형 결혼식 그때까지도 [화해를 못 했어요.] 암튼 그때 화해를 했던 걸로 내가 기억을 해요. 아버지하고 거의 얘기를 안 하고 살았어요.

아버지는 어떤 분이셨나요?

시골 살 때는 한량이셨고, 술도 안 드시고 진짜 근검하셨지. 검소하셨어요. 암튼 오형제를 먹여 살리는 것이 보통 일은 아니니까, 농사지어가지고, 72살에 돌아가셨는데, 다방면에 좀 재능이 뛰어나셨었어요. 원래는 중앙초등학교에서 농악 가르치는 강습교사로 오라고 했었는데, 그때는 인제 지금 방과 후 특기반 있잖아요, 그런 것을 거기서 해줄라고(해달라고) 했었어요. 그런데 수입이 안 되는 거야, 그게. 그 정도로 암튼 양춤도 잘 추고 단소도 잘 불고 [그랬어요.] 상여 나가면 앞에서 상여 소리 먹이는 사람 그런 거 했었어요. 지금도 고향 가면 우리 아버지보고 감나무골 넘어가는 소리라고 했어. 그만큼 노래를 잘했어요, 창도 잘하고. 한량이었어요, 거기서는. 어릴 적 기억에 거기 살 때는 농한기만 되면 노래 선생이 오든지 춤 선생이 와, 우리 집으로. 그래서 춤 선생이 겨우내 봄까지 거기서 숙식을 하면서 아버지하고 같이 노래도 배우고 뭣도 하고 이렇게 했었어요. 그런 기억이 나요.

멋진 분이시네요. 근데 그렇게 아버지하고 계속 안 좋았어요?

공부를 안 시킹게(안 시키니까). 공부를 안 시킹게, 난 하고 싶은데. 그때는 무시험 추첨이기 때문에 시험 봐서 어떻게 들어가는 것도 아니고 그러니까 인제 아버지가 안 보내주면 못 가는 거여. 그런데 나는 공부를 하고 싶고 [아버지는 안 보내주고 그러니까 안 좋았죠.] 나름대로 내가 공부를 좀 잘했던 걸로 기억이 나요. 과외 같은 거 있기는 있었지만 우리는 과외 엄두도 못 내고 나는 맨날, 우리는 환경이 노는 환경이라 공부할 틈도 없었어요. 근데 암튼 학교 가면 시험은 잘 보고 그러니까 공부는 좀 했는데, 우리 아버지가 안 보내주니까. 저는 공부를 하고 싶었거든요. 근데 안 보내니까 인제 야간중학교를 가볼까 하고 야간중학교 문을 두드렸어요, 두드렸는데. 미인가 교회인데, 아 공부를 [또 못 한 거예요.] 거기 들어갔으면, 공부를 계속했으면 검정고시를 그때 봐가지고 갈려고 했었죠. 딱 들어갔는데, 근데 취직을 시켜버리니까 긍게 공부도 못 하는 거잖아요, 돈 벌어오라고 하니까. 그때부터 급사로 이렇게 돌아다니니까. 그러니까 아버지하고 사이가 안 좋을 수밖에 없죠. 지금도, 지금도 그 생각하면은 가슴이 아프죠. 그때는 담임선생이 나한테 그때 당시로 재수하라고 했거든. 너는 공부를 해야 될 것 같은데 재수를 하라고 그랬는데, 우리 아버지 뜻이 안 그렇게 어쩔 수 없지. 우리 윗 형까지 초등 졸업하고 바로 밑 동생부터는 다 대학교 졸업했죠. 그 사이에서 참 재수가 없었던 거지. [하하해 참, 그래서 작년에 중졸, 고졸 검정고시 다 봤어요. 3월달에 중졸, 8월달에 고졸, 한판에 했어요. 요즘엔 할일이 없으니까 공부나 하죠, 뭐. 수능도 봤어요. 수능도 봤는데 아, 수능은 진짜 어렵데요. [그렇지만 지금은 띠 공부할 계획이 없어요. 내가 방통대를 작년에 법대를 등록했는데 수업 한 번도 참석 않고 리포트도 하나도 안 쓰고 책 하나도 안 떠들러 보고 그냥 올 상반기 다 넘겼잖아요. 왜냐면 민주노동당에서 사무국장을 하라네 어쩌네 하다가 그것 때문에 설왕설래 하다가 결국은 그것도 못 하고 이것도 못 하고 다 못 하고 놓쳐버리고 한번 리듬이 깨지니까 공부하기 싫더만, 이게. 리듬이 계속 이어지면 공부를 하겠는데 한번 깨지니까 하기 싫더라고요.

> 취직을 시켜버리니까 공부도 못 하는 거잖아요, 돈 벌어오라고 하니까. 그러니까 아버지하고 사이가 안 좋을 수밖에 없죠.

그때 어떤 생각을 했었나요?

가난이 웬수죠. 근데 가난한 건 아버지 탓이고, 긍게 아버지가 땅에 대한 욕심만 조금만 버렸으면 [달랐을 텐데 아쉽죠.] 근데 사실 지키지도 못했어요. 욕심만 조금 덜 했으면 괜찮은데, 어른들이 좀 땅에 대한 욕심이 [있잖아요.] "예전에 나는 땅 몇 마지기 지었었다" 이런 거요. 이게 아버지가 사기 맞기 전에 "나는 얼마짜리 농사를 지었다", 이것이 항상 당신한테는 있는 것 같아요, 지금 생각해보면. "나는 얼마짜리 농사를 지었다", 이것이 자부심도 있고, 막 이런 것이 있어가지고 그랬던 거 같아요.

학교 다닐 때는 어떤 학생이었어요?

친구들 사이에서 그냥 평범했어요, 뭐. 드러나지도 않았고. 근데 잘난 체는 되게 잘했지, 내가. 학교 발표하잖아요, 그러면 "저요, 저요"를 내가 [많이 했어요.] 항상 "저요, 저요" 했었는데, 그래가지고 오답을 말해도 나는 막 암튼 튈라고 했던 것 같아요. 그래서 튈라고 많이 했었어요. 학예발표회를 하는데 웬만하면 안 시키거든, 웬만하면 안 시켜요. 돈 있는 애들 이런 사람들 시키는데, 이제 나를 시켰어. 근데 내가 오답을, 산수였는데 오답을 얘기했어. 그랬더니 선생이 "저 새끼는 투가리(뚝배기) 보고 장기(장독)라고 한다"고. [하하하] 좀 튀었던 것 같아요. 튈려고 했었어요.

최초로 취업했던 곳은 어떤 회사였는지 얘기해주시겠어요?

최초로 취업한 건 초등학교 졸업하고 바로 취업했으니까요. 직장도 많이 전전했어요. 최초의 직장은 가내수공업인 자개 만드는 곳이 있었어요. [회사 이름은] 기억이 안 나요. 동산동에 있었어요. 그 후에 또 이리농고 급사생활을 2년 했어요. 그 뒤에 여러 가지 했는데, 전광사 하청업체를, 시계 만드는 부품업체를 다녔어요. [거기를] 한 2년 다녔다가 그만두고 78년도부터 인제 자동차 정비를 창신공업사에서 시작을 했어요. 그게 78년도예요.

초등학교 마치고 바로 취업했으면 처음 자개공장 들어갔을 때가 13살인데, 그렇게 어린 나이면 많이 힘들었겠네요? 일하기 싫고 공부하고 싶었잖아요?

그때는 다 보편적인 거였어요. 그럴 수도 있었어요. 자개 만드는 건 뭐 암 것도 아니죠. 그때 나는 검정고시가 검정고시라고 안 하고, 나는 고등고신 줄 알았어. 그래서 그 사장한테 "나 이거 공부해가지고 고등고시 봐가지고 고등학교 갈래요" 그랬더니 "얏다, 판검사 나왔다" 그러는 거예요. [하하하] 나는 그게 무슨 뜻인지를 몰랐어. 그러니까 내가 중학교를 생략을 하기 때문에 고등학교를 들어가니까 고등고시인가부다 그렇게 생각하고 검정고시를 고등고시라고 생각했지요. 그때도 그런 꿈이 있었어요, 공부를 하고 싶었던. 공부를 계속 해야겠다는 생각이 있었는데, 암튼 도중에 인제 애들한테 그래도 떡고물이 생기잖아요. 특히 이리놓고 급사생활 할 적에는 선생들이 심부름을 하고 나면 잔돈을 줘요. 그럼 그것을 가지고 그때 당시에도 막 책을 많이 사 보기도 하고 [그랬어요.] 근데 그게 책도 사 보고, 스포츠잡지, 영화잡지 이런 거 보고, 영화잡지 보면 영화 보러 가고 그래갖고 그때 돈맛을 알은 거야. 돈맛을 알으니까 이제 공부고 뭐고 뒷전이고 계속 이런 데로 돌아다니는 거지. 그러면서 친구들도 그런 애들도 사귀고, 못된 짓도 많이 하고 [그랬어요.] 못된 짓? 아, 남자들 세계에 그런 거 있어요. [하하하] 그렇게 하니까 공부가 안 되드라고. 그런데 특이한 것은 그렇게 하면서도 암튼 책은 굉장히 많이 읽었어. 암튼 책은 이리

농고 도서관에 있는 책을, 문학전집 이런 거 있잖아요, 그런 거. 단편집이고 뭐고 막 닥치는 대로 [다 읽었어요.] 『태평양전쟁』도 다 읽고 『2차대전』도 다 읽고 [그랬어요.] 『태평양전쟁』 읽으면 그때는 재밌었어. 그리고 『특별수사본부 오제도 검사』, 그 책도 그냥 다 읽고 [그랬어요.]

> 초등학교 졸업하고 바로 취업했으니까요. 최초의 직장은 자개 만드는 곳이었어요. 그 뒤에 여러 가지 했는데, 78년도부터 창신공업사에서 자동차 정비를 시작했어요.

그때 2년 동안 책을 많이 읽었었고, 또 다음에 책을 많이 읽었던 것은 언제냐면 내가 노동조합 상근할 때 전북노련 의장, 사무처장 하면서 서울 왔다 갔다 하잖아요. 그때는 일주일이면 한 번씩 왔다 갔다 할 정도로 됐으니까요. 그러면 시간을 때울 일이 없어요. 무료하잖아요. 그러면 왔다 갔다 하면서 책 한 권씩 떼는 거야. 가면서 한 권, 오면서 한 권, 아니면 한 권씩 [읽었어요.] 책을 많이 읽었어요. 그 2년 동안 남은 건, 이리농고 급사생활 하면서 남은 것이 나한테는 지금 생각해보니까 그때 책을 읽고 책하고 친해졌던 것이 아무튼 이런 내 사고를 형성하는 데 굉장히 영향을 많이 끼쳤던 것 같아요. 암튼 그때 읽을 책 못 읽을 책 다 읽었어요. 웬만한 건 다 읽었죠.

이리농고 있다가 거기는 왜 그만두셨어요?

인자 내 친구들이 학교를 오는 거야. 그러니까 거기서 프린트 밀고 그러고 있었는데 이제 [친구들한테 쪽팔리잖아요, 어린 마음에. 그래서 그냥 그때 우리 아버지한테 맞아 죽을 각오하고, 과감하게 우리 아버지한테 이야기를 했죠. 거기서 있으면 농고 졸업장을 준다고 하더라고요. [아버지하고의] 전제는 인제 제가 검정고시 합격하면 그렇게 해가지고 돈 벌면서 학교 다니는 거였죠. 그때 당시로서는 쪽팔리기도 하지만 공부도 안 하는데 무슨 놈의 학교를 다니냐, 그 졸업장 뭐가 필요 있냐 [그런 생각이었죠.] 나중에는 그것이 필요하다는 것을 알았지만 그때 당시로서는 어린 마음에 "공부도 않는데 무슨 놈의 졸업장이 필요하냐, 나가서 차라리 기술을 배우겠다"고 우리 아버지한테 그렇게 이야기했죠. 그랬더니 우리 아버지도 못 말리죠. 한쪽에는 쪽팔림 그런 것도 있었지만 한쪽에서는 마음속에 차라리 나가서 기술을 배우겠다 이런 거였죠. 근데 거기 있었으면 사실 국가공무원이 되거든. 국가공무원이 돼요, 오래 있으면. 근데 그러고 싶지 않더라구요. 그래서 그만뒀죠.

그 다음엔 뭘 하셨나요?

전광사 하청공장에 들어갔어요. 놀면 돈이 안 생기잖아요. 누가 돈 줄 사람도 없고, 그때 당시에 누가 용돈 줬겠어요? 용돈 안 주니까, 벌어야 되니까 그래야 내가 쓰고 그러니까. [그런데] 시계 만드는 공장이 비전이 있어요? 없어요. 다 망했잖아요. 딱 보니까 비전이 안 보여요. 다녀보니까 이거 배워야 비전이 없어. 그래서 거기도 [2년 다니다 그만뒀어요.] 그때 사회생활 [같이한] 친구들이 거기 많이 있었어요. 근데 같이 서울로 튀었어요. 도망갔어. 도시락을 한쪽에다 숨겨놓고 서울로 튀었어요, 친구들 여럿이. [거기세] 두어 달 있었어요. 취직해서 일을 했는데, 냄비 법랑공장이었어요. 영등포 뚝방 근처였던 걸로 내가 알고 있어요, 안양천. [그런데 거기서 암튼 패싸움이 벌어졌어요. 근데 다 도망갔는데 나만 못 도망갔어. 그래서 거기서 엄청나게 다구리1)를 많이 맞았어(죽도록 두들겨 맞았어). 몰릉게(모르니까) 덤비다가 괜히 그냥, 애들은 다 튀었는데 멍청한 놈이 [맞은 거죠.] 거기서 그 사람들한테 엄청나게 터졌어요. 근데 거기서 기숙사 생활을 했는데, 기숙사가 아주 열악해요. 그때 보면 먹는 것도 그렇고 굉장히 열악했었어요. 그리고 한 방에 조그마한 이층 침상이었는데, 군대식 막사였어. 거기에서 또 이거 잡는 애들이 있어요. 걔들한테 또 덤비다가 터지고, 그러다가 몸이 [많이 상했죠.] 군대식이었어요. 그래갖고 거기서 개기다가 또 터지고, 그래서 몸이 약해져버렸어요. 그래갖고 장티푸스에 걸려갖고 다른 애들은 그냥 [있고] 혼자만 낙향을 했어요. 오히려 나는 잘된 거야. 그때 애들은 그때 거기서 적당히 개기고 인제 있다가 그러다가 결국은 지금 보면 별로 잘 안 풀렸어요. 저는 잘 풀렸다는 것이 아니고, 인제 말하자면 저는 그때 내려와서 여러 가지 기회를 많이 찾은 거죠. 기술도 자동차 기술 배웠고 사회 눈을 많이 뜬 거죠. 거기서 만약에 그 친구들하고 계속 같이 있었으면 아마 뭐했는지 모르지만, 아마 그 친구들처럼 별로 사회에 눈뜨지 않고 그냥 [지냈을 거예요.] 어쩔지는 모르지만 그때 그랬어요. 그래서 저만 내려왔죠. 다 낫고 나서 다시 가볼라고, 거기 또 갈라고 하니까 영 안 내키더라고요. 이거 비전도 없는 거 같고 또 가자니 그렇고 해서 그때부터 자동차 정비를 시작했죠. 그때는 자동차 공장이 많이 없었어요. 자동차도 많이 없었지만, 저걸 배우면 먹고 사는 데는 별로 지장이 없어 보이드라고. 그래서 그걸 배웠죠. 그래서 창신공업사를 들어갔어요.

---

1) 뭇매를 의미하는 은어

그럼 78년도부터 본격적인 자동차 인생이 시작되는 거네요?

근데 또 거기도 복잡해요. 현대자동차 서비스도 조금 있었고 시내버스도 좀 했고요. 78년부터 창신공업사에서 1년 반을 다녔을 거예요. 그리고 현대자동차서비스 대전 공장에 79년도에 입사를 했어요. [아매 거기일 거예요. 그래가지고 현대자동차서비스 대전사업소에 2개월 다니다가 산재사고가 났어요. 거기서 산재사고가 났는데 허리가 부러졌어요. 거기서부터 내 인생이 꼬이기 시작한 거예요, 꼬였지. 어렵게 들어갔는데 2개월 만에 산재사고가 나가지고 허리가 부러졌어요. 지금도 허리가 꾸부정하고, 허리가 변형이 있거든요, 지금도. 근데 장애보상을 받으려고 하는데 장애등급위원회에서 분명 [허리가] 굽으면 장애가 나와야 하는데 장애가 안 나온다는 거예요. 억울해서 변호사를 찾아갔어요. 그때는 21살 때니까 컸으니까요. 두 군데를 갔는데, 일반 조그만 업체 같으면 소송을 한 번 해보겠는데 현대를 상대로는 싸움을 못 하겠다, 수임을 할 수가 없다고 변호사들이 그때 그러더라구요. 그때 처음으로 사회에 대해서 눈을 뜨는 계기가 됐죠. '아, 열심히 해도 안 되는 게 있구나' 이런 것을 그때 알았죠. 아마 그때부터 사회의식이 좀, 불만이 생겼나 봐요.] 공부 못 한 것까지는 아버지 잘못이니까, 공부 못 한 것까지는, 그것은 내가 인정하겠다 이거야, 아버지가 가난했으니까. 근데 이것은 분명 내 잘못은 아니었거든요. 일하다가 기계에 눌려버렸으니까. 근데 당연히 내가 받아야 할 보상을 안 해준다고 하니까 약 오른 거지요. 그러고는 치료받느라고 2년을 쉬었어요. 2년을 쉬었다가 그때 신체검사 해가지고 허리 다친 걸로 해가지고 징집면제를 받았어요. 그래서 자신이 없으니까 집에서 한 2년 동안 룸펜생활을 했죠. 그러다가 82년도인가 유신공업사를 들어갔어요. 거기에서 최기식 신부 건하고 태창메리야스 건, 그 사건을 접하게 됐죠. 거기서(유신공업사에서) 인자 노동조합 하려다가 데모 한두 번 했고, 그러다가 86년도에 해고되고 [그랬죠.] 당시에는 노동조합이 없었거든요.

전두환 때도 노동조합을 만들려고 시도했다는 게 상당하네요? 아무리 전두환 정권 말기였다고 해도 쉬운 게 아니었을 텐데요?

[하하하] 그러니까 해고됐지. 지금 생각해보면 조금씩 유화정책이 시작되는 때였지요. 그렇게 해고돼가지고 하반기에 창신공업사를 들어갔어요. 거기가 마지막 직장이에요. [79년에 그만두었던 창신공업사를] 몇 년 만에 다시 간 거죠. 아마 86년 말 정도 될 거예요. 그리고 얼마 안 되어 87년도에 결혼했죠. 거기는 98년까지 다녔어요. 98년까지 적이 거기에 있었죠. 실질적으로 다닌 건 95년까진가 다니고 98년도까지는 안 다니고 적만 있었어요. 노동자 전임으로 나왔으니까요, 민주노총 초대 사무처장으로. 거기는 제일 기억에 남는 사업장이에요. 창신정비, 국제정비. [처음 이름이] 창신정빈데, 제가 노동조합 만들고 나서 회사 사장이 "너하고는 도저히 같이 못 있겠다" 하고는 팔아버렸어요, 다른 사람한테. [하하하] 그래서 다른 사람, 인수한 사람이 이름을 바꿨어요, 국제정비로.

그럼 본격적인 노동운동은 82년 유신공업사 들어가서부터 시작인가요?

83년도부터 이렇게 했을 거예요. 정확하게는 84년도부터 시작했다고 보죠. 접한 건 83년도고, 84년도에 지오세 회원도 되고 [본격적으로 시작하게 됐죠.] 83년도에는 제가 운동한 것은 아니고, 그러니까 노동자의집(이하 노집)에 [지오세가] 있다는 것만 알았었죠. 알고 여기(인터뷰

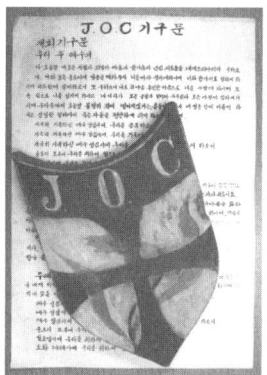

JOC 깃발과 마크: 누렇게 바랜 JOC 깃발과 목판에 새긴 로고. 어느 잠 안 오는 밤 젊은 투사가 나무에 새겼을 것이다.

를 하던 노집 사무실) 왔다가, 그때는 영세를 안 했기 때문에 84년도까지 안 하다가 84년도에 다시 오게 된 거죠, 여기를.

노동자의집에는 어떻게 가게 됐나요? 원래 천주교 신자였나요?

성당을 83년도부터 다녔어요. 특별한 계기라면 운동권이 될라고 다녔어요. 그러니까 태창메리야스 사건 이후에, 최기식 신부 사건2)하고 태창메리야스 사건이 거의 겹쳤어요. 어디가 먼저인가는 모르겠는데 아마 최기식이 좀 먼제[인 듯한데요.] 거기에서 그 뭐라 그러죠? 도망가면 죄인들도 안 잡아가는 거 있잖아요. 그런 거에 대해서 "그런

---

2) 최기식 신부는 1982년 3월 18일 부산 미 문화원 방화사건의 수사 과정에서 문부식의 배후로 주목된 김현장을 숨겨준 사실이 밝혀지면서 연행되어 4월 8일 국가보안법 위반 및 범인 은닉 혐의로 구속되었다. 당시 전두환 정권에서는 종교계와 민주화 운동 진영과의 연계를 차단하고자 가톨릭에 대한 대대적인 공세에 나서, 교회는 치외법권 지대가 아니며 가톨릭이 종교를 핑계로 좌경불순분자를 은닉하고 불순 활동을 방조하고 있다고 맹렬히 비난했다.

건 사회에서 좀 용인되어야 되는 거 아니냐" 그랬는데 신부를 암튼 잡아갔잖아요. 그 부미방 사건 때문에 김현장이를 숨겨줬거든요. 최기식 신부가. 그러니까 잡아갔어. "어, 저거 너무한 거다" 그랬는데, 그러면서 사회의식이 좀 눈뜨면서 그때 태창메리야스 사건이 터졌어요. 나는 그때 정비 일을 하고 있었는데, 그 건은 봐도, 그때는

> 84년도에 영세를 받았어요. 그리고 또 찾아가봤는데 박순희 선배가 있었어요. 그때 지오세를 소개시켜줬어요. 그래가지고 시작했죠.

뉴스는 안 나오고 풍문으로만 듣는 거죠. 들었는데 그것도 잘못됐다 생각했죠. [그때 다니던 곳이] 유신공업사였죠. 그래서 그때 83년도에 알아봤더니 천주교에서 [그런 교육을] 하더라고요. 나는 학생이 아니니까. 그때 천주교에 가가지고 "나 이거 하고 싶다, 좀 알려주라" 그랬더니 노동자의집을 알려주드라구요. 그래서 노동자의집을 갔더니 그때 83년도에는 이철순 씨가 있었고, 84년도에 박순희 선배가 있었어요. 근데 이철순 선배는 그냥 쳐다보고만, 야학하는 것만 보고 그냥 그랬어요. 어떻게 그러다 보니까, 천주교 쪽에 하니까 재밌더라구요, 나름대로. 그래서 폭 빠졌지, 영세할 때까지. 폭 빠져가지고 아무튼 84년도에 영세를 했어요. 그리고 또 찾아가봤는데 저기 누구야, 박순희 선배가 있었어요. 그때 당시 노집 건물을 막 지었을 거예요. 84년도에 막 지었는데, 박순희 선배를 뵈었는데 그때 지오세를 소개를 시켜줬어요. 지오세를 소개를 시켜주면서 "지오세를 한 번 해봐라" 그래가지고 시작했죠. 그러면서 운동권을 접한 거예요.

그때 지오세 전주 회장이 박종성 씬가, 아, 김종성, 김종성 베드로라고 그 사람이었는데 초창기에는 그 사람이 열심히 했었어요. 거의

상근하다시피 했으니까. 직장을 가지고 있었는데 직장이 괜찮았어요. 직장이 괜찮은 게 아니고, 무슨 사료 배달인가 했었어요. 근데 거의 책임 맡아가지고 하니까 거의 반상근을 하더라고요. 그 영향이 컸죠. 그 사람 만나가지고 지오세를 하게 됐어요. 지오세를 하게 됐는데, 그때 당시 아마 태창메리야스, 아세아스와니 싸움인가, 아세아스와니 싸움인 거 같아요. 노동부에서 단식 농성하고 뭐 그랬는데, 거기 직접 참여는 하지 않았고 그런 걸 [얘기를] 들었고, 그러면서 지오세를 시작했어요. 지오세를 시작을 해가지고 제가, 전주교구에 남자들이 별로 없었어요. 특히 익산에는 남자들이, 남자 팀이 없었어요. 긍게 팀 회합이라고 하는데 대개 한 예닐곱 명 이 정도 해가지고 팀 회합을 해요. 그때 시작을 해가지고 85년도에 1년 만인가 투사라는 칭호를 줘요. 자격을 주는 거예요. 투사, 지오세 투사. 1년 이상의 어떤 경과가 있어야 돼요. 훈련을 받아야 투사를 주드라고. 그때 그렇게 했죠. 그때 기억나는 건 그리고 또 김희전 씨 싸움이 생각나요. 백양메리야스였죠. 거긴 한 번 갔었던 생각이 나요.

그렇게 해서 투사가 되고 그 후로 86, 87년 투쟁까지 죽 노집과 JOC와 함께 겪게 되네요?

그런 셈이죠. 또 기억나는 건 그러다가 85년도엔가, 85년 2월 10일 선거했죠. 2·10 총선 때 신민당 돌풍이 일어났는데, 그거 끝나고 나서 암튼 신민당을 중심으로 해서 개헌현판식이란 걸 했어요, 신민당 현판식. 각 지역을 돌아다니면서 했는데, 그 현판식 하는 데마다 집회가 있었어요. 여긴 아마 85년돈가 86년도인가 왔었던 걸로 기억해요. 86년 초에 어디서 했냐면 서중학교. 그때 내가 해고되어 있었던 때였는

세풍합판 투쟁 농성(1986. 4. 16). 1986년 4월 군산 세풍합판 임금 인상 투쟁은 전북지역 87투쟁의 전조였다. 사진 속 상황은 당시 본관 3층을 점거하고 농성 중인 노동자들의 모습이다. 세풍합판은 남녀 노동자 비율이 약 5:5인 사업장인데 사진 속 농성장에 앳된 여성들만 보이는 이유는 당시 남성노동자들이 농성장 밖에서 회사 측의 구사대 폭력에 맞서고 있었기 때문이다. 플래카드를 붙잡고 있는 사진 속 유일한 남성은 노동운동을 하기 위해 1984년 세풍합판에 취업해 있었던 전북대 출신의 학출 활동가로, 세풍합판 투쟁에 대해 증언해주었다.

데, 그때 인제 이광철 씨가 떴죠. 이광철 씨가 무등 타고 연설하는 거 [생각이 나요.] 그때 내가 그 행사가 있다는 유인물을 뿌리다가 경찰서에 끌려갔어요. 잡혀갖고 끌려갔는데, 그때 경찰서에서 암튼 좀 맞았어요, 맞았는데. 그때 인제 이수현 신부님이 [필리핀을 가서 안 계셨어요.] 인제 그때 당시에는 지오세 중심으로 그 5월달 노동절 행사를 했어요. 그때는 그렇게 5월 1일 노동절 행사를 지오세 주관으로 했던 걸로 기억해요. 그것도 아마 84년도부터 시작했을 거 같아요, 제 기억으로는. 미사 형태도 하고 놀이행사도 하고 [그랬어요.] 그래갖고 익산에는 이수현 신부님이 우리 주임 신부님이었거든요. 지금 창인동 성당 주임 신부님이신데, 그때 정의구현사제단 신부님이셨어요. 근데 그 신부님이 한 달에 한 번씩 공개강좌를 했어요. 백기완 선생님도 부르고 문익환 선생님도 부르고, 뭐 유명한 선생님들을 불러서 한 달에 한 번씩 대중강연을 했었어요. 그 영향도 있어가지고 상당히 경찰서에서는 요주의 인물이었고 익산시내에서는 건들기 좀 그랬는데, 그분이 마침 내가 잡혀갔을 때 필리핀을 갔어요. [그런데] 연락이 갔는데 그때 당시로 신부님이 그러셨다고 그래요. "만약에 가(개)를 어떻게 구속한다거나 뭣을 하면은 내가 가만있지 않겠다"고 막 으름장을 났다는데, [그것보다는] 아마 초범이라 놔줬을 거 같아요. 그래서 놔준다고 그런 얘기를 했었어요. 근데 재밌는 것은요, 내가 노동자라고 하니까 안 믿는 거 있지, 경찰이. 어디 학교 다니냐 이거야. 그때 신민당 현판식 때 그 기억이 나네요. 4월달인가 5월달인가 그랬는데, 암튼 서중학교에 엄청난 인파가 모였어. 그래갖고 암튼 싸움도 격렬하게 했던 걸로 내가 기억이 나요. 근데 아무튼 이광철 선배가 앞에서 무등 위에서 막 연설하던 [기억이 나요.] 그러면서 86년도 하반기에 세풍 건이 터졌어요, 세풍. 세풍합판에 노조민주화 싸움일 거예요. 노조민주화든가, 노동조합 설립싸움이든가 기억은 자세히 안 나는데요. 거기서 인제 대책위를 꾸려가지고 학생들이 아마 그 안에서 농성을 하고 있었던가 그랬어요, 이층에서. 그때 박창신 신부님이 오룡동 성당에 계셨었어요. 근데 우리가 그때 그 학생들한테 빵을 전달하려고 거기 들어가다가 신부님이고 누구고 할 것 없이 엄청나게 많이 맞았어요. 그러면서 그 싸움 결말이 어떻게 됐는지 모르겠지만 이게 아마 이 지역에서는 87년의 전조였다고 저는 생각하거든요.

그때 인제 군산의 세풍합판 터지고 나서 그 뒤에는 이제 아마 교회가 거기는 들어가지 않았던 걸로 저는 생각이 들어요. 그래가지고는 그 사람들이 나와가지고 인제 지오세로 해가지고 같이 만나면서 각 지역을 돌아다니면서 시국기도회에 증언하러 다니고 그랬어요. 노동자, 그리고 교사, 서초심 씬가 이 사람은 아마 안 돌아다닌 걸로 내가 기억을 해요, 서초심 씨는. 그냥 거기 있던 해고된 남성노동자들이 돌아다니면서 시국기도회 가서 인제 증언하고, 이렇게 하면서 다녔었어요. 그러고 나서 87년 상반기에 후레아훼숀 사건이 일어나죠. 후레아훼숀이 상반기에 일어났어요. 그건 아마 노조민주화 싸움인가 그럴 거예요. 노조민주화 싸움이었는데 그때 지오세가 거의 지원투쟁을 도맡아 했어요. 이 공간에서 도맡아 해가지고, 전국 차원에서 지오세가 아무튼 그 투쟁을 거의 마지막으로 해가지고, 지오세는 인제 역사의 전면에서 사라지는 거죠.

그렇죠. 지오세가 1991년도엔가 다 문을 닫잖아요?

그렇죠. 그래가지고 그때 당시 제가 87년에 지오세 전주교구 회장이었어요. 남자회장, 여자회장 이렇게 갈리는데 제가 그때 회장이었어요. 그리고 이제 지금은 명칭도 거의 잊어버렸는데, 섹션이라고 그랬어요, 섹션. 교회에 섹션이 여러 개가 있을 수가 있어요. 근데 그때 저는 지오세하고 투사가 되면서 주현동에다가 섹션을 만들어가지고 남자팀, 여자팀을 만들었죠, 87년에. 지오세는 그때까지 인제 [유지되었죠.] 아, 87년에는 회장이 아니었고 89년에 제가 회장이었어요. 그때 아무튼 지오세가 87년을 그렇게 하면서 인제 맞이했죠.

87년 투쟁에 대한 기억을 들려주세요. 그땐 어디에 계셨죠?

그때 회사에 입사해가지고 노동조합을 나도 만들어볼려고 했는데, 그, 나는 노동조합법에 대해서도 몰랐었어요. 그냥 노동조합법에 대해서 몰랐었는데, 규약을 내가 만들었어요. 그때 노동조합 규약을 내가 만들어가지고 노집에 가서 "이렇게 만들면 됩니까? 노동조합 만들려고 하는데요" 그랬더니 박순희 선배가 보고는 [웃더라고.] 웃기지. [하하하] 암튼 그때 86년에 내가 만들어가지고 노동조합 설립하다가 그것 때문에 해고가 됐었어요, 유신에서. 노동조합 만들다가 쫓겨났지요. 그러고 나서 다른 회사를, 창신공업사를 86년도 하반기에 들어가서 87년을 맞이했었죠. 그래갖고 제가 87년에 상반기에 결혼을 했는데, 그 87년 벽두에 박종철 사건이 터지면서 결혼하면서부터 맨날 데모했잖아요. 더군다나 그래가지고 저 같은 경우에는 거의 문정현 신부님, 이수현 신부님 그쪽에 거의 뭐 심부름꾼이나 마찬가지여가지고 맨날 거리에 있었죠. 맨날 시내 돌아다니고 그러면서 회사에서는 제가 데모꾼으로 알려져 있었고, 경찰서에서도 요주의 인물로 지목돼 있었고요. 그런데도 회사에서는 너무나 작은 회사니까, 한 50명 되는 회사니까 그게 재밌는 거예요. 나를 보면은 "너는 뭐 할라고 그렇게 돌아다니냐"고 회사 관리자도 나를 보면 [그랬거든요.] 그리고 밖에서는 "너 굉장히 싸납게 얘기하드만, 너 왜 이렇게 순한 사람이 그러냐"고 그러데요. 그래서 사람들이 물어볼 때는 그때 당시로서는 그렇게 얘기했죠. "나 민주당 당원이에요." 그 민주당 당원이면은, 회사 사장도 민주당 당원이거든요. 그 당원의 개념이, 그냥 전라북도 도민들은 다 민주당 당원이나 마찬가지야. [하하하] 그래갖고 거의 신분노출이 안 됐어요. 긍게 사람들이 심각하게 안 봤죠. 근데 87년이 딱 되니까 사람들이 여기저기서 다 스트라이크를 하잖아요. 그러니까 저한테 "야, 우리도 스트라이크 한 번 하자" 그러는 거예요, 선배들이. 그래서 "그럼 어떻게 하지?", 그랬더니 "니가 잘 알으니까, 니가 데모꾼이니까 니가 앞장서라" 그래가지고 요구 조건 몇 가지 걸고 스트라이크를 딱 했는데, 그날 저녁에 끝나버렸어. 하루도 못 넘기고 회사가, 사장이 뭐라 그러냐면 "그래, 니들, 다른 회사들 다 하는데 니들만 안 하면 되냐, 해야지. 요구가 뭐야?" 그러고 딱 들어보고는 "그래, 들어줄게" 그래갖고 싱겁게 끝났죠. 만약에 더 했으면 아마 노동조합까지 발전하고 이렇게 했을 텐데 [좀 싱거웠죠.]

내가 그때 당시 사실은 뭐랄까, 결혼 생활에 만족을 하고 있었어요. 사실 어떻게 보면 우리 식구에 대해서 고마움을 느꼈었고, 그래서 '도중에 운동 그만둬야지, 여까지 했으니까 이제 나는 할 거 많이 했다' 하고 생각했는데, 덜커덕 그 일이 벌어지고 나서는 나는 요주의 인물이 된 거예요. 회사에서는 '아, 저거 언젠가는 정리해야 될 놈', 이렇게 본 거죠. 그런데 이듬해 이번엔 후배들이 찾아왔어요. 왔는데 나보고 후배들이 "형님, 또 한 번 합시다" 그러는 거예요. 그래서 "뭘?" 그랬더니 "스트라이크 한 번 해가지고 임금 또 올려야죠" 그러네. 그래서 "야 임마, 그렇게 막 하다가는 너 다쳐" 그랬더니 어떻게 해야 되냐고 그래서 "노동조합 만들어야 돼" 그래갖고 인제 선배들 하고 해서, 선배를 세우고 제가 노동조합 암튼 수석부위원장이 돼가지고 노동조합을 설립했는데, 그날부터 암튼 우리는 용감무쌍하게 그냥 회사 식당에서 했어요, 회사 식당에서.

그때만 해도 노동조합은 중국집, 최고 만만한 데가 중국집이었죠. 다음날 좀 무르익으면, 갖고 있다가 무르익었다고 생각하면 식당에서

창신정비 노동조합 현판식(1987). 회사 식당에서 노동조합을 설립한 날 바로 해고되었다. 이후 해고 투쟁은 조합원 전체의 투쟁으로 번져 작업 거부, 노동부 점거 농성 등 한 달이 넘는 투쟁으로 이어졌다. 이후 창신정비는 회사가 매각되고 경영진이 교체되면서 국제정비로 이름이 바뀌었다.

인자 보고대회를 하는 형식으로 해가지고 조합원들 딱 끌어 모으고 이렇게 가는 형식이었는데 우리는 식당에서 그냥 처리를 해버린 거예요. 그때 당시에 사장이 삽 들고 와가지고 유리창 깨고 그랬었는데, 암튼 저는 그날부로 해고가 됐어요. 그때 당시에 또 노동조합을 만드는 데가 어디냐면, 삼립테코 같은 경우에는 어디서 만들었냐면 만경강 다리 밑에 가서 만들었어요. 노동조합을 지금도 회사에서 만드는 경우는 거의 없어요. 아마 전혀 없을 겁니다, 아마. 대개 인제 그렇게 밖에, 외부에서 만들어 와가지고 좀 분위기가 좋다 싶으면 바로 보고대회하거나, 그렇지 않으면 좀 회사에서 발각나게 생겼다, 이건 터트려야지, 이렇게 인자 막다른 골목에 몰려서 터트리는 경우, 이렇게 두 가지 경우가 있어요. 그런데 저 같은, 우리 같은 경우는 암튼 거기서(회사 식당에서) 했어요. 그래가지고 그날 바로 저는 해고됐어요. 그러니 우리 조합원들도 내가 해고되는 것은 노동조합 못 지키는 거다 이렇게 해가지고 싸우고, 제가 계속 해고싸움을 하고, 여기서 나도 예전에 유신에서처럼 물러나면 안 된다 싶어가지고 여기서는 이겨야 된다 해가지고 구제신청 내고 진정 내고 하면서 계속 출근투쟁 하고 그랬죠. 그런 과정에서 인제 우리 대표로 돼 있던 송병택 위원장이 사장한테 맞았어요. 폭행을 당한 거죠. 그래갖고 내가 그것을 보고는 분노하기도 했지만, 화가 너무나 막 머리까지 치솟아서 이것을 잡아채지 않으면 법정싸움 가고 길어지게 생겼다는 생각이 들더라구요. 그래서 바로 작업거부에 들어갔죠. 물론 나도 맞았죠. 나는 첫날 맞고 해고됐거든요. 근데 내가 맞는 것은 그냥 내가 참을 수 있지만 위원장이 맞는 것은 우리 전체 조합원을 때린 거고, 사장이 그때 당시로는 쉰이 채 안 됐을 거예요. 쉰 안됐는데 우리 조합원 중에 나이 많이 먹은 사람들은 예순도 넘은 사람도 있었거든요. 그 사람 때린 거나 마찬가지다, 이건 뭐 있을 수 없는 거다, 해가지고 바로 작업거부 들어가버렸죠. 그래갖고 나는 그게 작업거부하면 물론 지난번처럼 금방 끝나리라고 생각은 안했지만 한 달까지 가리라고는 생각을 안 했지. 근데 한 15일 회사 내에서 싸웠나요. 그랬더니 지역에서 해결방법이 안 보이니까 전부 다 [우리개] 졌다고들 그랬어요, 소규모 업체고. 그런데 대책위 꾸려주고 이렇게 하면서 딱 15일 넘어가면서 '이건 우리 단사가 해결할 문제가 아니다, 이건 사회에서 풀어줄 문제다, 이건 노동부의 직무유기다' 이런 성명 비슷하게 이런 걸 발표하면서 노동부 점거 농성을 들어갔죠.

점거 농성 들어가가지고 한 10일 했나, 일주일 했나, 10일 했나 기억은 자세히 안 나는데, 일주일 이상은 했어요. 거기다 텐트치고 거기서 자고 [그랬어요.] 완전 봉쇄는 안 했고 업무를 가끔 가다 마비시 키고 이렇게 하면서 해결하라 하고 견디고 이렇게 했는데, 그날 10일째 되는 날인가 언젠가, 인제 경찰서에 그때 점거하고 있으니까 전민노련 이라고, 이전에 전북 지노협 형태의 '전북민주노동조합연합회'라고 군산을 중심으로 이게 있었어요, 군산 화학업체 중심으로. 이 사람들은 나중에 한국노총 화학연맹 전북본부로 다 떨어져나가는 경운데, 그때 인자 그 사람들이 암튼 '민주' 자를 이름 붙이고 있었어요. 인제 그래가 지고 그 사람들이 [결합을] 했는데, 실질적으로 전민노련 사람들은 안 오고 그때 신생노조들, 익산 지역을 중심으로 이제 생기기 시작한 노조들이 다 인제 이 싸움에 지원투쟁을 나온 거예요. 근데 인자 이 집회를 못 하게 하려고 경찰에서는 못 하게 막을라 그러고 우리는 할려 그러고, 그러면서 미리 인제 우리를 해산시키려고 시간되기 전에 치기(진압하기) 시작한 거죠. 그때 인제 우리 조합원들이 암튼 [많이 다치고 격하게 싸웠어요.] 그때 막 제가 프로판가스 불붙이고 막 불을 뿜어대고…….

가스통 들고 태워버린다고 했던 그 유명한 투쟁이군요?

그 첫째 번에 그렇게 하게 된 이유가 뭐냐면 경찰들하고 한번 딱 붙었는데 우리 조합원들은 엄청나게 많이 맞고, 제가 일곱 바늘을 꿰매는 상처를 입고 우리 위원장도 다섯 바늘인가를 꿰맸어요. 머리에 상처를 입었어요. 그걸 보고는 조합원들이 화가 나가지고는 소방용 낫, 쇠스랑 이런 걸로 무장을 하고, 뭐야, 파이프, 그리고 프로판가스 들고 막 저항을 했죠. 그러니까 인제 경찰들이 무서워서 달려들질

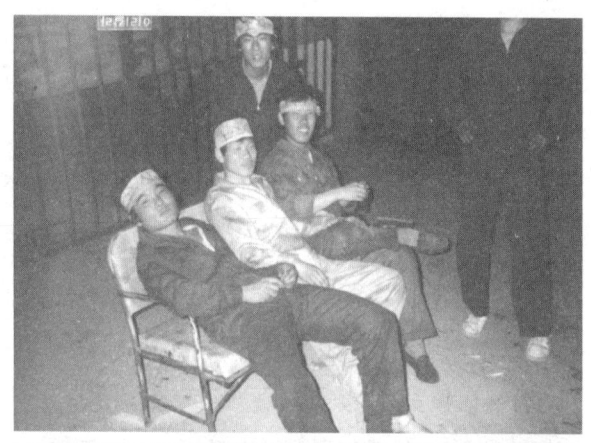

국제정비 파업(1988). 노동부 앞 점거 농성 중인 국제정비 노동자.

못 하는 거예요. 노동부를 태워버린다고 그랬지, 그때는. 그러니 질려 버린 거죠. 노동부 셔터 내려오는데 거기다가 신나병 수천 개를 그냥 막 쌓아놔버렸어요. 그래서 신나통을 넣고 신나를 막 좍좍 뿌렸어, 막. 한번 딱 [싸움이] 붙고 나서 우리가 막 밀렸어요. 밀릴 때 프로판가스 불붙이고 막 뿜었어. 그러다가 우리가 소방용 낫, 쇠스랑 이런 걸로 무장하고 찍어내고 막 그러니까 전경들은 무서워서 못 달려들은 거예요. 그러면서 집회 공간이 열렸어요. 전경들이 딱 물러난 틈에 집회하고, 집회 딱 멈추면서 집회 마지막에 신나를 전경차 앞 도로에다 쫙 깔았지. 뿌렸어요. 뿌리고 나서 "만약에 니들이 한 번만 더 진압하려고 한다면 불 붙이겠다" 그랬죠. 노동부를 날려버린다고 했어요. 암튼 그때 내가 긴급 발언해가지고 했는데, 그래갖고는 경찰들이 무서워갖고 그 쇠시랑(쇠스랑)이랑 낫이랑 좀 치우고 좀 하자고……, [하하하] 그걸 갖고 무장을 했었어. 그렇게 해서 노조 설립하고 그 후에 회사 이름이 국제정비로 바뀌었죠. 그때 당시 노동부 앞에서 그 집회가 암튼 최초의 연대집회라고 볼 수가 있죠, 전북지역에서는. 전북지역에서는 아마 최초의 연대집회라고 생각이 [들어요.] 그 이전에는 아마 없었던 거 같아요, 대중적인 연대집회. 그렇게 얘기해도 무방할 거예요. 그래서 그 집회를 시작으로 해가지고 그것 때문에 전북노련이, 전민노련은 이제 그때 그 기점으로 정리가 되는 거고, 그 기점으로 해서 실질적인 어떤 익산 지역을 중심으로 한 [노동운동이 시작되죠.] 그 전의 군산 지역 화학업종 중심으로 한 것이 아니고 이제는 익산 지역을 중심으로 한 아마 전북노련의 시작을 알리는 연대집회라고 생각이 돼요. 최초의 연대집회였으니까요, 익산 지역에서는. 그리고 뭐 저는 87년 이렇게 그때 굉장히 바빴죠.

전민노련 얘길 좀 하지요. 그게 1987년 투쟁 후에 만들어지나요?

87년도 하반기 땐가 만들어졌던 걸로 생각돼요. 그 기억은 잘 안 나는데, 88년 상반기든지 87년 하반기든지 이렇게 됐을 거예요. 7, 8, 9투쟁 이후니까. 근데 이게 활동기간이 거의 1년도 안 됐어요, 말하자면. 그것은 뭐냐면 지금도 한국노총 전북본부장인 고진곤 씨가 당시

의장인데, 이 사람이 변질돼 나간 거죠. 그리고 대다수 사업장들이 그때 당시로서는 두 가지 흐름이 있었던 걸로 제가 알고 있어요. 하나는 인제 [시기는] 그 뒤지, '한국노총 민주화론'하고 그리고 '전노협 건설론'인데, 이것이 아마 88년 하반기 때쯤 된 걸로 알고 있는데, 인제 그 이전에 이 사람들은(전민노련) 한국노총에 변질돼가고 있었어요. 한국노총 쪽으로 방향을 선회하고 있었고 실질적으로 우리 투쟁이 전민노련 중심으로 한 것이 아니고 저, 익산지역을 중심으로 나중에 전북노련의 중심이 되는 세력들이 이 집회를 성사시켜냈거든요. 그러고 나서 인제 88년 7월에 전북노련, 전라북도노동조합연합회가 만들어졌죠. 그게 7월 23일인가 아마 이렇게 된 걸로 알고 있고, 그 이전에 대개 익산지역은 노동조합이 88년 상반기에 많이 만들어졌어요. 87년보다도 88년 상반기에 주로 만들어졌어요. 그래갖고 싸움도 참 치열하게 많이 했던 걸로 [기억해요.] 아마 건축사노조 현주억 위원장님 같은 경우에도 상당히 길게, 시청에 가서 석유로 분신까지 기도하면서 그렇게 싸웠던 걸로 기억나고, 저는 그때 싸우는 현장마다 가서 연설을 하고 다녔어요. 지지 연설이라든지 뭐 이런 거죠. 그러면서 인제 88년 때부터는 인자 노동조합을 중심[으로 활동했죠.] 88년 노동자의집에서 나는 심부름꾼이었죠, 인제 그때는. 88년에는 오두희 선배가 그……, 대개 인제 87년까지만 하더라도 여성 중심의 노동조합 [활동이 있었어요.] 전북지역도 마찬가지죠, 뭐. 여성 중심의 이런 것이 있었는데, 인제 87년이 지나면서 남성 중심의 노동운동이 막 활성화가 돼갔어요. 그때 모든 노동조합 설립이나 노조민주화 싸움하는 데는 꼭 오두희 선배가 저를 많이 데리고 다녔어요. 상당히 많이 데리고 다녔는데, 그때마다 저는 이때까지의 경험과 이런 것들을 얘기하고 그러면서,

89년 상반기까지 1년 동안은 저는 거의 단사에 있었고 지역노동운동 전반에는 개입을 안 했어요. 인제 그러다가 우리 위원장이, 노동운동을 해야 되는데……, 사실은 노동조합 대표자들, 상근자들은 나는 노동운동가라고 생각하거든요. 노조운동가가 됐든 노동운동가가 됐든, 그 역할을 해야 되는 거다 생각을 했는데, 우리 위

> 노동조합 대표자들, 상근자들은 나는 노동운동가라고 생각하거든요. 근데 인제 위원장이 [활동을] 안 하니까 그러면 나라도 해야겠다 해서……

원장이 그걸 안 하는 거예요. 회사에 계속 붙어 있는 거예요. 그리고 아마 조직쟁의 국장인가를 했거든요, 1년 동안, 우리 위원장이. 근데 인제 위원장이 [활동을] 안 하니까 그러면 나라도 해야겠다 해서 89년도에 수석부위원장이 상근도 안 하는데 제가 전북노련 당시에 현주억 집행부 출범을 하면서 교육부장을 맡았죠. 교육부장을 맡으면서 지오세를 정리를 했어요. 더 이상 나는 인제 여기서는 운동의 비전을 찾을 수가 없고, 또 내가 여기서 너무나 바쁘기 때문에 신경을 쓸 수 없다 그래가지고 [정리를 했죠.] 그 다음에 대타가, 아무도 서로 안 할라고 해서 맡는다는 사람도 없는데 제가 나와버렸어요. 그리고 평회원 활동도 않겠다 그랬죠. 왜냐면 나는 바쁘기 때문에 평회원 활동을 할 수가 없다 그래가지고 정리를 했는데, 참, 나중에 안 것이지만 내가 전국단위 수련회나 교육을 많이 가잖아요, 그때 당시에는. 근데 당시에 교육이나 수련회에 가서 지오세 회원들을 찾아보면 대우정밀에 있었던 부산교구, 그 간부 했던 그 친구 하나만 내가 봤고 지오세 했던 친구들이 아무도 없어요. 지오세 했던 친구들이, 암튼 대중 조직으로 나온 지오세 출신들이 없어요, 제가 아는 바로는. 저 같은 경우는 좀 특이한

케이스죠. 이제는 그냥 하는 얘기지만, 어디로 많이 갔냐면, 우리 주현동 팀에서도 어디로 많이 갔냐면요, 거기서 김종성 씨가 수사가 됐어요. 그리고 또 우리 회원이었던 후배가 둘이 수사로 됐어, 수사신부. 그리고 상당히 많은 여자 회원들 중에서도 수녀된 친구들이 많이 있어요. 그런 데로는 많이 갔는데, 그건 이제 지오세가 갖고 있는 종교적인 굴레[인 거 같아요.] 지오세가 노동자들의 계급성이나 이런 것을 [포괄하기는 어려웠죠.] 민주화운동까지는 괜찮은데, 독재정권에 맞서는 민주화운동 거기까지는 노동운동으로 알아봤고 그것이 대중 조직으로 다 넘어가니까 이제 할 일이 없는 거지. 자연스럽게 소멸되는 거죠. 암튼 그때까지만 해도 87년 상반기까지만 해도 노동자의집하고 지오세가 전북지역 노동운동을 대표했다고 보죠. 그 이외에는 없었어요. 있긴 있었지만 거의 지하에서 있었지 실질적으로 공개적으로 활동한 조직이 없었다고 해도 과언이 아니죠. 기억나요. "어디 있는가?" 하면서 성명도 발표하고 [했지만, 예전처럼] 회원도 활발히 움직이고 이런 건 없었어요.

80년대 후반에는 정말 많은 일들이 있었네요. 그때 같이하셨던 동료들 중에 특히 기억에 남는 분이 있어요?

특별히 남는 사람, 송병택 씨죠. 초대위원장이었으니까. [지금 공장 다녀요. 익산 어딘가 있는데, 어디 있는가 모르겠네. 어디 공업사에 공장장으로 있어요. 그때 당시만 해도 둘이는 친형제처럼 친하다고 그랬는데요, 그 전에 노동조합 하기 전에요. 근데 노동조합 하고 나서 인간관계가 깨졌어요. 인간적으로 엄청나게 가까운 사람이었는데, 암튼 노동조합 때문에 여러 사람하고 등을 지게 되는 경우가 있는데 가장 가슴 아픈 사람이 그 사람이에요. [그 이유는] 제가 보기에는 제가 잘난 체를 많이 해서 그러고요. 또 한 가지는 그 사람의 열등감하고 나의 잘난 체, 그것 때문에 [그렇게 됐어요.] 저는 전임을 해야 된다 그랬는데 [그 사람은] 전임을 안 하는 거예요. 왜 전임을 안 하냐고 나는 [그랬죠.] 당시 제 생각엔 '전임을 하는 것은 일을 하지 말라는 게 아니고 노동운동을 하라는 거다, 그래서 전임을 악착같이 따낼라고 하는 거 아니냐, 근데 왜 그걸 포기하려고 하느냐' 그런 거였어요. 그리고 그 사람이 밖에서 활동을 안 하기 때문에 내가 밖에서 활동을 해버렸어요. 89년도에 전북노련 교육부장을 했어요. 교육부장을 하다가 나중에 1년 후에 교육선전국장, 다음에 인자 사무처장 이렇게 갔는데, 그러니까 밖에서는 "송병택 씨는 허수아비다, 실지는 [이송준이 다 한다" 그랬죠.] 말하자면 실질적인 노조위원장은 이송준인데 우리 위원장은 이거 감투만 쓰고 있다 이런 것이 있었는데, 사실 또 그랬으니까요. 근데 그 사람도 자존심이 허락하지 않은 거지, 그 사람도. 임기 2년, 한 번 더 하기로 하고 내가 설득해서 않는다는 것을 억지로 세웠는데 결국은 그걸 기화로 해가지고 그것 때문에, 내가 밖에서 활동한 것 때문에 그 사람이 활동을 접었죠. 근데 내가 그 사람한테 터놓고 얘기했거든요. 사실 내가 그때 노동조합위원장 했으면 나만 쳐내면 끝났거든요. 그러니까 내가 그 사람을 세운 건데. "난 당신 없으면 못 한다. 그런데 나한테 열등감 갖지 마라. 나는 83년도부터 노동운동을 할려고 공부를 해온 사람이다. 근데 나하고 당신하고 똑같을 수가 없지 않으냐. 서로 인정할 건 인정하자." 이렇게 했는데 결국은 그 벽을 못 넘었어요. 노동조합도 인제 정리하고 반기를 들었죠, 저하고. 굉장히 인간적으로 안 좋아졌고, 사실 조직적으로도 엄청난 싸움을 했어요. 그래갖고 그 때문에 회사 조직사업, 회사 문 3일간 닫아놓고 조직싸움을 했어요. 노동조합이 깨질 정도로 내부 조직싸움을 했으니까. 그때 인제 유명한 일이 있었는데, 내 손등을 송곳으로 찍었어요. 내가 흔들리지 않는다는 것을 조합원들한테 보여줘야 되는데 보여줄 방법이 없어. [그래서] 그냥 뭐야, 그 사람 보는데 막 손등을 송곳으로 막 찍어버렸지. 회의석상에서 그랬죠. 그렇게(그러니까) 막 조합원들이 새파랗게 질려버렸지. 질려갖고는 그때부터는 인제 내 말 안 들으면 큰일 나는 거야. 죽기까지 하는데 그거 못하겠어. 그렇지 않으면 노동조합을 지켜낼 방법이 없드라구요. 이게, 뭐야 [작업장에서,] 인적 구성이 좀 특이해가지고 도제 형식으로 되어 있어요. 긍게 위에 오야지들이

> 내가 흔들리지 않는다는 것을 조합원들한테 보여줘야 되는데 보여줄 방법이 없어. [그래서] 그냥 뭐야, 그 사람 보는데 손등을 송곳으로 찍어버렸지.

밑에 사람 누르면 안 되는 거예요. 근데 위에 오야지들이 말하자면 나한테 반기를 드는 건데, 똑같이 반, 50 대 50이었어요. 근데 내가 잡고 있는 사람들은 그러니까 다 시다들이고, 그쪽이 잡고 있는 사람은 오야지들, 기술자들이고 그러니까 내가 지는 싸움이었죠. 지는 싸움이었는데 인제 그때 그렇게 하지 않았으면 제가 쫓겨났고 살 수 있는 방법은 그것밖에 없드라고요. 그래서 이 손 하나 내뻐리자(내버리자) 생각을 했어요. 그렇게 딱 사람들이 보고는 막 내 눈에서 뭐랄까 살기, 살기가 느껴지니까 송병택 씨가 그 뒤에 그만뒀어요. "너 잘되는가 보자" 하고 그만뒀어요. 그 뒤에 화해를 몇 번 시도했는데 그 사람이 안 받아주드라구요. 그럼서 그 사람은 나한테 그 싸움에서 지고 나서 암튼 그렇게 회사를 그만뒀고, 저는 인제 그때부터 인제 말하자면

승승장구했죠. [하하하] 여러 가지 직책을 했죠. 90년도에 교육선전국장, 91년도에 임투상황실장, 92년도에 사무처장, 93년부터 95년까지 전북노련 대표, 그리고 95년도에 뭐죠, 전북노동조합대표자회의(전북노대)인가, 거기에 공동대표까지 [그 후로 여러 직책을 했죠.]

전북노동조합대표자회의 거기에는 이철규 씨, 지금 도의원이네, 이철규 씨, 염경석 씨, 저 이렇게 3인의 공동대표를 했는데, 사실은 4인의 공동대표를 할려고 했었어요. 전교조를 포함시킬려고 했었는데 전교조가 [빠졌죠.] 전교조에 그 이미영, 박일범인가, 이미영인가 모르겠는데, 아마 내가 할 적에 그때는 박일범이었고 그 이전에 이미영 집행부 때부터 대중연대조직체에 연대하는 거에 대해서 굉장히 터부시했어요. 이것은, 제 그때 당시로서 판단은 뭐냐면 소위 말하는 그때 NL이죠, [당시] 주사라고 표현되던 그 그룹에서 [연대하지 않은 거죠.] 암튼 [당시 대세는] 제조업 중심의 노동운동으로 갈 수밖에 없는 거였거든요. 근데 그 선점을 누가 했냐면 말하자면 그때는, 좀 뭐하지만 NL, PD로 나뉘었었죠. 근데 암튼 PD진영에서 선점을 한 거죠, 제조업 노동운동의 흐름을. 근데 그 사람들은 이것을 주도권 행사를 할 수 없는 거예요. 그러니까 자꾸 딴지를 놓는 거고. 그 쪽에 영향을 받고 있는 후레아훼숀이라든지 이런 데도 제가 있을 때 항상 싸웠던 것이 '도대체가 지노협(지역노동조합협의회)은 인정을 하는데 왜 전노협(전국노동조합협의회)을 인정하지 않는 거냐' 이런 거였어요. 전노협을, 끝내 후레아훼숀은 전노협을 인정하지 않은 채 노동조합이 없어졌죠. 전국적으로 볼 때 전교조 중앙은 전국노조대표자회의를 같이했어요. 제조업, 대기업, 업종회의 이렇게 하는, 그리고 전국노운협(전국노동운동단체협의회)하고 전국노련(전국노동운동단체연합)하고 이 6개 주체가 인제 민주노총을 만드는, 민주노총이라는 이름은 나중에 나온 것이지만, 전국적인 제2노총이라고 표현되는 것으로 한국노총 중심의 어떤 노동운동의 흐름에서 복수노조를 지향하는 이런 흐름이 있었는데, 다 보면 전교조고 뭣이고 노운협도 다 [같이]했는데 유독 여기에서는 그게 브레이크가 걸렸어요. 거기에 영향을 받은 제조업도 마찬가지고. 암튼 어느 날인가는 그게 아마 90년돈가, 91년도일 거예요. 기억이 [확실치 않아요.] 저기 전북대 대강당에서, 그때 시기가 총선 공간일 거예요, 그게. 그때 전북대에서 무슨 출범식을 하기로 했어요. 그러니까 전노대 전신, [전노대] 전에 뭔가 출범식을 할려고 그랬는데 출범식 당일날 이미영 씨가 어떤 문제 제기를 하면서, 기억은 잘 안 나는데, 어떤 문제제기를 하면서 이것을 출범을 못 한다고 당일날 그랬어요, 선전물까지 다 내고 대중까지 다 모였는데. 그래갖고 그 출범식이 결의대회로 바뀌어버렸어요. 엄청나게 대중한테 실수를 한 거죠. [전북노련에서는] 그때 실무를, 나미리 씨가 주로 실무를 다 맡았어요. 그때 이금희가 의장이었고 나미리 씨가 그때 상황실장이어서 잘 알 거예요. 전북대 대강당인지 학생회관인지 암튼 거기에서 했었는데, 대중을 다 모아놓고 출범식까지 다 한다고 했는데, 이게 그날 당일날 그 자리에서 뭐야, 전교조에서, 전교조하고 병원연맹도 같이 그랬던가 했을 거예요, 아마. 병원연맹인가 둘 중에 하나가 그랬나, 둘 다 그랬나 [정확히는 기억이 안 나요.] 그때 병원연맹은 윤해설

> 출범을 못 한다고 당일날 그랬어요, 선전물까지 다 내고 대중까지 다 모였는데. 출범식이 결의대회로 바뀌어버렸어요. 엄청나게 대중한테 실수를 한 거죠.

씨가 하고 있었을 거예요. 중요한 사건이었죠, 그게. 아, 91년도 ILO 공대위, 아마 그럴 겁니다. ILO 공대위 출범식장에서 그랬어요. 그러니까 중앙에는 이미 다 진행되고 있는데 전북지역에서는 [그렇게 됐었죠.] 그래서 출범식 자리였는데, 발족을 위한 한마당으로 바뀌었어요. 그런 식으로 해가지고 그 흐름이 95년까지 왔어요. 전교조는 우리 지역에서는 같이하지 않는 걸로 쭉 왔죠.

노동운동을 하면서 노동조합의 활동 이외에 그런 조직이나 노선의 문제 같은 걸 처음에 어떻게 알게 됐어요?

88년 정도부터 민주노조운동의 조직발전 전망을 놓고 노총 민주화론하고 전노협 건설론이 부딪쳤던 걸로 기억하는데, 우리 지역에서는 한국노총 민주화론[의 입장에서,] 전민노련의 주력인 화학업종들이 대거 전민노련을 나가버렸잖아요, 88년 하반기에. 지금 생각해보면 일종의 한국노총 민주화론이 그렇게 외화된 거였어요. 그러면서 [전노협 건설론자들의] 전북노련을 만들게 되는데, 거기에서 서로 입장을 달리하게 되고 그때 이제 처음 알았죠. 저도 그쪽 사람들하고 참 친했었고 그때 같이 학습도 그쪽에서 하고 그랬었는데, 저는 그때 한국노총에 대해서 엄청난 불신을 갖고 있었기 때문에 내 입장하고 관계없이 자연스럽게 전노협 건설론 쪽에 방향을 갖고 있었어요. 그때 당시 느낌은 '암튼 다를 수 있구나, 서로 가는 방향이 다를 수 있구나' 그렇게 생각을 했었죠. 사실 89년경까지도 저는 노동운동의 어떤 과학성이라고 할까요, [그런 것에 기반한] 사회과학적인 노동운동을 해오진 않았어요. 그전에도 그 소위 말하는 원전 공부를 조금 했었죠. 그렇지만 나는 그때까지만 해도 NL, PD에 대해서 몰랐었어요. 89년 이전까지 몰랐었고 그냥 우리가 모두 좌파적이고 뭉뚱그려 그냥 좌파라고 [생각했죠.] 그러니까. 말하자면 소위 말하는 빨갱이, 이 정도죠. '어, 우리는 빨갱이야', 어렴풋이 '우린 빨갱이야'[라고 생각했어요.] 그래서 누구라고 얘긴 못 하지만 처음에 어떤 사람하고 학습을 했어요. 음, 그 학습한 사람이 누군지는 말은 못 하죠. [하하하] 유명한 사람이에요. 근데 그 사람이 NL이었어요. NL이었는데, 그 사람하고 여럿이 몇 번 하다가 결국은 내 적성에 안 맞아서 내가 깨버렸다. [나 이외에] 다른 사람들은 서로 다 알고, 말하자면 나 같은 경우에는 지역에서 운동으로 잔뼈가 굵고, 또 말하자면 그 입장에서 보면 내가 쓸 만한 사람이었죠. 근데 내가 딱 빠져버리니까 말하자면 자기 서클밖에 안 되는 거죠. 그러니까 내가 빠지니까 그 팀이 깨져버렸어요. 암튼 열심히도 했고, 또 이 사람도 여기(노집)에서 근무를 했었죠. 그러면서 나하고 친하게 된 거지. 그리고 연배가 나하고 비슷해. 한 살 차이야. 궁게 친구하면서 그랬죠. [하하하] 암튼 89년까지만 해도 저는 그렇게 생각을 했었어요. 근데 그 속에서 또 거기에서 NL과 PD가 나뉘는 걸 몰랐어. 근데 89년도에 나미리 씨를 만나면서 [변화가 있었죠.] PD라는 것에 대해서 직접적으로 알게 된 거, 민중민주주의에 대해서 알게 된 것은 그 사람의 영향이 있었지 않은가 싶어요. 나미리 씨를 만나면서 '아, NL과 PD가 좀 다른 주류를 형성하고 있구나, 그렇구나' 이렇게 생각을 했죠. 아마 우리 지역에서 처음으로 노동조합운동에 그런 이론을 가지고 영향을 끼쳤던 사람은 아마 나미리 씨였을 것 같습니다. 그때는 소위 말하는 PD진영의 인자들이 지하에 있어가지고 저도 누가 있는지 몰랐었어요. 아마 그때 대중 조직에 다른 분들이 있었을지는 모르겠는데, 직접적으로 영향을 끼쳤던 것은 나미리 씨였던 걸로 알고 있습니다. 그로 인해서 92년돈가요, 한국노동당까지 가게 되죠. 사실 91년도까지는 이미 나는 어떤 입장을 갖고 있었지만 웬만하면 상식선에서 모든 상황을 바라보고 이렇게 하는 편인데, 그때 당시 상황은(ILO공대위 출범식에 병원연맹이 참석하지 않았던 것) '이건 억지다'라고 생각을 했죠. 억지라고 생각을 했었어요.

그때 또 [그와 비슷한 경험을 했던 일이 있는데,] 그때 아마 내가 전노협 중앙위원이 됐어요. 전노협 중앙위원이 돼가지고 중앙에 갔는데, 강경대 씨가 언제 죽었던가, 91년도에 죽었는데 그 무렵에 인자 16-1차, 16-2차, 16-3차, 계속 16- 몇 차로 가는 그 중앙위원회가 있었어요. 단병호 씨가 아주, 말하자면 '문단심'3)이 형성되는 시점이 그 시점이거든요. 그런데 [중앙위원회를] 딱 가봤는데 그때 그쪽 라인으로 섰던 사람들이 김승호 씨, 지금의 저기 예전 국민파라고 얘기되는 그 국민파들 있잖아요. 이석행, 최동식 뭐 이런 사람들, 그 전에 민주노총 집행부 그런 사람들이요. 암튼 내가 그때부터 안 좋게 봤는데, 이석행 씨는 당시에 진노협(진민노련)4) 의장이었는데, 이건 뭐 완전히 최동식5)하

---

3) 문성현, 단병호, 심상정 3인으로 대표되는 일명 '문단심' 트로이카. 대표적인 1세대 전투적 노동운동가로 민주노총 내 중앙파의 핵심을 이루었다.
4) 이석행은 1984년부터 진주 대동중공업에서 노조 활동을 하다가 1985년 대동중공업 노조위원장으로 선출되고, 당시 마창 지역 노동운동을 이끌고 있던 문성현과 만나면서 커다란 공감대를 형성한 것으로 알려져 있다. 그 후 87년 6월 항쟁 과정에서 결성되고 큰 활동을 보인 몇몇 노조들과 함께 1988년 한국노총진주지구협의회에 적극 참가하여 노총 내부의 민주화를 주장하며 활동을 벌이지만, 이후 한국노총을 완전히 탈퇴, 1988년 4월 진주지역민주노조연합(진민노련)을 결성했다. 그 과정에서 현 민주노총 위원장 이석행은 진주지역 노조운동에 막대한 영향을 끼쳤다고 평가된다. 구술자가 진노협이라고 기억했지만, 당시는 시기적으로

고 둘이 행동대원이야, 행동대원, 내 생각에는. [그때 나는] 처음으로 중앙위원회 딱 참석을 했는데 누가 들어도 이건 분명 김승호하고 문성현하고, 심상정이 잘못을 했다고 분명히 그림이 딱 나와 있어요. 근데 이 사람들은 다 거기서 매듭을 못 짓는 거예요. 그래서 내가 인제 발언을 했지요. 김승호 지도위원하고 문성현, 그때 당시로서는 문성현 씨가 경노협의장인가, 전노협 사무총장인가 그랬을 걸요. 아마 사무총장인가 했을 거예요, 사무총장. 그리고 심상정하고 이렇게 세 사람이 분명히 했거든요. "박창수 열사 장례를 팩스로 내려 보내준 사람이 누구냐, 당신들밖에 없지 않느냐, 그럼 당신들이 책임져야지 왜 이걸 갖다가 책임 안 진다고 그러냐, 내가 처음 참석했는데 니들 회의방식이 참 문제 있다고 생각한다" 그런 요지로 발언을 하고 그랬더니 사람들이 나를 멍 하니 쳐다보는 거여. 내가 지금 생각해보니까 그 사람들 표정이 뭐냐면, '야, 그걸 지금 몰라서 하는 얘기냐?' 그거였어. '저 새끼 갑갑한 놈이네, 그걸 누가 몰르냐, 아는데 그걸 인정하면은 [곤란해지니까 그러지]'. 그런 표정이었어. 긍게 나중에는 뭐라고 하냐면, 무슨 얘길 하냐면……,

> 사람들 표정이 '야, 그걸 지금 몰라서 하는 얘기냐?' 그거였어. 그때 난 엄청나게 화가 났었어요. 내가 지금까지 운동판에서 아마 두 번인가 울었는데 [그중 한 번이 그때였어요].

진민노련 시절이 맞다.
5) 1983년 인천의 냄비공장 남일금속에 입사한 최동식은 1985년부터 1987년까지 2년여에 걸친 민주노조 결성투쟁과정 끝에 남일금속 부위원장에 당선되면서 노동운동에 등장했다. 남일금속의 투쟁과정은 1990년 세계노동절 기념으로 만들어졌던 영화 〈파업전야〉의 모티브가 되었다. 1989년 최동식은 인노협(인천지역노조협의회) 의장이 되었고, 현재 인천지역 일반노조위원장이다.

거기서 그때 난 엄청나게 화가 났었어요. 내가 지금까지 운동판에서 아마 두 번인가 울었는데 [그중 한 번이 그때였어요.] 그때 전북은 이금희가 의장이었는데 이금희가 회사가 정리되는 통에 중앙위원을 할 수가 없었어요. 그래갖고 그때부터 인자 내가 참석을 했는데, 그때 당시는 수배자가 많으니까 회의를 제대로 못 하는 거예요. 뭐랄까, 경찰이 침탈한다고 하니까 도망다니느라고 하루면 두세 번씩 옮겨 다녔어요. 그때 당시로 수배자가 반절 이상이 됐었으니까. 그래가지고 인제 그렇게 16-1차에서 그렇게 하고 나서 그 뒤로 16-몇 찬가 모르겠는데 그때야 인제 그러는 거야……. 그 말을 듣고서야 '아, 그래서 그랬구나' 그랬어요. 사람들이 뻥하고 쳐다본 것이 '야, 임마, 그걸 누가 모르냐, 다 알어' 그런 거지요. 그러니 이상한 놈이다 이거지요. [하하하] 암튼 그래서 결국 한다는 얘기가 뭐냐면, 그때 가서 인자 매듭을 짓기 시작하는데, 평가를 놓고 흥정을 하는 거예요. 평가를 하려면 진짜로 잘못했으면 잘못했다 해야 하는데 [그게 아니야.] 그때도 나는 또 그렇게 얘기했지. "잘못했다고 당신들이 인정을 해라, 왜 인정을 하지 왜 않느냐, 내가 몇 번 얘기했지 않냐, 그걸 인정하면 될 걸 가지고……." 그랬더니 그때서야 뭐라고 하냐면 "이 인정을 하게 되면 내 정치적……", 뭐라고 할까, 나의, 뭐라고, 정치적 뭐라고 했는데, "나의 정치적 생명에 대해서 어떻게 할 거냐", 이런 요지의 발언이었어요. 문성현 씬가, 김승호 씬가 [그랬어요.] 캬, 그 얘기 들으니까 참…… 그 얘기를 들으니까 어떻게 막, 막 속에서 막 끓드라고, 끓어. 그래갖고 막 책상을 던지고 의자를 집어 던지면서 그랬지. "야, 이 개새끼들아, 니들이 무슨 노동자들을……, 암튼 역사의 심판을 받을 거다, 니들은" 그랬죠. 진짜 나는 그때 이상하게도 정운승이가 [생각났어요.] 정운승이

박창수 열사 살인을 규탄하는 유인물(1991. 5).

가 그때 한국거울 노동조합위원장이었거든요. 그 노동조합 하나를 지킬라다가 구속되고, 그 중간에 아버지 죽고 [그랬다고요.] 한국거울은 그렇게 조그만한 회사였다고, [그 조그만한] 노동조합 하나 지킬라고 그러는데……, 그 싸움이, 말하자면 어떤 성격이었냐면 그 싸움을 일찍 정리를 해버렸기 때문에 그 어떤 투쟁 국면 있잖아요, 장례를 치르면서 지속되던 투쟁 국면이 싹 정리가 돼버리는 시점이었어요. 그러면 [그런 이름 없는 조그만 노조가] 어디 한국거울만 있겠냐 이거지. 근데 니들은 그런 것도 아랑곳 하지 않고 어떤 조직적인 절차도 밟지 않고 투쟁을 마무리해버리는 장례식을 [그런 식으로 끝내버릴 수가 있냐

이거죠.]

궁게 장례식이 어떻게 됐냐면, 한진중공업 박창수 열사6) 장례식이, 노동조합도 모르는 사이에 장례가 끝난 거예요. 노동조합은 중앙에서 하라고 했다, 중앙에서는 한진중공업에서 해야겠다고 [연락이] 왔다, 이게 돼버린 거지. 근데 이것을 아무도 책임질라고 하지를 않는 거예요. 막 그래가지고는, 그렇게 해가지고 지금 이상현 씨하고 나하고 막 부여잡고 울고불고, 그리고 지금 전희식 씨, 전희식 씨도 그 당시 거기에 있었네. 전희식 씨도 막 그 황소 같은 사람이 막 울부짖었지, 그때. 그래갖고 막 그때 난장판이 아니었어요, 그때. 아무튼 그때, 아무튼 한 번 울었어.

또 한 번 참 황당했던 것은 한노당 사건 때였지. [하하하] 그때도 참, 한노당 사건 때도 참 황당했어요. 그때도 1992년돈가 그럴 거예요. 나중에 전주 허 신부님 있는 성공회에 가서 마지막 정리를 했는데, 평가하는 자리였어요. 평가를 좀 올곧게 하고 잘못한 것을 시인하고 조직적으로 이렇게 평가를 내리고 하면 좀 괜찮은데 [그렇지 못했어요.] 그때 김용구인가가 출마를 한다고 했을 때, 김단아 씨가 "노동자 주제에 뭘 알고 출마한다고 하냐" 이런 식으로 얘기를 했었지요. 그런

---

6) 박창수 열사는 한진중공업 노조위원장과 부산지역 노동조합총연합 부의장으로 활동하던 1991년, 강경대 열사 타살 사건과 관련해 단식 투쟁을 벌이던 중 원인이 밝혀지지 않은 부상으로 안양병원에 입원했다가 5월 어느 새벽 안양병원 마당에서 의문의 시체로 발견되었다. 이에 대해 주변 관계자들은 병실로 찾아온 안기부 요원이 박창수 열사를 데리고 나간 지 몇 시간 뒤에 사체로 발견됐다고 증언한 바 있다. 경찰은 이후 진상규명을 요구하며 시신을 지키고 있던 노동운동가들을 진압하고 영안실 벽을 뚫고 들어와 시신을 탈취해갔다.

식으로 얘기한 거에 대해서도……, 참, 같이 연대할 적에는 아, 노동자가 최고라고, 뭐 사회의 중심이고 어쩌구저쩌구 막 나한테 얘기했던 그런 사람이 그런 얘기를 했다는 것이 참 나는 우습드라구요. 암튼 다 잘못을 했다, 인정하자, 그러면 책임져야 되는 거 아니냐 말이죠. 누군가는 운동적으로 책임져야 되는 거다 그랬더니 뭐라고 얘기하냐면, 최민우가 그때 우리 전북노련 조직부장이었는데 그러는 거예요. "죄 없는 사람은 저 여인에게 돌을 쳐라"고 성경에 그런 구절이 있잖아요. 근데 그러는 거예요. 참 그때 우스운데, 조직적인 평가를 내림에 있어서, 조직이란 건 규율이 있어야 되는 거고 그 규율은 조직적인 규율이죠. 최소한의 규율도 없다면 그건 난 조직도 아니라고 보거든요. 근데 평가를 내리는데 죄 없는 사람은 저 여인을 치라는 말에 대해서 나는 참, 그 무슨 얘기냐 말이죠. 근데 그랬더니 또 사람들은 다 거기에 수긍을 했어요. 아, 도대체가 내가 무식한 건지 이 사람들이 이상한 건지 [모르겠더라고.] 결국은 내가 무식한 게 됐지. 근데 아무리 백 번 양보를 해도 나는 내가 잘못했다고 전혀 생각이 안 들었거든요.

> 그래서 내가 자리에서 일어났지……. "니들은 더 이상 노동자를 위해서 뭣을 한다고 얘기하질 마라. 니 자신들을 위해서 뭣을 한다고 그렇게 얘길 해라." 난 그때 한 번 또 울었네.

지금도 마찬가지에요. 그래서 내가 자리에서 일어났지……(구술자는 이때 눈물을 훔쳤다). 그래갖고 내가 그 얘기를 했어요. "니들은 더 이상 노동자를 위해서 뭣을 한다고 얘기하질 마라. 니 자신들을 위해서 뭣을 한다고 그렇게 얘길 해라." 난 그때 한 번 또 울었네. 사실 91년도에 노동조합에 대한 업무조사로 노조들이 많이 위축됐어요. 그때 인제 발만 걸치고 있던 노동조합들은 다 인자 빠져 나가기도 했고, 실질적으로 여러 군데가 업무조사에 들어가고 그랬어요. 당시로서는 서호주정(위원장 김용구), 성일통상을 비롯해 몇 군데가 됐어요. 근데 거기서 막아낸 데는 성일통상 한 군데밖에 없었어요. 결국 성일통상만 살아나고 나머지는 다 손 들었죠. 그렇게 엄청나게 91년도에 위축된 데다가 중앙에서의 그런 이론이나 노선 갈등이 [더 힘들게 했죠.] 아, 난 얘기만 나오면 이상하게 감정이 잡히네요. 과거를 회상하면 회한 비슷한 게 있어가지고 그냥 감정이 잡혀요.

그럼 넓게 PD진영, 이런 정도 말고 좀 더 구체적인 정파 조직이나 이런 것들에 대해서는 어느 정도로 알고 계셨어요? 어떤 조직이 있었는지 만약 접하게 되셨다면 언제쯤인가요?

그때는 몰랐었어요. 그때는 지하에 있는 것을 전혀 몰랐었습니다. 한참 지나고 나서였죠. '아, 다르게 지하에 있는 그룹들이 있구나' 이런 것을 [나중에 알았어요.] 정확히 파악은 못 했고 단지 들리는 얘기가 단기라든지, 그리고 민중회의가 언제적이죠, 91년도쯤. 그리고 최형재 씨로 얘기되는, 뭐드라 그 전에 뭐 했던 거 같은데. 그리고 한국노동당 막 시작하는 무렵에 손인범 씨로 얘기되는 칠구(79)[에 대해서 들었고,] 그리고 단기 얘기도 그때 들었고. 뭐 자세하게는 기억은 안 나는데, 근데 이 주류들이 누군지 누가 하는지를 모르고 있었어요. 인제 더 많이 알게 된 것은, 김희철[7] 씨가 94년인가 이때 조문익[8]

---

[7] 김희철 열사는 1984년 전북대학교 철학과에 입학하여 학생운동을 시작했다. 1987년 6월 항쟁 당시 전북대학교 학생운동 연합지도부에서 활동했고, 이후 백기완 선거운동본부와 노해동 호남위원회에서 활동했다. 1988년 민중당 주최 집회 과정

씨랑 이렇게 커밍아웃9)을 했든가, 아무튼 나타났어요. 그래서 나는 조문익이가, '쟈(쟤)는 도대체 인쇄소하면서 인쇄소나 할 것이지 뭣 허러 이렇게 내 눈앞에서 얼쩡거린다냐' 생각했는데 지금 생각해보니까 그랬던 거 같구요. 일을 첫번에 먼저 시작했던 거는 김희철 씨, 김희철 씨하고 자꾸 일을 해볼려고 했어요. 그랬는데 김희철 씨가 건강이 좀 안 좋았었어요. 나한테는 조직사업을 좀 할 만한 사람이 필요했는데, 김희철 씨의 기획력이나 이런 거에 대해서는 참 높이 평가했었는데, [건강이 안 좋아서 힘들었죠.] 그런데 그때 당시로서는

에서 경찰의 폭행에 의해 입원 치료를 받은 이후 계속 폭행 후유증에 시달렸다. 1990년 조직 사건으로 수배를 받아 1991년 이후 광주, 전남, 마산, 창원 등지에서 노동운동을 전개하면서 노동운동 기관지를 발간하는 등의 활동을 했다. 1994년 이후에는 다시 익산, 군산 등에서 노동자 교육, 조직화 활동을 계속했다. 그러던 중 건강이 악화되고 공동체 운동에 관심을 두고 1999년 인도 오르빌 공동체로 연수를 떠났다. 2001년 7월 15일 39세로 수련 중 사망했다.

8) 조문익 열사는 1983년 고려대 철학과에 입학하여 학생운동을 하다 제적되어 1985년 전북대 철학과에 입학, 학생운동을 시작했다. 1987년 6월항쟁 당시 학생운동 지도부로 활동하고 1990년 대학 졸업 이후 노동자 교육과 조직운동을 전개하며, 전북을 비롯하여 광주, 전남, 마산, 창원, 경기 등에서 활동을 전개했다. 전북노련과 민주노총 전북본부의 창립에 적극 참여, 교육선전국장, 사무처장, 부본부장 등을 역임하며 10년 이상을 활동했고 한·일 노동자의 교류와 연대에 관심을 보여 일본 오사카 항만노조 등 일본 노동단체와 10년 이상의 연대활동 성과를 만들었다. 민중언론 ≪참세상≫ 창립을 제안하고 전북지역 대안언론 ≪참소리≫ 운영위원 등으로 활동했으며 전북지역의 노동운동을 위해 다양한 활동을 전개하던 중 2004년 수배를 받아 구속되어 옥고를 치렀다. 2005년부터는 다문화 가족 형태인 결혼이주여성을 지원하는 활동을 전개하던 중 2006년 2월 7일 43세에 불의의 교통사고로 세상을 떠났다.

9) 지금은 고인이 된 김희철 씨와 조문익 씨가 비공개적으로 비합법 정파조직 활동을 하다가 공개적인 대중 공간으로 활동영역을 드러내어 이들을 만나게 되었던 기억에 대해서 구술자는 '커밍아웃'이라고 표현하며 웃었다.

일할 만한 사람도 많이 없고, 그래서 사실은 단 세 사람이 지역에서 새로운 조직틀을 고민하고 있었어요. 그러니까 인제 다 전북노련을 그만둔 속에서 나하고, 황희숙 씨를 민왕기한테 소개받아서 황희숙 씨하고, 또 한 사람 사무차장이 필요했어요. 말하자면 그때는 대중조직에 있는 사람들이 모든 간부를 다 하고 있었기 때문에 사무차장을 할 활동가가 필요했는데, 그 사무차장이 말하자면 조직사업을 다 해야 되는 거죠, 저하고 같이. 근데 김희철 씨가 건강이 좀 그래가지고 못 했어요. 그래서 방용승 씨를 제가 그때 사무차장으로 이렇게 해서 같이 일하게 됐었죠. 방용승 씨하고 나하고는 입장이 틀리다는 걸 난 그때는 알았어요. 알았지만 말하자면 그때 방용승 씨는 빼어난 조직가 스타일이라는 그런 것, 또 방용승 씨가 그때 상황이 좀 안 좋았어요. 자기가 주축이던 청년노동자회라는 조직이 내분으로 해서 깨지고 이 친구도 갈 데가 없었고 그래서 방용승 씨로 했었죠. 근데 입장은 달르다는 건 알았었어요. 이렇게 세 사람이 일을 했어요, 전북노련에서. 그리고 간혹 이제 조문익 씨한테 기획이나 이런 거에 대해서는 내가 자문도 구하고 이렇게 하면서 [일을 했죠.] 그때 조문익 씨가 시민단체를 뭔가 만들었는데, 아마 수돗물불소화시민연대인가 뭐 그것을 했었던 것 같은데, 그때 같이 사무실을 썼어요. 나머지는 잘, 전희남 씨도 사실은 몰랐었어요, 최근에 알았으니까. 그렇게 해서 94년도경에 다양한 정파 조직에 대해서 알게 됐죠. 그렇지만 조직의 입장들이나 뭐 구도는 못 그려요. 그 정도는 모르고요.

90년대 이후 현장 이야기로 다시 돌아가보죠. 90년 하반기 전노협 건설 이후에 노동운동의 상황을 보면 단위노조 탄압이 매우 심해졌는데, 당시 지역에

1990년 노동절 전야제 행사에서 성일통상 노동자들이 공연을 하고 있다(1990. 4. 30).

서 대표적인 사례 중 기억나는 게 있으신가요?

대표적인 사건은 서호주정이지 않나 싶어요. 서호주정, 김제에 풍림제지, 4개 사업장이 집중적으로 탄압을 받았는데, 화남, 성일통상, 그리고 썬전자가 그랬던가, 에이스제과가 그랬던가, 아무튼 그때 집중적으로 탄압을 해가지고 4개 사업장이 쓰러졌어요. 제가 알기로는 서호주정이 대표적이에요. 김용구 씨가 당시 [노조] 대표로 있었는데 싸움을 참 외롭게 한 걸로 내가 기억을 해요. 혼자 단식하고 조합원들은 다 노동조합을 [떠나고,] 지금은 노동조합이 아마 있는 걸로 내가 알고 있는데, 아, 없어졌나봐요. 근데 그중에서 성일통상만 살아났어요. [성일통상도] 대표적인 탄압사롄데, 성일통상은 위원장을 구속할려고 경찰서에 연행해가니까 조합원들이 즉각 파업을 하고 경찰서로 몰려갔지.

성일통상 노동조합 소식지에 업무조사에 대해 규탄하는 글이 실렸다. 내용 중에 "노동부 근로감독관이 전노협을 탈퇴하면 모든 일을 불문에 붙이겠다고 감언이설로……"하는 부분이 눈에 띈대[성일통상 노조 소식지 ≪다함께≫(1990. 8. 20 발행) 중에서].

그때 싸움 방식은 그랬어요. 위원장 잡아간다 그러면 다 일손 놓고 경찰서로 가는 거, 해태관광도 그랬고 에이스제과도 그랬고, 그렇게 했었어요. 그렇게 하니까 그때도 다 업무조사 형태로 들어왔어요. 또 한 가지 형태는 조합원들을 분리시켜내는 거예요. 내분시켜요. 아, 업무조사는 삼립테코하고 풍림제진가 그렇게 알고 있고, 서호주정은 조합의 내분사태를 야기하고 화남도 그렇게 내분사태 야기하고 이런 식으로 치고 들어왔어요. 그러면서 지켜낸 곳은, 삼립테코는 그때 살았죠. 나머지 4개 사업장이 떨어지니까 주변에서 전노협 활동에 대해서 다 겁을 먹기 시작한 거죠. 겁을 먹기 시작하면서 사실 많이 위축돼가고 있었죠.

공부하고 싶었던 열세 살 시다에서 진짜 노동자가 되기까지 • 이송준 103

그때부터 전북노련도 굉장히 힘들었던 시기가 92년까지 계속되죠?

그 시기부터 인제 그렇죠. 91년도에 현주억 대표가 인제 단병호 위원장님 [구속된] 공백을 메꾸러(메우러) 직대(직무대행)로 올라갔죠. 그래갖고 이금희 의장이 [전북노련 의장] 직대를 하고 그랬었습니다. 그리고 90년, 91년도 싸움은 아마 아세아스와니가 대미를 장식했었죠.

큰 싸움이었죠. 129일 일본 방일투쟁. 그렇지만 91년까지는 그렇게 하는 데도 조직적 약세 같은 건 별로 없었던 걸로 기억하는데, 92년도부터는 이제 노동조합들이 굉장히 힘들어져요. 그리고 제가 지금 생각해보면 산업구조 자체가 바뀌고 있었던 거예요. 이제 내가 지금 생각해보니까 그래요. 92년도부터 산업구조 자체가 바뀌면서 그 제조업, 봉제산업 있잖아요, 이런 산업들이 다 떠나면서, [사업장이 줄어들게 돼요.] 이게 탄압이 아니어도 여기 산업구조 자체가 그렇게 사양산업 위주로 있었기 때문에 이 회사들이 영세하니까 다 이제 어디로 나가는 거죠. 그러면서 사업장 수도 급격히 줄어들죠. 그러면서 또 한편으로는 에이피라든지 대우전자부품이라든지 이런 사업장들이 전북으로 이렇게 내려오는 걸로 내가 지금 기억해요. 이렇게 산업구조가 재편되면서, 노동조합들을 우리가 만들었으면서도 전북노련 가입을 못 하는 데가 있었어요. 그니까 전노협에 가입한다고 하면은 사용주 측에서 화들짝 놀래가지고 이거 망한다 생각하고 막 공격을 하니까 노동조합을 만들어도 말하자면 전북노련에 가입을 안 하거나 그냥 연대조직으로서 이렇게 존재했었어요. 그래서 그때부터 이제 전북노련에 가입하지는 않았지만 전북노련과 함께하는 노동조합들이 한두 개씩 생겼죠.

아세아스와니 방일투쟁 사진(1991).

그때부터 산업구조가 재편되면서 이후에 지역 내 사업장들의 성격들이 바뀌고, 또 그러면서 노련과 결합하는 방식이 변화하게 되는 거로군요. 그렇다면 그런 객관적인 조건과는 다른 측면에서 전북노련 내부적으로 활동의 침체를 가져오게 되는 갈등이나 문제 같은 건 없었나요?

한번 상근자들이 파업을 했어요. 그때 내가 의장이었을 땐가, 상근자가 그때 상당히 많았었는데 상근자들이 파업을 했어요. 파업을 한 이유는 그러니까 나미리 씨에 대한 반기였죠. 이런 얘기는 좀 그렇지만 사람들은 심지어 저한테, "치마폭에 감싸여 산다"는 말까지 어디서 들었으니까요. 그런데 그것은 아마 한국노동당을 바라보는 제 정파의 다른 시각이었던 걸로 제가 지금 판단하고 있어요. 그러면서 나미리 씨가 주도하는 이런 사업 작품들이 그때 나타났던 것이 한국노동당 건이었으니까요. 근데 한국노동당 사업이 사실 또 잘 안 됐잖아요. 보니까 이쪽 지역은 단위노조 대표자들은 대부분 한국노동당을 했었어요. 제가 앞장에 서 있었으니까 그랬는지는 몰라도 거의 다 했었는데, 아마 그때는 그런 거에 대한 반발 아니었느냐 이런 생각이 들어요. 그때는 다양한 정파 내지는 사람들이 서로 다 다른 입장을 갖고 있었으니까요.

그런 상근자 내부 구성원들 간의 갈등이 전반적인 활동 침체를 가져오는 데도 영향을 미쳤나요?

그렇게는 바라보지는 않아요. 구조적으로 운동의 조직 재편기에 따르는 전노협의 전반적인 위기 상황이었으니까요. 그때 당시에 [전노협이] 20만 조직으로 출발해서, 물론 저는 20만 조직이라고는 안 봐요. 시작할 때는 다 집어넣었으니까. 사실 우리 전북노련 출범할 때도 전북노련 가입사업장이 아니었던, 그러니까 이미 전민노련 시절에 탈퇴했던 그런 사업장까지 다 넣었기 때문에 그때 우리가 20만이었지 않나 싶어요. 어쨌든 20만으로 시작했던 전노협이 그때 당시는 5만으로 떨어져 있었어요. 5만 명으로 떨어져 있었고, 전북노련도 그때 당시 우리가 정확히는 기억이 안 나는데, 7,000명으로 시작했든가 그럴 거예요. 근데 그때 당시 2,000명 정도 조합원을 갖고 있었고. 조합원들이 조합비를 300원씩 냈는데, 300원씩 내면은 60만 원이잖아요. 이거 갖고는 기본적인 생활도 못 하는 거죠, 그때 당시로도. 엄청나게 열악한 상태였는데, 다 이걸 재정사업으로 메꾸는(메우는) 거죠. 그때 상근자들한테 20만 원씩인가 상근비를 지급했었어요. 그래서 그런 전반적인 위기 상황에서인거지 그런 내분 때문에 [영향을 받았다고 보지는 않아요.] 암튼 그때 그 내분 때문에 사람들이 얼마 지나지 않아서 사무실을 다 정리하게 됐죠. 그때가 93년인가, 나미리 씨도 그때 당시 정리하게 되고 나머지 상근자들도 다 정리하게 되고요. 전반적인 침체 국면이었지 그런 내분 때문에 그랬던 것은 아닌 걸로 저는 알고 있어요.

그 와중에 93년도에 전북노조대표자모임(이하 전노대)이 구성이 되잖아요. 당시 상황 속에서 전노대를 구성했던 이유는 무엇이었고, 당시에 어떤 역할을 했었는지를 말씀해주세요.

아, 전노대 하면 아마 그때 염경석 씨가 처음으로 대중 앞에 나타났던 시기가 아니었나 싶어요, 93년도. 저도 사무처장에서 처음으로 전북노련 의장직을 수행하게 됐고. 당시 업종으로 전교조 있었구요, 병원연맹 있었고, 제조업 중심으로 해서 전북노련 있었고, 그리고 전북노련에는 가입하지 못하지만 연대하는 이런 그룹들, 해서 네 그룹이 있었어요. 그러다가 여기 인제 업종 쪽에 있는 지금 사회보험노조, 여기에 염경석 씨가 이제 출현하게 돼요. 염경석 씨가 이제 그 전 대표자들보다 대외 연대활동에 굉장히 관심을 갖고 있었어요. 근데 전교조하고 병원연맹은 연대활동에 등한시하는 거예요. 탄력이 안 받아요.

그러니까 91년도에 ILO공대위 때 한번 무산되고 몇 년간 계속 연대활동이 없었던 거죠?

그렇죠. 전북노련 중심으로 이렇게 하다가 임투교육같은 사업이 있으면 전북노련 중심으로 해서 가입하지 않은 제조업들까지 이렇게만 했는데, 염경석 씨가 나오면서 [사회보험 쪽이 같이하게 됐죠.] ILO공대위 이때도 같이했었던 걸로 기억하는데, 아, 그때는 염경석 씨가 없었어요. 이때 염경석 씨가 이제 연대활동이 안 되니까 이 그룹하고 전북노련하고 해가지고 전북노조대표자회의를 구성하게 되었던 걸로 내가 알고 있어요. 그때는 병원연맹은 참여하지 않았었죠. 병원연맹은 그 이후에 민주노총 건설을 위한 전북노조대표자회의 때 이철규 본부장이 예수병원 위원장을 하면서 본부장을 맡으면서 여기에 참여하게 되는 거죠. 그때부터 연대활동이 됐고, 그때까지도 전교조는 연대활동을 등한히 했어요. 전교조는 아주 늦게 [결합했어요.] 그리고 그때 당시로서는 노동조합 우리하고는 거의 같이 어울리지 않았죠. 참, 조직형태가 운동권에서는 노동조합의 연대체하고 같은 레벨로 그렇게 해줬어요. 좀 잘못된 예운데, 그렇게 예우받기를 원했고 그렇게 해줬어요. 그래가지고 이 사람들은 민주노총 건설 때까지도 우리 지역에서는 같이 한 번도 연대활동을 못 했던 걸로 나는 알고 있어요.

전노대를 결성하게 된 문제의식을 한마디로 얘기하자면 그런 연대활동의 필요성에 대한 것이라고 얘기할 수 있는 건가요?

그렇죠. 말하자면 전북노련이 갖고 있는 조직적 한계가 상당히 많았어요. 예를 들면 뭐 에이피라든지, 저기 한샘제약이라든지, 군산에 큰길식품이라든지, 또 김제에도 좀 있었던 걸로 알고 있고, 모나리자 화장지라든지, 그런 노동조합들을 조직적으로 묶어세울 만한 것이 없었어요. 그래서 다양한 업종의 그룹들이 모임도 하고 이렇게 했었는데, 그 모임을 주도할 만한 역량 있는 사람, 그리고 대표할 사람이 없어서 안 되다가 염경석 씨가 딱 나오면서 이게 가능해진 거죠. 그러면서 같이 전북노조대표자회의를 하면서 다양한 연대활동이나 이런 것들을 같이해나갔죠.

3인의 공동대표 체제로?

처음에는 2인의 공동대표였죠. 염경석 씨하고 저하고 공동대표였고, 나중에 민주노총건설을 위한 전북노조대표자회의에 이철규 본부장이 [같이하면서] 3인의 공동대표로 변화가 있는 거죠. 그러니까 염경석 씨가 그 역할을 안 해줬으면 상당부분 많은 부분이 빠져나갈 수가 있었어요. 근데 다행히도 그런 일이 없어가지고 [잘 됐죠.]

당시에도 각각의 역할들이 정확히 분담되어 있었나요, 아니면 그런 역할이 되었다고 나중에 평가하신 건가요?

생각했었죠. 그때 저도 생각할 적에 전북노련이 암튼 상징적 존재지 실질적으로 전북지역의 노동조합을, 노동자들을 대변한다, 그것은 아니었었죠. 그때 당시로서는 전북노련은 상징적으로, 말하자면 전북지역 노동운동을 대표하고 있었죠. 실제 내용에 있어서는 그때부터 같이 책임지고 있었고요.

당시 전북노대의 모임이 결성되는 과정에서 어떤 역할을 담당하셨는지요?
내 역할이라면 새로운 연대틀을 고민하는 그런 역할이었죠, 말하자면. 저는 그때 당시에 전노협은 이제 해산되어야 한다는 입장을 [갖고 있었어요.] 그때 인제 중앙에서부터 전노협의 조직적 발전 전망을 놓고 싸움이 있었어요. [한쪽에서는] '전노협의 발전적 해소론' 이런 거였고 또 한쪽에서는 '전노협 강화론'이 있었고, 이렇게 있었는데, 저는 말하자면 전노협 해소론 쪽에 있었어요. 전노협이 발전적으로 해소되어야 된다는 그런 것이 있었는데, 소위 말하는 PD우파 진영하고 NL우파 진영이 여기에, 이제 전노협 해소론에 있었고, 말하자면 지금 문성현 씨라든지 중앙파는, 그때도 뭐 NL좌파, PD좌파가 있어서 그때로서는 이상한 거였죠. 암튼 소위 말하는 중앙파 이 사람들은 양규현, 문성현, 단병호, 심상정 이쪽으로, 이 사람들은 처음에는 전노협 강화론이었던 걸로 기억하고, 물론 나중에는 이것이 아주 뭐 다양한 방식으로 얘기가 됐는데, 저는 전노협 발전적 해소론자 그쪽에 있었죠. 그래서 나는 새로운 틀을 준비하는 산파역을 했었고, 그리고 주요 행사 때마다 무대에 서는 것을 제가 피했어요. 가능하면 염경석 씨를 세우고, 가능하면 이철규 씨 세우고, 저는 인제 전체 사업을 끌어내는 이런 조직사업을 해내고 이런 것을 주로 할려고 노력을 했죠. 그래서 제 역할이 새로운 조직체를 만들기 위해서 지역에서 준비하는 산파역이라고, 제가 생각하기에는 그렇게 할 수 있죠.

그럼 전국적으로는 전노협의 향후 거취 문제에 대해서 그런 논쟁이 있었지만 지역 내에서는 그런 것들이 논쟁적이거나 그런 상황은 아니었나요?

그렇죠. 그런 조건은 아니었어요. 저는 심지어는 심하게 얘기하면 이거 안 되면 전북노련 깃발을 [내릴 수도 있다고 생각했어요.] 실제로 깃발 내린 데가 있었거든요. 대전 내렸었고, 광주 내렸었고, 깃발을 내렸어요, 지노협 깃발을. 말하자면 연대체 연대 구심이 없어진 거예요. 근데 저도 '이게 안 되면 내릴 수밖에 없어야 된다'고 했고, 다 공감하고 있었어요. 그때 당시는 너무나 열악했고 어려웠으니까요. 그니까 거기에 대해서 반기를 드는 조직이나 사람이 없었어요. 거의 다 동의하고 있었죠. 그래서 중앙에서 벌어지고 있는 그런 싸움, 논쟁 하고는 좀 거리가 있었고, 또 어느 정도 이 지역의 노동운동에서 영향을 미치는 이론 그룹이나 조직도 있었겠지만 그들 세력이 단위노조에 미치는 영향력이라는 건 아주 미미했었기 때문에 그런 논쟁이 안 되었어요. 그렇게 전북노대가 결성되고 나중에 민주노총 건설에 징검다리 역할을 했죠.

그렇게 해서 95년 이후에 전북노련이 완전히 해산을 하고 민주노총 건설까지 이어지는 그 과정에 대해서 얘기해주세요. 그 방향성에 대해 당시 어떤 생각이 있었는지?

우리는 사업방식이 그랬었어요. 단위노조 대표자들 중심으로 했고, 임투전진대회 같은 걸 공동으로 해내고, 그렇게 공동사업을 많이 [했어요.] 어디나 그랬겠지만 일체감을 형성하기 위한 하나의 방법이죠. 그래서 임투전진대회나 5·1절 대회 그런 것들을 같이 해낸다든지 문화제도 같이 해보고 [그렇게 했죠.] 그리고 8·15 범민족축전이 있었

1996년 전북지역 단위노조 대표자회의.

2002년 가을 노동자 등반대회.

잖아요. 사실 저하고는 달랐어요. 제가 그때 노동자 통일대 녹두대장을 했었는데, 사실은 나는 그걸 싫어했었어요. 그런데 그런 다양한 대중을 모아놓고 그런 큰 사업들을 해내지 않으면 조직적 통일성, 그런 것들을 꾀할 수가 없었어요. 그래서 입장이 다르지만 제가 통일대 녹두대장을 하면서 범민족축전을 참여하고 이랬죠. 또 가을 등반대회라든지 뭐 이런 것도 그해 아주 재밌게 풍부하게 많이 해냈어요. 그리고 단위노조 대표자회의를 한 달에 한 번씩은 꼭 했죠. 단위노조 대표자들끼리는 흉허물 없는 일체감을 형성하기 위해서 꼭 했어요. 회의를 멀리 잡아요. 저기 뭐 내장산에다 잡는다든지, 저기 송림산에다 잡는다든지, 회의 끝나고 못 도망가게, [하하하] 못 도망가게 다 잡아놓고 거기 가서 먹고 마시고 회의하고 놀고 했어요. 그리고 단위사업장을 꼭 돌아가면서 회의를 했어요. 단위사업장 가서 회의 하고, 또 다른 데로 떠나고 이런 식으로. 그러면서 좀 일체감 형성을 좀 많이 꾀했고, 재밌게 했던 것 같아요. 사람들이 맨날 그 하꼬방 같은 사업을 하다가 대규모로 모이는 사업들을 하잖습니까. 예를 들면 5·1절 문화제라든지 이런 사업들을 하면 사람들이 많이 모이니까 힘도 얻고 그랬죠.

당시에 민주노총을 건설해가는 과정에서 가장 어려웠던 점이나 특별한 기억이 있다면 어떤 건가요?

별로 안 어려웠던 것 같고 재밌었던 것 같아요. 특별한 기억은 민주노총 준비위 회의가 참 특별하죠. 회의를 시작하면은 밤새도록 회의하고 다음날도 또 밤새도록 회의하고, 반절은 자고, 또 자고 일어난 사람들끼리 또 회의하고, 그러면 단병호 위원장이, 아니 권영길 위원장이 "아, 이제 매듭지읍시다" 그러면 다 반대가 없으면 동의하는 거,

그랬어요. [민주노총 건설 과정에서] 말하자면 전노협이 주도를 사실 못 했잖아요. 못 한 거죠, 어쨌든. 그런 것들에 대해서 전노협 자체가 두 가지로 입장이 나뉘어 있었으니까요. 전노협에서 입장 자체가 둘이 나뉘어 있어가지고 여기서 결론이 안 나는 거예요. 여기서 결론이 나야 말하자면 그 다음 민주노총 건설을 위한, 그 중앙특위 단위 이름을 정확하게 모르겠어요.

> 회의를 시작하면 밤새도록 회의하고 다음날도 또 밤새도록 하고, 반절은 자고, 자고 일어난 사람들끼리 또 회의하고, 그러면 권영길 위원장이 "아, 이제 매듭지읍시다."

암튼 전노협 12, 대기업 12, 업종회의에서 12, 이렇게 36인이든가 이렇게 하는데, 이 전노협 자체에서 결정이 안 되니까 그 민주노총 회의를, 말하자면 참여를 못 하는 거, 뭐 그런 식으로 흐르니까요. 독특하게 전노협은 그 회의, 민주노총 건설을 위한 그 회의에 앞서 또 [전노협 자체] 회의로 또 진을 빼는 거죠. 진을 빼고 또 가서 전노협에서 계속 하다가 거기 가서 또 진 빼고 [그랬죠.] 암튼 대전 경화장은 참 숱하게 가서 잤네요, 대전 경화장. 민주노총 회의가 주로 대전 경화장에서 했었어요. 그때 이제 기억이 나는 것은 누가 대표를 할 것인가인데, 이철규 본부장한테도 얘기를 했었는데, 이철규 본부장은 보니까 전혀 안 할 기세고, 굳이 사양했던 것이 아마 그랬던 것 같아요. 그러니까 연대활동에 그렇게 모범적으로 참여도 안 했으면서 당신이 이렇게 [대표를 하는 게 적절하지 않다고 생각했던 것 같아요.] 긍게 본인이 모범적이지 않은 게 아니고 조직이 말이죠. 그래서 새로 탄생하는 지역조직의 대표로 한다는 것이 본인한테는 좀 무리라고 생각했던 건지 굳이 사양을 하시드라고요. 연배로 보면 인제 그 양반이 최고 위였거든요. 먼저

염경석 본부장.

그분한테 제안은 한 걸로 기억해요. 그랬더니 그분이 나한테 "아, 여태까지 고생한 이 의장이 해야지 누가 하냐"고 이렇게 하는데, 저는 사실은 하기가 싫었어요. 나는 "더 이상은 지역의 대표 안 한다"고 공공연히 그러고 다녔었거든요. 그래서 이제 남은 건 염경석 본부장인데, 이분이 그때 의료보험노조 중앙에 있었어요. 의료보험노조 당시 집행부가 불신임당했던가 암튼 지도부가 빵에 갔던가 둘 중의 하나였는데, 상황이 아주 안 좋은 상황이었어요. 그때 직대로 거기를 갔어요. 그래서 제가 거기를 올라갔죠. 그때 거기가 아마 제가 알기론 서로 지역별로 좀 이런 헤게모니 다툼이 좀 있었던 걸로 알고 있어요, 거기 노동조합 자체 내에서요. 거기서 "염경석이가 나오면 아무도 노동조합 위원장에 출마 안 한다, 근데 다른 사람이 나오면 나도 나간다" 막 이런 식으로 얘기가 됐었어요, 의보노조 중앙위에서요. 그런 상황에 제가 갔죠. "지역의 대표를 하셔야겠습니다." 그러니까 그분도 저한테 여태까지 고생했으니까 저한테 그냥 했으면 좋겠다고 그랬죠. 근데 그때 제 고민이 뭐냐면, 설사 내가 의장을 한다 하더라도 나를 뒤에서 뒷받침할 만한 사무처장이 사실은 안 보였어요. 물론 아무나 하면은 됐지만 그때 당시로서는 누구 하나, 말하자면 상근자로 올라올 수 있는 조직이 하나도 없었거든요. 그럼 또 예전 전노협 방식처럼 사무처장은 따로 있고, 단위사업장이 있고, 사무차장이 사업을 할려면 사무차장이 사실 다 하는데, 이것을 의장한테 사인 받고, 사무처장한테 사인 받고, 이런 형태가 또 된다고요. 뭐 그런 생각도 좀 했었고, 또 새 술은 새 부대에 담아야겠다는 생각이 들었었어요.

그래서 염경석 본부장님을 내가 하루를 같이 자면서 내가 설득했나, 꼬셨나 모르겠는데, [하하하] 그때 하룻밤을 거기서 잤어요. 농성장은 아니고 사무실에서 하루 자면서 뭔 얘기를 길게 했는지는 기억이 안 나는데 암튼 잔 것은 맞아요. 그때 염경석 본부장은 어떻게 할 것인가에 대해 확신이 안 섰어요. 의료보험노조에다 발을 세울 것인가, 아니면 지역으로 내려갈 것인가. 근데 암튼 지역으로 내려오셨죠. 그래서 인자 그분이 본부장을 하고 내가 사무처장으로 뒷받침을 하기로 했죠. 우습지만 처음 조직은 원래 그렇게, 다 그렇게 해요. 그래갖고 나머지는 대의원대회에서 형식적으로 하고 이렇게 했죠.

당 건설 얘기를 좀 하죠. 그동안 87년 이후부터 해서 몇 번의 경험들이 있었잖아요. 87년 백기완 선본부터 민중당, 한노당, 민중회의, 최근에 민노당까지 소위 노동자계급의 독자적 정치세력화 운동, 그런 부분에 대한 생각이 노동운동 하시면서 어떻게 변해왔고 지금은 어떻게 생각을 갖고 계시는지요?

백기완 선생님이 87년에 첨 출마하셨었잖아요. 그때 백기완 선생님이 출마하셨다가 나중에 후보단일화를 주장하고 사퇴하셨는데, 저는 그때 당시 백기완 민중후보론에 대해서 비판적이지는 않았지만 이 지역이 갖고 있는 그런 게 있기 때문에 그때 저는 국본활동을 했었어요, 국민운동본부. 국본은 김대중 밀어주는 거잖아요. 그때 국본 노동 파트에 있었어요. 그랬었고 본격적으로 한노당 때부터 그것을 했었는데, 별다른 느낌은 없었던 것 같애요. 자연스럽게 사람이 생각이 변화하는 과정이죠. 처음에는 운동하면은 민주화운동하고 조국통일을 생각하고, 그러다가 노동자로서 어떤 계급적 자각 있잖아요. 계급적 자각을 하게 되면서 자연스럽게 인제 PD가 되는 거고, 그러면서 정치세력화에 대해서 인정하게 되는 거고, 이렇게 자연스럽게 변화가 됐죠. 근데 거기에는 인제 한국노동당 하면서 공부를 좀 하게 된 거죠. 근데 제가 노동해방이라

> 그때 나미리 씨가 노동해방이 뭐냐고 물어봤어요. 그때 내가 그냥 대답을 못 했든가 그랬는데, 어떤 노동자가 "계급이 없는 사회" 그러는 거예요, 계급이 없는 사회.

는 얘기를 처음 접했던 것이 89년도에 알게 되었던 것 같애요. "우리들 마음속에 비겁의 술 냄새 난다면" 뭐 이런 노래를 하곤 했었는데……. 그때 나미리 씨가 노동해방이 뭐냐고 물어봤어요. 그때 내가 그냥 대답을 못 했든가 생각을 했든가 그랬는데, 어떤 노동자가 '계급이 없는 사회' 그러는 거예요, 계급이 없는 사회. 그때 처음으로 접했던 걸로 기억해요. 그래갖고 그 뒤에 인제 노동해방에 대해서 이 지역에서는 나미리 씨가 처음으로 얘기를 했어요. 그게 우리 노동자 교육에서예요. 그때는 제가 교육선전국장이었는데 교육 집행을 하면 2박 3일 집중교육을 했었어요. 물론 지금은 2박 3일 교육은 꿈도 못 꾸죠. 노동조합에서 어떻게 2박 3일 교육을 해. [근데 그때는] 한 20~30명

노동조합 간부들 모아놓고 2박 3일 교육을 했어요. 그러면 인제 노동자의 철학, 노동자의 경제학 뭐 이런 것들 공부를 했죠. 일빛에서 나온 책이었어요. 그게 지금도 집에 있는가. 나는 그전에 그 공부를 하긴 했어요. 노동자의 철학이라든지 경제학이라든지 공부를 88년인가 87년인가 전에 이야기했던 서클에서 했어요. 그때도 공부를 했는데도, 노동해방이라는 것에 대해선 그것을 나한테 안 해준 것 같애요. 지금 생각해보니까 그때 노동해방을 나는 알아야 되거든요, 이미 공부를 했으니까. 그리고 내가 인제 그 교육 프로그램 진행을 하니까요. 나미리 씨는 분명히 '저 사람은 알 것이다' 하고 질문을 했는데, 나도 대답을 못 했었죠. 그 기억이 나네요. 그때 처음으로 [노동해방을 접했었죠.] 어쨌든 87년 그때는 저도 '김영삼이나 김대중이가 잡지 않겠느냐, 그러면 정치가 좀 바뀌지 않겠느냐' 이런 생각을 했었죠. 근데 내가 봤을 때도 잡을 수 있는 유일한 세력은 김영삼, 김대중 둘이 있었는데, '이 사람들은 도저히 화해할 수 없는 사람들이다, 그리고 저 사람들한테 내 정치적 미래를 바라본다는 것은 참 문제가 있다' 하는 생각이 들면서 인제 새로운 정치를 바라봤다고 할까요, 새로운 정치. 그리고 92년도에는 그때 또 김영삼이가 됐는데, 그때 삼당 합당했죠. 정치인들이 삼당 합당하면서 몇 명만 빼놓고는 또 김영삼을 쫙 따라갔잖아요. 소위 민주화운동 했다는 사람들도 따라갔잖아요. 그리고 또 김대중 밑에 있었던 국회의원, 소위 민주화운동 세대들에 좀 실망을 했죠. 실망을 하고 그때 그런 것들이 영향을 끼쳤지 않았나 싶어요. 87년을 기점으로 해서 이제 김대중, 호남인으로서 갖고 있던 김대중 환상이 완전히 깨졌죠. 그때 나는 국본활동 하면서 김대중 선상님께서 [하하해 당선되는 줄 알았어요. [선거 때 보니깨 다 찍는 거야. 진짜 여기 호남에서는 90% 이상이 나왔으니까 우리는 당선되는 걸로 알았지. 그랬더니 웬걸, 저쪽에서 대구에서는 또 김영삼이 다 나왔으니……. 그 후에 한노당 하면서 이제 확고해졌죠.

당시 전북연합이나 또 그 전에 전북민연, 또 다른 사회운동단체, 학생운동과의 연대활동 이런 부분에 대해서는 어떻게 생각하고 있었어요?

전북민연(전북민족민주운동연합)에서 전북연합(민주주의민족통일전북연합)10)으로 바뀌었었죠. 왜 그랬는지는 몰라도 아무튼 나는 그 사람

---

10) **1980년대의 연합운동** 1980년 이후 전체 민주화운동 진영은 1983년 민주화운동청년연합(민청련) 출범을 계기로 긴 겨울잠에서 깨어났다. 이후 각 부문 운동 단체 및 각 지역별 민주화운동 단체 건설이 줄을 이어, 1985년 중반까지는 전국 모든 도 단위에 민주화운동 단체가 설립되었다. 따라서 1980년대 중반 이후에는 부문과 지역에 걸친 운동 단체를 포괄하여 민주화운동 전체를 대표하고 이해관계를 통일시킬 수 있는 전국적인 통합조직의 건설이 중요한 당면과제로 부각되었다. 이에 1984년 6월 민중민주운동협의회(민민협)이 출범하게 되고, 10월에는 문익환, 장기표 등이 중심이 된 민주통일국민회의가 결성되었다. 1985년 3월, 단체 간 협의체적 성격이 강하여 정치 투쟁의 효율성, 집중성 면에 한계가 있었던 민민협과 재야명망가 중심으로 정치적 상징의 의미가 강했던 국민회의 양자의 통합으로 민주통일민중운동연합(민통련)이 출범하게 된다. 민통련은 각 부문 운동 단체를 포괄하는 한편, 김대중, 김영삼과 연대하면서 민주주의의 상징으로 성장했다. 한편 당시 학생 운동의 전방입소훈련 반대투쟁 시위에 대한 경찰 진압과정에서 김세진, 이재호의 분신 사건이 일어나자 양 김 씨는 이를 우려하는 성명을 발표하면서 민주화운동 진영에서는 신민당에 대한 성토가 높아지게 된다. 그러던 와중에 1986년 5월 3일 당시 정국의 초점이었던 신민당 개헌추진위 현판식이 무산된 데 대해 민통련을 시위의 배후책임으로 몰아 대대적인 탄압을 하게 되면서 신민당과 민주화운동 세력 간의 민주연합전선이 깨지게 된다. 1987년 민통련은 통일민주당을 비롯, 제도권 정치세력과 종교계, 각 부문 등 모든 민주화운동 세력을 망라한 민주헌법쟁취국민운동본부(국본)를 결성, 6월항쟁에 중요한 역할을 하지만, 6·29 이후 양 김 씨의 선거혁명론에 대처하지 못하고

들이 싫었어, 괜히. [하하하] 내가 참여하게 된 것이 인제 사무처장을 맡으면서니까 92년도네요. 몰라, 옆에서 오두희 선배나 이런 사람들이 거기에 대해서 자꾸 비판적 시각을 얘기하니까 나도 싫었는지 그랬던 걸로 아는데, 암튼 전북연합이 패권적이고 특정 정파가 뭐, 이런 거에 대해서는 나중에 알았고요. 그때 당시로서는 [전북연합이] 노동조합, 노동운동을 바라보는 시각에 대해서 나는 좀 비판적이었죠. 전교조를, 어떻게 대중 조직의 연합체인 전북노련보다 특정 1개 노동조합에 불과한 전교조를 그쪽에서는 더 크게 생각하는 것 같아서 저런 시각이면 좀 문제가 있지 않느냐 했어요. 한번은 수련회를 가게 됐는데, 그때가 전북민연에서 전북연합으로 이렇게 조직을 바꾸는 그 수련회로 기억하고 있어요. 근데 우리는 그 연합조직이 그렇게 전화되는 것을 좀 비판적으로 바라봤어요. 연합이라는 것은 좀 더 타이트한 조직으로

또 후보 문제를 둘러싸고 비판적 지지론, 후보단일화론, 독자후보론 등으로 분열하고 만다. 그해 대선에서 김대중이 패배하면서 김대중을 비판적 지지했던 민통련에 대한 비난이 거세어지고 비판적 지지 세력이 대거 평민당에 입당하면서 민통련은 민주화운동 전체를 대표하기 어려워지게 된다. 결국 1989년 민통련의 발전적 해산 후 전국민족민주운동연합(전민련)이 민통련을 계승하여 한국전쟁 이후 최대 규모의 전국적 통합조직으로 출범했다. 그러나 1987년 대선 당시 논쟁 구도의 각 세력들은 1989년 문익환 목사 방북을 둘러싼 내부 논쟁 과정에서 다시 분열하게 된다. 제도권 야당과의 연대와 독자적 정치세력화를 놓고 각 입장이 대립하는 가운데 1991년 독자적 정치세력화를 주장하는 세력들의 대거 탈퇴로 전민련의 위상은 약화된다. 결국 1991년 12월 민주화운동의 전국 대표조직으로서의 위상은 전민련에서 민주주의민족통일전국연합(전국연합)으로 인계되었다. 여기에는 전노협, 전농 등 6월항쟁 이후 성장한 대중운동 조직들이 중심적으로 결합했으나 그 위상은 이전과 달랐다. 1980년대의 민주화운동 전체를 대표하던 연합운동은 이처럼 1990년대를 관통하는 민중운동 세력의 위축과 궤를 같이하여 약화되어갔다.

가는 거잖아요. 강화시키는 거잖아요. 근데 중앙에서, 전노협 중앙에서 참여 방침이 떨어졌던가 그랬을 거예요. 근데 우리 지역이 갖고 있는 특성 때문에 내가 좀 비판적인 발언을 했어요. 그때 김영기 씨하고 이광철 씨가 그걸 주도했던 걸로 기억하는데, 그때 내가 "당신들 헤게모니를 더 강화하기 위해서 하는 거 아니냐" 뭐 이런 비판을 한 걸로 내가 기억이 나요. 그리고 인제 우리하고는 PD사람들하고 사업을 많이 했죠. 내용적으로는 거의 그 학생연대, 뭐 또 이름은 많이 바뀌었지만 PD진영 학생들하고도 사업을 많이 했던 걸로 기억해요.

현재 전북지역 노동운동의 상황에 대해선 어떻게 생각을 하고 있나요? 그리고 지금 상황에서 가장 필요한 것은 뭐라고 생각하세요?

노동조합이나 노동자들의 통일성들은 많이 이완되어 있는 것 같아요. 그것은 정파 간의 헤게모니 쟁탈전의 영향이 될 수 있고, 또 한 정파의 패권적인 사업방식일 수도 있고 그런 것 같습니다. 내가 우려했던 노동조합 집행 책임자들의 관료화가 너무나 빨리 된 것 같다는 느낌을 받아요. 교육사업이라든지 일상적 사업이 거의 죽어 있고 노동조합의 자생력이 다 죽어 있어요. 그 자생력을 죽인 건 제가 보기에는 너무나 빨리 자판기 노조[로 변질된 거죠.] 우리가 예전에 자판기 노조 진짜 안 해야 된다고, 노동조합에서는 노동자 스스로 자기 권리를 되찾게 해줘야 한다고 강조했거든요. 스스로 찾다가 안 되면 와서 얘기하고, 왜 안 되는지 같이 고민하고 같이 행동하고 이렇게 해야 되는데, 내가 이거 불편하고 그러면 "내가 조합비 냈으니까 니가 해결해, 나는 그냥 피동적으로 이렇게 가고" 이런 식이죠. 노동운동 조직에 대해서 "나 노동조합 만들었어, 니들이 와서 교섭해줘, 니들이 와서 내 싸움 해 줘" 그게 당연한 걸로 알고 처음부터 이렇게 하니까 이 노동조합이 자생력이 없어요. 노동자들이 다 피동적으로 자기의 권리를 어떻게 찾을 것인가에 대한 고민을 안 하게 하는 게 문제예요. 그리고 예전에 우리 싸움할 적에는 싸움을 하면 스스로 일정 정도까지 버텨보고 안 되면 지역에서 연대 구심을 만들고 이렇게 했는데, 지금은 싸움 들어가기도 전에 연대 구심을 먼저 만들고 뭐 이런 형태예요. 그러니 뭐 자생력이 있을 수가 없죠. [그리고 민주주의가 많이 훼손되어 있어요. 니 편 내 편 가르는 방식으로 돼 있고, 다른데 뭐가 다른가에 대해서 얘기를 하지 않아요. 그냥 너는 옳고 너는 틀렸어 이런 식이죠. 정과 부정의 문제, 그런 건 아니잖아요. 정과 부정의 문제로 바라보는 운동방식[도 문제가 있다고 봐요.] 저는 암튼 노동조합이라는

> 대우전자부품이 전북노련의 가장 큰 조직이었어요. 그런데도 내릴 수밖에(제명할 수밖에) 없었던 것은 이건 조직 내 민주주의가 훼손된 거잖아요.

것은 민주시민을 육성하는 하나의 학교가 되어야 된다고 봐요. 그 안에서 민주주의가 뭔지를 배우고 나가면 진짜 양심적인 민주 시민으로서 활동하게 하고 그래야 되는데 그런 역할을 노동조합에서 완전히 방기를 했어요. 그냥 노동조합은 임금 올리는 데로 생각하는 거예요. 제가 인제 선배라면 선밴데요. 선배로서 내가 못해온 것, 내 활동방식이나 내가 교육해왔던 방식에 그 원인이 담겨 있었겠죠. 그리고 또 비판의식이 좀 무뎌요. 노동조합이 대중연합조직으로 지도성을 갖고 있을려면 나는 잘못된 조직에 대해서 정확하게 징계를 해야 한다고 봐요. 나는 사실 징계를 많이 내린 사람 중에 한 사람이에요. 나는 대우전자부품에 대한 징계를 지금도 그 판단에 대해서는 아주 잘했다

고 봐요. 마지막 민주노총 넘어가던 시기에 제가 대우전자부품을 제명을 했어요. 왜 제명을 했냐면 어쨌든 그 집행부는 우리 노선에 대해서 동의하는, 민주노총 건설에 대해서 동의하는 집행부였어요. 근데 그때 [새로] 당선된 집행부는 상당히 좀 우려스러운 면이 있었어요. 이게 과연 우리 노선에 따라올까 [걱정스러웠죠.] 그럼에도 불구하고 그 사업장의 조합원들은 그 사람들을 선택했어요. 그럼 나는 [결과에 대해서] 인정해야 된다고 봤거든요. 그것이 심각하게 부정투표가 아닌 이상은 [인정해야 돼요.] 근데 이 사람들은 뒤집어엎었어요. 그래서 나는 그 진상조사 딱 하고 나서 그 집행부에 대해서 그 선거 결과를 인정하라고 그랬어요. 그랬더니 인정을 안 한대요. 사실 그때 대우전자부품이 전북노련의 가장 큰 조직이었어요. 그때 500명인가, 600명인가 그런 조직이었으니까 가장 큰 조직이죠. 그런데도 내릴 수밖에(제명할 수밖에) 없었던 것은 이건 조직 내 민주주의가 훼손된 거잖아요. 그럼 뭐 아무리 나하고 같은 편이라 하더라도 그걸 인정할 수가 없었죠. 그래서 운영위 결의를 통해서 제명을 했죠, 그 조직을. 그랬고 또 에이피 노동조합도 내가 그때 한번 집행부에 대해서 징계를 [했어요.] 노동조합을 징계 먹인 게 아니고 노동조합 집행부를 징계를 먹이는 거죠. 그때는 인제 반대 현상이죠. 문제 제기했던 집행부는 내가 만들어준 집행분데, 조합원 3분의 1 서명을 받아가지고 임시총회 소집을 요구를 했어요. 근데 [집행부에서] 그 요구를 안 받아준 거예요. 그럼 이건 아니다, 이건 노동조합법에도 있는데 그대로도 안 된다면 당신들 문제 있는 조직이다 해가지고 내가 암튼 뭔가 징계를 먹인 걸로 기억해요. 여튼 나는 노동조합이 좀 그랬으면 좋겠다는 생각이 들어요. 근데 그런 것을 못하는 것은 자기에 대한 확신이 없으니까 그런 거죠. 내

확신이 없는 거죠. 제 생각은 그래요. 그런 사업장들이 사실 지금 많아요.

지금 전북지역 노동운동에 가장 필요한 과제는 뭐라고 생각하세요?

현실적이고 구체적이어야 돼요. 피상적으로 비정규직 문제 해결해야 된다 뭐 그런 거보다는 가장 찾고 싶은 것은 일상 활동을 빨리 복원해야 된다든지 뭐 이런 거예요. 근데 일상 활동을 복원한다는 것이 보통 문제냐구요, 이게. 이미 게을러져버렸는데 [잘 안 되죠.] 집행부들도 게을러져버렸고 조합원들도 게을러졌고 다 게을러졌어요. 구체적이고 현실적인 대안을 제시해야 하는데 생각을 많이 안 해봤어요. 사실 지금 현재 노동운동에 대해서는 부정적이죠. 특히 민주노총을 보면 진짜 이 사람들이 계급을 대표하고 있는, 일부 계층만을 대변하고 있지 않는가 [하는 생각도 들고요.] 뭐 지금 현재 노동조합 운동가들만의 책임은 아닌 것 같다는 생각이 들고요.

최근의 민주노총 집행부 활동이라든지, 또 최근의 여러 가지 비리사안들을 통해서 볼 때 어떤 생각이 들어요?

난 재밌는 게 뭐냐면, 현대자동차 보면 누가 정권을 잡든지 다 불신받거든요, 조합원들한테. 우리나라 최대 조직 아닙니까. 대개 큰 조직은 한 번도 연임을 [못 해요.] 그러니까 사람이 연임을 하는 게 아니고 그 조직이 말이죠, 계속 연임을 하는 걸 내가 못 봤어요. 조직 내부도 문제지만 전반적으로 사회 환경과 노동조합도 무관할 수는 없잖아요. 거기하고 서로 비례해서 그렇게 사회 환경이 좀 진보적이 되면 노동조합도 약간의 그런 성격을 갖고 사회 환경이 보수화되면 노동조합도 그런 끝없는 경쟁심리, 개인이기주의로 가는 것이 아니겠는가 저는 그렇게 봐져요.

과거와는 달리 한국노총의 변화에 대해서, 그리고 민주노총과의 양자 간의 관계에 대해서는 어떻게 생각하세요?

여전히 불신하죠. 어떤 사람은 한국노총하고 통합하라고 하는데요. 저는 그럼에도 불구하고 아직까지는 한국노총하고 통합 시기는 아닌 거 같아요. 아직도 운동의 1세대들이 민주노총에는 살아 있거든요. 1세대들이 살아 있는데 한국노총이 그만큼 변하지 못했어요, 제가 알기로는. 특히 금융노련이라든지 이런 사업장들은 변함이 있는데 대부분 아직도 안 변했죠. 근데 이제 한국노총하고 비슷한, 민주노총 조직 내부에 비슷한 조직들이 몇 개 있다고 해서, 그렇게 동일시하면 좀 그렇죠. 저는 1세대 운동가들이 민주노총에 있는 한 희망은 지금도 있다고 봐요. 그 사람들이 있는데, 좀 그분들이 단호했으면 좋겠는데 단호하지를 못하니까 [좀 아쉽죠.] 나이를 먹어가면 다 그렇게 되는가 봐요.

민주노동당과의 관계는 어떠해야 된다고 생각하세요?

지금 상황하고 역전되어야 돼요. 지금은 민주노동당이 참 역설적이게 도 민주노총의 지도를 받고 있는 형태가 돼 있는데 이 형태는 역전되어야죠. 어쨌든 노동자 계급의 헤게모니는 있어야 되지만, 그것이 지금 형태로는 민주노동당이 민주노총의 지도를 받고 있잖아요. 사실은 이게 역전되어야 되는 거죠. 민주노동당이 민주노총을 지도를 해야 된다는 거죠. 그게 이 노동조합을 통해서 길러진 정치 역량들 아닙니까, 사실은. 어떻게 보면 선배들이고. 그런데 그런 것들이 지금은 현재로서는 바람직스럽지 못하게 돼 있는 구조다라는 생각이 들어요.

90년대 후반 들어서 특히 IMF 이후에 현장 분위기가 과거와 다르다는 것을 어떻게 느끼시는지 궁금해요. 실제 노동자들이 생각하는 방식이나 사람들 간의 관계들이 변화했다는 것을 직접적으로 느끼시나요?

잘 못 느껴요. 왜냐면 하도 현장에서 많이 떨어져 있기 때문에 못 느끼죠. 근데 비정규직이 늘어남으로 해서 노동자들 간의 계층의식이 상당히 많이 있는 거 같아요. 예전에는 사무직과 현장 노동자 간에 어떤 괴리가 있었거든요. 그런데 지금은 현장에서 같이 일하는 사람들 간에도 비정규직과 그런 괴리의식이 있는 걸로 알고 있어요.

앞으로 비정규직 노동운동은 어떤 식으로 되어야 한다고 생각하세요? 기존의 노동조합의 조직틀이 비정규직을 포괄해가야 하나요, 아니면 비정규직은 독자적인 새로운 운동을 모색해야 하나요?

저는 후자 쪽이에요. 아, 어저께도 그런 얘기를 같이했는데, 사내하청에 있는 비정규 노동자들은 전부 다 신분상승을 생각한다는 거예요. 말하자면 내가 여기 다니다가 비정규직에서 정규직이 되면 나는 신분 상승으로 딱 끝나는 거야. 그리고 이제 다 잊어버리거든요. 근데 지금 우리나라 산업구조 자체가 이미 비정규직이 양산될 수밖에 없는 구조인데, 그 산업구조를 바꿔내기 위해서는 스스로들 나서야 되는데, 전부 다 그렇게 [신분 상승에 대한 꿈을] 갖고 있고, 방식이 좀 잘못돼 있지 않나 싶어요. 그 사람들이 이 사회에 대해서 진짜 공부를 하게 만들어야 되는데, 그건 오로지 신자유주의 하나로만 설명되고 있거든

'97 총파업 결의 전북지역 노동자대회(1997. 11. 22).

요. 제가 보기에는 이 신자유주의 하나로만 설명이 되면, 너무나 원론적인 얘기일 수도 있어요. 신자유주의 없어지면 또 신신자유주의, 새로운 자본주의가 나타나지 않겠습니까. 사실은 노동운동이 망해가고 있다는 것은, 형식적으로는 사회진보 역량은 좀 늘어났을지 모르나 지금 현재의 자산은 제가 보기에는 80년대의 자산이라는 생각이 들어요. 현재의 진보역량은 80년대 진보역량의 자산이다, 그 이후에 진보역량의 자산은 사실 노동운동을 통해서 또는 학생운동이나 이런 걸 통해서 꾸준히 양산됐어야 하는데, 학생운동은 이미 이제 제가 보기엔 종을 친 거고, 그러면 그것을 노동운동이 담보해주든지 해야 하는데, 지금은 그렇게 궁극적으로 사회를 어떻게 변화시킬 것인가에 대한 고민들이 하나도 안 되고 있으니 새로운 신자유주의가 나타나면 똑같은 거잖아요. 그래서 물론 저도 인제 자신이 없어요. 다시 뭘 하라면 나도 뭘 하게 될지, 굳이 내가 얘기해보고 싶다면 저는 지금에 가장 고통받고 있는 계급, 계층이라면 노동자 계급에 비정규직 계층 아니겠습니까. 그 계층을 어떻게 하면 계급의 분노로 만들어낼 것인가에 대한 궁극적인 고민들이 다 없어요. 본인들도 없고 집행부들도 별로 없는 것 같고, 그래서 그걸 좀 고민해보고 싶어요. [고민이] 없다는 것은, 그래도 한국은 좀 잘 살게 된 것 같아요. 그래도 먹을 만하니까, 한국이 진짜 이만큼 잘 살게 됐나 하는 생각도 들어요. 궁게 그렇게 가난하지 않은 거죠. 인제 그 배고픔에 대한 정신적 산물이 어떻게 보면 불평등 구조에 대한 것인데, 이 배고픔이 인간이 인간답게 사는 것이 무엇인가를 생각하게 하는데……. 너무 철학적으로 가버렸네요.

그런 문제들이 아직도 여전히 남아 있다는 것을 사람들이 잊어버리고 있다는 말씀인가요?

그렇죠. 그런 문제를 잊어버린 것 같아요. 집행부에서 맨날 이놈의 가난, 이놈의 불평등 구조, 내가 비정규직인 거, 이것은 신자유주의 때문이다, 그렇게 그냥 신자유주의를 맨날 팔아먹고 계속 그것만 팔아먹어요.

그런 새로운 운동을 만들어가는 걸 통해서 기존 운동이 노정해왔던 부정적인 문제들을 다시 새로운 흐름으로 만들어갈 가능성이 있나요?

역량을 만들어가고 그러는 건데, 저는 막연하지만 그런 생각을 해봐요. 87년 노동자 대투쟁이 있었잖아요. 그리고 딱 10년 만에 96, 7년도 노동자 총파업이 있었어요. 노동운동에 큰 획이죠. 큰 획인데 10년 주기로 나타났다는 생각이 들어요.

제가 인제 학자가 아니기 때문에 잘은 모르겠어요. 정확히는 아니고 피상적으로 느끼는 거고 어찌 보면 예언적일 수도 있고요. 근데 비정규직 문제는 정규직이 못 풀어내죠. 결국은 인제 폭발력을 얼마나 갖느냐가 문젠데, 그런 폭발력을 한 번 가져봐야만 진짜 새로운 틀을 고민하지 않나 싶어요. 물론 투쟁은 언제나 준비하는 자에게 승리를 안기고 그러는데, 준비는 물론 다 하고 있겠죠. 그렇지만 이렇게 간헐적으로는 좀 그렇고, 저는 어떤 폭발성을, 폭발적인 투쟁을 조직해내야지 않겠나 싶어요. 나는 10년 만인 올해나, 내년이나 그런 일을 한번쯤 보여줬으면 좋겠다는 생각이 들어요. [하하하.]

10년 주기론, 예언이네요, 진짜. 그랬으면 좋겠네요.
허허허.

¶ 이지연, 조문익, 전준형이 인터뷰하고 이지연이 녹취, 정리, 편집을 했다. 이송준 씨 인터뷰는 총 3차에 걸쳐 이루어졌다. 1차 인터뷰는 2005년 11월 28일 직접 운영하는 작업장에서 일하는 중간에 짬을 내어 했고, 2차 인터뷰는 2006년 1월 13일 익산 노동자의집에서 이루어졌다. 1, 2차 인터뷰에는 전북지역노동운동사 연구팀의 연구원으로 참여하던 중 지금은 고인이 된 조문익 열사가 자리를 같이했다. 다음번에 만날 때는 꼭 식사를 같이하자며 바쁜 일정 속에 총총히 갔던 이송준 씨를 3차 인터뷰에서 다시 만났을 때, 그는 조 열사와 결국 식사를 같이 못 하고 말았던 것을 못내 아쉬워했다. 3차 인터뷰는 2006년 지방 선거 기간이던 3월 21일 선거 사무실에서 이루어졌다.

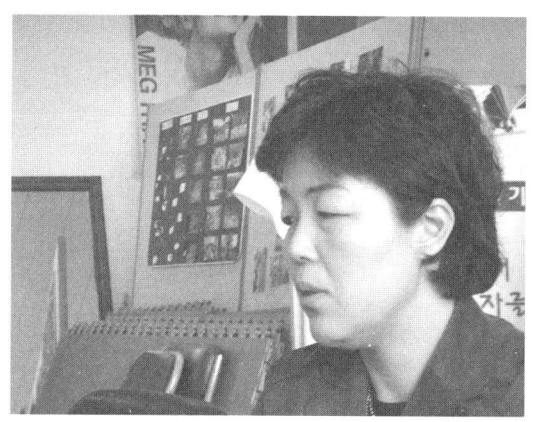

노동해방, 여성해방의 한가운데에서

박 영 숙

박영숙(45세)은 전북 익산에서 태어나 2년 과정의 야간 재건중학교를 졸업하고 섬유공장에 들어갔다. 그런데 어느 날 공장의 한 친구를 따라 성당에 가게 되었는데, 그곳에서 자신의 인생의 선배인 이철순 씨(마리아)를 만나게 된다. 마리아는 전북의 노동자 조직을 위해 서울에서 내려온 노동운동가다. 그 후 본격적으로 가톨릭노동청년회(JOC, 지오세) 활동을 하면서 노동운동을 하기 시작했다. 그러나 지오세 간부라는 이유로 자신의 이름이 블랙리스트에 오르게 되면서 현장 활동의 어려움을 겪었다. 경성고무를 마지막으로 현장 활동을 접고 노동자의집에서 활동하다 지금의 남편을 만나 결혼한 후 1997년부터 전북여성노동자회에서 다시 활동을 하기 시작했다. 현재 전북여성노동자회 회장을 맡고 있다.

고향은 어디세요?

고향은 전북 익산이에요. 저희 어린 시절, 우리 집 구성을 보면 막노동하시는 동네 아저씨들하고, 그 다음에 폐품을 주워서 생활하는 이런 사람들이 모여 있는 빈민촌이었어요. 빈민가였는데, 그럼에도 불구하고 시내 중앙시장이라고 하는 발달한 곳과 인접해 있어가지고 우리 지역이 빈민지역이라는 걸 생각하지 못하고 살았던 것 같아요. 그때 당시 제가 어렸을 때는 동네에 담이 별로 없었어요. 동네 담이 별로 없었고, 우리 집 앞에 공동 수도가 있어서 죽 길게, 수돗물을, 동네 아주머니들은 수도 바께스를 죽 일렬로 늘어서가지고 물을 길어 갔던 [그런 동네였어요.] 항상 동네 가운데 큰 공터가 있었는데, 거기에서 동네 친구들, 선후배들이 강강수월래하고 놀았던 기억이 있구요. 그러다가 70년대 초 어렸을 적 기억인데 동네에 담들이 생기기 시작했어요. 그때가 거기가 무허가 땅이었는데 시에서 그 땅을 분할받으라고 해서 각자 자기 땅으로 만들어지는 계기, 그러면서 동네가 담이 만들어지고 했던 어렸을 때 기억은 있어요.

우리 아버지는 보일러 기술을 가진 [분이셨어요.] 옛날에 보면 구들장 해가지고, 옛날에 안방, 방들 보면 구들장에서 연탄보일러 하잖아요. 연탄보일러를 놓는 기술자였구요. 우리 어머니는 집에서 살림했던 [분이셨어요.] 어려서 보면 우리 아버지가 나 초등학교 1학년, 2학년 때 굉장히 많이 아프셔가지고 [무척 힘들었어요.] 우리 아버지가 자식이 늦어요. 우리 아버지가 서른다섯에 장개(장가)를 가가지고 우리 막내를 쉰 네 살에 낳았다라고 하거든요. 3남 3녀인데, 지금 생각하면 할아버지가 애기를 [낳은 거잖아요.] 근데 인제 육남매가 있었는데 어느 날 갑자기 우리 아버지가 아파가지고 병원에, 그때 당시만 해도 의료보

힘이나 이런 것이 없잖아요. 우리 아버지가 노동자였지만 가난하다, 힘들대라는 걸 못 느꼈어요.] 아버지가 막노동자였지만, 보일러 기술을 가지고 있어서 막노동 가운데서도 임금이 좀 높은 편이었거든요. 그래서 우리가 뭐 가난하다, 배고프다 그런 것은(생각은) 갖지 못했던 것 같아요. 옆에 인제 폐지를 주워서 생활하는 분 가정을 보면 정말 힘들게 살았는데, 내가 보는 어떤 빈부차라고 하는 것은 우리 동네 안에서 느끼는 [것이 전부였어요. 그런데] 어느 날 갑자기 우리 아버지가 아프면서 동네 사람들이, 니네들 불쌍해서 어떡하냐, 니네 아버지 살아나실 수 없다라고 [그래요.] 아무튼 이유도 모르는, 그때까지만 해도 판명되지 않은 그런 중병이 걸리셔가지고 [아버지가] 1년 반인가를 이렇게 병원에 누워계셨어요. 굉장히 생활이 힘들었던, 그때 우리 엄마가 생계를 책임졌는데 벽돌 공장에 가가지고 막노동하셔가지고 생계를 책임졌던, 그 기억이 있고. 그러면서 우리 아버지가 생활에 대한 책임을 지지 못하면서 엄마가 거의 생계를 책임졌었죠. 그래서 뭐 우리 오빠들도 그러고 나도 그러고 중학교를 갈 수 있는 [형편이 못 되었죠.] 우리 둘째 오빠 같은 경우는 초등학교 때 배구선수였어요. 익산초등학교 배구가 익산지역에 유명해가지고 남성중, 남성고를 [갈 수 있었는데,] 그 센타라고 해? 센타라고 [그걸 했는데] 상당히 잘했음에도 불구하고 가족 때문에 가지 못했던 어릴 적 그런 기억이 있더라구요. 근데 그 오빠가 인제 정비공, 정비 일을 배웠는데 자격증을 갖고 있지는 못해요. 현재 회사에서 자격증만 가지면 정말 업계에서 내놓으라 하는 [그 업계에서는 알아주는 사람인데] 그런 어떤 그 기술력은 있는데 [회사에서는 자격증에서, 너는 [자격증이 없어서] 발전을 못 한다 그러는데, 아마 우리 오빠 같은 경우도 어려서부터 14살, 초등학교 졸업하고 계속 그 계통에만 있어서 지금도 차를 엔진만 틀면 이 차가 어디가 고장이 있다라고 알 정도로 [기술이 뛰어나요.] 자동차 회사, 이런 데서 큰 버스를 만들게 되면 우리 오빠한테 먼저 시판되기 전에 결함에 대해서 자문을 구한다고 하더라구요.

아버지가 아프시면서 자연스럽게 진학을 포기한 거예요?

당연하게 우리 아버지가 아프면서 중학교를 갈 수 없는, 생계를 형제들이 책임져야 되는 [상황이 되었어요.] 근데 인제 저는 좀 일찍부터 좀 까졌던 것 같아요. 야간중학교를 가게 되었는데 어린 나이에 '공부가 인생의 전부가 아니지', 이 사고가 참 많이 박혔던 것 같아요. [그래도] 처음에 공장을 들어갔을 때는 산업체 야간학교를 가야 되겠다라는 생각을 하고 공장을 들어갔었는데, 그때 당시 섬유공장은 정말 시스템화되어 있었거든요. 근데 그 시스템에 정말 제가 적응을 못 하겠더라고요. 그 시스템에 [도저히 맞출 수 없었어요.] 저한테는 무능력이었어요. 한 2년 다니는 그 시기가 저한테는 너무 힘들었어요. 그때가 14, 15살이었던 것 같아요. 그러면서 그 공장에서 시스템에 견디지 못하고 제가 나왔던 것 같아요. 그러면서 작은 공장을 갔던 것 같애. 작은 공장 한 20~30명 있는 곳도 다 학교를 갈 수가 있었어요. 하청공장이면, 뭐 쌍방울의 여고를 간다던가 그럴 수가 있어서 난 작은 공장 가서 편하게 가족적인 분위기에서 내가 학교를 다닐 수 있을 것 같다라는 생각이 들어서 [다시 작은 공장엘 들어갔어요.] 근데 그럼에도 불구하고 학교를 가야 되나 말아야 되나 갈등도 참 많았던 것 같아요. 그래서 작은 공장을 선택을 하게 되었는데 얼마 되지 않아서 같이 일하는 친구가, 이 친구는 서울에서 옷 만드는 공장에서 내려온 친구였어요,

그 친구가 성당을 다니는 친구였었는데 어느 날 저보고 "너 성당 한번 안 가볼래?"라고 그래서, 마음도 굉장히 허하고 그랬는데, 그때 당시 우리가 초등학교 다닐 때 성당에 다녔던 친구들이 상당히 좀 베일에 싸였던 기억이 있어요. 성당 다니면 이름이 '보나' 뭐 이렇게 해가지고 친구들끼리도 막 도대체 성당이란 곳이 어떤 곳인가 [궁금해했었죠. 그

> 한 친구가 어느 날 "성당 한 번 안 가볼래?"라고 그래요. 첫날 갔을 때 저의 인생의 선배인 마리아 씨를, 이철순 씨를 만나게 되었어요.

래서] 한번 가볼까 허고 갔어요. 첫번에 갔는데, 그때가 16살 때였던 것 같아요. 16살 때, 첫날 갔을 때 저의 인생의 선배인 마리아 씨를, 이철순 씨를 만나게 되었어요. 그 친구가 소개시켜줄 사람이 있다라고 해서 갔는데 그분을 소개시켜준 거예요. 그분을 만나면서 그동안 내가 가져왔던 생각이나 사고들이 그렇지만은 않다라고 하는 [걸 알았어요.] 그 사람을 처음 만났을 때 특별하게 노동자가 이렇다, 이런 얘기는 하지 않았던 것 같아요. 그냥 뭐 당신 얘기 했던 것 같애요. 그리고 뭐 노동자라고 하는, 내가 그동안에 가져왔던, 그니깐 국가가 나한테 주입식으로 얘기해왔던 그런 노동자와는 또 다른 노동자의 세계가 있다라는 걸 느낄 정도였던, 그런 감명을 받았던 것 같아요. 그때가 겨울을 지나서 봄이었던 것 같은데 갈 곳이 없다 보니까 자주 놀러가게 되었어요. 인제 저녁에 우리 현장에 있는 노동자들이 어디 갈 곳이 없잖아요. 그러면서 그 양반을 만나게 되고 저녁에 회사 끝나면 자연스럽게 거기를 가게 되고 그러면서 나도 모르게 이 일을 하게 된 것 같아요.

이 양반(이철순 씨) 같은 경우도 목적의식적으로 서울에서 내려오신 양반이었거든요. 전북지역에 그때 당시 지오세가 있었지만 전북지역의 지오세는 인텔리 여성들이랄지, 안 그러면 공장 노동자였지만 충실한 가톨릭 신자들, 하느님 안에 노동이 신성하다 이런 것만을 했던 지오세 그룹이어가지고 보수성을 가진 그런 그룹들이 있었어요. 그러면서 지오세 중앙에서 이쪽에 [이철순 선배를] 파견한 거죠. 그러다 보니까 서울에 있는 소식들을 굉장히 많이 접할 수 있었어요. [서울에서 같이했던 그룹들이 지역을 수시로 많이 내려와가지고 어떤 교육보다는 굉장히 산 공부를 많이 했던 것 같애. 우리 현장에서는 이랬단다, 저랬단다, 관리자가 어쨌을 때 그놈을 어떻게 했단다, 이런 얘기들을 굉장히 정말 많이 들어가지고, 아, 나도 현장에 가서 저렇게 해보고 싶다, 이런 욕심[이 생겼어요.] 그때 당시 17, 18살 때 내 나이가 왜 이렇게 어린가, 왜냐면 공장 안에서는 스물서너 살 된 언니들이 가지고 있는 끗발이라고 허는 게 굉장히 컸거든요. 그때 당시의 섬유공장 안에서 스물서너 살 먹은 언니들은 반장,

> 국가가 나한테 주입식으로 얘기해왔던 그런 노동자와는 또 다른 노동자의 세계가 있다라는 감명을 받았던 것 같아요. 그러면서 나도 모르게 이 일을 하게 된 거죠.

조장 해가지고, 한 군대 형식으로 그 라인을 다 장악하고 뭐 그랬으니까. 18살 그 나이에 나는 왜 이렇게 어릴까, 나도 좀 빨리 먹었으면 하면서 현장에 가서 노동조합은 못 만들드래도 정말 내 주변에 있는 노동자들은 의식적인 노동자를 만들고 싶다 해서 조금 큰곳을 갔던 것 같아요. 제가 처음에 인제 목적의식적으로 아, 나도 뭐야, 저기 이런 어떤 노동운동을 해봐야겠다, [해서] 들어갔던 [곳이] 동일섬유였

어요.] 우리 앞집의 언니가, 사돈 간의 언니가 있었는데 그 언니 소개로 가게 되었어요. 그때는 거의 이렇게 공개채용이라는 게 없었어요. 다 주변의 어떤 인맥관계를 통해서 사람을 채용을 하게 되었는데, [저도] 그 언니 소개로 가게 된 거죠. 저는 오랫동안 그 현장에 있을 거라 생각을 하고 들어갔었어요.

근데 그때 내가 익산 창인동 성당 지오세에서 뭔 직책을 하나 맡았을 거예요. 아마 뭔 직책을 하나 맡았는데, 우리 이제 뭐야, 성당 안에 보면 조직표 같은 게 이렇게 있어요. 성당 안의 어떤 모임이 있는데 거기에 회장은 누구고, 뭐는 누구괴라는 임원명단을 사무국장님이 써내라 한 거예요. 근데 그때 당시 써내는 사람 [명댄이 무엇을 의미하는지 모르고 그 란에 우리 임원들 명단을 써낸 거예요. 근데 그것이 그야말로 블랙리스트로 올라간 거예요. 그때만 해도 태창사건 있고 하면서 창인동 성당이 상당히 주시대상이 되어 있었어요. 담당형사가 예비 교리를 받아가면서 신자라 해서 거기를 왔다 갔다 하고 [그랬었어요. 그런데] 성당에 올린 명단 안에 그 제 명단도 있었던 거예요.

근데 인제 그때 제가 당시 사회가 어떻게 돌아갔나 생각을 해보니까 콘트롤데이터나, YH나, 해태제과나 이런 데서 굉장히 노동자 투쟁이 일어나니까 국가가 노동자들을 교육한다라고 하는 명목으로 근로청소년회관인가를 전국적으로 만들게 된 계기가 있었는데, 우리 익산지역에서도 그게 하나 만들어졌어요. 익산이 그때 당시만 해도 공단이 컸었거든요. 그때 저희가 1기 교육생이거든요? 1기 교육생? 태창에 그때 말 많았었던 그 사람들하고 해서 1기 교육생이에요. 근로청소년회관에 1기 교육생을 모집하는데, 그때만 해도 회사가 [교육생을] 선발을 했었어요. 1기 교육생에 나보고 가라는 거예요, 우리 회사에서.

근데 느낌이 굉장히 "아아, 얘네들이 뭔가를 느꼈구나"라고 하면서 갔어요. 그때 태창 사건이 터지면서 노동부가 많이 개입했다라고 하는 게 뭐냐면 교육생들을 회사 안에 반장이나 이런 사람들 해서 콱, 그 뭐야, [노동투쟁] 하는 사람들은 용공, 좌경이다 이렇게 교육하는 케이스가 있는가 하면, 우리 같은 사람들을 집단적으로 갖다 들여놓고 회사에서 걔네들은 빨갱이다, 이렇게 이간질했던, 그런 어떤 그게 있었는데 1기 교육생으로 나보고 가라는 [거예요.]

  그때 일주일 교육이었어요. 숙식이 다 제공되고. 그때 당시 지금도 기억에 남는 게, 익산시장이 와서 정의가 무엇인지라고 하는 개념을 얘기하는데, 그때만 해도 우리가 정의란 개념에 대한 공부도 해본 적이 없었잖아요.] 도대체 저놈 새끼는 저 얘기를 왜하는 거여 [했어요.] 딱 일주일 지나고 현장에 오니까 분위기가 너무 달라져버린 거예요. 나를 보는 분위기가. 그 전만 해도 굉장히 친하게 지냈고 이렇게 했던 친구들이 나하고 얘기를 않는 거야, 나를 피하는 거야. 아, 올 것이 왔구나. 옆에 있는 언니가 그러는 거야. "야, 너 왜 그걸 해갖고 그러냐" 그러는 거예요. "너 왜 그걸 해갖고 그러냐, 너 거기 가고 난 다음에 우리 교육 많이 받았다." 하나하나 불려갔다라는 거예요. 나하고 친했던 사람들이 하나하나 다 불려갔대요. 걔한테서 뭔 얘기를 들었냐, 어쨌느냐, 너 진짜 그러냐, 너 거기[성당] 다니지 말아라. [그래서] 아, 준비를 해야 되겠구나라고 생각을 하고 있었는데, 탄압이 저한테 온 게 아니었어요. 나를 소개시켜줬던 언니한테 탄압이 온 거예요. [회사에서는 나를 소개시켜준 언니에게 "네가 자를(박영숙을) 자동적으로 그만두게 하지 않으면 네가 나가라" 그래가지고는 내가 그 언니 만나가지고 "내가 나갈 이유가 하나도 없지 않느냐, 내가 뭘 잘못했느냐, 내가 여기서 뭐 선동한 게 있느냐" [그랬어요.] 근데 그 언니는 오로지 고등학교를 졸업해서 자기가 야간대라도 다녀서 이 지긋지긋한 섬유업체에서 해방되리라 생각했던 언니였어요. 근데 이 언니보고 [회사에서는] 너한테는 학교를 못 보내주겠다, 네가 나같이 문제 소지 많은 사람을 소개시켜준 네가 책임져라, 너도 일정한 책임 거시기해서, 학교 다니지 말아라, 그리고 니가 나가라, 너 자 못 보내면 네가 대신 사표를 써라, 맨날 매칠 학교를 [가지고 그 언니를 협박하면서,] 그 언니 일을 안 시키는 거예요. 일을 안 시키면서 빨리 자 내보내라고, 갖고는 그 언니가 나를 잡고 막 울며 통곡험서 부탁이다고, "네가 사표만 쓰면 모든 게 조용한데 [왜 안 쓰냐고]". 그래도 [나는] 내가 사표 쓸 이유가 하나도 없다고, 사표를 쓰라고 한다면 관리자가 나한테 직접 얘기를 하라고 그랬더니 그때부터 일을 주지 않더라고요. 내 직책이 검사였는데 어느 날은 "검사를 시키지 않겠다, 너 저기 가서 시다를 해라" 그러더라고요. 그니깐 보조를 하라고. 그럼, 내가 보조 할 수 있죠! [그러고] 미싱사 보조를 하는데, 뭐 사람들이 나하고

> 그때부터 일을 주지 않더라고요. "어느 날은 검사를 시키지 않겠다, 너 저기 가서 시다를 해라" 그러더라고요. 그니깐 보조를 하라고. 그럼, 내가 보조 할 수 있죠!

있는 것을 그때는 굉장히 두려워했어요. 왜냐면 익산시내에서 그때 당시 태창 해고자 싸움 있고 하면서, 현장 안에 불순분자들이 이렇게 스며들어 있다, 근데 그것이 자기 앞에 있으니까 굉장히 그게 부담스럽고 불편스럽고 그랬어요. 근데 [내가] 미싱사들한테 "언니 나 잘못한 것 하나도 없으니까, 내가 일 열심히 할 테니까 부담 갖지 말고 일해" [그랬어요.] 인제 그것도(그렇게 해도) 말을 안 들으니까 일을 안 시키더

라고요. 우리 계장이 "내가 너를 일을 안 시키고 내가 너를 돈을 줄 수 있으니까, 내 사무실 앞에 와서 서 있으라"고 그러더라고요. 사무실 앞에서 맨날 매칠을 내가 서 있었는지를 모르겠어. 여덟 시간, 아침 출근해서 맨날 매칠을 서 있었던 것 같애요. 도저히 그것도 또 안 들으니까 다시 원위치로 돌아가지고 [하하하] 그러다가 결국은 버티다가 "그래 언니, 그 뭐야 저기 하고 있는 일이(성당에서 지오세 활동하는 일이) 그렇게 부당하지 않다라고 나는 생각하기 때문에 내가 여태까지 있었던 건데" 그러면서 [결국] 제가 사표를 썼죠.

동일섬유를 그렇게 그만둔 후에는요?

그 이후 익산에서 전주로 가보는 게 어떻겠느냐라고 해서 전주로 왔어요. 전주에 왔는데, 이렇게 사람을 모집하는 모집 공고가 대한방직의 방직공장에서 붙었어요.] 동일방직, 원풍모방 [얘기를 들으면서,] 또 나름대로의 꿈도 있었어요. 방직공장이 어떤 곳인가 [하는,] 방직공장에서 모집한다고 그러기에 겁도 없이 거기 갔더니 "어서옵쇼, 어서옵쇼" 그러더라고요. 그때 당시 대한방직 공장 앞에 잔디가 굉장히 넓었어요. 잔디가 넓고, 섬유공장하고 또 다른 형태, 몇 천 평 되는 공장 안에 그 큰 기계가 착착착 해갖고 실이 착착착 [하는 모습이] 굉장히 멋있더라고요. 밖에 섬유업체에서 봤던 삭막한 공장하고 또 다르게 축구장 정도의 잔디[에다가,] 기계는 착착착 [돌아가고] 되게 부럽더라고요. 아, 내가 여기를 취직 한번 해봐야지 하고는 [하하하] 거기를 가면서, 다 논두렁[인 서신동에] 만 원짜리 자취방을 얻어가지고 여그 전주[에서] 시작을 하게 되었죠.

근데 그때 시작한 건 그렇게 어려운 건 아니었던 것 같아요. 근데

3교대다 보니까 굉장히 시간이 없었어요. 아침 새벽에 6시에 출근해서 2시에 끝나고, 1시에 출근해서 10시에 끝나고, 다음에 9시에 출근해서 새벽 2시에 끝나는. 그 전에 내가 살아왔던 시스템하고는 너무나 안 맞았어요. 뭐 그 2시에 끝날 때는 저녁에 6, 7시에 끝나는 [성당 지오세 회합 친구들을 기다려야 했었고, 그니깐 여기 처음 와가지고 현장 친구들을 어떻게 만났는가는 모르겠네. [하하해] 그때 여기는 지오세가 전주하고 익산하고는 좀 달랐어요. 여기 [전주의] 선배 그룹들은 익산의 지오세 활동에 대해서 상당히 비판적이었어요. 저렇게 가면 안 된다, 교회적이지 못하고, 저렇게 가면 안 된다라고 상당히 비판적이어가지고, 여기 왔을 때 굉장히 [저를] 경계를 많이 했어요.

처음에 제가 여기 와가지고 성당 안에서 소모임이 있었는데, 그것이 (그 소모임이) 어떤 계기로 만들어졌는가는 기억이 안 나네요. 소모임을 했었는데 이게 3교대하고는 시스템이 안 맞아가지고 굉장히 힘들었어요. 그럼에도 불구하고 인제 그 친구들은 '내가(자신이) 노동운동을 해야 되겠다' 이런 건 아니었지만, [그래도 나름대로 활동을 했었어요.] 정비공장 친구들 같은 경우는 워낙에 거칠게 살았던 친구들이었어요. 막 언어랄지 행동이랄지, 이런 것들이 굉장히 거칠었고 사람에 대한 존중감들이 정말 없었어요. 그 친구들은 근데 여기 와가지고 굉장히 많이 개인의 삶의 변화들을 [느꼈어요. 많이] 변했어요. 근데 여기 남자애들 같은 경우는 그때 당시는 남자애들 같은 경우는 중학교 졸업하고 거의 고등학교, 대학교 가는 시기였기 때문에 80, 그때가 80, 뭐 4, 5년, 남자애들은 집안에서 애지간하면 학교를 보내주는 친구들이었는데, 여기 친구는 그야말로 정말 생계가 힘들어가지고, 부모가 없다거나 형 밑에 있다거나 안 그러면은 자기가 가장이라거나, 이런 친구들이

지오세에서의 풍물모임.

어가지고 이렇게 운동한다는 것이 옳은 것인지는 알았지만 그것을 자기가 앞서야 한다는 것은 굉장히 두려워했었어요. 자기 가족의 생계 문제, 이런 거 때매 두려워했었고. 그래서 어, 뭐, 풍물이나 이런 것들을 해서 시위 때나 이럴 때는 풍물 배워가지고 풍물 기잡이 하고, 이런 형식으로 그렇게 했던 것 같고. 여성노동자들 같은 경우는, 섬유업체 여성노동자 같은 경우는 뭐 현장 안에서 소모임하고 뭐 놀기모임 한다던가 이렇게 했었죠.

그래서 지오세 안에서 간부를 맡으면서 방직공장에서는 신경을 못쓰고, 응 지오세 활동하면서 '시간이 그렇게 허락이 안 되면 나와야 되지 않는 거냐'라고 하면서 나왔던 것 같애요. [그리고 나세 지오세를 신경 썼던 것 같고. 작은 섬유업체를 다니다, 맨 마지막이 그거였구나, 작은 섬유업체 나와가지고 경성고무를 들어갔었던 것 같아요. 방직공장 그만두고 지오세 활동하면서. 그때 당시만 해도 그 현장 노동자들이 지오세 중심으로 굉장히 많이 몰려 있었고, 오두희 언니가 전주로 오게 되었던 것 같아요. 그러면서 오두희 언니가 노동사목 하면서 나도 거기를(대한방직을) 정리하고, 작은 섬유공장을 들어갔던 것 같애. 그러면서 지오세 활동 같이 도와줬고, 백양메리야스 해고싸움 하면서 백양메리야스 해고 노동자들 소모임 활동하고 이러면서 자연스럽게 거기를(대한방직을) 그만두고 작은 섬유공장 갔고, 마지막에 다녔던 경성고무에서는 제가 석 달도 못 있었던 것 같아요, 석 달도 못 있고. 그때 당시는 87년, 굉장히 노동운동이 활성화되고 노동자 투쟁들이 일어나면서 대대적으로 블랙리스트, 그게 현장을 돌아다녔던 시기였는데, 그때 인제 학생운동했던 최순희 언니하고 내가 뜨게 되었어요. 저는 경성고무 들어갔을 때는 인제 현장 활동에 대한 자신감이 있었고 현장 활동의 경험이 있으면서 노동자들을 만나는 노하우나 이런 것들이 쌓여가지고 우리 라인에서는 신뢰받는 그런 위치에 있었던 것 같아요. 근데 막 87년, 세풍합판, 그때가 86년 정도 되었던 것 같아요. 전라북도에서 학생운동 출신이 현장에 들어가서 최초로 일으킨 노동운동 사건이 세풍합판인데, 세풍합판 사건이, 점거농성하고 이러면서 크게 전라북도에 이슈화되면서 대대적으로 현장에 블랙리스트, [그게] 뜨게 되면서 우리 현장에도 그 여파가 그 언니하고 나하고 오게 되었어요. 그래서 인제 그게 세풍합판 여파로 우리 현장 안에서 그 언니하고 나하고 떨려나게 된 [계기가 되었죠.] 경성고무는 몇 달 못 있었던 것 같아요.

경성고무에서 해고되고, 그 선배 언니하고 해고싸움 방법도 잘 안 맞아가지고. [하하하] 그러면서 굉장히 고민을 하게 되었어요. 경성고무를 그만두고, 아무튼 개인에 대한 정체성? 이런 것도 굉장히 고민을 참 많이 하게 되었어요. 도대체 내가 어디로 가고 있는지, 그리고 현장 안에서 이렇게 계속 쫓겨나는 싸움만이 내가 가야 되는 길인지, 그리고 운동이라고 하는 것이, 내가 현장 안에 이렇게 있지만, 이 운동이 어떻게 흘러가고 있는지에 대한 굉장한 어떤 갈등, 고민, 그만둬야 되겠다라는 게 아니라, 뭐 운동에 대한 비전이랄지 개인에 대한 비전이랄지, 이런 것들이 굉장히 혼란스럽고 그 전에 내가 바라봤던, 가톨릭적으로 바라봤던 '하느님의 세상이 이 땅에도 이루어지이다'라고 하는 이런 막연한 것이 아닌, 뭐 또 다른 이런 뭐 구체적인 [것이] 있을 것 같은데, 그렇지 못한 부분들에 대한 답답한, 이런 것들이 굉장히 많이 엄습해왔던 시기였는데, 그때 마침 오두희 언니가 한번, 인천 한번 가보지 않겠느냐라고 제안을 하더라고요. 인천에 가서 노동운동을 하는 게 아니고 선진, 선진 활동을 좀 배워오지 않겠느냐라는 제안을 하더라고요. 경성고무 해고되고 한두 달인가 있다가, 인천 같은 경우는 5·3사건 있으면서 굉장히 학생운동, 현장활동가들이 엄청나게 들어갔던 시기였고 정치활동이 굉장히 활발했던 시기였는데, 인제 인천 인노련에 잠깐 배우러 갔던 시기가 있었어요. 인천 인노련에 한 6개월, 6개월 인천에서 먹고 사는 건 현장에 다니면서, 저녁에 거의 정치학습을 한 6개월 정도 했던 것 같아요, 밤이면 밤마다. [하하하] 근데 참 저한테는 개인적으로 인천에 살았던 6개월이 상당히 많이 변화하고 발전할 수 있는 계기를 줬던 것 같애요. 그동안에 내가 지역에서 했던 운동에 대한, 어떤 나름대로의 말로 표현하지는 못하지만, 내 나름대로의 어떤 내 정리를 할 수 있는 계기가 되었어요. 6개월간의 어떤 토론 기간, 정치학습을 통해서 정리를 할 수 있는 계기가 되었고 그 다음에 새로운 사회에 대한 어떤 비전을 가질 수가 있었고, 운동에 대한 방향이나 이런 것들이 많이 좀 정리된 계기였던 것 같아요.

인천에서 내려와가지고 백양, 백양에 한 100여 명 되는 곳에 일종의 소위 말하면 위장취업을 하게 되었던 것 같애. 친구 여동생 꺼 주민등본 빌려가지고 위장취업을 하게 되었죠. 위장취업을 하게 되면서 일종의, 말하자면 단위 사업장이었던 조합운동보다는 백양이라고 하는 전체 하청공장을 조직해보자 이렇게 고민했었고, 실제로 그때 당시만 해도 백양에, 옛날에 백양에 현장활동했던 떨려났던 친구, 하튼 해서 다양하게 하청공장에 노동자들이 있었어요. 그래서 같이 소모임도 했었고. 그때 당시는 다 어용노조가 있었어요, 자그마한 공장이래도. 백양은 어용노조가 있어서 반장이 조합장을 하는 협의체를 만들지는 않았지만, 한국노총의 섬유업체, 대한방직의 그 양반이 거기 위원장인데, 그 양반의 지시를 받아서 그냥 형식적인 노동조합을 한 조합이 있었어요. 그서 인제, 서너 군데 [하청공장] 그 현장에 들어갔던 현장활동가들이 있었는데, 이거를 종합[해서] 연대틀을 만들어서 백양 본사와 직접 어떤 싸움을 해본다든가 이런 것들을 좀 해보자 [그랬죠.] 그런데 그게 87년 노동자 대투쟁이 일어나면서 분위기에 의해서 자연스럽게 만들어진 케이스가 있었어요. 당시 백양에는 하청업체가 10갠가 11갠가 있었는데, 다 하청업체에 어용노조가 있었어요. 그때는 반장들이 다 조합장까지 겸하고 있었어. 다 한국노총 섬유노련 지시를 받고 있었죠. 이 조합장들이 87년 대투쟁 일어나고 하면서 자연스럽게 우리도 백양 본사에 대항해서 하청업체 임금을 올려보자, 똑같은 노동자라 하더라도 본사하고 너무 임금이 차이가 나니까 자연스럽게 본사에 대항해서 해보자 하는 움직임이 있어서, 우리 반장이 나를 데꼬(데리고) 갔어요. 그때 스트라이크(파업) 날짜를 잡고 계획을 짰어. 그러면서 현장 노동자들한테 투쟁가도 가르치고 계획을 착착착 하면서 반장이 나보고 그런 것들을 해보라고 해서 내가 노동자들한테 투쟁가도 가르치고, 그렇게 진행을 하다가 인제 섬유노련 위원장이 스트라이크 그걸 누가 주도했느냐 [그러니깨 최효정이가 했다, 그때 내가 최효정이 이름을 갖고 들어갔거든요. 그래서 [백양 본사에서] 신상조사를 해보니까 내가 위장취업으로 들어간 게 들통나버린 거죠. 그래서 한국노총에서 조합장을 불러가지고 용공세력이다, 그러면 안 된다 해가지고 그 계획이 와해가 됐죠. 그날 몇 시에 요이, 땅! 하기로 되었는데, 그날 아침 무너져내린 거죠. 그때 내가 입사 서류에는 22살인가로 적어서 냈지만 현장에서는 다 내 나이가 몇 살인지 알거든요. 스물다섯인가 스물여섯인가 됐었어요. 현장에서는 나이빨을 무시를 못하니까 그렇게 된 거죠. 그리고 그때는 분위기가 투쟁가를 알고 있다고 해서 이상하게 쳐다보지 않았던 때에요. 워낙 그때는 전국적으로 데모하고 그런 분위기였기 때문에 그런 노래를 안다는 것이 이상하지 않았어요. 그러면서 이게 현장 안에서 뭐 위장취업 그래가지고 [쫓겨나고 말았죠.] 그게 마지막이었던 것 같아요. 그게 현장 활동으로서는 마지막, 마지막 현장 활동이었고.

남편은 어떻게 만나셨어요?

그때 87년, 88년, 노동자 대투쟁이 일어나면서 전주가톨릭센터에 굉장히 많은 노동자들이 노동조합 만드는 것을 문의해왔어요.] 노동법에 관련된 거, 교육에 관련해서 [많이 문의를 했어요. 그때 당시] 복실이 언니가 노동사목에 있었는데 같이 상근 활동가로 하면서 현장은 마지막으로 접은 것 같고, 그러면서 우리 신랑을 만나게 된 케이스[죠.] 우리가 87년, 88년, 89년, 이때 한 2~3년 정도 노동사목 상근 활동가로 있었던 것 같아요. 그러면서 인제 그때 전노협 전주시 협의회가 만들어지면서 같이 참여를 했었고, 승희 형이 여기를 끌어갔던 거고, 저희 노동사목은 뭐 상담하고 조합 만드는 것 지원해주고 교육하고 이랬던 것 같고, 우리 신랑은 그때 인제 87년, 88년에 막 노동자 대투쟁 일어났을 때 백양섬유 안에 백양나염이라고 하는 자그마한 나염공장 있었는데 거기에서 뭣 모르고 군대 제대하고 거기 취직했다가 뭣 모르고 같이 데모에 동참한 케이스[죠.] 백양 라인에서 해고자들이 많이 생겼어요. 해고자들이 많이 생겼는데, 우리 신랑도 그중의 하내[죠.] 근데 그때 당시만 해도 우리는 굉장히 쪄들어 있었어요. 그동안 살아온 삶이 밝지 못해가지고 활동가들 보면 대개 다 쪄들어 있잖아요. 밝은 모습이 없었거든요. 우리가 그때 당시만 해도 그 모습 갖고 현장 활동 못 한다, 우리도 분위기 변신해야 된다고 했었는데, 그때 우리 신랑이 인연이 될라니까 그랬는지 [신랑이] 노동사목에 왔는데 굉장히 인상이 맑더라고요. [그때 저는 속으로] '아이고, 참 저런 애가 현장 활동 하면 잘하

> 그때 우리 신랑이 인연이 될라니까 그랬는지 노동사목에 왔는데 굉장히 인상이 맑더라고요. '아이고, 참 저런 애가 현장 활동 하면 잘하겠다, 그서 너는 내가 찍었어.'

겠다, 그서 너는 내가 찍었어'. 속으로 [하하하] 그러는데, [남성 노동자들이] 해고가 되면서 이 남자애들이 뿔뿔이 흩어지고 이러는데 저 친구를

(지금의 남편을) 어디를 좀 소개를 시켜줘야겠다, 어디를 좀 들어가게 해야 되겠다, [그렇게 생각을 했는데] "저는(남편은) 공장에 안 간다"라고 그러드라고요. 그러다가 마침 에이스제과, 에이스제과가 해태제과 하청업체예요. 거기서 인제 사람을 모집한다고 하길래, [남편은 그곳에] 들어갔죠. 에이스 제과는 그 전에 87, 88년, [그때] 노동조합이 만들어졌어요. 사람 모집한다고 하길래 거기 한번 들어가보지 않을랑가 해서 우리 신랑 같은 경우는 거기 들어가면서 일을 하게 된, 운동을 하게 된 케이스. 그러면서 인제, 어떻게 하다 보니까 결혼을 하게 된 것 같아요.

저는 결혼이라고 하는 것을 내가 결혼을 해야 되겠다 안 해야 되겠다 이렇게 생각해본 적 없고, 결혼은 나하고 거리가 먼 거라고 생각을 했는데, 연애도 연애다운 연애를 한 번도 못 해봐가지고, 인제 목적의식적으로 이렇게 이 친구를(남편을) [에이스제과에] 집어넣었는데, 이케 다른 감정으로 다가오니까 되게 인제 당황스럽더라구요. 근다고서(그런다고) 냉정하게 내치기도 그렇고, 그렇다고 해서 오케이 하기도 그렇고, 막 어정쩡하다가 우리 노동사목 안에 [노래패가 있었어요.] 노동자들이 흩어져 있는데 모을 필요가 있다고 해서 들불이라고 하는 노래패를 만들었었는데, 거기서 초보 노동자를 의식화하는 프로그램을 어떤 형태로 가져갈 건가 [해서,] 자연스럽게 가져간 게 노래였던 것 같애요. 근데 인제 [그 친구를] 노래패 가입시키고 같이 참여하고 하면서 주변 친구들이 우리 자취집을 쫓아오질 않는가, 그러면서 이 친구 같은 경우는 결혼을 뭐 빨리 해야 된다라고 해서 생각도 안 했는데, 그냥 그때가 뭐 이렇게 주변에서 자꾸 누구도 보라, 누구도 보라 해서 막 소개시켜줄려고 하는데, "내가 결혼을 할 것 같으면 이 친구하고 결혼할 거다"라고 해서 "저 친구가 원할 때 해주지", [그래서] 그냥 했어요! 진짜 생각하니까 참 단순무식하더라고요. 내가 그때만 해도 결혼을 하고 운동을 하지 않으리라고 하는 상상을 해보질 못했어요. 그러면서 결혼을 하게 되었는데, 결혼해가지고 뭐, 생각도 안 한 애가 들어서고, 애를 내가 언제 낳을지 정말 고민 않고 그냥 애 들어서 애 키우고, 애 업고 다니면서 한 해가 가, 두 해가 가, 그러면서 우리 신랑이 결혼하고 에이스제과, 뭐 조합 부위원장 하고, 그때 당시만 해도 지역이 좁은 데서 활동하면서 신랑, 각시 말 나는 것도 참 그러더라고요. 근데 인제 중소기업 영세업체들 노동 문제 있는 곳은 거의 다 인제 위장폐업하고 했던 시기에 우리 남편 회사도 뭐 위장폐업을 하게 되면서 싸움을 한 6개월 했는가, 천막 치고 농성하고, 남편이? 그랬을 것 같애. 생계가 그때는 뭐 남편이 12만 원을 주든 13만 원을 주든, 그놈 갖고 먹고 살았는데, [남편이] 회사를 그만두니까 애는 둘, 두 살 터울이거든요? 3살, 1살, 어린애에다가 남편이 직장을 딱 떨어지니까 생계가 정말 장난이 아니더라고요. 그래서 인제 아무튼 우리 신랑도 그러고 나도 그러고 안 해본 것 없이 다 해봤던 것 같애.

근로 여건은 어땠어요?

그때는 열다섯, 열여섯이면 공장을 갈 수 있었어요. 공장 들어가는 것도 거의 알음알음이었고, 그때는 익산 주변에 이런 데가 다 여성들이 너무 많아갖고, 거기서 공장 다니러 오는 사람들도 굉장히 많았고, 공장 다니기 위해서 이모네 집에서 같이 함께 살았던 친구들도 있고, 우리 주변, 우리 동네 같은 경우는 집집마다 그 섬유업체를 다니는 언니들이 다 있었어요. 그 언니들이 거의 뭐 집안의 생계를 꾸려가는 데 중추적인 역할을 [하는 거죠.] 우리 동네는 거의 다 공장을 다니는 집이었어요. 그리고 이런 시골까지 통근버스가 다 왔어요. 금마까지는 이렇게 통근버스가, 쌍방울 버스가 다녀갔고, 금마에서 팔봉해서 주욱 여성노동자들을 훑어갔고 올라왔죠. 대부분이 오빠나 동생을 가르치는데, 뭐야 저기, 자기 임금을 투자

> 열다섯, 열여섯이면 공장을 갈 수 있었어요. 그때는 익산 주변에 이런 여성들이 너무 많아서, 그 언니들이 집안의 생계를 꾸려가는 데 중추적인 역할을 하는 거죠.

했던 것 같애요. 특히나 뭐 대학생 [아들]을 가르치는 부분에 있어서는 절대적이었던 것 같애요.

첫 월급은 원일섬유가 처음에 만 얼마였었는데, 다니면서 얼마 안 돼가지고 배로 올른 케이스가 있어요. 아마 지금으로 얘기하면 최저임금, 그때 당시 뭐 최저임금이 너무 적어서 올라야 된다라고 하는, 일정하게 사회적 항의가 있었던 것 같애요. 그때는 시다하고 미싱사하고 임금 차이가 좀 있었거든요. 그래서 내가 미싱을 배워갖고 다른 데 쪼그마한 데에 가면은 임금을 조금 더 높게 받을 수 있었어요. 암튼 그때는 보조하다가 미싱사로 올라가는 기간이 거의 한 1년 반 이상[이] 걸려서 미싱 보조를 해야 됐어요. 그때 당시 미싱사라고 하는 것은 권력을 가진 사람이었거든. 그래서 서로 미싱사를 빨리 갈라고, 보조들 안에서도 점심시간에 밥 먹고 나면은 작업시간에는 미싱사가 잘못된 것을 고쳐야 되는데 그거를 보조들이 점심시간에 미싱을 배울 욕심으로 다 고쳤어요.

그래서 첫 번째는 아마 원일에서는 2만 얼마, 3만 얼마하다가 섬유업체에서는 내가 몇 년 동안 일을 했지만 많이 받아야 8만 원 받은 것 같애. 그랬을 것 같애. 내가 우리 신랑하고 89년에 결혼을 했는데, 89년에 결혼을 해서 우리 신랑이 나한테 준 임금이, 남편 다닌 회사가 그때 당시 여성이 더 많았는데, 남성 노동자의 3분의 2가 여성이었는데도 남성 임금이 여성보다 상당히 높았어요. 작은 회사지만 일을 해도 여성보다 남성이 더 많이 받았었어요. 우리 남편이 나한테 첫 월급을 갖다 준 게 12만 얼마였어요. 그것보다도 더 찌끔(쪼끔)일 때도 있었던 것 같애요.

항상 잔업이 한두 시간 더 있었죠. 그거는 뭐 잔업이라고 생각도 안 했던 것 같애요. 처음에는 토요일날 쪼끔 정시에 끝나면 그것이 너무 좋아가지고 막 서로 환호성을 지르고, 토요일날 같은 경우는 4시 반부터는 "야, 오늘 몇 시에 끝난다냐" [서로들 물어봤어요. 토요일은 5시 반이 정시 끝나는 시간이거든요. 그면(그러면) 4시 반부터 벌써 보조들은 반장, 조장한테 가갖고 "우리 미싱사 언니가 오늘 몇 시에 끝나는가 물어보고 오랬다"고 해갖고, 오늘 정시에 끝난단다 하면 막 4시 반부터 정시에 끝나기 위해서 정신이 없어요. 청소도 미리 하고 [하하해 그랬던 기억이 있죠. 토요일에 절반 근무라고 하는 것은 상상을 못 했구요. 일요일날 특근 안 하면 다행이었던 것 같고, 토요일날이면 정시에 끝나는 것과 내일 일 허느냐 안 허느냐가 관심사였어요. 일요일날 같은 경우는 전체는 다 안 나와도 이렇게 시스템 작업이다 보니까, 많이 밀린 곳은 일요일날 와서 특근도 하고 그랬어요. 그서 그때는 매주 일요일마다 안 쉬었어요. 한 달에 한 번 정도는 일요일날 특근을 했어요.
　작업도 아침에 10분 전에 시작해요. 그니까 8시에 [작업을] 시작하면 8시에 따라랑하는 게 아니라, 8시 2, 3분 전에 따르릉 울려. 근데 실지로 따르릉 울리기 전부터 그, 학교 수업 시간처럼 [따르릉 소리개] 울리기 5분 전부터 벌써 미싱 소리는 들려. 미싱 소리는 벌써 한 15분 전에. 지금 생각해보면 일을 하다가 잘못된 제품은 당연히 그게 작업시간에 고쳐야 함에도 불구하고 이 잘못된 제품이 내 잘못이다 생각해가지고, 이게 꼭 작업 전에 그걸 했었어요. 그래서 점심시간에 한다든가 끝나고 그걸 한다든가, 그래서 뭐야, 그걸 작업시간에 고치면 혼났어요.

　처음에 제가 공장 다닐 때는 도시락을 싸갖고 다녔어요. 점심도 재봉틀에서 먹었고요. 거기서 그 재봉틀, 재봉틀에서 인제 서로 삼삼오오, 끼리끼리 이렇게 치워놓고, 재봉틀 다이가 있잖아. 치워놓고 거기 앉아가지고 삼삼오오 같이 먹었죠.
　쌍방울 큰 회사에 기숙사가 생기면서 [거기에서는 아마 점심이 제공됐던 것 같아요. [그래서] 일반 하청공장, 200명이 있는 이런 데서는 되게 부러웠어요. 그럼 회사에서는 밥을 주지 않은 거죠. 회사에서 주는 것은 아무것도 없어요. 그서 우리가 회사에서 당연히 점심을 제공해야 된다라고, 의무는 아니지만, 그거에 대한 유혹들이 80년대 중반 다 돼서야, 그렇게 됐을 거야. 아마 현장에서 도시락 점심 제공이 의무화되다시피 한 게 80년대 중반 정도 될 거예요. 80년대 초에는 점심 제공하는 데가 없었어요. 점심시간은 한 시간 주어졌는데, 밥만 빨리 먹고 일했죠. 그래도 일에 대해서 쪼끔 빨리 하는 사람이 있고 더딘 사람도 있는데, 빨리 한 사람들은 한 시간이 자기 시간이었지만,

일이 쫌 속도가 느린 사람들은 점심시간이 자기 쉬는 시간이라고 볼 수 없었죠. 처음에는 할당량을 하기 위해서 굉장히 노력들을 많이 했는데 일정 기간이 지나면서 미싱사들도 꾀가 났어. 왜냐면 보조들은 미싱사의 할당량에 맞춰서 자기 노동량이 만들어지는 거잖아. 근데 미싱사들이 일정기간 지나면서 꾀가 나가지고 더 이상은 늘리지 말자 해가지고, [생산량을 더 이상 늘리지 않는 거예요.] 아무튼 일찍 끝나도 [일을 더 하지 않고 보조한테 "야, 이게 내 꺼 마지막이냐. 너 천천히 혀."] [하하하] 그때는 근데 목표량이 당연한 것으로 생각했고 목표량이 정말 과도하다고 느끼지 못했던 것 같애요. 지금 뭐 그 목표량을 주었다면 난리 났을 것 같애요. 회사가 그때는 목표량을 악용한 게 뭐냐면 "니네한테 주어진 목표량을 일찍 끝내면 일찍 가라" 그믄(그러면) 또 이게 막 정신없이 그 라인 자체가 "야, 우리 오늘 빨리 가자" 해갖고는 그날 하루는 정신이 없어요. 그 다음엔 인제 작업량을 더 늘리는 거죠. [하하하, 회사에서는 인제] "그렇게 할 수 있는데 왜 그러지(그렇게 생산량을 빠르게 빼지) 않느냐, 니네 일찍 가라고 하니까 그렇게 하는데."

> 일찍 끝내면 일찍 가라 그믄 또 이게 막 정신없이 "야, 우리 오늘 빨리 가자" 해갖고는……그 다음엔 인제 작업량을 더 늘리는 거죠. "그렇게 할 수 있는데 왜 그러지 않느냐."

지각 같은 거 하면 혼나고. 지각하면 지각만큼 빼죠. 목표량에 상관없이! 목표량에 상관없이 지각한 만큼 시간에서 빼죠. 그 대신 그만큼 목표량은 나가야 되죠(채워야 되죠). 하루 몸이 아파서 못 나갈 경우 3일을 빼요, 3일. 그날 하루 못 나가면 그날 하루 일당, 주일 수당,

월차 수당, 3일치가 빠지죠. 그서 80년대 후반기에는 생리휴가가 확보가 됐었어요. 그래서 애지간하면은 3일 일당을 까는 경우는 별로 없었는데, 일을 열심히 잘하는 사람이 만약 하루를 얘기 않고 쉬어도 이 사람은 회사에서 특별히 봐줘서 생리휴가로 빼주는데, 평상시 말 안 듣고 일도 못하고 미운털 백인(박힌) 사람은 하루 쉰다 그럼 여지없이 3일치를 깠어요.

복지시설이라고 하는 것은 꿈에도 생각 못 하죠. 그냥 전체, 전체 탈의실[이 있었고,] 자기 탈의실이 이케 막 있는 것도 아니고. 일정한 공간에 그냥 옷 벗어서 옷걸이다, 하나 놓으면 그게 내 탈의실이 되는 거였고. 새로운 보조자가 오면은 내 탈의실 자리는 내가 만들어야 됐었죠. 그래서 옷은, 쪼금 괜찮은 옷은 도둑맞기도 했어요. 아침에 출근해서 옷 갈아입고 나오면, 뭐 퇴근하기까지 탈의실은 절대 못 들어가게 하는 이런 경우도 있었고. 그리고 뭐 휴게실이랄지, 점심에 앉아서 [쉬는] 이런 거는 상상을 못 했죠. 쪼끔 큰 공장 같은 경우 휴게실은 아니어도 식당 옆에 매점 정도는 80년대 초 이후에 만들어지면서 여성들이 쉽게 물건을 구입할 수 있는, 여성품, 생리대를 판다거나, 이런 소비조합은 그때 만들어졌어요. 그 전에는 뭐 현장에서 생리가 오면 천 가지고 때우기도 하고. 왜냐면 내의를 만드는 곳이라 [웃음] 그걸로 대용해서 쓰는 사람들도 많았어요.

여성노동자에 대한 성적 억압이나 희롱 등이 많았을 텐데…….
그렇게 점심시간 한 시간 주는 것 외에는 그럼 다른 휴식 시간은 없죠. 눈치껏 화장실 갔다 오고. 암튼 화장실을 가든 안 가든 미싱사는 그래도 자기 목표량을 빼면 상관이 없는데, 보조는 두 사람 몫을 봐야 되기 때문에 화장실 가서 몇 분 동안 있으면 이게 [작업량이] 밀려가지고 화장실에서 내가 쉴 수 있는 조건이 아니었죠. 좀 깐깐한 미싱사 만나면 한쪽으로 기사한테 불려가갖고 혼나기도 해요. "너 왜 화장실 가서 농땡이 깠느냐, 너 이렇게 농땡이 깔라면 그만둬라, 응", 그렇게 혼나기도 했고, 그러죠. 지금 같으면 절대 용납이 되지 않는 때지만, 그때 당시는 그 뭐, 열다섯 열여섯 어린 여공 보조 같은 경우 미싱사들 같은 경우와는 [달라요. 미싱사는] 위기관리능력도 생기는데, 싸난(사나운) 친구들 같은 경우는 대드는 것으로 하지만 [그렇지 못한] 보조들 같은 경우는 워낙 인제 힘이 없다 보니까 [꼼짝없이 당할 수밖에 없죠.] 이렇게 기사들이 지나다니면서 브래지어 끈을 잡아땡긴다든가, 이런 것은 정말 다반사였어요. 그때 당시 일하는 곳에서 "힘들지?" 그러면서 엉덩이 툭툭 [친다든가,] 그 도라이바로 툭툭 친다든가. 그때는 반말하고 막, 나이 먹은 기사들 같은 경우는 좀, 일하는 여성들이 뭐 남자친구 관계가 다양하다 그러면은 "여성스럽지 못하네" 낙인찍는 것, 뭐 이런 것들은 굉장히 많았던 것 같애요. 정말 여성은 이래야 한다는 것이 공장 안에서 딱 틀을 만들어서 그 틀에 여성노동자들을 재는 것들은 참 많았던 것 같애요. 옷을 쪼끔 뭐 이렇게 좀 활발하게 입는다든가, 그러면은 '쟤는 까졌어, 어쨌어' 이런다든가. 안 그러면 남자관계가 복잡하면 여성스럽지 못하다고 하는 딱지를 붙였던 것은 현장 안에 굉장히 많았던 것 같애요.

미싱사와 기사와의 관계는 때로는 좋지 않았다라고 할 수도 없고, 좋았다라고 할 수도 없고 그런 관계였고, 아무튼 미싱사와 기사 사이에는 참 썸씽(something)이 참 많았어요. 그래서 '뭐 저 기사가 저 미싱사를 좋아하네, 저 미싱사와 저 기사는 뭐 어떤 관계네', [기사가 미싱사에게 가서 쪼끔만 개인적으로 친한 관계로 보이]면 주변에서 "저거 봐라 그래서 저 친구는 봐준다, 어쩐다." [하하하] 왜 그냐면 나이 먹은 기사들은 별로 없었고 그때 막 우리나라에 섬유업체가 생기면서 기사들도, 젊은 기사들이 공고 졸업하고 현장 와서 기술 배우면서 기사로 커 온 과정이기 때문에 또래나 오빠, 뭐 이 정도여가지고, 기사들하고 어떤 계급 차이가 났다거나 그런 것은 아니었어요. 그러다 보니까 때로는 한 식구고 때로는 적이었고 이런 관계였어요.

여성노동자들이 거의 미혼이었나요?

현장에 나이 먹은 언니, 시집 안 간, 그때 당시만 해도 스물다섯 스물여섯이 넘어가면 노처녀라고 했으니까요. 그때 당시는 스물다섯 넘어가면 노처녀라고 했고 "왜 언니는 시집 안 가" 소리가 1번이었어요. "왜 저 언니는 시집 안 간대" 그러면 그게 인제 뭐 동생을, [집안 경제를 도와야 되고 하는 거에 대해서 또 굉장히 안쓰럽고, 굉장히 안쓰럽게 생각하는 우리들 문화가 있었어요. 그래서 스물다섯이 넘어가면은 이 언니들도 날마다 "그만둬야지, 그만둬야지, 얼른 그만둬야지" 소리가 입에 붙어살았어요. 인제 자기가 그곳에 있는 것이, 자기가, 자기 집안에 경제가 무능력하고, 자기가 결혼하는 데에 능력이 없어서 못 가는 것으로 비쳐져가지고 스물다섯만 넘으면 굉장히 스트레스를, 현장에 다니는 것을 스트레스를 많이 받아했어요. 그래서 내가 처음 70년대 일했을 당시 현장에 기혼 여성노동자는 하나도 없었어요. 82, 83년 초 현장에 정말 결혼해가지고, 현장에 결혼해가지고 "내가 기혼

이오" 한 사람은 한두 명밖에 없었던 것 같애요. 그때 당시 기혼 언니들이 들어왔을 때, 그니까 이 언니들도 결혼해가지고 바로 공장에 온 게 아니고, 아이들 뭐 초등학교 다닐 정도 될 때 온 [거였고.] 결혼해가지고 5, 6년 집에서 쉬었다가 온 언니가 있었는데 그게 화제였어요, 그 현장에서. '저 언니가 왜 왔을까, 결혼해가지고. 그냥 살림이나 하지, 왜 들어왔을까'가지고 저 언니가 들어온 이유에 대해서 구구절절 사람들이 신랑이 어쨌다네, 생활이 어쨌다네 [그랬어요.] 근데 본인은 정작 정말 생활이 힘들었지만 그냥 애기 키우고 헐 일 없어서, 내가 배운 건 이거라서, 회사가 오라고 해서, 사람이 딸려서 오라고 그래서 왔다, [그러더라구요.] 근데 그때 당시 결혼해가지고 82, 83, 84년 이때 현장에 온 여성노동자들에 대해서 여성노동자들 스스로가 굉장히 곱지 않은 시선으로 봤어요. 현장에 와야 되는 여성노동자들은 굉장히 용기를 가져야만 되는 시기였던 것 같애요.

미혼 여성들이 다니다가 결혼을 하면 회사에서 그만두라고 하는 게

> 결혼해가지고 현장에 온 여성 노동자들에 대해서 여성 노동자들 스스로 굉장히 곱지 않은 시선으로 봤어요. 굉장히 용기를 가져서 와야 되는 시기였던 것 같애요.

아니라 내 스스로가, [그런 거죠.] 그때 당시 우리 현장의 분위기는 결혼하면 당연히 그만둬야 되는 것으로 우리 스스로가 그렇게 규정을 한 거지요. 그때 당시 현장은 그렇게 받아들일 여력도 없었지만 결혼해가지고 몇 달 다니는 케이스는 있었어요. 결혼해가지고 아이가 생기기 전까지 다니는 케이스는 있었어요. 임신해서 5, 6개월 지나고 나면은 이게 일 자체가 할 수 있는 일은 아니었어요. 막 퉁퉁 붓고 그래서 임신해가지고 부어갖고 다니는 언니들이 한두 케이스 있었는데, 주변

에서 "언니 왜 그만 안 둬" [하하하] 우리 스스로가 그랬어. 언니, 왜 그만 안 둬, 그만둬. 그래서 이 사람이 경제적으로 다녀야 함에도 불구하고 주변에 같은 여성노동자들이 그렇게 우리도 모르게 그 언니를 압박했던 것 같애요.

그때 당시 미혼 여성노동자들은 남자 만나서 결혼해가지고 집 안에 사는 것이 당연하다 생각했죠. 그리고 그때 당시로 우리가 임금을 받고 살지만, 그때가 경제 개발이 한창 이렇게 되던 때라 결혼해가지고 가난해질 것이라고는 상상한 노동자는 없다라고 나는 생각이 들어요. 그때 당시 내가 결혼해서 가난하게 살 거다라고 상상했던 노동자들은 하나도 없었어요. 그때 당시 미혼 여성노동자들은 신분상승은 아니지만, 절대적[으로] 가난했던 상황에서 상대적으로 좀 여유로웠겠죠. 인제 결혼하면서 그때 당시 남성들은 대개 직장을 가진 남성들이었잖아요. 그러다 보니까 내가 결혼해가지고 가난하게 살 것이다라고 상상했다거나 우리가 이케 노동자로 살 거야 했던 여성노동자는 하나도 없었던 것 같애요. 그래서 결혼하면 그때 공장에선 당연히 그만둬야 되는 것이 아니냐, 만약에 그만 안 두면 얼마나 능력 없는 남자를 만나서 저 언니가 저렇게 다니는지, 이랬던 시기였어요. 어찌됐든 결혼을 하면 힘들게 일하는 것으로부터 벗어날 수 있다고 생각한 것 같아요. 그때 당시 익산지역 같은 경우 보면 남성노동자를 만나게 되면, 공단에 있는 노동자들이기도 했지만 일정하게 그때만 해도 남성노동자들 월급 가지고, [살 수 있었어요.] 왜 그냐면 그때 익산 공단 같은 경우는 뭐 이렇게 스텐레스랄지, 남성이 뭐 집단화돼 있는 공장들이 좀 많았어요. 거기는 여성보다 임금차가 3분의 2 정도 많아가지고 결혼을 해도,

그렇게 가난하다라고 느끼지 못했죠. 결혼할 때 보면 여자들도, 여성 노동자들도 이렇게 가전제품 다 장만해오고. 남자들 같은 경우는 뭐 전셋방이라도 13평, 13평 아파트 전세라도 만들어가고 하면서, 그게 가난하다라고 생각하지 않은 것 같애요. 그래서 여성노동자들 결혼할 때 보면은 어디다 신혼살림, 신혼집 만드는가, 전세 얼마짜리 독채 얻는가, 안 그러면 뭐 13평짜리 아파트 얻는가 뭐 이런 것들이 관심사였던 것 같애요. 그랬는데 그게 85년, 86년, 그것이 허물어지는 것은 그렇게 길지 않았어요. 현장에 결혼한 여성노동자가 다시 재취업한다는 것이 그게 뭐 이렇게 뭐 특이하다, 희한하다, 남편이 얼마나 못났으면, 하는 것들이 허물어지는 것이 2, 3년도 안 돼가지고 [허물어졌죠.] 그 시기에 결혼한 여성이 급속도로 들어오기 시작했죠.

당시 여성노동자들의 주요 관심사는 뭐였나요?

나는 소개팅, 미팅은 안 해봤지만, 응, 현장 노동자들은 그런 거 잘했어요. 그런, 그런 거. 이케 자기들 끼리끼리 해가지고 "야, 오늘 어디서 뭐 이케, 응? [미팅이] 있는데, 갈래?" 해가지고 가기도 하고 갔다 와서 "어쨌냐" [물어보면] "아이 별거 없었어", [그러고.] 소개팅, 미팅 하는 것도 문화의 일부였죠. 근데 특히나 그때 당시 여자애, 현장 노동자들도 공장 노동자들을 만나는 거에 대해서는 별로 이렇게 달가워하지 않았어요. 대학생 애들하고 소개팅 많이 했어요. 대학생들하고 소개팅하거나 미팅하면 그날 현장에 막 '어디 대학생들하고 했다', 이렇게 했는데 공장 노동자들하고 헐 때는 별로 "아이고, 그런 데를 왜 소개시켜줘" [하하하, 불평하고 그랬죠.]

누가 하나 대학생하고 연애하면 그게 온 공장의 관심사였고, 쟤네가 오래 가는가 어쩌는가, 그랬죠. 그러고 보면 용돈 대주는 애들 많았고, 연애하면서 버림받은 케이스도 있었고.] 선망이기도 했고 질투의 대상이기도 했고, "저러다 헤어질 거야", "저 가시내 뭐 헐라고 낭중에 발로 채이면 어떻게 가네", "집이(그 대학생 집이) 어쨌다네, 뭐했다네", "걔네 엄마가 받아줄 것 같냐" [하하하, 애들이] 그랬죠.

일반 여성노동자들은 나이 먹은 친구들은 결혼, 애인하고 관계, 쪼끔 나보다 나은 조건을 가진 남성을 만나게 되면 거의 그 남성에 의지하게 되고, 아무튼 이케 뒷바라지를 참 많이 했던 거 같애요. 아침에 오자마자부터, [하하하] 아침에 오자마자부터 드라마는 대화거리가 되죠. 옷 벗으면서, 입으면서부터 시작해서 뭐, 정윤희, 뭐, 한진희, 우리 때는 그랬던 것 같고. 노주현 갖고, 사랑과 야망, 이런 거. 그래서 그 드라마에서 이쁘면 이쁜 며느리고, 드라마에서 미우면 미운 가시내고 예나 지금이나 그때나 변함없었던 것 같애요. 일하면서도 [드라마를 가지고 "그랬지? 가가 그랬지?" 그랬던 것 같고. [또] 노래는 여덟 시간 죽자 틀어줬어요, 라디오로. 현장에서. 왜 그냐면 미싱 돌리면서 그냥 하는 거보다는 이 노래를 들으면서 하면 훨씬 일이 빨라졌어요. 그래서 죽자(죽창) 라디오는 여덟 시간 죽자(죽창) 틀어줬죠. 작업하면서 크게 지루하거나 그러지는 않았죠. 심심하면 쪽지도 돌리기도 하고, 일하던 중에. 심심하면 쪽지 돌려가지고 "심심해 죽겠다, 너 목표량 다 했냐, 나는 다 끝났다, 대충 때우자",

> 누가 하나 대학생하고 연애하면 그게 온 공장의 관심사였고, 쟤네가 오래 가는가 어쩌는가, 그랬죠. 선망이기도 했고 질투의 대상이기도 했고…….

[하하해 쪽지 돌리기도 하고 그랬죠. 목표량이 좀 못 채워지면 그때는 힘들었는데, 목표량을 또 그렇게 못 채우지는 않았던 것 같애.

어쨌든 회사 내에서 동료 관계나 이런 인간관계는 좋았죠. 그때 당시는 뭐 사회적 관계를 형성한다는 것 자체가 동네에서 가난한 집 딸들이 다 공장가서, 공장에서 다 만나기도 됐지만, 사회적 관계가 거기서부터 시작되니까 그게 기초였던 같애요. 그다 보니까 서로 현장 친구들끼리 굉장히 관계들이 돈독했던 것 같애요. 영화들도 그래도 큰맘 먹고 한번씩 [보레] 가게 되고, 누구 남자, 어디하고 뭐 거시기하면 (미팅하면) 나이트클럽 가는 것도 이렇게 해서 가기도 하고. 그때는 나이트클럽[에 가면] 어디 공장 누구네, 뭐 만난다, 그러면은 그렇게 나이트클럽 가서 놀기도 하고 그런 것들이 좀 있었던 것 같애요. 귀 뚫어보고자 하고, 귀 뚫는 것이 많지 [않았는데,] 흔하지 않았는데, 귀 뚫고 이런 것에 굉장히 관심 많았죠. 반지계도 하고. 공장 안에서 반지계도 하고 목걸이계도 하고, 이런 것들도 많았고. 코트 같은 건 그래도 좀 입는 [편이었어요.] 그때 당시 노동자들은 코트 같은 걸 사면 시장에서 사지는 않았어요. 바지 같은 건 시장에서 샀어도 코트나 조금 어디 이케 외출할 옷들은 그래도 메이커를, 논노나 이런 데서 옷을 사 입었었어요. 그래서 또 이렇게 옷을 논노나 이런 데서 사면 굉장히 또 자랑이었어요. 어디서 샀냐, 얼마 주고 샀냐, 그랬냐, 저랬냐 하고. 메이커 옷을 사 오게 되면 보재기로 먼지 쌓이지 [말라고,] 먼지 묻지 말라고 보재기로 다 이렇게 덮어놓고 그랬었죠. 그래서 이렇게 운동이라고 하는 것이 자연스러워야 하는데, 그때는 참 자연스럽지 못했던 것 같아요.

성일통상 노조 대둔산 등반대회.

노동운동 내에서 문화 활동을 많이 하셨나요?

문화프로그램도 운동의 차원에서 했죠. 그때는 문화프로그램도 취미로 했던 건 아녜요. 그때 당시 내 취미생활을 하기 위해서 문화프로그램을, 문화 어디 뭐 다닌다, 욕 바가지로 얻어먹었고, 또 우리가 욕 바가지로 했을 것 같애요. 풍물을 배우는 것도 의식화의 한 일환, 노래를 배우는 [것도,] 노래패를 만드는 것도 의식화의 한 일환, 뭐 다 그랬죠. 놀러를 가더래도 우리끼리 가는 것보다 다른 현장 노동자들, 노동조합 했던 노동자들, 같이 간다든가 그랬었죠. 그때 당시 개인의 삶을 풍요롭게 하기 위해서 무엇을 한다라고 하는 것 자체를 사치라고 생각했었고, 그거는 어떤 반노동자적이라고 생각했었죠. 그때는 특히나 원풍 같은 경우는 풍물패, 연극패, 탈춤반 이런 것들이 굉장히 활발했는데, 저희 같은 경우는 익산 같은 경우도 있었어요. [후레애 훼숀에 '삶부림'이라고 하는 풍물패가 있었고, 여기 저희 같은 경우는 노동사목을 하면서 노동자들을 어떤 형태로든, 소모임 형태가 되었든 어떤 형태가 되었든 그룹 형식으로 만들어야 되는데, 그걸 어떻게 할까 하다가 쉽게 다가갈 수 있는 것이 좀 문화 프로그램이다 해가지고, 또 이쪽 친구들이 그 욕구가 강했어요. 그래서 인제 정비공장쪽 친구들은 풍물로, 그때 여기에 '온고을'이라고 하는 풍물 마당극 집단이 있었어요. 학생운동들이 만들었던 풍물 집단, 문화 집단이 있었는데, 거기서 장소도 대여해주고, 또 그쪽에서 지도도 해줘가지고 풍물 했었죠. 노래패도 우리 스스로가 인제 '한 번 만들어볼거나'[해가지고 만들었었고.] 이렇게 날마다, 아무튼 간에 자기 현장에서 무슨 일을 해야 되겠다고 왔던, 목적의식적으로 왔던 친구들이 있었는데, 이 친구들을 학습으로 묶기에는 굉장히 버겁대고 생각했었어요.] 학습프로그램을 또 해봤지만 실질적으로 오래 가지 못했어요. 왜냐면 이 현장에서 일하는 친구들이 매주 공부한다거나 이런 것들이 굉장히 힘들기 때문에 일방적으로 누구를 통해서 이렇게 교육을 받는 것은 가능했지만 자기들 스스로가 학습하는 건 좀 힘들었어요. 그서 노래, 그런 어떤 문화프로그램 형식으로 해서 묶어보자 해서 노래패 같은 경우는, 들불 노래패 같은 경우는 우리 스스로가 만들었어요.

> 아마 담배 폈으면 해고됐을 거예요. 만약 그때 당시 현장에서 담배 피는 노동자가 있었으면, 그것으로 해고된 것에 대해서 현장 노동자들한테 설득력을 얻었을 거예요.

담배를 하는 여성노동자도 있었나요?

술, 담배는 음…… 술은 많이 마셨는데, 담배는, 아마 담배 폈으면 해고됐을 거예요. 만약 그때 당시 현장에서 담배 피는 노동자가 있었으

노동운동의 이모저모.

면, 그것에 해고된 것에 대해서 현장 노동자들한테 설득력을 얻었을 거예요. 그때 당시는 여성들한테는 술은, 여성들 안에서도 술 먹는 것에 대해서는 비판적이지 않아요. 오히려 술을 못 먹는 것에 대해서 "나는 못 먹어"라고 하는 것이 자랑스럽지는 않았어요. 근데 담배하고 술은 굉장히 다른 시각이었던 것 같애요.

회사에서 하는 노동자교육은 어떻게 했어요?

노동자 교육 관련해서는 맨 처음 나 공장 갔을 때, 거기가 근로청소년회관인가 일주일 연수프로그램, 그거 받아봤구요. 그리고는 회사에서는 그렇게 교육프로그램이 있지는 않았어요. 노동자를 특별하게 교육한다든가 그런 프로그램은 갖고 있지 않았죠. 만약에 교육을 시킨다고 하면 전라북도가 청소년근로자회관인가, 근로청소년회관인가로 보내고 자체적으로 교육시키는 시스템은 없었어요. 근데 인제 항상 조회시간에, 어디에서 지금 어떤 문제가 일어나는데, 그런 거에 대해서 왜곡된 소식들을 전한다든가 그랬고. 회사도 그런 소식을 전하는 것조차도 별로 달가워하지 않았죠. 그때만 해도 어떤 문제가 일어나도 그거에 대해서 그렇게 크게 확대되거나 그러진 않아가지고 그런 문제들을 혹시 알까봐 쉬쉬 했었고, 오히려 반장을 통해서 우리 현장에 그런 문제 알고 있는 애들이 있는지 확인해보는, 이런 정도였을 거예요. 특별하게 교육은 없었어요. 그 대신 산업체 학교에서는 일정하게 어떤 문제가 일어났을 때마다 이렇게 선생님들이 교육했다고 그러더라고요, 선생님들이.

그때는 그거 노동자란 표현도 안 했죠. 근로자라고 했죠. 근데 대부분 현장에서는 여성노동자 같은 경우는 인제 학교에서도 마찬가지지만은 얌전히 있다가 '시집가야지' 그랬지, 그걸 교육적으로 강요한 거는 없었어요. 그냥 환경적으로 그런 환경을 만들어갔었지. 저 친구가 좀 자유분방하다 그러면 그 친구한테 "너 그렇게 [해서] 어떻게 시집갈라 그러냐, 응? 너 소문나면 시집 못 간다", 이런 정도였지, 그거를 교육하거나 체계화하지는 않았어요. 그때 당시 노무관리라고 하는 거는 정말 낮은 수준이었죠, 섬유업체 같은 경우는. 지금처럼 뭐 대기업 노무관리처럼 그런 거는 없었죠. 그리고 노동부에서 오는 지침대로 노무관리를 했었고, 그랬죠. 그때는 노무관리가, 특히나 섬유업체에서의 노무관리는 그렇게 체계화되지 않았었어요.

새마을운동의 한 일환이 QC 작업, QC 운동이 있었죠. 이렇게 자기가 작업하면서 새로운 아이템이 있다거나 안 그러면 개선할 점이 있으면 그저 제안하면 상품 주고 그저 있었고, 그 다음에 점심시간 이용해가지고 식생활개선운동이라고 해가지고 일정하게 조리기구도 팔기도 하지만, 아무튼 그게 어딘지는 모르지만 와가지고, 뭐 그 앞으로 [기구를 놓고] 인덕션이라고 얘기하는데, 이렇게 불꽃이 안 나오면서 타는 요새 나오는 거 있잖아요. 그거 조리기구 갖다가 빵 만들어주고 뭐 만들어주고 허는. 그 기구도 팔고 그랬죠. 조리기구 팔고, 점심시간에 와서 쫘악 요리 만들어주고, 요리는 가끔 왔던 것 같아요. 기구 팔면서 카스테라는 이렇게 만들고, 오이는 이렇게, 그런 어떤 요리, 요리 실습은 많이 왔어요. 특히나 여성노동자들은 그런 거에 굉장히 예민했죠. 요리실습 한다든가 이럴 때는 굉장히 그 주변에 많이 몰려들고 그것을 받고 그 기구들도 사고 그랬었죠.

그때 보면은 뭐뭐가 있었느냐면 화장품 회사에서 와가지고 마사지 해주는 것, 그것도 있었어요. 화장품 회사에서 점심시간이나 퇴근시간에 이용해가지고 그중에서 이목구비가 이쁜 여자애 하나 놓고, 특히나 아모레가, 아모레에서 와가지고 '여성의 피부는 이래야 된다' [해가지고] 한 사람 세수시켜놓고 거기다가 막, 화장품은 이렇게 발라야 된다[고 하면서 화장품을 홍보를 했었어요.] 화장품하고 요리하고는 굉장히 관심이 많았어요.

현장 안에서는 어쨌든 그런 것은 부차적인 거였죠. 이 사람이 일을 잘하는가 못하는가가 일차적인 거였고, 비록 저 친구가 나와 다른 어떤, 나와 다른 [부류의 아이고] 그리고 맘에 들지 않지만 그 친구가 정해진 일을 잘하는 거, 잘하고 큰 무리 없이 하면 그 부분에 있어서는 크게 터치하진 않았죠. 크게 터치하진 않고 그냥 "용모단정하게 하고 다녀라." 계장, 관리자들이 [그렇게 하는 정도였고.] 회사를 오드래도 "회사도 엄연하게 직장이다, 많은 사람이 있는 곳인데, 가슴 파인 옷 입지 말고", 이런 얘기 [하는 정도였죠.] 그때만 해도 민소매 입는 것이 흉이었어요. 조회시간에 "용모 단정히 하고 다녀라" 이렇게 얘기하지만 그것을 공장 생활하는 데 있어서 크게 거시기했던, 그렇게 터치는 하지 않았죠.

[여성노동자들이] 치마 짧게 입고 다녀도 여자가 뭐 저렇게 짧게 입고 다닌다고, 뭐 치마 길게 입고 다니랄지, 안 그러면 뛰지 말라랄지, 여자가 저렇게 걸어서 어떻[게 하려고 그러는지,] 남성이 보는 잣대 속에서 여성이라고 하는 부분들에 대해서 굉장히, 그 강요했죠. 방직 공장 다닐 때인데 아무튼 저녁에 술을, 새벽 4시, 술을 엄청 많이 먹었어요. 아무튼 술을 참 많이 먹어가지고, 아무튼 부엌바닥에서 잠을 자다가 아침에, [하하하] 인제 아침에 일을 가게 되었는데, 너무나 술을 많이 먹어갖고 머리가 아프고 그래가지고 우리 조장한테 도저히 일을 못하겠다라고, 도저히 숙취가 해소가 안 되는 거예요. 안 돼가지고 인제 우리 책임자가 남성이었는데, 우리 조장한테 도저히 일을 못 하겠다고, 우리 조장한테 나 빼달라고. 내가 만약 일을 못 하게 되면, 나를 빼달라구면(빼달라고 하면) 그 전반에서 하나를 투입을 시키거든요. 잔업을 시켜주는 건데 도저히 일을 못 할 것 같아서 우리 조장한테 얘기를 했더니, 우리 조장도 술을 먹고 좀 잘 노는 스타일이어가지고 술을 먹는 거에 대해서 이해를 했어요. "너 어젯밤에 술 많이 먹었구만" 하고는 너 쪼끔만 쉬었다가 오라고 [그러더라구요. 그런데] 쉬어도 안 돼요. 그러면 [조장이 나한테] 니가 그 관리자한테 가서

얘기를 하라고. 그서 관리자한테 얘기했는데, 기계 소리가 너무 커지고, 우리는 얘기를 할 때 귀에다 대고 하거든요. 이렇게 귀에다 대고 큰 소리로, 그래야지만 통해요. 귀에 대고 얘기를 하는데, 술 냄새가 풀풀풀 나니깐, [하하하] 술 냄새가 풀풀 나니까 나한테 얘기하는 게 아니라 나랑 같이 사는 애한테 그따는(그랬다는) 거예요, "자 남자관계가 복잡하냐? 어?" [하하하] 나랑 같이 사는 애한테 [내가 남자관계가 복잡하냐고 물어봤다는 거예요]! 그날 인제 도저히 못 하겠다 해서 집에 왔는데, 나랑 같이 사는 애가 와갔고 허는 얘기가 우리 그 책임자가 주임, 주임은 아니었고 조장 위인데, 그 아무개가 "너보고 '남자관계가 복잡하냐'고 물어본다". 그서 술만 잘 먹어도 남자관계가 복잡한 것으로 [인식을 했던 때예요. 회사에서 그런 여성성들을 벗어날 경우에] 어떤 제재는 뒤따르진 않지만 상당히 주변으로부터 편견의 눈으로 많이 바라보죠. 그래서 현장 안에서 끼리끼리 어울리는 친구들은 일정하게, 뭐야 저기 아웃사이더가 되는, 현장 안에서도. 그런 케이스도 많죠. 현장 안의 이지메 현상. 개네들은 그 내놓은 애들, 그런 경우도 많죠.

> 여성을 비하하거나 그런 말들은 엄청 많았죠. 어린 친구들 같은 경우는 굉장히 불쾌해하고, 암튼 성희롱 이런 것은 시시때때로 일어났죠.

여성을 비하하거나 그런 말들은 엄청 많았죠, 엄청. 여자는 뭐 사흘 걸러 한두 번씩 뚜드려 패야 말을 듣는, 이런 얘기. 지금도 얘기하지만 비하적인 얘기들은 굉장히 많이, 일할 때 그러죠. 근데 그때는 지금 같으면 난리 나지만, 그때는 그것이 성적 모욕이라고 생각하지도 않았던 시기였어요. 그때도 여성노동자들한테 "그런 얼굴 갖고 어디 가겠냐, 안 그러면 너 같은 애, 뭐야 저기 중앙시장 길바닥에 [놓으면] 누가 데꼬 가겠냐" 이런 얘기들은 다반사였죠. 그때는 그냥 우리 여성노동자들도 웃어넘기기도 하고, 불쾌하긴 했지만 그것에 대해서 '불쾌하다'라고 얘기를, 뭐야, "너가 한 그런 어떤 언동에 대해서 내가 정말 불쾌하다"라고 직접적으로 표현하거나 그러지는 않았던 것 같애요. 그냥 그거를 어떤 애들은 웃어넘기기도 하고, 그런 말 하지 마라고도 하긴 했지만 그냥 그것은 관리자가 할 수 있는 얘기, 이렇게 받아들였던 것 같고 그랬던 것 같아요. 불쾌하게 생각했던 친구들은 한쪽에 가서 관리자한테 쌍시옷자 대고 욕을 하는 거야, "씨발놈, 개새끼", 일하면서 저는 "얼마나 잘났가니(잘났다고)" 뭐 그렇게 [욕하기도 하고] 한쪽에 가서 울기도 하고, 암튼 그 기사, 계장 보면은, 계장 같은 경우는 일상적인 희롱이나 그런 거는 하지는 않았지만 어떤 여성을 성폭력했던 케이스는 많은 것 같애요. 뭐 이렇게 살림 차렸다라고까지 소문 날 정도로. 소문뿐만이 아니라 그 친구는 자기가 그 공장장한테 당했던 얘기를 주변 친한 사람한테 '내가 어제 애를 떼러 갔다 왔다' 이런 얘기, 그래서 뭐 공장 안에서는 그것이 공공연한 비밀로 [되었었어요.] 근데 그게 순결이데올로기인 것 같애요, 순결. 그때만 해도 여성이 처녀성을 잃었다 하면 현장에서는 그게 평생의 고민으로 안고 살았던 것 같아요. 그때만 해도 특히나 주변의 여성노동자들도 이케 성을 잃었다 하면, 뭐 "쟤 인생은 다 파탄 난 인생, 어떻게 시집갈 거나", 이런 것들이 굉장히 강했죠. 그래서 동거하는 친구들도 동거한다라고 별로 내놓지 않고 동거를 했었어요. 성적 농담 같은 것은 비일비재했고. 비일비재했을 뿐만 아니라, 뭐 나이 드신 엄마들 경우는 같이, 기사들하고 같이 맞받아치기도 하고, 음담패설이나 이런 것들은 현장 안에서 엄청났죠. 여성노동자들이 현장에서 발언력이 없었어도, 80년대 초는 발언력이 그렇게 없었어도, 중반에는 발언력들이 굉장히 많이 높아졌어요. 그래서 기사하고는 거의 맞받아치는 수준이 됐죠. 어린 친구들 같은 경우는 그러지 못했는데, 근데 인제 어린 친구들 같은 경우는 굉장히 불쾌해하고, 그서 미싱사한테 "저 새끼 나한테 저랬다"고 욕하고, 막 그랬었어요. [하하하] 암튼 성희롱 이런 것은 시시때때로 일어났죠.

당시 노동자들이 산업체 학교에 많이 갔었지요?

[산업체 학교는 쌍방울 계통은 있었고, 백양에 있었고, 대한방직은 전주 여상이라고 해서 여기 지역에 학교를 다닐 수 있도록 배려했고, 다 있었죠. 그때 당시 여성노동자들이 산업체 학교 엄청 다녔죠. 그 당시 우리 또래들은 그 학교를 가는 게 정상 코스였고, 안 가면 이상했어요. 안 가면 "너 왜 안 가냐", 뭐라고 표현해야 되지? 대개 거기 공장을 선택한 것도 학교를 가기 위해서 왔죠. 학교 가기 위해서 왔고, 공장이 좋아서 온 건 아니었고 학교 가기 위해서. 80년대 초, 중반, 그때, 85, 86년 이럴 때는 이 공장의 어떤 조건을 선택한 게 아니고 그 학교에 대한 조건에 의해서 [공장을] 여성노동자들이 선택한 거죠. 80년대 초하고 80년대 중반의 여성노동자들이 공장을 생각하는 건 질적으로 달랐죠. 80년대 초는 생계를 위해서 공장을 갔지만, 80년대 중반은 생계를 위해서 간 것보다는 내가 학교를 가기 위해서 공장에 갔기 때문에 공장에 대한 애사심이나 이런 것들이 질적으로 달랐어요. 하청공장을 다녀도 다 학교는 갈 수 있었어요. 왜 그냐면 쌍방울 계통의 하청이랄지 백양 계통의 하청이랄지, 이것은 학교는 쌍방울 본사가

운영하는 학교를 가니까 다 그 권한이 주어졌기 때문에 어느 섬유업체를 가드래도 어느 학교는 갈 수 있는 선택 권한이 있었죠.

당연히 다니고 싶어 할 수밖에 없죠. 배움에 대한 열망이었죠. 그때는 그냥 그 졸업장, 중학교 졸업했네, 고등학교 졸업했네, 이 졸업장이었죠. 실질적으로 대부분 많은 친구들은 졸업장을 따기 위해서 갔지만, 그 안에서도 또 꿈을 가졌던 친구가 있어요. 내가 비록 힘들지만 고등학교 졸업해서 내가 대학에 진학하리라, 이렇게 했던 친구들도 몇 명, 이렇게 있었고. 몇, 한 학년당 그도(그래도) 몇 명씩은 있었고, 그 친구들이 대학을 가기도 했었고, 있었죠. 대부분은 고등학교 졸업장으로 만족하고 기회가 좋으면 사무직으로 가는, 일반 사무직으로 가고자 하는 욕구들도 강했고요. 그때 당시는 현장에서도 이렇게 QC라고 하는 게 있잖아요, 마지막 검사하는 과정. QC는 고등학교 졸업한 친구들만 선발을 했어요. 근데 인제 학교 성적도 좋고 회사에서 열심히 하는 친구들을, 일 년에 졸업하는 친구 몇 명에 한해서 한두 명, 많이도 아녜요, 한두 명을 QC, 그 직종에 [배치했죠.] 모든 사람이 자기가 열심히 하면, 자기가 회사 안에서 저렇게 선택될 수 있다, 저렇게 진급할 수 있다라고 하는 그런 희망도 가졌죠. 회사는 그런 것들을 이용했죠. 고등학교 졸업하게 되면, 뭐 임금에서야 얼마나 큰 차이는 아니지만 회사 내에서 일정하게 여성노동자로서 저렇게 가는 건 굉장히 성공 케이스라고 하는 케이스를 한두 명을 열어놨어요. 대한방직도

> 그때 당시 여성노동자들이 산업체 학교 엄청 다녔죠. 그 당시 우리 또래들은 그 학교를 가는 게 정상 코스였고, 안 가면 이상했어요.

마찬가지고 백양도 마찬가지고. 쌍방울 내, 쌍방울 하청공장까지 다 그게 소문이 났었어요. 이번 3학년 졸업한 누구, 누구, 공부 뭐, 해가지고, 잉? 회장상 받아가지고 QC로 옮겼다, 그서 밥 먹으러 갈 때도 이렇게 신입생한테는, 현장 노동자들한테는 "쟤가 이번에 거기 간 애야" 이렇게 막 [얘기하기도 하고.] 그래서 굉장히 부러움의 대상, 이런 게 있었죠. 화제였어요. 근데 그게 뭐 그렇게 한 명, 잘하면 한 명, 잘하면 두 명.

특히 공순이 소리 안 들을려고 학교를 더 많이 다니려고 했던 것 같아요. 일반적인 여성노동자들은 공순이라고 하는 부분은 굉장히 불쾌해했고. 공순이라고 하는 단어를 쓴 것은, 보면은, 공장에 다니던 노동자들을 굉장히 비하해서 쓴 말이었어요. 지나가면 "저 공순이들 간다", 뭐 고등학생들이, 뭐 "공순이들 간다"라고 하면서 이렇게 비하했기 때문에 현장 노동자들도 그 단어를 쓰는 것에 대해서 굉장히 불쾌해했죠. 오히려 성희롱을 당할 때는 불쾌하지 않았을랑가 몰라도 그 단어에 대해서는 굉장히 예민하게 불쾌했죠. 굉장히 예민했죠. 회사 안에서는 같이 일을 하다가 출퇴근할 때 남들 눈에 공순이라고 보여지지 않기 위해 이렇게 여학생들이 입고 다니는 복장에 대한 선호랄지, 가방 메고 책을 이렇게, (옆구리에 끼는 시늉을 하며) 여대생처럼 그렇게 다니는 친구들도 많았죠. 가방, 이케 뭐야, 공장 노동자들이 애지간히 쪼끔 세련되었다기보다는, 쪼끔 사회에 눈떴다, 사회에 좀 눈뜬 친구들 같은 경우는 이렇게 그 여대생 복장들을 많이 선호를 했죠. 여대생처럼 가방 메고 옆에다가 책 이렇게 한두 권 끼고 다니고 하는, 이런 스타일을 굉장히 많이 하고 다녔던 것 같아요. 혹시 나 자신도 그렇게 하고 다녔을 거예요. [하하하] 그랬을 거예요.

회사는 집에서 다니셨어요?

저는 스무 살까지 익산에 있을 때는 집에서 출퇴근을 했었구요. 출퇴근을 했는데 저녁에 12시에 들어오고 이런 거에 대해서 그렇게 집에서 뭐 반대하거나 못 들어오게 한다거나 그러진 않았어요. 그래서 활동은 굉장히 자유로웠어요. 근데 진주 언니,[1] 그 언니 집이 황등인가 함열인가 그랬었거든요? 거기서 인제 태창 버스를 타고 이렇게 출퇴근했었는데, 그렇게 해가지고는 자기가 뭐 이렇게 회합 [활동을 못하겠다고,] 워낙 말이 없는 언니예요. 함열인가 황등인가, 아무튼 그쪽인데, 그쪽에 출퇴근하면서 이렇게 현장 활동하기가 어렵다고 당신 나름대로 힘들다 생각했는가 자취해야 되겠다 방 하나 얻어달라고 해서, 우리 그 자취방을 얻었었고. 그 옆의 맞은편에 인제 태창의 노조위원장이었던 복실이 언니가 자취방을 얻어서 [자취를 했었고.]

80년대 중반 이후부터는 주말에 거의 쉰다고 해도 쉬는 날이 별로 없었어요. 주말에도 저기 센터 사목 나와가지고, 뭐를 했는가는 모르지만, 아무튼 주말들도 보면은 산에 간다, 뭐 노래 연습허러 온다, 그때 당시에 문화프로그램 있으면 그거 보러 간다 해서, 일요일날 집에 붙어 있는 적이 별로 없었던 것 같애요. 안 그러면 인제 일요일날

[1] 1981년 노조위원장 선거에서 회사에서 전혀 예상하지 못했던 JOC 출신의 박복실 위원장이 당선되자 사측과 정부는 박 위원장이 조합비를 착복했다는 등 갖은 방해공작을 써가며 노조를 와해시키려 했다. 결국 박복실 위원장은 노조 유지를 위해 사임한다. 이후 대의원대회를 통해 위원장 선출을 했는데 역시 JOC 출신의 문진주 씨가 위원장에 당선된다. 결국 1982년 5월 30일 박복실, 소화숙이 해고되고, 문진주를 비롯한 나머지 JOC 회원들은 8월 2일에 해고되기에 이른다.

동료 노동자들과 함께. 한가운데가 박영숙이다.

집에 있으면 현장에 있는 친구들 오라고 해가지고 뭐 부치개 부쳐 먹는다거나 우리끼리 수다 떨고, 왜 그냐면 인제 제 자취방이 이렇게 건너가는 자취방이었어요. 그니까 집을 나오고 싶은데, 마땅히 처음 갈 때가 없으면 일단 우리 집에서 [노는 거예요. 하하하] 일정 정도 하면(놀면) 다시 나가게 되고. 또 현장에 있는 친구들이 자연히 일요일 날 놀러 와서 이렇게, 뭐 놀고 그랬던 것 같아요. 저녁 때 되면 센터에서, 성당에서 만나가지고 회의하고, 일차 끝나고 나면 이차로 저녁에 자취방에 와서 자면서 이런저런 얘기하고, 우리 집이 여기 있었지만 우리 집에서 잔 것은 별로 없었던 것 같애요. 그냥 언니네 거기 가서 같이 누워서 자면서 이런 얘기, 저런 얘기 했고. 복실이 언니네 거기는 "아가씨 혼자 자취한다더니 뭔 놈의 아가씨들이 그렇게 들락날락해쌌느냐"고 주인아줌마가 그랬을 정도로 거기가 개방됐었죠.

주로 자취방이 회합 장소였어요. 일차로는 성당에서 보고, 이차로는 밥 먹고 나서는 집에 와서, 또 웃대가리하고 얘기 못할 그런 게 있잖아요. 누구 흉도 보고, 뭐 가시내 그런 거는 이차에서 [하하하] 그랬었죠.

흉도 보면서 친목도 하는 그런 거였죠. 반장 욕하고 사장 욕하죠, 그러죠. '우리 반장은 어땠네, 그 가시내는 뭐 어쨌네.' 뭐 그런 얘기죠. 뭐야 '그 가시내는 사장한테 살랑살랑해가지고 근다'고 어쩐다는 둥 그런 얘기였던 것 같애요. 또 인제 서울의 상황들, 서울의 상황들이 이렇다 저렇다 얘기 듣고, 태창, 그 언니가 우리 옆에 자취를 하니까 태창 언니나 진주 언니나 '인제 언제쯤,

> (진주 언니가) 자취해야 되겠다 방 하나 얻어달라고 해서, 같이 자취를 하게 되었죠. 주로 자취방이 회합 장소였어요. 흉도 보면서 친목도 하는 그런 거였죠.

태창은 언제쯤 치고 들어올까' 항상 예의 주시[했었고,] 항상 서울의 상황, 동일방직이 오늘 어쨌단다, 원풍모방이 어쨌단다, 콘트롤데이터가 어쨌단다, 이런 상황 주시를 하면서, 어, 여기는 어떤 형태로 치고 들어올까가 항상 예견되었고, 항상 얘기되었고 그랬던 것 같아요. 그리고 집안 얘기 많이 했었고, 뭐 속 썩이는 동생이랄지 오빠랄지, 이런 얘기들, 그냥 우리끼리 술 한 잔 하고 그랬던 것 같아요. 그서 일요일날, 지금도 내가 친정에 가깝게 살지만 친정을 자주 안 가는데, 여기 살면서도 내가 익산의 우리 엄마네 집을 간 것은 [별로 없어요.] 명절 때도 안 간 경우가 있어요. '명절에 꼭 집에를 가야 되냐', 이래가지고 완도 사는 친구가 "야, [하하하] 명절 때 우리 집 갈래" [해가지고 완도엘 갔었어요.] 지금 생각해보면 참 철이 없었어요. 완도를 구경[가고 싶어가지고,] 완도가 보고 싶어서 명절 때 그 친구를 따라갔던 [기억이 있어요.] 명절 때 우리끼리 여기서 [놀고] 집에 가도 그냥 하루 잠도 안 자고 있다가 그냥 와서, 그날 저녁에 보믄 우리 집에 또 애들 모여가지고 우리끼리 술 먹고 그랬던 것 같아요. 그서 그냥 우리끼리 생활들

이 참 재밌었었고, 우리 자취방에 내가 없으면 사람이 왔다 갔다 할 것 같애서 방을 비워놓지는 못 했었던 것 같애. 예. 실제로 [애들이] 왔었고. 남자애들이건, 여자애들이건. 전주 와가지고 첫 번째 집 빼놓고는 그 다음부터는 집을 얻을 때, 뒷문이 있는 집을 찾아서 얻었어요. 뒷문이 있는가 없는가, 뒷문이 있는 집을 선택해서 방을 얻었던 것 같애요.

노동야학을 다닐 때 몇 기였어요?

익산에 야학을 만들었을 때 시기가 태창에서 쪼끔 나이 좀 있고, 반장도 하고, 이런 언니들이 대의원 활동을 하게 되면서 거의 날마다 성당에 모이게 됐는데, 한 10명 이상이 모였던 것 같애요. 인제 그 지오세 안에서 이렇게 좀 현장 활동가들을 다양하게 볼 수 있는 이런 학교, 그니까 산업체 학교에 일정한 반대되는 학교로서 뭐 인식을 하면서 그런 어떤 산업체 학교보다는 좀 더, 우리가 좀 노동자로서 세상을 살아갈 수 있는 뭐 철학이랄지 이런 것들을 함께 공부하고 토론할 수 있는 야학이 필요하지 않겠느냐, 해가지고 만들게 됐죠. 그래서 어, 태창, 쌍방울, [후레애훼숀, 익산에 좀 크다고 하는 곳에서 알음알음 모집 광고를 했는데 상당히 많이 왔어요. 상당히 많이 와서 처음에 인제 훼숀하고, 태창, 쌍방울이 시간이 서로 안 맞아서 1부, 2부로 나눴죠.

그때가 80년돈가, 81년도, 80년도 하반기인가, 그럴 것 같애요. 일주일에 3일 만났을 거 같애. 참 열정적이었던 것 같애요. 가르치는 형들도 열정적이었지만 배우고자 하는 친구들도 열정적이었고, 열정적일 수밖에 없었던 것이 태창 같은 경우는 노동조합을 통해서, 이렇게 대의원 활동을 통해서 잔업 거부를 해본다든가, 자그마한 스트라이크를 해본다든가 뭐 이렇게, 보너스를 이렇게 지급받는다든가, 이런 어떤 자그마한 싸움들이 있었어요. 그리고 그 싸움들을 승리로 이끌어 내는 [일이] 이렇게 있었고, 그 전에 현장에서 관리자들한테 당당하게 대들지 못했던 것들을 조합 활동을 통해서 일반노동자들도 아니요는 '아니요!'라고 얘기할 수 있는 어떤 분위기가 형성됐던 시기였어요. 그러면서 그것과, 이렇게 노동조합이, 야학이 이렇게 결합되면서 굉장히 큰 활성화가 이루어졌었고. 거기에서 인제 야학이 가졌던 특성들을 보면 자기의 일상, 삶을 글로 표현하는 것들이 참 많이 있었어요.

> 어떤 산업체 학교보다는 우리가 노동자로서 세상을 살아갈 수 있는 철학이랄지 이런 것들을 함께 공부하고 토론할 수 있는 야학이 필요하지 않겠느냐 해서 만들게 됐죠.

야학 과목은 그때가 과목이 다섯 과목이었던 것 같애. 일주일에 세 번 하는데, 세 시간씩 했던 것 같구요, [후레아훼숀은 주야간 해가지고 거기 그룹은 몇 명이었는가 모르는데, 아무튼 저희 같은 경우 따로 나누어진 그룹은 한 스물 몇 명, 스물댓 명이었는데, 이렇게 야간 하면 못 오고 해서, 한 열다섯 명, 쪼끔 올 때는 일곱 명, 이 정도 해서 했던 것 같애요. 과목은 다섯 과목, 영어, 한문, 경제, 역사, 국어 이랬던 것 같고. 국어 같은 경우는 그때 제가 지금도 시를 좋아하는데, 거의 뭐, 국어는 저항시를 통해서 국어를 했던 것 같아요. 그 야학에서 창작활동을 좀, 다른 데보다는 좀 많이 했던 것 같아요. 그서 저희가 야학가도 저희가 작사하고 곡만 옆에 있는 그 학생 친구가 이렇게 해줬고. 시집, 글모음집도 펴냈던 것 같아요. 그리고 친구들이, 거기

오는 친구들이 우연하게도 글쓰기를 좋아하는 친구들이 참 많았던 것 같고 글을 제법 잘 썼어요. 당시 야학은 상당히 중요했던 것 같아요. 그때 태창 사건 일어나고 그러면서 소식을 전달하는, 현장 안의 소식을 밖으로 전달한다든가 밖에 있는 현장의 친구들의 싸움 지침을 현장으로 전달한다든가, 이런 어떤 전달자 역할들을 그 친구들이 많이 했고, 그서 야학에 왔던 친구들은 대부분 현장 안에서 중간 정도 위치에 있던 친구들이었어요. 그래서 그런 역할들이 쌍방울이나 이런 데도 많이 전달됐었고, 그래서 어, 제가, 저희는 2기라고 하는데, 3기, 4기, 5기까지 했던 것 같애요. 공식적으로 해체는 아니었던 것 같고 뭐 유야무야 되었던 것 같애, 5기 끝나고 나서는. 5기가 83~84년, 이렇게 될 거예요. 그니까 노동운동이 직접적으로 탄압받던 시기! 뭐 태창도 거의 해고되고 길거리 싸움하는 시기였고, 다른 데도 그때는 거의 뭐 끌려[가서,] 이렇게 각개격파로 해고되었던 시기고, 이러면서 굉장히 노동운동 안에서 힘들었던 시기였어요. 그때 당시 저 친구가 좀 의식의 문제가 있다면 현장 안에서 감시당했던 시기, 이런 시기였던 것 같애요. 그래서 1기는 각자 자신의 길을 갔었구요. 2기 같은 경우는 짜그만(조그만) 현장에라도 계속 들어갔었던 시기였고, 3기 같은 경우도 거기서 자기 현장에서 드러나갖고 활동하지 못했던 친구들은 다른 현장으로 옮겨가는 그런 계기였는데, 음, 4기나 5기는 그 힘을 받진 못했던 것 같애요. 거의 싸움들이 끝나고 주변에서 블랙리스트 함서 (오르면서) 쫓겨나고 이러면서 그 힘을 받지는 못했어요. 그래서 거기에 오는 걸 굉장히 인제 힘들어라 했죠. 왜 그냐면 현장에 눈치도 보이고, 그러면서 도망간 친구도 있고, 남아 있는 친구들도 있고, 4, 5기는 좀 그랬던 것 같애요. 4, 5기도 그 양반들 얘기 들어보면 자기 나름대로 뭐야, [활동이] 있었다라고 그럴 것 같애요. 어쨌든 뭐 4, 5기 지나고 나서는 거의 해체되었던 같애요. 저는 그때는 전주 왔었으니까 그때 상황을 잘 몰라요.

야학은 일정하게, 산업체 학교하고는 질적으로 성격이 달랐죠. 그리고 인제 여기 야학은 뭐, 3기 때는 일정하게, 거기서는 참여했던 친구들이 이런 어떤 노동자 의식교육을 한다라고 생각하고 온 친구들도 있었고. [밖에서는 창인동 성당 야학은 빨갱이 야학이다, 거기 배우러 가지 말아래라는 소리도 있었어요.] 그리고 그 반대적으로 무궁화야학교라고 우리하고는 다르게 검정고시를 준비하는 야학이 있었어요. 옛날 대학생활 시절에 거기서 강학을 했던 선생이 하나 있었는데, 뭐 그분이 태창의 관리자였어요. "내가 무궁화야학교 선생이었는데, 니네 거기는 (창인동 성당) 야학이 아니고 의식화 교육장이다", 뭐 이런 것들을 아이들한테 굉장히 많이 주입했다고 그러더라고요. 여기 와가지고는 분위기도 뭐 검정고시를 따야 된다 이런 분위기는 없었어요. 그리고 뭐 교육이라고 허는 것이, 졸업장이 꼭 필요한 거냐, 그랬죠. 그리고 그런 것에 대해 더 힘을 줄 수 있었던 것은 82년돈가, 81년돈가, 원풍모방 현장의 노동조합 친구들이 우리나라 일제시대 방직공장 여성노동자들의 삶과, 뭐, 투쟁, 이런 것들을 80년대 현재에 이르기까지 쭉 어떤 마당극 형식으로 해서 3월 10일 근로자의 날 가톨릭센터에 와서 마당극을 했어요. 근데 그게 너무너무 잘했어요. 그래서 아, 우리도 저렇게 할 수 있구나, 그니깐 대학생만이 가지고 있던 이런 놀이문화가 우리도 할 수 있구나, 이런 것들도 [있었죠.] 그때 당시 있었던 친구들은 사기가 좀 충천했죠. 그거에 대한 비전도 있었고 문화적 혜택이나 이런 것들은 다른 친구들보다 더 많이 받았던 것 같애요.

회사 측에서는 노동야학을 누가 누가 다닌다, 이거는 회사 측에서는 몰랐죠, 모르고. 그냥 그때 당시 익산지역은 보편적으로 노동자들은 창인동 성당에 가면 안 된다라는 교육을 많이 했죠. 창인동 성당에는 뭐 노동자들을 의식화시키는 집단이 있어가지고, 그 쪽에 가면 상당히 위험하다, 집안에 빨간 줄도 그어지고 오빠가, 공무원인 오빠들은 뭐 진급도 못하고, 이런 얘기들을 많이 했었죠. 인제 구체적으로 문제가 있었던 태창 같은 경우는 현장 친구들을 [창인동 성당에] 못 가게 막기도 하고 그랬죠. 회사에서 창인동 성당에 누가 들어가나 와가지고 이렇게 체크도 하고, 인제 그랬어도 옛날 같으면 뭐 안 다닌다고 했겠지만 그때 당시는 현장에서 저항들이 있었고, 그것으로 인해서 내가 해고되지 않는다라는 것은 명확히 알았기 때문에 그것에 대해서 크게 무서워하거나 그러지는 않았는데, 그럼에도 불구하고 한두 명 정도는 그만두는 그런 케이스도 있었어요. 아무튼 익산지역, 익산지역에서는 그때 당시 야학 상황이 밖의 현장하고 맞물려져가지고 상당히 시너지효과를 많이 낳았던 것 같아요, 다른 야학보다도. 근데 내가 전주에 왔을 때 야학은 상당히 질적으로, 상당히 많이 달랐으니까요. 여기 야학하고 익산 야학하고는 굉장히 많이 달랐어요.

야학에서 대학생과 연애하면 큰일 나는 것으로 알았어요. 우리는 연애하면, 연애해서는 안 되는 것, 응 연애해서는 안 되는 것, 그래서 연애라고 하는 것은 상상을 못 했죠. 연애하면 일을 못 하니까요. 우리 야학하면서 한 친구가 아무튼, 야학하는 과정에서 강학 동생하고의 썸씽이 있었는데, 아무튼 둘이 좋아한다고 했으니깐 연애하는 것을 그렇게 말리는 건 아니었는데, 아무튼 굉장히 그때 당시로서는 상황이

나 분위기들이 우리들이 연애하면 안 되는 분위기였어요. 근데 참 사랑이 무섭다라고 생각이 드는데, 야학할 때 그야말로 야학했던 형이 이성으로 다가온 감정도 있었어요. 이성으로 다가온 감정이 있었는데, 굉장히 그게 내가 이성으로 다가오는 것에 대해서 굉장히 두렵기도 했었고 한편으로는 다가오는 감정은 또 어쩔 수 없는 거잖아요. 굉장히 고민을 많이 했죠. 이성으로 다가오면 안 되는데, 이성으로 다가오는 거에 대해서 나 스스로도 막 절제, 주체할 수도 없었고 감당하기 힘들어가지고, 한번은 우리 마리아 선배한테 "죄송합니다" 막 편지를 [썼어요, 하하하.]

그때 당시 활동했던 사람들은 대개 여자, 여학생 같은 경우에는 남자보고 형이라 그랬고, 그 다음에 인제 남자들 같은 경우는 여자들보고 형이라 그랬고 누나라는 표현을 별로 안 썼던 것 같애요. 형들은 우리보고 언니라는 표현을 썼어요. 언니, 그랬어요. 그때 당시 대개 다 그랬던 것 같애요. 보면 야학할 때 서로 언어를 어떻게 할 것이냐, 서로 얘기했었어요, 그 강학들하고 우리들하고. 야학 처음 시작할 때 강학들하고

> 강학들이 "언니라고 하겠다, 너희들은 우리한테 형이라고 할래?"해서 그렇게 서로 합의봤던 것 같애요. 남자 강학이 여성노동자들한테 언니라 그랬어요. 우리도 선생님이란 표현은 안 했죠.

우리하고 나이 차이가 많이 안 났어요. 두세 살, 서너 살 되었는데, 먼저 인제 제기를 했었죠. 우리가 비록 여그서 배운다, 뭐 가르친다, 배운다이지만 실질적으로 그렇지 않다, 우리 관계는 서로 교환 관계다, 우리가 가지고 있는 이론을 너희들한테 준다면 너희들이 가지고 있는 실천 속의 생활의 어떤 이론을 우리한테 하기(가르쳐주기) 때문에 서로

어떤 삶의, 저기, 이론에 있어서 교환인데 너희와 우리와의 관계를 어떻게 규정지을까라고 하면서, 그러면 강학들이 "우리한테 언니라고 하겠다, 너희들은 우리한테 형이라고 할래?"해서 그렇게 서로 합의봤던 것 같애요, 우리들 안에서. 남자 강학이 여성노동자들한테 언니라고 그랬어요. 응응, 아무개 언니 아무개 언니, 그랬죠. 여자 강학들도 여성노동자들한테 나이 상관없이, 여자 강학들 같은 경우도 우리들한테 언니라고 그랬어요. 아무개 언니, 아무개 언니. 그리고 우리도 선생님이란 표현은 하지 않았죠.

어쨌든 야학하면서 우리가 뭐, 인제 학교를 초등학교, 학교에서 주어졌던 역사교육, 역사 공부라고 하는 걸 새롭게 보게 되었어요. 우리가 역사, 국사 공부는 못 했어도 국사는 잘 맞았는데, 그 국사라고 하는 것은 암기였잖아요. 세종대왕 다음에 누구고. 근데 역사라는 것은 그게 아니었구나, 민중의 역사라고 하는 거를 알게 되었던 것 같아요. 내가 야학을 다니면서 나한테 굉장히 의식의 전환이었다고 하는 것은 민중의 역사를 새롭게 눈떴던 것 같고, 그러면서 인제 사물을 바라보는 어떤 변화의 계기를 겪었던 것 같아요. 변화라고 하면 그럴 것 같애. 지금처럼 저는 그때는 활발하지는 않았던 것 같애요. 굉장히 내성적이었고, 성격이 내성적이었어요. 근데 인제 야학하면서 저희 인제, 처음 그 지오세를, 성당에 갔을 때 저희 선배 언니, 선배 언니하고 얘기할 때 제가 근 1년, 1년 반, 1~2년 이상을 얘기를 하게 되면 듣는 입장이었던 것 같애요. 내 의견을 피력해본다거나 그런 건 아니었던 것 같은데, 야학하면서, 인제 야학을 하면서 야학 친구들에 대해서 어떤 형태로, 뭐야, 지도할 것인가를 서로 상의를 했던 그런 그룹에 있었기 때문에 내 의견을 좀 적극적으로 개진하게 되고. 이렇게 야학 친구들에 대해서, 이렇게 관리는 아니지만 일정하게 의식적으로 다가갔던 이런 어떤 경험도 했던 것 같아요.

지오세 활동은 어떤 방식으로 이뤄졌나요?

나는 다 잊어버렸는데 지오세에서는, 뭐야, 일주일, 일주일 동안 그 실천 활동이 있어요. 그니까 내가 저 친구, 어느 어느 친구가 있었는데 그 친구가 상당히 뭐 이렇게 운동을 하면 잘할 것 같다, 그러면 그 친구를 내가 꼬시기 위해서 의도적으로 어떻게 실천 활동을 할 것인가 이런 것들에 대해서, 내가 일주일에, 현장에서 그 친구를 만나기 위해서 무엇무엇을 [할 것인개] 굉장히 자세하게 자기 생활보고를 했어요, 생활보고. 그서 내가 저 친구하고 만나는 과정에서 무엇이 힘들고 무엇이 어려운지가 서로 이렇게 토론이 되는 거였어요. 일주일에 한 번씩 만나면 생활보고를 하게 돼요. 내가 저 민경이 친구를, 이번 주는 그 친구를 만나야 되겠다, 이번 주는 그 친구에 대해서 무엇을 알아오기, 그러면 내가 그 친구의 가정환경을 알아오겠다, 하면 일주일 동안 그 친구를 만나면서 가정환경 알았던 것을 보고하게 되고, 그 다음 부분에는 그 친구한테 이번 주는 시간을 내서 같이 영화구경을 가야 되겠다 하면 일주일 동안 그게 했는지가 보고가 돼야 되요. 굉장히 [하하해] 그랬죠. 그서 실천 활동을 안 할래야 안 할 수가 없었어요. 그때 지오세에서는 그게 구체적으로 일주일 동안 자기 삶 속에 목적을 가지고 현장에 들어갔기 때문에 안 할래야 안 할 수가 없었죠.

그게 부담스러울 수도 있었지만, 근데 그때는 그렇게 누가 또 강요했다거나 그런 거는 아니었기 때문에 그렇게 부담은 아니었지만, 어쨌든 간에 꼭 사람을 만나는 것만이 아니고 자기 환경, 자기가 일하는 환경을 어떻게 변화시킬 수 있는지에 대한 실천 활동도 있으니까. 우리 현장은 지저분해 어째, 그러면 그걸 내가 모범적으로 내가 뭐 쓸기를 하겠다든가 쓸고 왔다든가, 그 다음에 친구들 반응은 어쨌다든가 [하는 실천 활동도 있었어요.] 꼭 사람만이 아니고 환경을 변화시키는 부분에 있어서 내가 어떻게 주체적으로 참여할 것인가 이랬기 때문에 굉장히 자기 변화들이 많았죠. 진주 언니 같은 경우는 팀 활동 하면서 우리 현장에 정말 걸걸하고, 성당에 다니는 친군데 걸걸하고, 저 친구가 리더를 하면 참 좋겠다라고 해서, 걔 누구냐, 복실이다, 박복실이다, 잉? 그러면 그 친구를, 그 친구를 네가 어떻게 만날 수 있는지, 실지로

> 그때 지오세에서는 자기 삶 속에서 구체적으로 목적을 가지고 현장에 들어갔기 때문에 실천 활동을 안 할래야 안 할 수가 없었죠.

실천 활동을 통해서 만나게 된 거거든요. 박복실 언니도. 그러면 자기가 이번 달, 이번 주에는, 진주 언니는 정말 내성적이었는데, 누구한테 가서, 앞에 가서 말하지 못하는데, 그럼 내가 이번 주는 그 친구한테 가서 말을 한 번 걸어보겠다, 근디 왔는데, 말을 못 걸었다, 원인을 한 번 보자, 내가 자신이 없어서인지 안 그러면 저 친구하고 말 거는 건지(거리)가 없었든지, 응? 그럼 말 걸을 건지를 어떻게 만들 것인가, 그런 어떤 [토론들이 있었죠.] 그래서 내가 저 친구를 만나는 과정에서 어떤 장애물이 있는지에 대해 서로 토론하고 논의하면서 그 장애물에 대해서 우리가 어떻게 접근해갈 것인지, 이래서 굉장히 사람을 만나는 것에 대해서 구체적으로 내가 어떻게 접근할 것인지에 대해서 이렇게 좀 명확하게 보여줬었던 것 같애요. 그래서 진주 언니가 복실이 언니도

데려오게 된 거고.

지오세 활동 하시면서 느낀 점은요?

느꼈다, 느꼈다라기보다, 긍게 나는 어려서 지오세 활동을 했는지 몰라도 우리 선배 언니도 마찬가지였지만은, 어쨌든 실천 활동, 내가 실천해야 되겠다라고 약속하면 그거는 좀 힘들지만 하게 되는 책임성을 갖게 되더라고요. 지오세 활동을 통해서 보게 되면 지오세 했던 친구들은 어떤 자기 자신과의 약속에 대해서 책임성, 굉장히 많이 그 생활 속에서 체화되었구나라고 하는 것을 보는 것 같애요. 근데 그러기도 하지만 또 그것만 있었던 것은 아니었고. 그러면서도 우리는 명상 같은 걸 참 많이 했어요, 지오세 하면서. 서로 힘들고 지치고 그러면 그 실천 활동을 항상 할 수 있는 것만은 아니잖아요. 때로는 지치기도 하고, 때로는 힘들기도 하고, 그럴 때마다 우리 그룹들은 묵상, 명상, 이런 것들을 좀 많이 해서 에너지들을 많이 비축도 했었고, 새로운 에너지도 받았기도 했었고, 그랬던 것 같아요. 어쨌든 저는 살면서 그때 당시 했던 지오세 실천 활동이나 지오세에서 받았던 그런 어떤 생활 철학이랄까 그런 것들이, 이렇게 살든 저렇게 살든 영향이 참 많아요. 자기 삶 속에서, 자기 삶에 대한 책임지는 자세. 아무튼 사람에 대한 애정이랄지 이런 것들이 또 남다른 것도 많은 것 같애요. 우리 선배 언니들을 봐도 사람에 대한 애정이 [남달라요.] 우리가 현장 활동 할 때 저 친구를 만나게 되는 과정에는 저 친구만을 보게 되는 게 아니고, 저 친구가 가지고 있는 생활환경이랄지, 조건이랄지 그런 것들에 대해서도 알아보게 되고 그 친구의 주변, 그 친구를 이해하게 되는 것들이 참 많았거든요. 근데 그것이 살아오면서도, 이게 사람을 만날 때 그런 부분들에 대한 어떤 배려랄지 이런 게 굉장히 많이 작용되는 것 같애. 지오세 했던 선배 언니들 지금 봐도 [그렇구요.] 아무튼 많은 사람들이 그러기는 하지만 정말 사람에 대한 애정이라고 하는 것은 지금도 변함없이 가지고 있는, 그런 것들을 보게 되는 거 같애요.

전북여성노동자회는 올해가 9년째거든요? 97년. 그전에 결혼해가지고 있던 친구들이 어쨌든 운동, 운동에 어떤 보탬이 되어야 하지 않겠느냐라고 하면서 그중에서도 우리가 가지고 있는 특수성이 여성이라고 하는 특수성인 것 같다, 그서 '여성노동자회를, 우리가 현장에서 일해왔고, 여성노동자회를 한 번 해보면 어떻겠느냐'라고 서로 뭐 합의해가지고 여성노동자회를 만들었는데, 실지로 저는 그때까지만 해도 여성이라고 하는, 내가 여성이라고 하는 정체성을 갖고 있지 못했어요. 단지 내가 살면서 내 남편하고 살면서 '이런 건 부당하다'라고 생각했었지, 그것을 구체적으로 여성이라고 하는 정체성 속에서 그것을 극복해가고자 했던 노력은 없었던 것 같구요. 그리고 운동이라고 하는 것을 굳이 어떤 조직의 틀 안에서 하고 싶은 생각은 별로 없었어요. 그전에 해왔던 운동하고 내가 앞으로 결혼하면, 결혼해서 살면서 내가 하고자 하는 운동은 생활운동이었어요. 그냥 생활 속에서 내 주변 이웃과 변화 발전하는 것들을 꾀하는 생활운동이었고 조직운동은 하지 않으리라 생각해서, 실질적으로 여성노동자회를 만들었을 때 유일하게 반대했어요, 선배 그룹 안에서는 유일하게. "나는 하지 않겠다. 만약에 인제 한다면 그냥 '푸른 두레'라고 하는 우리 계모임이 집단 가입하면 그렇게 하지 내 이름을 가지고 하지는 않겠다"라고 했는데, 어떻게 어떻게 하다 보니까 어, 여기까지 오게 되었는데, 오면서 느꼈던 것은 내가 여성노동자 운동을 하면서 내가 여성이라고 하는 것과 여성 속에서 내가 해야 될 일, 나의 정체성을 좀 찾아가는 그런 계기는 있었던 것 같고 그 속에서 내가 그동안에 해왔던, 운동 속에서 느끼지 못했던 행복감이나 이런 건 있었어요. 그리고 그동안 내가 해오면서 끊임없이 내 안에서 갈등하고 문제라고 생각했던 이 문제가 왜 풀리지 않을까라고 갈등했던 것들이 이 여성운동하면서, 여성주의를 공부하면서 굉장히 많이 해소됐고 운동이라고 하는 것이 생활 속에서 어떻게 변화발전되어야 되는 것인가를 좀 더 확대할 수 있었던 것 같구요. 그런 것에 있어서는 굉장히 기쁘기도 하고 '운동이 굉장히 편하다'라고 하는 것을 새롭게 느낀 계기였던 것 같고, 남편하고, 이 운동을 통해서 남편하고의 관계도 그전에는 부당한 것에 대해서 굉장히 화를 내고, 화를 내고 그랬는데, 굉장히 지혜로와졌다라고 생각해요. 하하해 근데 지금도 저는 조직운동은 체질이 아녜요. 지금도 조직운동은 체질이 아니고 그냥 옆에서 도와주고 이렇게 하는, 그게 제 체질일 것 같아요.

> 운동을 하면서 내가 여성이라고 하는 것과 여성 속에서 나의 정체성을 찾아가는 계기는 있었던 것 같고 끊임없이 내 안에서 갈등했던 것들이 여성주의를 공부하면서 굉장히 많이 해소됐죠.

노동운동이 인생에 어떤 영향을 주었나요?

노동운동했던 경험이 여성으로서 나 자신을 변화시켰다기보다 결혼을 통해서 여성에 대한 나 자신을 돌아보았던 것 같애요. 아이를

집회 현장에서.

낳고도 사회에 참여하고 싶었는데 그렇지 못했던 현실, 오히려 그 현실이 내가 누구인가, 가정이라고 하는 굴레에서 헤어나지 못하는 것에 오히려 나 자신을 돌아보지 않았나, 이런 것들을 배웠죠.

　노동운동 경험했던 여성노동자 이후의 삶이 많이 다른 게 보이죠. 세대별로 많이, 그러죠. 많이 차이 나죠. 우리 세대가 가지고 있는 사고방식, 그 다음에 90년대 초에 했던 친구들의 사고방식, 이제 새롭게 운동 시작하는 사람들의 사고방식은 굉장히 많이 다르죠. 그리고 실질적으로 지금 인제, 막 여성노조 같은 경우는 일반적으로 일정한 시기, 대학교까지 그 이후 시기까지도 일반적 삶을 살았던, 다양한 욕구들을 가졌던 사람이, 노동자들이 사회에 나와가지고 받는 차별이라고 하는 것은, 이거는 뭐 우리가 가졌던 감수성이나 이런 것하고는 질적으로 다르죠. 그러니까 우리 같은 경우는 그 친구들의 감수성을 따라가기도 힘들죠. [하하하] 굉장히 힘들죠. 그서 우스갯소리로 욕구가 투쟁이 된다, 이렇게 얘기도 하는데, 굉장히 많이 다르죠. 그러다 보니까 이 친구들 같은 경우 특히나 우리 지역 같은 경우는 여성노동자회가, 여성노조나 여성노동자회가 학생출신들이 없고 그전에 80년대 중반에 노동조합, 그니깐 노동운동을 통해서 왔던 친구들이 이렇게 하고 있거든요. 이 일을 하고 있다 보니까 이게 어떤 새로운 사회에 대한 비전이랄지, 이런 것들이 굉장히 더디죠. 근데 현장에서 치고 올라오는 친구들은 훨씬 더 많은 감수성과 상상력과 훨씬 더 많은, 비판의식이 굉장히 많죠. 따라가기 힘들죠. 그게 상호 보완관계가 되어야 되는데, 그게 안 되면 서로가 갈등을 겪게 되겠죠, 실험기예요.

운동하면서 영향은 우리 친정 엄마나 시어머니하고 관계에 있어서는 여성이라고 하는, 여성이라고 하는 것에서 일정하게 연대의식이 있는 것 같애요. 그서 우리 시어머니 같은 경우는 특별하게 인제 나이 사십에 혼자 돼가지고 자식을 다섯을 혼자 키우신 양반이고 농사밖에는 모르는 양반인데, 그러면서도 인제 자존심 하나로 자식을 키우신 양반인데, 내가 그냥 시어머니로 봤으면 우리 어머니하고 관계는 굉장히 힘들었을 것 같아요. 우리 어머니하고 처음의 관계가 시어머니보다는 여성 농민으로서의 여성노동자의 관계를 나는 설정한 것 같아서 우리 어머니를 굉장히 많이, 이해를 많이 했던 것 같애요. 시어머니에 대해서, 시어머니가 살아온 삶에 대해서 이해하면서 우리 어머니하고 관계는 굉장히 좋거든요, 지금도 마찬가지고. 그러면서 운동이, 그것도 운동이 나한테 준 거라는 생각이 들거든요. 음, 남편, 남편하고는, 남편하고는 때로는 적이자 때로는 동지, [하하하] 아직까지도 그러죠. 근데 우리 아이들, 아이들 같은 경우는 아무튼 뭐 공부보다는 좀 공동체를 지향하는 부분이 좀 강하고 그것이 학교생활에 있어서 많이 애들한테도 인정되는 부분인 것 같고요. 우리 큰애 같은 경우는 인제 우리 신랑하고는 '쟈는 낭중에 크면 시민사회단체 활동하면 딱 맞다'라고 하는데, 우리 큰애 같은 경우는 이렇게 좀 상당히 많이 서로가 상호신뢰하죠. 엄마하고 아들 사이에 많이 상호신뢰관계죠. 부모 뭐 관계보다는, 그 모자 관계보다는. [하하하] 낭중에 커봐야 알지.

¶ 강현아, 진양명숙이 2006년 2월 15일과 9월 8일 두 차례에 걸쳐 인터뷰했고, 진양명숙이 녹취록을 정리했다.

곁의 동지를 산소로 생각하며 사는 그녀

김 희 전

김희전(45세)은 전북 익산에서 태어났다. 섬유공장의 버스가 동네 언니들을 실어 오고가는 모습을 보며 자신도 자연스럽게 공장에 가야 한다고 생각했고, 또 그렇게 했다. 처음엔 너무 힘들어서 작은 공장을 조금 다니다 그만두기를 여러 번. 그러다 태창메리야스에 취직, 그곳에서 우연히 친구를 따라가게 된 곳이 창인동 성당의 노동야학이다. 이 노동야학을 통해 자신이 노동자여야 한다는 것을 깨닫고 원일섬유에 들어갔다. 그러나 블랙리스트에 오른 자신의 이름이 회사에 드러나면서 회사로부터 그만두라는 압력을 받게 된다. 2년여 동안 끈질기게 버텼지만 결국 그만두고 전주로 왔다. 백양섬유에 취직한 김희전은 다닌 지 채 한 달도 안 되어 회사에 자신이 누구인지 알려지면서 결국 파업주도자로 해고를 당한다. 이후 유인물 사건에 연루, 국가보안법으로 구속되어 잠깐 형을 살고 나온다. 그 후 노동사목에서 일을 도와주다 결혼했다. 90년대 말부터 전북여성노동자회에서 활동을 다시 시작했으며 현재는 실업극복익산운동본부에서 일하고 있다.

어린 시절을 어떻게 보내셨어요?

우리 고향은 익산에서 버스를 타면 한 5분, 7분 거리밖에 안 되는데, 그래도 우리는 농촌이지. 도시에서 한참 벗어난 농촌이고, 지역적으로 이야기하면 우리, 이 부근이 그 농사 [짓는 지역이야.] 논이기 때문에. 우리 동네가 우산인데, 우산도 논을 [짓고 사는 동네지.] 논을 바라볼 수 있는 곳에는 일제 때, 일본 사람들이 살았던 집들이 언덕 위에는 높이 집들이 몇 채가 쫙 있고, 그 뒤편에는 우리 같은 소작인들이 인자 살고 있었지. 그러다 보니까 문화의 차이는 분명히 있었고. 그곳에서는 농사를 짓는 잘사는 사람과 소작인들이 구분이 분명하니까. 농사를 지면서 잘살고 있는 사람들은 촌이다 보니까, 익산시내나 이런 데로 학교를 따라 가고, 소작을 하고 있는 우리 가난한 우리 농부들은, 그 자녀들은 학교, 상급학교 진학보다는 공장으로 흘러가서 일을 해서 살아가고. 아마 내가 기억하기는 지금은 뭐 촌에는 젊은 층들이 없고 다 노인들만 거주하고 있으니까 그렇지만 내가 자라오는 속에서는 우리 동네가 딸딸이 동네였죠. 태창메리야스. 나도 어렸을 땐데, 기억나는 것이 태창메리야스가 세 대, 이렇게 그 우리 동네 일대를 돌면서 그 언니들을 빽빽이 싣고 그렇게, 그 통근버스가 왔다 갔다 이렇게 하면서 [동네 언니들을 싣고 갔어요.] 아마 그런 것들을 보면서 그 문화, 시각 차이가 분명히 있었을 거니까. 그러면서 우리들은 자연스럽게 공장에를 가야 된다는 생각을 자연스럽게 연관하게 되었던 거 같애. 그러다 보니까 당연히 학교들을 졸업하게 되면, 일부 소수들만 상급학교로 진학을 하고 나머지 사람들은, 언니들은 다 이렇게 섬유공장, 태창, 쌍방울, 이런 데로 다 가게 돼. 나도 그렇게 해서 사회의 생활을 인자 시작하는 거죠.

아버지는 돌아가셨고, 어머니는 아마 팔순이 넘으셨으니까, 지금은 다 시내에서 살지, 다. 자식들이 시내에 있으니까. 우리 집은 가난하기는 했지만, 또 우리 아버지 사고가 어떤 사고였냐면, 자식을 가르치면 신세를 망한다는 [것이] 우리 아버지의 고정된 사고였어요. 그거는, 거기에는 그만한 이유가 있었지. 왜 그냐면 우리 아버지의 형제분들이 다 원만한 생활들을 하셨던 분들이 없었던 거예요. 왜냐하면 우리 아버지 세대는 일제 세대잖아요. 그러다가 보니까 어찌, 어쩌다 보니까 우리 아버지가 만주까지 가셔서 사시게 됐고, 만주에서 이렇게 사시다가 해방이 되니까 고향에 이렇게 내려오는 이런 과정에 있다 보니까 우리 아버지 형제도 4남, 뭐, 3녀인가 이렇게 됐다고 했는데, 맨 큰형은 일본으로 건너가 안 좋게 돌아가셨다고 하더라고. 그리고 그 담에 우리 아버지가 둘째인데 바로 밑 동생은 해방 때, 그때는 사상 부분이 굉장히 대립되어 있는 거잖아요. 우리 아버지는 둘째지만 장남이잖아요. 우리 할아버지가 자기는 고향에 가서 죽어야 된다라고 하면서 고향을 고집을 해서 이렇게 짐을 싸서 내려오면서, 동생 한 분은 민족 해방해야 된다고 하면서 거기서 갈라진 거예요. 거기서 갈라져서 생사를 알 수가 없잖아요, 동생 한 분은 그랬지.

> 태창메리야스 버스가 세 대로 우리 동네 언니들을 빽빽이 싣고 왔다 갔다 하는 그런 것들을 보면서 자연스럽게 공장에를 가야 된다는 생각을 했던 거 같애.

또 막내 동생은 집안의 기대주였대. 굉장히 기대주였는데, 내려와서 살면서 이 사람이, 또 우리 작은 아버지가 또 활동을 미군 쪽에 섰으면 좋았을 텐데 그렇지 못해가지고 온갖 집안이 폭삭 망해버린 이런 상태이기 때문에 사람은 잘나면은 안 된다라는 게 우리 아버지 사고였고,

우리도 우리 작은 아버지가 감옥에 계시다가 병가로 더 이상 수감할 수가 없어서 나왔어요. 나와갖고 좀 있다가 좀 사시다가 한 10년도 채 사셨던가. 나오셔서 우리 집에 요양을 하러 [와 계시는데] 우리 집에 있으면, 우리 작은 아버지가 우리 집에 오면은 순경도 같이 살아야 했어요. 그러다가 보니까 세상에서 많은 것들을 바라보면 안 되고 그냥 살아야 되는 그런 피해의식이 굉장히 많이 있었기 때문에 우리 아버지는 철저하게 모든 자식들을 안 가르쳤어. 정말로 안 가르쳤어, 철저하게. 가서 배울 필요가 없다라는 게 우리 아버지 사고여가지고. 울 엄마의 고집으로 "그도 한글은 배워야 된다, 이름 석 자는 써야 된다"고 해서 우리 아버지하고 싸우면서 [우리를] 가르쳤던 부분이지.

어렸을 때 나는 우리 집이 가난하다는 생각을 철이 없어갖고 잘 못했어. 나는 우리 집이 이만큼 가난한 줄 [잘 몰랐어요.] 왜냐하면 내 주위가 다 가난했기 때문에 내가 얼만큼 가난한가를 잘 몰랐어. (웃음) 근데 내가 이렇게 사회에 나와 보니까 우리 집이 굉장히 가난하다는 것을 [알았지.] 멍청했나봐. 그때 알았어. 어, 내가 정말 가난하고 우리 엄마 아빠가 정말 가난하구나를 그때 알았어. 이랬었던 것 같애요. 그 가난한 동네에서 그래도 우리 아부지, 어머니가 부지런하셔가지고 열심히 일을 함으로 해서, 어렸을 때는 배불리만 잘 먹으면 촌이기 때문에 과자를 사 먹어야 하는 이유도 없고 남들이 잘사는 거 보지도 않고 그러기 때문에 [상대적으로 부족하다는 것을 잘 모르잖아요.] 그래서 가난하다는 것을 정말 몰랐어. 내가 이만큼 가난하다는 것은 내가 공장에 가서 공장 일을 하면서 '아, 내가 가난하구나. 가난해서 이렇게 공장에서 일을 하는구나', 철없이 그렇게 생각을 나는 했어요. 왜냐면 우리 주위에는 굉장히 가난해서 사람들이 쌀을 얻으러 다녔었고,] 죽 끓여 먹고 이랬을 때거든, 우리 사는 데가. 근데 우리 엄마 아빠가 부지런했기 때문에 우리는 항상 밥을, 쌀밥을 열심히 먹었었고 박정희 새마을운동 때라 꽁당보리밥 먹어야 건강하다고 막 대대적으로 할 때에도 우리 엄마는 안 먹어요, 왜 그렇게 안 먹냐면 6·25 때 너무너무 힘들어서 [그런 아픈 기억이 있기 때문이에요.] 예를 들면 보리 한주먹에 죽을, 씨래기죽을 막, 솥에 이~만하게 해서 끓여서 식구들이 다 먹었대잖아요. 이런 것들이 [우리 엄마는 너무너무나 힘들고 지겨워서 죽 같은 거 절대 안 먹고 싶어서, 아예 쌀밥만 먹고 싶어서 아예 우리는 하얀 쌀밥만 먹어서

[어렸을 때는 상대적으로 가난하다는 것을 모르고 자랐던 것 같애요. 근데 지금 생각해보면] 우리 아빠가 돈이 이렇게 없어서 학교를 [결국은 못 가르치지 않았나 하는 생각이 들어요.] 우리 아부지가 아

> 어렸을 때는 촌이기 때문에 남들이 잘사는 거 보지도 않고 [그래서 가난하다는 것을] 정말 몰랐어. 공장 일을 하면서 '아, 내가 가난하구나. 가난해서 이렇게 공장에서 일을 하는구나.'

무리 가르치지 않겠다라고 했어도 돈이 많았으면 우리 엄마가 어떻게 해서든지 보냈을 거야. 근데 그렇게 하지 않은 것은 역시 가난했기 때문에 돈이 없기 때문에 못했던 거 아닌가 지금은 그렇게 생각해.

근데 집이 가난하구나라는 걸 어떻게 인식했냐면 내가 놀으면 안 된다라는 거. 그건 스스로 아는 거잖아. 내가 놀면 안 된다라는 거. 우리 엄마 아빠가 나 돈 안 준다는 거. 그리고 내가 벌어서 시집도 가야 된다라는 거. 내가 모든 것들은 내가 해결해야 된다라는 것이 선택의 여지가 없는 거잖아요. 다른 사람들은, 지금 사람들은 일을 굳이 하지 않아도 부모들이 이렇게 해주지만 우리는 선택의 여지가

없는 거잖아. 집에를 가면 밥은 먹여주겠지만 내 용돈을 준다든지 내 옷을 사준다든지 이런 거 절대 되지 않고 내가 다 해결해야 된다라는 것들이, 꼭 일을 해야 되는 이유가 되는 것이지. [집에서도] 강하게 하잖어. 니가 벌어서 시집을 가야 된다[라고 집에서도 강하게 요구를 하죠. 하하해] 나는 이렇게 생각해. 내가 이렇게 조금이라도 활동을 할 수 있었던 것은 [노동운동 못 했던 친구와] 조금의 차이는 있어요. 내 주위에 있는 내 동료들은, 그 당시의 동료들을 보면 정말로 집에 봉급을 받아서 집에 갖다 줘야만이 생활을 꾸려나가고, 정말 동생들을 가르치고 이랬어요. 그랬기 때문에 정말 공장에 가서 일을 해야 되고 이랬는데, 나는, 내가 조금은 활동할 수 있었던 것은, 나는 굳이 우리 집에 돈을 벌어서 갖다 주지 않아도 됐기 때문에 좀 활동을 할 수 있었던 것이었고, 같이했었던 많은 동료들이 [운동을] 접고 할 수 없었던 것들은 돈을 벌어서 부모님 갖다 드려야 식구들이 생활을 할 수 있으니까 그것이 굉장히 많이 차이가 있었을 것이다[라는 거죠.]

학창시절은 그때는 그렇게 [공부하는 게 중요]하지 않았던 것 같애요.] 우리는 촌이었고 농사짓는 농촌이었기 때문에 농사철이 되면 반절이 아이들이 안 나오고, 농사가 끝나고 나면 다 나오고. 또 농사철 되면 반절 정도는 학교에 나오지 않고. 특히 딸아이들은 중요치가 않았지. 그리고 당연히 졸업을 하면 다 공장으로, 태창메리야스로 다 들어가면 되는 거였고. 공장생활은 내가 생각했던 것보다도 정말 많이, 더 많이 힘들다[라는 거.] 그리고 우리가 생각할 때 그 언니, 우리가 어렸을 때 눈으로 언니들을 바라봤을 때는 아마 지금의 생각을 하면 그 언니들이 참 지쳐 있고 힘들었던 모습이었다라고 생각이 될 텐데, 그 촌에서 어린 아이의 눈으로 봤을 때에는 그래도 예쁜 언니[로 보였어요. 하하해음, 왜냐면 집에 있는 언니들하고 돈을 벌러 나가는 언니들하고 모습은 나간 언니 모습이 훨씬 더 예쁜 모습이잖아요, 지금 촌에서 있는 언니들 모습보다는. 그래서, '아, 이쁜 모습이구나, 좋은가보다, 돈 벌으면 다 좋은갑다', 그런 생각을 했었는데 실제적으로 공장에를 가보니까 굉장히 힘들었었다[라는 거.]

조그만 공장을 여기저기 다녔었나 보네요.

내가 쪼끄만 곳에 들어가서 일주일 가서 일하고 나오면 한 석 달 동안 놀다가 또 눈치 보이는 거잖아요, 어쨌든 간에. 그러면 또 어디 가서 일을 헌다고 들어가보면, 또 역시 힘들고 재미없고, 그러다 또 나오고 그러고 막 있다가, 내 위에 언니도 20살 때 세상을(사회에) 나가고. 그거는 갈 수밖에 없는 거야. 우리 아버지가 그때 되면 꼴을 안 봐. 나가야 되는 거야. 그래서 나도 19살, 20살 될 무렵에 11월달인가 12월달인가, 나도 우리 집에 절차 속에서 정식으로 사회에 돈을 벌려고 나갔던 곳이, 들어간 곳이 태창이었던 거지. 그게 내가 정식적으로, 내가 사회생활을 시작하게 됐고. 우리 집안으로 봐도 내가 정식으로 사회에 나가야 될 선택의 여지가 없는 [상황인 거죠.] 그 이전에는 참 잘 봐줘요. 어릴 때는 우리 아버지가 굉장히 잘 봐주는데, 그 이후가 딱 되면, 딱 20살이 되면 다 내보내. 집에서 안 놀려. 참 이상하신 분이야. 절대 집에서 안 놀려요. 그냥 무조건 가서 죽이 되든 밥이 되든 나가라 [그러셨어요.] 그래갖고 다 20살이 되면 다 나가야 하기 때문에 더 이상 뺑돌거릴(뺀들거릴) 수가 없기 때문에 나도 나온 거지, 세상으로. 나는 공장에 가야 된다는 게, 정말 가기 싫은 거야.

어린 시절 태창 버스 타는 동네 언니들을 봤을 때는 그 언니들은 그래도 차별화가 분명히 있는 것이 출퇴근할 땐 깔끔하고 우리 집에서 놀고 있는 우리 언니는 보면은 꾸질꾸질한데, 그 언니들은 정말 이렇게 이쁜 모습으로 왔다 갔다 하고 [그랬거든요.] 그서 그 안에서 그렇게 닭장 속에 갇혀서 닭처럼 일하고 있다는 생각은 상상도 못 했지. 다만 그 모습만 봤을 뿐이지. 근데 내가 가서 보니깐 이건 사람이 아니잖아.

> 태창은 내가 며칠 가서 일하고 오고 하는 곳하고 정말 차이가 있는 거예요. 언니들이 과장 탁자에 와서 회의도 하고 야단도 치고 하는데, 그게 정~말 충격적이었어요.

같은 동작으로 계속 그 일만 하고 있어야 되는 거고. 지금 생각해보면 굳이 그러지 않아도 됐어야, 안 해도 됐을 것 같은데 [다 그러고 있었다는 거지.] 우리들은 다 나뿐만이 아니라 그 있는 사람들은 허리도 한 번 안 펴고 고개 한 번 안 돌리고, 정말 다 반장 이런 사람들 눈치를 봐가면서 막 일을 하게 되잖아요. 그래갖고 내가 맨날 하는 소리가 공장에 가서 눈칫밥을 먹어서, 내가 그 눈칫밥에 못 컸다고.

아무튼 그래서 공장에 들어가서 또 며칠 적응도 못 하고 오잖어. 정말 싫어서 못 하고 오잖아. 한 번은 가야 될 순서가 돼서 나가야 되는 건데, 너무 가기 싫어갖고 막 울었던 [기억이 나요.] 또 익산에서 오산이 그렇게 먼 거리는 아니지만 교통편이 안 좋기 때문에 나와야 돼. 시내에서 자취 이런 것을 해야 돼요. 그래갖고 내가 가기 싫어갖고 울었어. 그런데 우리 아부지가 아주 냉정하게 '가야 된다'라고 돌아보지를 않는 거야. 그 다음 저녁때지. 보따리를 싸야지. 아침 출근을 하니까 보따리를 싸갖고 나오는데 우리 아부지가 그때 그러시는 거야,

나한테. "가서 힘들면 언제든지 오너라. 너는 올 곳이 있는데 뭐가 무섭게, 두렵겠느냐. 힘들면 언제든지 오너라." 이렇게 해서 내보냈는데, 나는 지금까지도 그 말 땜에 못 돌아갔어, 집에를. 근데 그게 또한 위안이 되기도 해, 정말 힘들으면 '에이, 내가 우리 아부지한테 가야지' 하다가 그 순간이 지나가는 거잖아요. 못 가고 지나가게 되면 다시 살아야 되는 거야. 내가 좀 더 좋은 모습으로 가야지. 또 힘들면 나갈 거야. 우리 아빠가 오라고 했으니까 나갈 거야, 허다가 또 넘겨지면 이렇게는 못 가지.

공장에 들어가서 제일 힘들었던 것은 너무나 장시간 일을 해야 된다라는 것이 나는 굉장히 힘들어서 불행인지 다행인지 몰라도 나는 잘 뺑돌거리면서 [공장에] 안 갈려고, 뺑돌거리면서 열심히 하지를 못했어요. 왜냐하면 너무나 절박해서, 내가 절박하다는 표현은 좀 그렇고, 내가 아침에 가서 정말 기계처럼 일을 하고 정말 캄캄한 9시, 집에를 오면 9시 반 이렇게 되잖아요. 그러면 또 들어와서 밥을 먹고 잠을 자고 또 아침에, 또 6시에 일어나서 준비를 해서 7시에 또 나가고 이런, 이렇게 반복한다라는 게 어린 나이에는 굉장히 이렇게 받아들이기가, 그 현실을 받아들이기가 굉장히 힘들어서 안 갈려구, 땡땡이치면서 안 갈려구 [그랬어요.] 근데 한 날은 (언제까지) 놀 수는 없는 거잖아요. 집이 부자는 아니고 다 일을 하고 있으니까. 내가 뺀둘거리느라고 쪼끔 갔다 나오고, 쪼끔 갔다 나오고. 적응이 잘 안 되니까. 그면서 쪼끔 며칠 가서 일하고 놀고, 또 놀다가 [집에서넌 눈치보이잖아. 집에서 노는 거 보면 눈치보이잖아. 또 가서 또 일하다가 안 맞으니까 또 다시 나오고, 또 뺑돌거리다가 한날은 태창에를 갔는데, 태창에는,

태창은 내가 그렇게 며칠 가서 일하고 오고 하는 곳하고 정말 차이가, 아니 분위기가 있는 거예요. 뭔가는 잘 모르겠지만 점심 때 되면 막 언니들 입에서, 난 언니들이, 과장인가, 하여간 그 과장 탁자에 앞에 와서 막~ 회의도 하고 [과장한테] 야단도 치고 큰소리도 하고 하는데, [나한테는] 그게 정~말 충격적이었어요. 왜냐하면 내가 며칠 갔다 나오고 적응을 못 했던 것은 어떤 거였냐면은 그 사람들한테 우리가 일방적으로 눌림[당한다는 거,] 이 자체를 받아들이지를 못 해서 뛰쳐나오고, 뛰쳐나오고 [그랬거든요.]

노동야학 시절의 이야기를 좀 해주세요.

그러고 내 자신이 하찮다라는 거 이런 생각들을 하고 있었는데, [태창] 사업장을 봤더니 [언니들이] 반장한테도 막 큰소리로 얘기하고, 계장한테도 큰소리로 얘기하고, 이렇게 대등하게, 이렇게 이야기를 하고 그러는 거야. 아니 왜 저럴까 이런 생각을 했었는데 주위에 친구가 이야기를 하더라고. 어디를 가면 노동법도 가르쳐주고 이렇게 하는 곳이 있으니까 한번 가볼래? 그래서 따라가본 곳이 창인동 성당, 그게 노동야학이었지.

노동야학에 내가 갔을 때가 그 겨울이었고 3월달에 입학식이 있었어. 3기생으로 내가 거기 입학을 했지. 그서 [나는] 창인동 [성당] 노동야학 3기생. 이미 2기가 있었고. 거그를(노동야학에) 1월달에 갔을 거야. 1월달에 가서 왔다 갔다 함서 보다, 3월달에 노동야학이 입학식이 있다고 해서 노동야학생이 됐지.

노동야학은 신나고 재밌었지. [하하하] 정말 신나고 재밌었지. 왜냐면 그곳에서 내가 소외감을 느꼈던 이런 것들이 거기에서는 갈증을

노동야학 입학식날 다과회.

해소할 수 있는 이런 것들이 있었고, 내가 음악다실에 앉아서, DJ가 틀어주는 음악을 듣는 것보다 나이트에 가서 친구들하고 춤도 못 추는 내가 잘 추는 친구들하고 막 비비면서 춤추는 것도 별로였고. 또 자기들이 동네 오빠니 어디 오빠니 하면서 소개하면서 놀고 있는 그런 것도 별로 재미도 없었고. 그런데 [노동야학은] 또 다른 세계잖아요, 그 세계하고. 야학이라는 곳에서는 정말 다른 세계, 거기에서는 무엇을 얘기하냐면 노동자는 누구인가부터 시작을 해서 왜 노동자가 됐으며, 이건 정말 내가 되고 싶어서 됐던 것은 아니었다라는 것들을 알게 되잖아요.] 그리고 우리 현장 근로 조건을 개선해야 된다라는 것들, 또 실제적으로 내 주위에서 그 태창 언니 다섯 명이 싸우고 있고, 근데 내가 봤을 때 그 언니들 잘못한 거 하나도 없었고 그 언니들 이야기하는 것이, 내가 정말 하고 싶은 이야기들을 그 언니들이 하고 있었고. 그래서 보다 더 좋은, 중요한 것이 노동야학은 대학생이잖아 (대학생이 있잖아요). 대학생도 한번 만나보고.

수업은 국어, 역사, 한문, 근로기준법. 글고 이제 생활영어, 총 6과목

노동야학 졸업여행에서.

인가, 5과목인가 있었지. 야학활동은 1년이면 졸업을 해요, 1년이면 졸업을 하고. 내가 5월달에, 아니, 85년도에 백양 전주를 갔으니까. 그때까지 열심히 노동야학을, 노동야학생으로서 졸업을 하고는 또 선배로서 뭐, [졸업을 하고도 야학에] 있었지.

그때 가보자고 한 친구가 내 친구는, 내가 아는 친구는 아니었고, 내 옆에서 일하고 있는 친구였지. 그 친구가 이야기해서. 나는 걔가…… 내가 이렇게 일을 하다가, 이렇게, 이렇게 정면이었어. [그 친구하고 나하고 일하는 자리가 서로] 이렇게 정면이었었는데, 이렇게 일을 하다가 이렇게 쳐다보면 눈이 마주치면, '나를 쳐다보고 있다'라는 생각을 하는 거야. 또 하다가 보면, 또 하다가 이렇게 쳐다보면 또 눈이 마주치는데 '나를 쳐다보고 있다'라는 생각을 허게 되는 [거지,] '어머, 쟤가 나를 좋아하는구나.' [하하하] 이렇게 생각을 했는데, 한날은 걔가 나한테 와가지고, 그러냐고. 그런데 우리는 한 번도 이야기를 해본 적도 없었고, 아는 사람도 아니었고, 다만 이렇게 앉아서 일만 하고 있었는데, [그런 노동야핵] 이야기를 하더라고……. "노동야학이 있는데 여그서 이런 것들을 가르치고 한다는데 한번 가볼래?" 그래가지고 내가 뭐라고 했냐면 나는 검시야학이면 안 갈 거야 그랬어. 그랬더니 검정고시 보는 것이 아니고, 이건 그냥 생활, 생활법률도 가르쳐주고 노래도 가르쳐주고 뭣도 가르쳐주고 [그런 데라고.] 그래서 한번 가보재, 그러면 가볼까 그러고 갔었지. 갔는데 [창인동 성당의 야학에 있

> 눈이 마주치는데 '어머, 쟤가 나를 좋아하는구나.' 이렇게 생각을 했는데, 한날은 걔가 나한테 와가지고, "노동야학이 있는데, 이런 것들을 가르치고 한다는데 한번 가볼래?"

덴 그 사람들이 굉장히, 그 사람들의 이야기 자체가 아마 내 마음에 콕콕콕콕 들어왔을 거야. 왜 그러면 내가 적응을 못하고 뺑돌거리고 돌아다닐 때 그런 것 때문에 내가 정말 적응이 안 됐었는데 그런 부분들을 막 다 이야기를 하는 거야. 궁게 나 혼자만이 아니라 이 사람들의 공동의 문제인 것이고. 그래서 거부감 없이 참 좋다라는 생각으로 쫄랑쫄랑거리면서 열심히 따라다녔었던 것 같아.

 거기서부터 좀 적극적으로 열심히 살으면 나도 이 세상에 조금이나마 보탬이 되지 않을까, 그렇게 해서 생활이 진행이 됐는데, 그래도 태창에서는 그게 내 걸로 와닿지는 않았지. 왜 그러면 뺀둘거렸던 사람이 그런 걸 봤다고 해서 어떤 뭐 사명감이나 이런 것이 생길 것 같지는 않으니까. 결국 거그도(태창도) 몇 개월 다니다가 안 다녔어. 안 다녔는데 다만 뭐가 굉장히 좋았었냐면 창인동 성당에를 갔는데 거기에서 만난 노동자들, 그 사람들은 내가 그냥 사업장, 그냥 일반 사업장에 가서 만난 동료들하고는 정말 차이가 분명히 있죠. 그서

[창인동 성당에] 가면 이 사람들하고 있으면 내가 뭔가 이 사회, 이 사회에, 사회인으로서 내가 살아 있다라는 것을 주잖아. 느끼게 해주고 같이 이야기를 하게 되고. 근데 공장을 다니기 싫으니까 공장을 [그만뒀죠.] 몸도 아팠었고 그때는. 몸도 많이 아팠었고. 몸은 아팠어도 다니기 싫은 거지, 솔직히 말하면. 공장생활을 하기 싫고 여기(노동야학) 일은, 여기 사람들은 굉장히 좋고. [그래서] 막 갈등을 하면서 [있었지. 그래도 공장은] 안 다니고 습관대로 고만을 뒀는데, 하다 보니까 놀고 있는 내 자신이 그렇게 한심할 수가 없는 거예요. 그리고 인자 내가 천대시했던 노동이라는 것이 굉장히 가치가 있고 소중한 거고 [그걸 알았죠.] 그서 내가, 놀고 있는 자신이 부끄럽고, 그리고 나도 이제 뭔가를 해야 되고, 이 사람들하고 어울리기 위해서도 내가 노동자가 돼야 되는 거예요. 그래서 내가 이 사람들하고 안 어울릴려면 노동자가 아니면 되는데, 이 사람들하고 어울리기 위해서도 내가 노동자여야, 내 상황도 노동자여야 되지만 이 사람들하고도 함께 가기 위해서는 노동자가 돼야 되는 거지.

노동야학은, 거기 있는 사람은 굉장히 좋았고, 근데 그 사람들하고 함께할려면 내가 노동자가 아니면 그 사람들하고 함께할 수가 없는 거야. 이건 내 스스로가 변해가는 거여. 내 스스로가 [야학에] 있으면서 [변해가는 거죠.] 글고 어쩔 수 없이 나는 또 노동자여야만 되는 거고. 왜 그냐면 술집을 가지 않는 한은 노동자일 수밖에 없는 거잖아요. 내가 어쩔 수 없이 노동자여야 되는데, 다른 것이 있다라면 [그동안에는] 내 자신이 노동자라는 것에 있어서 절박하지 못했지. 그런데] 인제 내 스스로 변화가 뭐냐면 내가 당당하고, 노동자로 내가 가야 된다라는 거고. 내가 선택의 여지없이 노동자여야 된다라면 내가 정말 당당한 노동자여야 된다라는 것이 변화돼버린 것이지. 그래서 누가 가라고 가지 않아도 내 스스로가 찾아서 가는 것이 [변화된 거야.] 들어가서 노동자, 정말 내가 노동자. 지금까진 내가 노동자여야만 되고 노동자일 수밖에 없는 데도 계속 내가 부정을 하는 거잖아. 거부했던 것들을, 내가 이런 과정 속에서 내가 변화가 된 것이 내 스스로가 노동자여야 된다라는 것을 받아들이고, 내가 노동자여서 어떻게 살아야 된다라는 것을 알게 되고, 이러면서 스스로가 인제 현장에 살아남고자 거기에서 내가 있어야, 내 있을 곳이 거기다, 내가 거기서, 어떻게 해서든지 내가 거기서 살아남아야 된다라는 것으로 [인식이 변화가 되었죠.]

노동야학은 사람들이 굉장히 좋았어. 사람들이 굉장히 좋았고. 왜 좋았냐면, 거기에 가면 정말 우리들이 이야기하고 싶은 이야기들을 다 서로 할 수가 있어. 글고 내가, 우리들이 생각하는 것들은 다 공유가 되는데, 밖에 나가서는 사람들을 만나면 무슨 이야기만 하냐면 그냥 흥미진진한, 흥미로운 이야기만 하는 거예요. 흥미진진한 이야기들은 몇 번 하다가 보면 재미가 없는 거잖어. 그러다 보니까 [노동야학에] 가게 되고, 거기를 가면 한참 또 해야 할 일들이 있는 거고. 또 그 사람들을 바라보면 '아휴, 내가 좀 더 열심히 살아야지' 하고 오게 되는 거고. 그리고 태창 언니들 싸움들이 좀 컸고, 또 이렇게 활동하고 같이해주고자 하는 사람들이 소수에 불과하고, 그러다 보니까 거기에서 같이해야 될 일들이 굉장히 많다 보니까 거기에 많이 매여 있었지. …… 매여 있고, 또 원일섬유에 가서도 바로 3개월인가, 2달 만인가 뽀록났어. 내가 노동야학, 창인동 성당에를 가고 있는 사람이다라는

창인동 성당에서.

것을 알았기 때문에 그래서 또 더 열심히 거기에 남아 있지 않았는가 싶어. 왜 그냐면 내가 살아남기 위해서 더 거기에 있었던 것 같애. 왜 그냐면 둘 중에 하나잖아요. 회사에서 요구하는 거. 딱 두 가지잖아요. "너 나가든지, 아니면 여기서 일을 할려면 거그를[창인동 성당을] 안 나가든지." 이 둘 중 하나였는데, 두 개 다 받아들일 수 없는 거니까. 그거 하고 싸우는 것도 굉장히 많은 소모전이었고, 또 태창 언니들 싸움도 존재하는 것도 많은 시간을 할애해야 하는 거였고. 그러다가 보니까 다른 데를 고개를 돌려서 뭘 해야겠다란 생각을 못 했지. 못 하고 지나가버린 세월이지. 응, 안 쫓겨날려 하면, 나도 내 주위에 사람들도 동료들도 많이 만나서, 많이 만들어놔야 되고……. 또 언니들 싸우고 있으면 가서 함께해줘야 되고. 그거 두 가지만으로도 내 딴엔 굉장히 바빴지, 엄청 바빴지.

노동야학은 5기, 6기까진가 됐을 거예요. [야학이] 없어졌던 배경은 탄압도 있기는 했지만 그리고 난 담에 86년, 87년이 오잖아요. 그러면서 있어야 될 이유가 없어져버렸지. 자연스럽게 없어져버리죠. 희망하는 사람도 줄어가기도 하고. 또 시대적으로 86년, 87년을 맞이하면서 지금까지는 야학에서 소모임 형태의 운동이, [그런] 활동이 진행이

창인동 성당 JOC 동료 노동자와 함께.

되다가 갑자기 이제 방대해져버리게 [된 거죠.] 이게 넓어지면서 여성 중심의 활동에서 남성 사업장 중심의 활동으로 이렇게 전환이 되죠. 그래서 자연스럽게 [야학을] 닫고. 글고 또 강학들이 일종의, 이런 강학들도 어떤 자기 사명감이 있지 않으면 이렇게 와서 시간 할애하고 하는 것들이 쉬운 일도 아니고. 강학이 노동자하고 학생들하고 만나는 과정에도 그렇게 매끄럽지가 않고. 왜 그냐면 서로 그런 것들이 있어. 신경전도 굉장히 많고. 왜 그냐면 나 같은 경우는 이렇게 거부감도 굉장히 많고. 강학도 좀 어려움도 있었고. 학생 수도 확 줄어버리기도 했고. 글고 너무 탄압도 심했고. 왜 그냐면 이건 선택이야! 여그를 나오면은 회사에서 짤려야 되는. 발각, 발각되는 즉시 회사에는 못 다니게 돼요. 그러면 익산에서 [다른 회사에 가지 못 하는 상황이 벌어지게 되는 것은] 뻔한 것이고. 그런 것을 감수[해야 되잖아요.] 왜 그냐면 좀 더 많은 시간이 지나서 완전히 사후선택을 할 때에는 여러 가지 것들이 본인 스스로가 선택을 할 수 있지만, 처음에 바로 발각이 되면 열이면 아홉은 다 접지. 회사로 돌아가지. 여그에 남아 있지는 않으니까, 이렇게 되면서 그런 어려움이 있어서 운영 자체가 정리를 하는 판에, 그때도 86년, 87년을 맞이하니까 더 이상의 필요성이 없지. 그리고 노동 문제들이, 그때 전북노련이니 이쪽에서 담당을 하게 되니까 많은 부분들이 [그쪽으로 옮겨지게 된 거죠.] 그 이전에는 익산 창인동 성당에 있는 노동자의집이, 노동 문제에 있어서는 거의 다 담보하고 지원하고 이렇게 되어 있다가 많은 부분들이 노동조합으로 돌아가기 때문에 자연스럽게 변화되지 않았나 [그런 생각이 들어요.]

태창 시절부터 운동을 하신 거예요?

[태창에서 친했던] 그 5명은 노동야학을 같이 안 했지. 나 혼자만 [야학에 다녔지. 오히려] 그 친구들이 [내가 야학에 다니는 걸] 열심히 말렸지. "너 혼자 세상을 어떻게 해 볼 수 없는 것이다", 이러면서 말렸지. 누구나 다 말렸지 뭐. 심지어는 집에서도 말리니까, 말렸지. [운동]하면서 가장 마음이 아픈 것이 뭐냐면 회사하고 대립이 되면 몇 명이 떨어져 나오는 거잖아. 핵심 몇 명들이 떨어져 나와서 격리되고 이러고 있잖아요. 아니면 싸움을 하고 있을 때 회사 사람들은 꼭 누구를 불러오냐면 집에 있는 엄마 아빠를, 식구들을 불러 오잖아요. 식구들을 불러오면 엄마 아빠는 그 자식이 미운 것이 아니라 아마 세상이 한스러울 거야. 내 자식은 자기가 생각했을 때, 회사에서는 당신 딸이 우리 회사를 망해 먹을려고 한다, 나쁜 사람들 꼬임에 빠졌다, 뭐 이렇게 막 이야기를 하잖어. 내 딸이 그것이 아니라는 건 그 부모님들이 더 잘 알 거예요. 그런데도 불구하고 우리가 이렇게 하고 있으면, 우리 앞에서 자기 딸들을 머리카락을 잡고 질질 끌고 가. 안 그러면 막 발로 차고 때리고. [회사 측 그 사람, 그 앞에서. 그렇게

허고 데려가거든. 그서 그런 것들이 가장 마음이 아프지 않았는가. 나는 지금도 그저 생각하면 너무나 아파. 여그는 형사랑 노동부 기관 사람들이 이렇게 있고, 회사 사람들 여기 있고, 여기에는 우리 반대 사람들 있고, 우리는 여기 소수, 우리 소수 있잖아. 대치하고 있는데 가족들이 와서 [형사, 노동부, 회사 측 관계자] 이 사람들 앞에서 자기 자식을 막 때리고 질질 끌고 가고 욕하고 이랬던 것들이 지금 생각해도 [가슴이 아파요.] 그 엄마들은 그 자식이 미워서였겠어? 그 사람들한테 할 수 없으니까 내 자식들한테 그렇게 하고 다 그런 것이지.

> 가족들이 와서 자기 자식을 막 때리고 끌고 가고 욕하고 이랬던 것들이 지금 생각해도 …… 그 자식이 미워서였겠어? 그 사람들한테 할 수 없으니까 내 자식들한테 하고 다 그런 것이지.

맨 처음 공장에 들어가서 했던 것들은, 우리 익산에 모든 것들은, 여그는 쌍방울, 태창, 이게 본사가 여기에 있으면서 작은 섬유공장들이 굉장히 많아요. 그서 내 주위에 있는 친구들은 어리기 때문에, 너무 어리기 때문에 큰 데는 못 가는 거잖아요. 못 가니까 작은 곳에 인자 가서 일하게 되니까 그런 데에 따라서 가지. 그면은 그런 거지. 실밥 따고 언니들이 박아 내논 거 열심히, 계속 이것만, 막 개서 차곡차곡차곡 또 놓는 거지. 그러니 그게 견디기가 얼마나 힘들겠어, 못 견디지……. 그래도 정말 우리 같은 사람 등치라도 있지만 정말 어린애들 가서 일을 하고 있으니까 [그 애들을 보기가 안타까웠죠.] 그 후 했었던 것이 뭐였냐면, 그 이전에 내 친구한테 뭘 배웠었냐면, 미싱을 배웠었어요. 왜 그냐면 그때는 그랬어요. 시다로 들어가면은 돈이 찌끔이고,

미싱사 기능공으로 들어가면 돈이 많은 거야, 그러면 배워. 기능공으로 취직을 해야 되는 [거니까.] 근데 내가 쪼끔 배워가지고 일을, 기능공으로 가서 일을 한다란 것은 무리가 있는 거지. 그래도 하여간 기능공으로 해서 들어갔지. [하하하.]

글고 또 뭐였냐면 우리 집에 미싱 재봉틀이 있었어. 최초는 그걸 배웠어. 왜 그냐면 이거하고 똑같다라고 하면서 배웠어. [그렇게 집에서 배우고, 내 친구가 다니는 쪼끄만한 공장에 가가지고 배웠지……. 한 15일인가 배웠을 거야. 그리고 가서 했는데, 아, 일은 못 했지, 당연히. 사고 많이 나지. 그래도 열심히 했지. 기능공이니까. 기능공으로, 태창에 기능공으로 있었을 때는 그때는 어설픈 기능공이었지. 여러 가지로 얼마나 재미가 없었겠[어.] …… 힘들었고, 얼마나 힘들었겠어. 근데 인자 원일섬유 갈 때는 확실하게 기능공이었지. 태창에 한 5개월인가를 다녔었거든요. 그러니까 확실한 기능공으로 [일을 하기 시작했지.] 그때부터 인자 미싱사지.

태창에 들어갔을 땐 뭐 누구 소개로 들어간다는 것보다는 우리 동네는 태창이 많았으니까. 그냥 잘 알아. 태창에서 직원 뽑는다, [그러면] 뭐 어떻게 가고 막 몇 년 일했다라고 하고, 이렇게 다 알고, 그건 이미 다 공유하고 다 아는 것이니까. 어차피 누가 소개했다고 해도 찾아갈 때는 나 혼자 찾아가는 거고. 누구 면담하는 것, 면접하는 것도 나 혼자 허는 거고 하는 거니까.

태창에는 산업체 학교가, 음, 태창은 자체 내에는 없었던 걸로 알고 있는데. 그 당시에는 중학교, 고등학교를, 산업체 학교가 쌍방울에 있었지. 글고 원여상이 있었고 검정고시가 있었고. 누구나 학교를 가야 되는 생각을 갖고 있으니까. 거그를 갈려면 학교도 누구나 다 보내주는 게 아니고 정말 모범적으로 일을 하고 있는 사람만 학교를 보내요. 그럼 그 학교를 갈려면 1년인가, 2년인가를 열심히 일을 굉장히 열심히 해서 그 반장이나 회사에서 추천을 해줘야 학교를 진학을 할 수가 있어요. 글고 회사에서 배려를 해주지 않으면 가기가 굉장히 어려운 것이 뭐냐면, 그때 모든 사업장들은 8시간 이외 10시간 이상씩 근무를 다 해. 이게 그냥 보통 일이에요. 근데 학교를 갈려면 8시간만 하고 5시에 끝나야 학교를 가서 수업을 받잖아요. 그러면 회사에서는 특별히 배려를 해주지 않으면 다닐 수가 없잖아요. 그럴려면은 굉장히 일을 열심히 하고, 학교를 가기 위해서 하루에 남들이 정해져 있는 목표량 다 채워야 되면 얼마나 열심히 일을 해야겠어요. 그런 것 때문에 포기하는 사람들도 더러 있었지, 너무 힘들어서. 그리고 또 너무 재밌는 것이 뭐냐면 학교에 점수가, 어떤 부분이 적용했냐면, 회사에서 얼마만큼 열심히 일을 했느냐에 책임자의 점수도 포함이 되니까 그러니까 굉장히 열심히 그게 하나의 거시기가(학교를 이용해서 노동자들의 노동력을 갈취하는 수단이) 되는 거지.

나는 산업체 학교에 갈 생각은 없었어요. 내가 고향을 떠나오기 전에는 그런 걸 잘 몰랐었고 할 틈이 없었던 것 같애. 왜냐면 태창을 나오고 백양섬유를 들어가면서 굉장히 바빴었거든. 왜냐면 현장에서 살아남기 위해서 정말 바빴거든. 그래서 그런 생각을 못 했지. 근데 그 생각은 언제 했냐면 내가 세상을 많이 돌아서 정리를 하면서 나와서, 내가 정말 세상 속에 묻혀서 갈려고 하니까, 아 내가 못 배운 것들이 참 많이 걸림돌이다, 배울 수 있으면 배워야겠다라는 생각은 [하기 시작했어요.] 삼십이 넘어서 내가 다시 무언가를 하려고 하니까 내가 갖고 있는 학력으로는 아무것도 할 수가 없는 거야. 보험설계사마저도. 그서 그 당시에는 내가 살아남기 위해서 너무 바빠서 그럴 생각할 틈이 없었고, 삼십이 넘어서 내가 '다시 어떤 일인가를 해야겠다'라고 생각을 하면서 나섰을 때 그때 많이 [그런 생각을 했어요.] 지금까지, 그때 가졌던 생각들이 지금까지 참 절실하다라고 생각을 하지. 그 당시에는 못 했어. 그때 다니는 사람들이 난 미웠고. 왜냐면 우리 함께해야 되는데 그 사람은, 내가 아까 말했잖아요, 학교 점수에 회사 생활도 플러스가 되기 때문에 그고(운동을 못 하는 거죠). 회사에서 배려해주지 않으면 학교를 갈 수 없기 때문에 정말 [산업체 학교에] 충심이면 내가 활동하고자 하는 일에 걸림돌이 되는 거지.

> 학교 점수에 회사 생활도 플러스가 되기 때문에 (운동을 못 하는 거죠). 회사에서 배려해주지 않으면 학교를 갈 수 없기 때문에 정말 [산업체 학교에] 충심이면 내가 활동하고자 하는 일에 걸림돌이 되는 거지.

태창에 다녔던 시기는 5개월이었기 때문에 뭐 커다란 문제점은 없었지, 사고야, 내가 일을 잘 못해서 나는 사고야 내가 잘못해서 나는 사고니까. 태창은 참 재밌게 다녔어. 왜 재밌게 다녔냐면 내 주위에 일허는 사람들이, 내 또래들이 굉장히 많았어. 뭐라고 해야 되나. 내 부서에 나하고 또래들이 4명인가 5명인가 됐었는데, 거그에서 패거리들이잖아. 5명인가 되는 패거리에 내가 잘 적응을 해가지고 참 재밌게,

참 재밌게 다녔어요. 그 패거리 한 5명이 됐었는데, 2명이 야간 학생이었어. 거기는 많이 그랬어. 왜그냐, 공장에서 일하는 사람들의 목표는 어린애들은 뭐냐면 학교를 가는 게 목표였고, 나는 공부에 별로 관심이 없는 사람이기 때문에 노는 것에 목표, [하하하] 목표였고. 그래가지고 그때 내가 11월달인가 [들어갔기 때문에 방학 기간이었잖아요. 그래서 끝나면 핫도그 먹으러 가고, 그러고. 뭐지, 음악다실 가고. 글고, 또 한번 기분, 날짜 한번 잡아서 나이트클럽도 가고, 그러고 놀고. 왜냐면 나는 사회생활을 안 했잖아. 그치만 그 친구들은, 이미 오랫동안 사회생활을 하고 있었던 부분이잖아. 그면 그 동네에 오빠들하고 미팅도 하고, 뭐 그렇게 하고 놀았지. 아마 그서 내가 재밌게 다녔기 때문에 내 앞에 있는 애가 나를 데리고 갔다라고 생각을 해요. 그렇지 않았으면 안 데리고 갔겠지. 태창에서는 그냥 나 다니기 싫어서 안 다녔고. 태창에서는 다니기 싫어서, [그냥 나왔죠.] 그때는 몸도 아팠었고. 몸이 아파서. 왜냐면 내가 적응되지 않는 사회생활을 적응하는 과정 이런 것들이, 내가 가슴앓이가 [있었죠.] 굉장히 힘들고 힘들었겠지, 그 적응하는 것들이. 그러다 보니까 애들하고 열심히 놀기도 하고. 또 노동야학이라는 새로운 곳에 가서도 열심히, 그거 맞다고 그거 꼭 그래야 된다라고 하면서 [다니기도 했지맨] 그렇지만 이런 것들이 또 내 안에는 막 이렇게 뒤섞여져 있는 부분들도 있고 사회에 들어가서 적응하는 것이 쪼끔 마음이 굉장히, 난 마음이 복잡~했던 것 같아.

작업 시간이 그때는 8시 10분인가 시작을 하지, 작업을. 점심시간은 40분? 끝나는 건 태창은 긍게 쫌 다른 점이 있더라고. 내가 뺑돌거리고 다녔던 회사는 끝나는 시간이 무한정이여. 정말 쪼끄만한 [곳이어가지고 끝나는 시간이] 무한정이여. 끝나야 끝나는 것이지. 뭐 딱히 몇 시에 끝난다는 데 되어 있지가 않아. [근데 태창은 딱 그 8시간 근무! 아니면 딱 한 시간 [초과근무.] 그렇게 연장 딱 한 시간이면 정확히 끝나는 거야. 이게 굉장히 다른 부분이었지. 그러다 보니까 우리 친구들끼리 나가서, 시내도 나가서 놀기도 하고 돌아다니기도 하고 그랬지…….
그 차이는 분명히 있었지. 태창은 대기업이고 쪼끄만한 곳은 작아서인지는 모르겠지만 그 끝나는 시간이 분명했지.

내가 공장생활하면서 받은 월급은 백양에서 받았던 봉급이, 며칠 전에 민주화, 뭐 명예회복 이거 할 때 막 서류를 찾다가 서류가 없잖아요. 정말 막~ 온갖 거를 뒤지다가 봉투를, 봉투 명세서를 발견을 했어. 거기에 내 일당이 얼마였냐면 3,350원인가 기더라고. 태창은 훨~씬 적었겠지. 한 2,000, 뭐, 300원 아마 이렇게 되지 않았을까 싶어. 월급은 뭐 쓰기도 모자랐지. [하하하] 정말 옷도 하나 변변하게 못 사 입었었는데. 우리 아버지가 항상 그랬어. 쟤가 시집 갈 밑천은 해놨겠지, 이렇게 생각을 했었는데, 정말 시집 갈 때 돈이 1,000원도 없었어. [하하하] 그래갖고 정말 식구들이 놀랬었던 적이 [있었죠.] 그렇게 생각 없이 살았냐라고.

동료 노동자들을 같은 편으로 만드는 게 쉽지 않았을 텐데…….

그때 당시 여성 노동자들에게 유행했던 건 음악다실! 음악다실에 가지고 DJ가, DJ한테 음악신청 해서 좋아하는 노래 듣는 것이 [유행이었죠.] 나이트클럽도, 나이트클럽은 돈이 쫌 들어야 되는 거니까, 월급날 날 잡아서 가는 거고. 음악다실은 커피 값만 있으면 되는 거니까 일상으로 가는 거고, 폼 나게. 재미있지 뭐, 재미있지. 근데 그것보다는 내 친구가 노동야학 데꼬 갔던 것이 더 재미있었기 때문에 노는 것을 다, 정리를 다 했었을 거여. 글 안 했으면 그 노동야학을 안 가고 놀러 다녔겠지, 열심히. 나이트클럽, 월급 받아서 나이트 가고 일상에서 음악 들으러 음악다실 가고, [그런] 신문화에 얼마나 열심히 적응했겠어. 근데 그때 난 5개월 동안에 참 다양하게 내가 놀았던 거 같애요. 지금 생각해보면 가네들이 참 열심히 노는 애들이었는가봐. 그래갖고 그렇게 놀았던 것이, 사람들의 정서를 내가 빨리 이렇게 적응할 수가 있었던가봐. 그면서 내가 백양이나 원일에, 원일섬유를 갔을 때 내 동료들하고 이렇게 어울려지는데, 가네들하고 놀았던 방식으로 만나니까 잘 만나지더라고. 진짜 잘 만나지더라고……. 차 한 잔, 음악다실 차, "커피 마시러 음악 좋은 곳에 가서 할까?" 하고 딱 가서 음악도 듣고 커피도 마시고, 그러면서 우리 현장 얘기를 하면 정말 잘 맞는 거야. 우리 백양 같은 경우는 저녁에 사람들을 접근해서 사람들을 만나야 되는 거야. 왜 그냐면 나는 발각이 되면 언제든지 쫓겨날 수밖에 없기 때문에 쫓겨난 [상황에서, 띠 내가 쫓겨나지 않으려면, 어떤 것이 있어야냐면 내 동료들이 나를 보호해줘야만이 내가 쫓겨나지 않고 현장에 남아 있을 수밖에 없는 거잖아요. 그럴려면 열심히 동료들하고 잘 지내야만 되는 거예요. 그럴려면 열심히 그 사람들한테 투자할 수밖에 없는 거잖아. 긍게 돈이 모자라 맨날. 긍게 돈이 시집 갈 때 보니까, 돈이 십 [원도,] 천 원도 없는 거야. [하하해 한날은 시청이, 전주시청이 새로 지었었어요. 그래갖고 그 새로 진 곳에 굉장히 그 앞에가 새로 졌기 때문에 굉장히 좋아서 나는 인자 그곳에 몇 시에 일 끝나면 몇 시에 만나자, [친구들과 약속을 해요.]

그럼 애들이 이렇게 와. 그러면 거기에 오면 실제적으로 그래, 우리 지금부터 시내에 나가서 자기 마음에 드는 남자 하나씩을 데리고 여그 와서 우리 정말 놀자, 그케 해서 쫙 시청에 딱 만나갖고 그렇게 딱하고, 쫙 헤어지거든. 그럼 다 하나씩, 정말 다 하나씩 해와(남자를 데리고 와). 그러면 그렇게 놀아. 왜 그런 것들이 중요하냐면, 그렇게 서로 관계를 풀어서, 풀어야만이 그 다음 이야기를 진행을 할 수가 있기 때문에. 그서 그 5개월 동안 가네들하고(패거리들하고) 놀았었던, 그게 내가 현장에 들어가서 현장 활동을 하는데, 그 방식이 굉장히 많이, 딱딱 잘 맞드라구. 나이트도 가고, 학교 댕기는 척……. 또 때로는 굉장히 정말 일만, 열심히 공장만 다니는 그런 사람들도 데리고 가서 놀았죠. 그 사람들이 그 때는 그 반대말이 굉장히 많이 하잖아요(노조를 조직하려는 노동자들의 입장에 반대되는 말을 많이 하잖아요). "그 나쁜 사람들", 뭐, "우리 회사에 들어오면 회사 망해 먹을 사람들" [이런 말들을 많이 하잖아요.] 막 그렇게 이야기를 해. 막 이야기를 하는데 실질적으로 자기 주위에 있는 사람이 자기하고 똑같은 사람이잖아. 나이트도 가고, 뺑돌거리기도 하고 막 이런 사람이잖아. 그럼 회사에서 그런 이야기들을 하면 정말 하나도 안 맞는 거지(일반 노동자들에게 먹혀들지 않는 거지). 그러면 계속 주위에서 나하고 함께해줄 사람이 얼마만큼 있느냐에 따라서 내가 거기에서 남아 있느냐 쫓겨나게 되느냐 [결정나는 거지.]

> 주위에서 나하고 함께해줄 사람이 얼마만큼 있느냐에 따라서 내가 거기에서 남아 있느냐 쫓겨나게 되느냐가 결정나는 거지.

그때 태창사건 있었을 그때는 내가 당시 다섯 달밖에 안 다녔기 때문에, 다섯 달 다녔던가? …… 11월달에 갔다고 하면 한 다섯 달이구나. 다섯 달밖에 다니지 않았기 때문에 태창의 그런 기능, 이런 것들은 잘 모르지. 내가 [태창싸움에 대해서] 잘 아는 것은 나오고 난 그 이후에 그 언니들 해고되고 막 싸움을 하고 하면서 내가 자세하게 알은 것이지. 그 다섯 달 동안은 아무것도 모르지, 뭐. 나는 4월달에 그만뒀는데, 5월달에 그 언니들이 해고됐어요, 해고돼가지고. 그때부터 태창싸움들이 벌어졌고. 나는 같이 이제 가톨릭 성당 지오세에 활동을 같이하고 있었기 때문에 같이 일들을 했죠. 그 언니들 단식하고 있으면 우리는 새벽에, 그때는 유인물을 이렇게 갖고 다니는 것도 검문당하면 잡혀가니까 그런 것도, 유인물 나눠주는 것도 자유롭지를 못하니까, 그치만 알리는 작업은 해야 되고. 그러면 어떻게 하냐면 새벽 4시 이렇게 일어나서 만나서 유인물을 다 받아가지고 가면서 새벽에 집집마다 대문에다가 담에다 이렇게 던지고 다니고, 저녁에 늦은 시간에 스티커 같은 거 쫙 이렇게 붙이고. 그리고 버스를 타면 이렇게 딱 앉아 있다가 내리는 순간에 [그 전에] 사람들 주면 이미 걸리는 거잖아, 잡히는 거잖아. 가만히 앉아 있다가 내리기 전에 사람들 많이 타면 이렇게 쫙 뿌리고 내려와야 되고, 누구나 그땐 그렇게 하잖어. 새벽에 스티커 같은 거 싹 붙이고 나면 퇴근할 때 오면서 우리가 붙어 있는 스티커가, 붙여논 스티커가 제대로 붙어 있는지 저녁에 또 확인하러 가고, 확인하고 오고. 또 새벽이 되면 그 유인물 나눠주고. 그리고 또 같이 [운동을] 한다라고 많은 사람들이 그 언니들 투쟁하고 있을 때 같이 옆에서 지켜봐줬다라는 거 하나만으로도 회사에서는 그게 발각이 되면 굉장히 어렵고 힘들어서 직장에 다닐 수가 없고 이런 때였으니까.

본격적인 노동운동은 언제부터 하신 거예요?

태창 나와서는 원일섬유에 있었지. 정말 열심히 노동자를 했지. 백양, 원일섬유를 가서 일을 했는데, 생활을 했는데, 그때는 태창 언니들이 해고돼가지고 막 싸움을 하고 있을 때라 블랙리스트가 쫙 있었어요, 성당에 다니고 있었던 사람들. 그래서 내가 원일섬유를 다니니까 [어느날 회사에서] 한날은 [나를] 부르더라고. 사무실에 [갔더니,] 거기에 사진을 주면서 성당에 들어가는 그런 사진을 나한테 주면서 "나가라, 빨갱이, 너 같은 년은 필요 없으니까, 너 왜 우리 회사를 들어왔느냐" 그렇게 하면서 일을 안 시켜요. 나가라고 했는데 그거에 있어서는 부당하기 때문에 [내개] 받아들일 수가 없지. 나가라고 하면 나갈 수 [있는,] 정당한 사유가 없으니까 서로 싸움을 하는 거예요, 현장에 [나를] 못 들어가게. 나는 들어간다 못 들어간다, 이렇게 하고 있다가 낭중에는 정말 그때에는 당연히 그런 부분은 두말할 것 없이 해고예요. 그치만 그것을 받아들일 수 없는 거고,] 우리가 그것은 부당하다고 하면서 계속 출근을 하는 거고. 그러면은 이게 문제가 되면 회사도 별로니까, 그면 인자 격리를 시키면서, 격리를 시키면서 일을 시키는데, 어떻게 일을 시키냐면 창고 같은 [그런 데 근처에,] 요 박스 같은 것을 쌓아 이런 데다가 앉혀놔. 앉혀놓고 놀리든지 [하는 거야.] 사람이 하루 이틀씩 논다라는 건 굉장히 어렵고, 어려운 일이에요. 차라리 일을 하고 말지. 사람 자체를 만나지 못하게 하고. 안 그러면 따로 이렇게 일을 갖다주고. 계속 이게 반복이 되고 이렇게 하고 나면, 며칠 지나고 나면 이제 좀 잠잠해지면 다시 들어가서 일을 하게 되고, 또 문제가 되면, 또 [회사에서는] "나가라" [그럼 나는] "못 나간다", 막~ 이렇게 며칠 동안 싸우다가 다시 또 창고에 가서 일을 하게 되고. 인자 이런 생활들이

계~속 반복이 되는 거예요, 한 2년 동안을. 그래서 낭중에는 [회사에서는 내개 별것을 다해도 안 나갈 사람이잖애안 나갈 사람이란 걸 알았어요.] 이미 나갈 사람 같았으면 벌써 나갔고. 그리고 또한, 또 사람들이, 나 같은 사람들이 마음에 동요가 와세 움직여지는 사람들이 있기 때문에 아무리 격리를 시키고 막 이래도 그 옆에 동료들은 떨어지지 않고 계속 이렇게 남아 있게 되고 함께 가게 되고. 그러니까 이제 2년째 될 때에는 어떻게 하냐면 [회사에서 쓰는 수단이] 바뀌는 거야, 너무너무 잘해주는 거야. 모든 것을 다 잘해줘. 처음에는 무슨 말만 하면 막, 응, 사유서를 써야 되고, 나가야 되는 이유가 됐는데, 낭중에는 어떻게 되냐면 말만 하면 다 들어줘. 무슨 말만 하면은 다. [근데 "너만(김희전 자신) 들어주고 다른 사람들은" [다른 사람들 말은 안 들어주는 거예요.] 예를 들면 생리휴가는 법으로 보장되어 있는 거기 때문에, 특히 여성 노동자들이기 때문에 이것은 우리들한테 자유롭게 사용할 수 있도록 해야 된대라고 하면,] 이 부분은 "너만 해라, 너는 언제든지 니가 하고 싶으면 해라, 단 주위 사람들은 안 되는 거고, 주위 사람들이 요구하면 작살나버리는 거고. 긍게 너만", 나만 되는 거야. 모든 것들이 나만 되는 거예요. 조금 시간이 지나니까, 처음에는 안 된다고 할 때는 내 주위에 사람들이 굉장히 많은 거야, 같이 있는 거예요, 그 사람들도. '뭔가는 모르겠지만, 이 사람이 잘못된 것은 아니다, 저 사람이 이야기하는 것이 맞다'라는 것이 있기 때문에 같이 주위에서, 같이 사람들이 아무리 격리를 시키고 그래도 [같이하는] 사람들이 있었는데, 시간이 지나서 나한테는 잘해주고, 주위 사람들한테 내가 하는 걸 말을 하면 그것은 가차 없고(주위 사람들의 요구는 전혀 들어주지 않고) 이렇게 되니까, 내가 못 있겠더라고요. [원일섬유는 너무나 잘해줘서 그만뒀

원일섬유 노동자와 함께.

어. [하하해 너무 잘 해줘서, 너무나 잘 해줘서. 왜냐하면 내가 싸움거리가 있어야 내가 같이 사람들하고 문제를 해결하고자 할 수가 있는 건데, 내가 싸움거리가 없어지면 같이해야 될 이유가 하나도 없어지는 거잖아요. 그리고 아예 이젠 터치도 안 해. 내가 늦게 출근을 해도, 다른 사람이 5분만 늦게 출근을 하면 그 사람은 한 30분 세워놓고 일을 안 시키고, 세워놓고 막 호통을 치거든, 두 번 다시 지각하지 않도록. 근데 나는 예를 들어 한 시간이 늦는다 해도 터치를 하지 않아. 처음에는 별짓을 다 했다니까. 나중에는 터치를 안 해. 그리고 우리는 그 당시에는 [창인동 성당에] 사람이 없다 보니까 행사도 얼마나 많아. 행사도 많고, 또 가고 싶은 곳도 얼마나 많아요? 다 보고 싶고 다 하고 싶고, 이런 것들에 있어서 조퇴를 한다고 해도 두말하지 않고 다 보내주고. 모든 것들을 다 해주니까 더 이상 여기 있어야 될 이유가 없어진 거지. 왜냐하면 내가 나 혼자 좋은 조건이나 좋은 환경 속에서 누리고자 우리가 지향하는 것은 아니잖아요. 더불어 함께 좀 더 나은 조건과 환경 속에서 우리가 다 같이 일을 해보자라는 것이었지. 그것들을 놔두고 나 혼자 특별대우를 받고 했었던 것들이 아니었기 때문에. 그럴려고 했으면 처음에 "가게 얻어 줄게, 너 제발 좀 나가라" [그랬을 때 나갔지.] 별짓 다할 때 그때 했어야지(그만

두고 나갔어야지). 그랬기 때문에 너무나 잘해줘서 더 이상 할 것이 없어서 [원일섬유를 그만두고 나왔지.]

여기 더 이상 있을 수는 없겠다라는 생각이 들고. 거그는 또한 블랙리스트 때문에 다른, 익산에서는 더 이상 다른 회사에는 들어갈 수가 없고, 그래서 정리를 하고 좀 더 잘 살아볼 수는 없을까 하다가 전주를 가서 백양섬유에 들어가서 거그에서도 갔는데 며칠, 한 한 달도 못 들(못 되어), 한 달 정도나 됐다가 다시 회사에서 알려져가지고 다시 하다가 이만큼, 뭐 해고가 되고 교도소도 갔다 오고 결혼도 하고 그래서 지금 여기에 이만큼 있지 뭐.

대다수 섬유업체는 노동조합이 없어요. 노동조합은 어디가 있었냐면 태창만 있었지. 글고 이 섬유가, 쌍방울, 태창이 양대, 익산에 양대 축으로 있지만 여그는 본사이고 태창만 해도 51곳에 하청이 있는 거예요. 쌍방울도 마찬가지고 이렇게 많은 것이(하청사업장이) 있고. 여기(원일섬유) 규모는 300명 안팎이지. 이런 하청들은 노동조합이 있기는 굉장히 어렵고. 그 당시에는 우리는 근로자였지 노동자가 아니잖아요. 노동자라고 [부르지를 않았지.] 근로자가 아니고 노동자라고 말했다간 이거 하나로 해고당하는 사람들도 있으니까. 그러니 뭐 노동조합은 당연히 없지. 원일섬유도 당연히 없지. 노사협의회가 있지.

원일섬유에서 나와 어떻게 하셨어요?
전주 백양으로 오게 된 까닭은 가까운 곳이기도 하고 전주에 내 친구가, 같이 노동야학을 했던 그 1기생이 [있었어요.] 전주에서 혼자

팍팍거리면서 있기도 했고. 그리고 더 이상 익산에는 [블랙리스트 때문에] 취직할 수도 없었고. 그리고 군산은 섬유공장이 없으니까, 나는 미싱산데, 기능공인데 군산에는 가면 할 것도 없고 전주에는 섬유공장이 많이 있으니까 내가 들어갈 수 있을 것 같고 그래서 전주로 갔지. [백양에] 85년도에 있어갖고, 3개월인가밖에 못 있었어. 왜냐, 3개월이 아니다, 거의 1년을 있었구나, 거의 1년.

그때 백양에 들어갔을 때는 내 이름을 가지고 들어갔었어요. 내 이름을 가지고 들어갔었는데. 쪼끔 지금 생각하면 내가 조금 성급한 부분도 있었어. 백양에 여러 가지의 사정들은 우린 이미 알기는 알았지. 그치만 어떤 공장에를 우리가 들어갈 것인가는 [신중히 생각을 하지 않고 들어가기 자체만 급급해서 일단은 들어간 것이 [백양이었어요.] 그렇다고 해서 작은 곳에는 갈 수가 없고, 그래도 어느 정도 좀 사업장이 좀 큰 곳을 가야만이 우리 활동을 좀 할 수도 있고. 그래갖고 백양, 그 팔복동을 며칠 동안을 돌았는데 모집하는 곳도 없었고 그래가지고 며칠을, 몇 번을 많이 돌았어. 내 친구랑 둘이 전주를 갔기 때문에 둘이 막 돌았어. 돌았는데 갈 만한 곳이 별로 없어갖고 어떻게 하다가 그 백양섬유를 운 좋게 들어갔지. 들어가가지고 섰는데, 우리는 인자 감각적으로 잘 알잖아요. 뭐가 어렵다, 힘들다, 아, 내가 83년도에 갔구나. 내가 82년도에 태창에 있었으니까, 83년도, 83년도에 가가지고 있었는데, 백양을 들어갔는데, 거그에 근로 환경이라는 것은, 근로 조건이란 것은

> 난리가 났어. 불만들을 다 폭로를 하는 거야. 그서 내가 사람들한테 "시내에 나가서 한번 자세히 뭐가 문젠지 얘기를 해보자". 이렇게 해가지고 내가 한 30명을 데리고 시내를 나갔어.

정말 말할 수가 없어. 그래가지고 거그는 또한 노동조합도 있고, 근데 노동조합이 말에 의하면 사장하고 무슨 관계, 뭐 [노동조합이] 있으나 이름만 갖고 있는 노동조합이 있어요. 갖고 백양이 있기 때문에 그 하청들은 다 노동조합 지부로 다 이렇게 있는 것이지. 그래갖고 [공장에] 있는데, 한날은 내가 간 날이 임금 인상을 해서 첫 봉급을 받는 달이었어. 봉급을 받으면서 막 굉장히 사람들이 술렁술렁하는 거야. 불만이 굉장히 많지, 임금. 뭐 자기가 생각했던 대로 기대에 미치지 못하니까 막 난리가 난 거야. 그래가지고 내가 [들어간 지] 채 한 달도 안 됐는데, 그 사람들이 탈의실에서 막 난리가 났어. 불만이, 불만들을 다 폭로를 하는 거야. "이게 뭐냐, 어쩌냐" 하면서 "나 고만 다닐 거야, 어쩔 거야", 막 그러고 있는 거야. 그서 내가 사람들한테, "어, 이게 문제가, 그게 문제가, 다 문제이면, 우리 시내에 나가서 한번 자세히 뭐가 문젠지 얘기를 해보자"[라고 이 친구들한테 내가 얘기를 한 거야.] 이렇게 해가지고 내가 한 30명을 데리고 시내를 나갔어. 그래갖고 시내를 나가서 우리 방이었던가 하여간 어디를 가가지고 서로 이야기를 했어. 뭐가 왜 문제인지, [임금이] 얼마인지, 얼만큼이 돼야 되는지. 왜 내 껀 다른 사람보다 작은지 막 이야기를 하고 난 다음에 몇 사람들은 쫌 [임금 받는 게] 타당성에 [안 맞았던 거지.] 우리가 봤을 때 정말 일도 잘했고 이렇게 했는데, 이것은 조금 너무한 거 같으니까 이 몇 사람들은 조금 더 이야기를 [해서] 다시 한 번 내일 찾아가서 이야기를 하(한번) 해보는 것이 좋겠다, 이렇게 해가지고 정리를 했어. 그래갖고 아침에 갔는데 그렇게 인자 요구를 했지. 봉급이 이 부분은 맞지가 않다, 좀 억울하다, 이렇게 이야기를 했는데 "그걸 누가 시켰느냐" 이게 당연히 회사에서는 누가 이걸 했느냐 했는데, "헌 사람이 나다",

백양 송년회에서의 장기자랑.

이렇게 된 거예요, 됐지. [임금에 대해 항의하자고 한 사람이 누구냐고 물어보니깨 나다 하니까, 나를 자기들도 확인을 해보니까 좀 문제가 있지. 거그서부터 뒤집어진 것이지. [회사 측에서늰 "이건 인자 여러분들은 이렇게 불순한 사람의 꼬임에 넘어간 것이다", 이렇게 해서 그 봉급 인상은 없어져버리고 나하고만 인자 싸움이 진행이 됐는데, 거기에서도 1년을, 거의 1년이지. 1년을 버틸 수 있었던 것은 그런데도 불구하고 한 달도 채 안 되어 있는 나를 그 사람들이, 갔던 그 30명은 아니어도 16명인가가 감쌌어, [나를. 그 친구들이.] "아니다, 그 사람이 뭐가 잘못됐느냐, [내 말이 다 맞았다", 이렇게 해가지고 한 일주일인가를 현장에를 못 들어가고 있다가 [나중에늰 들어갔어. 가서 인제 일을 하게 됐지. 거기서부터 인자 회사하고 나하고 신경전이 벌어졌지. 나는 어떻게 해서든지 동료들하고 이렇게 잘 지내야 되는 이유가 있는 거고. 그건 내가 살아남기 위해서 동료들과 함께[해야] 되는 거였고. 회사는 거기서 최대한으로 막아야 되는 거였고. 근데 원일섬유는 나중엔 하다 하다가 안 되니까 너무너무 나한테 잘해줘서 내가 스스로

백양 해고 노동자와 함께.

나올 수밖에 없었는데, 백양은 가면 갈수록 더 현장에 버틸 수 없을 만큼 힘들게 해요. 왜 그냐면 조그만한 거까지도 다 트집, 트집이기 때문에 정말 한 가지도 실수를 하면 안 되는 거예요. 그래가지고 [그렇게 신경전을 회사와 벌이면서 투쟁을] 하고 있었는데, 그때 임금 인상을 해야지. 봄이 돌아와서 임금 인상을 해야 되는 거고. 그리고 우리가 항상 말했던 우리 조합장이 관리자야. 사장과 똑같애, 우리 여자 조합장이. 그서 조금이나마 노동자도 제 위치를 좀 잡아봐야 되고, 이런 과정이 1년 동안 가까이 진행되어 왔으니까. 그때 마침 세풍합판이 싸움을 한대. 그걸 좀 같이 공유를 하면서 하면 어떻겠느냐 이런 것이 있었고, 그러면 좋겠다 이런 것도 있었고, 그서 군산에서 세풍이 농성에 들어갔고 백양에서 농성, 임금 인상, 노동자 정상화, 이렇게 하면서 내가 싸움에 들어갔지. 결과는 쫓겨나는 걸로 끝났지.

[노조는 정상화개 될 수 없지. 왜 그냐면 일곱 명이 떨어져 나왔으니까. 그 일곱 명이라는 건 핵심축이고 거기에 사람들이 있는 건데, 핵심축이 나와버리면 끝나는 거였고. 그서 정리로는 출근 정지 몇 개월 해서 나머지는 복귀했고 세 명은 해고로 정리했지.

백양에 맨 처음 들어갔을 때 근로 조건이 안 좋았단 거는 구체적으로 일단, 임금! 사람들의 가장 큰 불만이 뭐냐면 저임금이라는 것이 제일 큰 불만이었고, 그리고 노동조합장이 뭐 사장 뭐네 해가지고, 그 사장이 막 모든 것들을 다 이렇게 하면서 차별을 굉장히 많이 둬! 이뻐하는 사람, 정말 미워하는 사람 [차별이 심해요.] 갖고(그래서) 이뻐하는 사람들은 확실하게 이뻐해가지고 식구처럼 지내고, 그렇지 않은 사람은 사람 취급도 안 하고, 이런 것들이 굉장히 많았지. 내가 [내가 들어간 지 한 달도 채 안 돼가지고, 내가 인제 나가야 되는 상황이 된 거잖아. 한 달도 안 돼갖고 나가야 되는 상황이 됐는데, 다행히도 내 주위에서 한 달도 채 안 됐는데, 내 주위에 있는 사람들이 그래도 잘 관심을 많이 가져줘서 일방적으로 쫓겨나는 상황은 모면은 했어요, 모면을 했고. 또 인덕이 있어서였는지는 모르지만, 사람들이 나하고 이야기를 하면 찍히는 거잖아. 굉장히 많이 어려움을 겪어요, 그게 당연하겠지만. 근데도 불구하고 내 주위에 사람들이 끊임없이 있어 줬고. 내가 한 달에 한 번 꼴로, 나는 [회사왜 싸움이 일어나는 거야. 회사가 어떤 이유로든 트집을 잡아서 현장에서 빼내잖아. 현장에 못 들어가게 하는 거잖아. 근데 이러한 것들이 자주 있어지면서 [일반 노동자들 사이에서] 분위기는 '회사가 해도 해도 너무한다'라고 [인식을 하는 거야.] 그렇게 분위기가 갔던 거야. 그리고 반장들이 아무리 자기네 조원들한테 회사의 입장을 이야기를 해도 [회사 측이] 너무 너무한다, 이런 게 있었고. 또 내가 우리 회사에서도 반장급으로 확실하게 잡고 있는 사람도 있지만 나도 내가 확실하게, 나하고 친한 사람들이 이렇게 자연스럽게 형성이 되어 있어서 어떠한 상황이 와도, 어떤 누가 뭔 눈치를 뭐허고 해도 점심때가 되면 [와서 알은 체를 해줬어요.] 보통 나는 혼자 앉아 있잖아요. 사무실에든 어디에, 창고든 상담실이든 있는데, 격리돼가지고 있으면, 있어도 틈만 나면 와서 아는 척을 하고, 점심때 되면 그때는 다 도시락을 싸갖고 다녔으니까, 도시락 갖고 와서 밥을 같이 먹고. 그리고 분명한 이유는 내가 [회사 측] 그 사람들한테 트집을 잡히면 안 되기 때문에 일은 또 완벽하게 해야 돼요. 뭐 생산량을 미달을 시킨다든지 지각을 한다든지, 뭐 이런 것들은 있으면 안 되는 거야. 절~대로. 왜 그냐면 그게 회사에서 그런 것들로 문제를 삼으면 굉장히 어렵기 때문에 그런 것들은 다 해야 되는 거고. 그러면서 하다가 보니깐, 오히려 회사에서 만약에 나를 많이 탄압을 안 했으면, 아무것도 못 하고 정말 많은 활동가들이 현장에 들어가서 잘 풀지 못하고 이렇게 자기 한계를 느껴서 나오는 부분이 많았던 것처럼, 나도 그렇게 마무리가 될 수도 있었는데, 그렇지 않았던 것은 끊임없는 부딪힘 속에서 자연스럽게, 내가 뭐를 말하지 않아도 자연스럽게 사람들이 [내 주장이 정당하다라는 것을] 인식을 했었고. 그리고 인제 이렇게 나오면 내 사람들을 열심히, 소모임을 열심히 해서 준비를 좀 해나갔고. 그리고 우리가 5월달에는 임금 인상을 한번 제대로 교섭을 해보자, 그리고 최소한의 노동조합은, 지금 현재 조합장은 여러 가지로 자격이 문제가 있으니까 이런 것들을 제대로 이렇게 한번 해보자, 다 이런 것들이 몇 개월 동안의 소모임을 통해서 준비가 됐었지.

파업은, [파업] 진행 과정은 몇 월 며칠날 조회가 있으면, 이때 협상이란 것은 지금처럼 합법적인 협상은 존재할 수도 없고, 글고 거기에는 조합장만 있지 대의원이니 뭐니 아무것도 없고 그냥 이름만 갖고 있는 부분이기 때문에 없고, 그래서 어느 정도 일정 분위기도 있었고 위에는 내가 위층, 이층인데, 내가 위층에 있었기 때문에 많이 사람들이 좀 모아져 있었고, 밑에 있는 사람도, 하기로 했던 사람도 같이 이야기를 했었고. 그때 우리 회사에 학생 누가 밑에 [층에] 들어와 있었어요. 그래서 그 학생들을 같이 맞춰서 하고자 했는데 밑에가 움직임이 없었어. 그게 인자 조회시간에 맞춰서 [파업을] 하자 이렇게 해가지고, 사장이 조회를 이야기하고 그 조합장이 이야기를 할 때, 우리 누가 마이크를 요구를 해서 잡아서 우리 요구를 이야기를 한다, 이렇게 해서 작전들을 짰는데, 밑에 아래층이 하고자 했던 사람이 잘 이해 못 했고, [그래서 결국 파업은 성공하지를 못 했어요.] 거그에서 몇 명 사람들이 남아서 식당에 남아서 농성하다가 시간이 지나면서 핵심 몇 명만 올라가지고, 그 7명인가만 딱 들어서 내놔서 무모하게 끝났지. 그게 내가 7월달엔가 [백양에] 들어가가지고, [파업 시도는 그 다음해인] 5월달 [에 있었죠.]

그때 교도소에 들어간 것도 그게(백양 파업) 연장선이지. 그때는 활동가가 많이 있었던 것도 아니고, 특히 노동자들이 대다수 활동이라고 하는 부분들에 있어서는 학생들이 현장에도 들어가고 운동은 학생들이 주도하고 이렇게 진행들이 [됐으니깐.] 노동자들의 움직임이란 것은 정말 뻔하게 다 보여지는 [거고.] 누구누구 다 보여지는 것이고. 또한 문제를 야기시킨 사람은 더더욱이나 보여지잖아. 갖고 있었는데, 그러고 나니까, 해고를 당하고 나니까 더 이상의 갈 곳이 전주에서는

노동절 행사를 위해 마당극을 연습하는 모습.

없잖아. 정말 없잖아. 갈 수도 없고. 그리고 그땐 진행 과정이기 때문에 나는 감시를 계속 받고 있고, 감시가 굉장히 심해요. 담당 형사들 감시는 굉장히 많이 심하니까, [그런 감시를] 받고 있고. 그러다가 또 복직 싸움도 해야 되고. 그리고 몇 개월을 그렇게 지냈지. 복직 싸움도 하고. 근데 더 이상의 복직 싸움이라는 것은 일정기간이 지나고 나면 또 어느 정도 또 정리를 하고. 또 먹고 살아야 되니까, 또 일은 찾아야 되니까 마냥 [복직싸움] 그걸 하고 있을 수만은 없는 거니까. 갖고 회사를 다닐라고 했는데 못 가지. 갈 곳이 없어서 정말 작은 곳에 다른 사람의 이름을 빌려서 갔어. 그랬더니 다른 사람의 이름을 빌려서 갔는데, 내가 거그를 출근을 하는 것을 우리 집에 감시를 [하는] 담당들이 감시를 하니까 당연히 알았겠지. 그랬는데 하여간 또 그때는 유인물도 많이 있고. 그땐 지금같이 유인물들은 합법이지만, 그때는 유인물 그 자체는 다 불법이고, 그건 다 잡혀가야 되는 이유가 생기니까. 한날은 소모임을 하고 출근을 막 바로 집에를 가서 그 문건 같

노동절 행사 뒤풀이.

것들을 놓고 갔어야 되는데 막 바로 출근을 해서, 이게 인제 내 실수이기도 하지, 인제 내 소지품을 이미 알았으니까 맨날 뒤졌을 거야, 아마. 근데 나만 몰랐지 이제. [평소에도 회사에서] 소지품을 뒤졌을 거야. 근데 커다랗게 문제가, 며칠 동안 커다란 문제가 없었고. [하지만 늘 회사는] 주시하고 있었겠지. 왜 그냐면 어떻게 할 것인가를 고민을 하고 있었는데, 한번 뒤져서 문건이 나와갖고 그 자리에서 위장 취업으로, 일단 위장 취업으로 하고서 [해고가 되고,] 문건은 국가보안법[으로 걸려서 수감생활을 하게 된 거죠.] 그동안의 전력들이 잡혀간 김에 다 죄목, 죄명들을 주렁주렁 달게 되죠. 그래서 채 그 공장을 3개월 넘기지를 못했어요. 거그도 한 달도 안 됐을 거야.

난 지금까지 노동조합장을 해본 적이 없었고, 이렇게 공식적으로 테이블을 탁 앉어놓고, 이렇게 협상을 해본 적이 없고, 나는 이렇게 앉어 있으면 일방적으로 [하하하] "너 나가라" 이것밖에 들어본 적이 없지. "너 필요 없으니까 나가라. 니가 응? 우리 회사는 그렇게 못

하니까 니가 나가서, 니가 회사 만들어서 니가 그렇게 해." 이런 비아냥 거리는 소리만 듣고 나갔지. 난 공식적으로 인간 대 인간적으로 [앉아서] 협상해본 적이 없어. 내가 지금도 이러잖아. 한번은 내가 누구를 데리고 어디를 갔다 왔어요. 그랬더니 우리 회사에서 그것을 알고는 나를 불렀어. 그래서 "왜 너만 가입하면 되지, 왜 누굴, 왜 사람들을 데리고 가냐? 어?" 막 뭐라고 해서 무심결에 "인간이 근무시간 외에 누려야 되는 권리가 있는 거고, 의무가 있는 거고, 이것까지 회사에서 뭐 터치를 하느냐", 이 말 한마디 했다가 "너는 그래서 불순한, [사람이다.] 우리 보통사람들은 사람이라고 하지, 인간이라고 말을 하는 사람들이 없다"고, 사람이 아니고 인간이라는 단어 썼다고 3일 동안 일을 못 하고 시말서 쓰고 현장 들어갔거든요.

여성노동자에 대한 성적 억압이나 성폭력은 없었나요?

회사에서 늘 하는 얘기는 딱 한 가지예요. 회사에서는, 모든 사장들이 하는 말은 딱 한 가지잖아요. 불철주야 [무조건 열심히 일만 해라.] 회사가 어렵다, 여러분들은 생산량을 올려줘야 되고,] 원가절감[을 해야 되고,] 열심히 해야 된다, 문 닫게 생겼다, 뭐 그런 것들이 일반적으로 하는 말들이지.

여성들을 비하하거나 성적 모욕을 주고 그런 것은 실제적으로 그런 것보다는 여성 사업장이기 때문에, 책임자는 남자잖아요. 책임자는 남자고, 기사도 남자잖아요. [남자는] 소수에 불과해요. 나는, 내가 또 이케 생각하면 문제적일지 모르겠지만, 사람들이 이렇게 하기 이전에 [그 사람들이 성적으로 여성노동자들을 대하기 이전에] 우리들이 그 사람들에게 잘 보이고자 참 많이 노력을 하지……. 왜 그냐면 기사도 남자니까 우리가 그 기사한테 잘 보여서 미싱도 좀 좋은 거 받고, 미싱도 잘 좀 고치고, 미싱이 좋아야 생산량을 빼내고 생산량을 빼내야 집을 갈 수 있으니까 우리가 굉장히 스스로 알아서 잘 보이지.

폭행은 당하지 않았어요?

폭행 같은 것? 끌려나올 때에 폭행은 있었지. 집단으로 끌려나온 과정 속에서는 폭행이 있었고. 또 어떤 것이 있었냐면 이렇게 진행 과정이, 우리는 그 백양에서는 계속 대치 상태인 거잖아요. 왜 그냐면 회사는 끊임없이 막아야 되고, 나는 끊임없이 나가야 되는 거고. 그것이 나가야 되는 이유는 내가 거기에서 살아남기 위해서도, 나는 끊임없이 사람들하고 움직여야 되는 거고 그래서 나가야 되는 거야. 계속 이렇게 대치 상태였는데, 이렇게 일이 [계획했던 노동운동] 막 속도로 붙는 거잖아요. [파업을] 해야 할 날짜가 잡혀지고 하니까. [그런데] 막 이렇게 움직임은 숨어서 되는 것들이 아니잖아요. [그런데] 이것은 분위기 기운으로 [회사에서는] 다 알아가는 것이니까. 한 날은 갔는데, 내가 일을 함께해야 될 애가 있었는데 걔를 딱 반장급들이 끝나가지고 딱 데리고 나가는 거야. 그래서 내가 걔를 따라갔어. 그런데 그때는 왜 나도 한 사람이 [그 친구를] 지켜야 되는, 굉장히 중요하기 때문에 그때는 나도 물불을 안 가리지. 긍게 인자 일종의 상황이 우리가 5월달에 일한 그때는 서로 분위기가 팽팽하게 흘러가고 있었잖아. 그서 걔를 [핵심인 그 친구를] 데리고 가서 이렇게 저렇게 꼬실려고 했었는데 내가 붙어버렸지. 내가 붙어가지고 그런 것들이 안 됐던 것이지, 진행을 못했던 것이지. 따라가는데 그냥 숨어서 따라가는 것이 아니라 동참을 해서 갔어요. 그 반장들하고 이렇게 데리고, 몇 사람 데리고 가는데, 나도 거기 끼어서 [따라갔어.] 지금이면 그렇게 하라고 하면 못 하지. 그런 뻔뻔함은 [그때는 어디서 나왔나 몰라.] 그때는 절박하니까. 가가지고, 가서 밥을 먹고 막 뭘 먹고 하는데, 같이 다 참석을 했어. 거그 갔더니 사장도 나와 있고, 다 나와 있어. 나를 따라다니는 내 형사부터 해가지고 다 와가지고. 내가 앉아 있으니까 별 말을 못하고, 일상 얘기들만 하고 했는데, 뭐였냐면 나이트를 가자, 갖고 인자 나이트까지 갔어. 나이트를 갔는데, 내가 [친구한테] 그만 가자 그랬더니 그 형사가 나한테 그러는 거야. "내 문규현이, 내 그것도 가만이 안 둔다", "문규현 신부님, 빨갱이들" 막 이럼서, 막 이야기를 해. 그러다가 내가 가자 그랬더니 거기에서 또 애들은 애들이기 때문에, 나이트이기 때문에 또 어떤 남자를 만났어. 그게, 지금도 그게 의도적이었는지 뭐였는지는 알 수가 없어. 갖고 지네들은 빠져나오고 [다른 반장들, 그 사람들은] 그 남자들하고 노는 거야. 갖고 내가 가자 해가지고 애들을 데리고 나왔는데, 거기서 한 애가, 핵심에 있는 애가 [노동운동을 주도적으로 하고 있는 핵심인] 걔를 [어떤 남자개] 딱 잡고는 자기가 데려다주겠대. 근데 나머지 애들은 다 문제가 없겠어. 그서 [나머지 애들은] 다 갔고 헤어졌고. 걔하고 [그 핵심인 애를] 거그를 보낼 수가 없더라고. 그래서 같이 가자 해가지고 했는데, 택시를 타고 천변도를, 서학동인가, 하여간 있는데, 거그를 다리 있는 데서 딱 내렸어, 내렸는데. 그 머시매가 때리는 거야. 그래서 "왜 그러냐" 했더니 "니네들이 회사 다 말아먹을라고 작정을 했다, 니네들이 다 죽어야지" 하면서 때리는 거야. 갖고 그때 정말 맞았어, 정말 [많이 맞았어.] 그 남자한테 나만 맞았지. 걔는, 걔는 안 때렸는데, 나만 굉장히 맞았지. 정말 채이고, 이러고. 정말 다리 [밑에 데리고 가서] 거그서 맞았지. 그래서 니까진 것들은 죽어야 된다고. 너 하나 때문에 얼마나 많은 사람들이 공장에서 쫓겨날 수 있는지 아냐고.] 거그 공장이 문 닫으면 얼마나 많은 사람들이 거리에서 쫓겨나냐고 해서, 갖고 내가 일어나, 벽에 일어나서, 벽에 딱 서가지고는 내가 말을 했지. "왜 무엇 때문인지는 모르겠지만 내가 잘못한 것이 뭐냐." 아마 울었겠지, 울면서 말을 했겠지. 글고 "내가 난 이렇게 이렇게 살아왔는데, 내가 무엇을 [잘못했길래] 나 때문에 왜 망하느냐", 내가 망하는 것을 가지고 내가 계속 얘기를 했다가 낭중에는 그 머시매가, 막 흥분해서 했던 머스매가 다 듣고 있더라고, 그러더니 가라고. 가라, 그래서 "내가 정말 나쁜 사람인지, 안 나쁜 사람인지는 내가 보여줄 테니까 확인을 해라". 그때 덕진 성당에서 3월 10일날 근로자의 날에 행사를 준비를 했었거든. 밖에서 행사가 있었고, 우리는 그 행사에 참석을 헐려고 해서 준비를 하고 있었는데, 그때가 노동절날 일주일 전인가 겨(그래). "거기에 몇 시까지 와라, 오면 내가 있을 것이다, 그러고 나는 [너넌 그렇게 [내가 나쁜 사람이라고] 말하지만, [나넌] 나쁜 사람 아니다, [그 행사에] 오너라"[라고 말했지.]

그래가지고 [그 남자개] 가라 해가지고 집에를 왔어. 왔는데 정말 여기 얻어먹어 밤팅이 됐고, 밤팅이 됐잖아. 출근을 정말 할 수가 없어. 출근을 할 수가 없어서 있

> 내가 맞아봤기 때문에 그 공포감이 얼마나 큰 거였는지, 죽을 수도 있다라는 생각을 했으니까……. 죽을 수도 있겠구나.

는데, 누워 있다가, 출근을 안 하면 나는 안 되잖아요. 출근을 안 하면 안 되기 때문에, 그 밤탱이 된 얼굴로 정말 챙피하기는 했지만 그래도 가야되니까 딱 갔어. 다른 때 같았으면, 나는 그날로서 또 회사에 들어갈 수가 없는 거야. 이유가 안 되는 거잖아. 지각을 했다, 너

잘 걸렸다, [그랬을 텐데.] 아무도 뭐라고 말을 안 해. 아무도 뭐라고 [안 해.] 왜 다쳤느니 어쩌느니 누구 한 마디도 하지 않는 거야. 그리고 났더니 그 노동자 때 [덕진 성당에서 준비한 노동절 행사에] 갔더니 그 머시매가 양복 입고 우리를 감시하고 있드라고. 그서 한 번, 한 번 뚜들겨 맞는 걸로 그게 이제 정리가 됐지. 그래서 연속극이나 영화를 볼 때 끌려가서 맞잖아, [그런 장면을 볼 때] 아마 저건 장난이 아니고 정말 그랬을 거라고 생각을 해. 내가 맞아봤기 때문에. 그 공포감이 얼마나 큰 거였는지, 죽을 수도 있다라는 생각을 했으니까……. 죽을 수도 있겠구나.

교도소 나와서, 나와가지고, 내가 나왔을 때에는 86년이잖아. 86년 봄에 나오게 되잖아요, 가을에 잡혀갔으니까. 86년 봄에 나와가지고 어영부영, 정말 어영부영, 그때는 확실하게 어영부영하고 [지냈지.] 왜 그냐면 감각도 없어져 있고, 또 뭘 어떻게 해야 될지도 정말 막막하고, 글고 다시 현장을 가야 되는지 어쩌야 되는지도 그러고. 또 제일 중요한 것은 처음으로 지쳐 있을 때였겠지. 그리고 정말 어영부영하고 있다가 바로 86년 6, 7월이 오면서 내 딴에는 굉장히 힘들었지. 왜 힘들었냐면, 지금까지 우리 전라북도 노동운동은 [노동운동 하는 사람의 소수에 불과하고 여성노동자들 중심으로 막 이렇게 굴러가다가 [남성 중심 사업장으로 노동운동 환경에 변화가 오면서] 내가 적응하기도 굉장히 힘들고. 판 자체가 달라진 거잖아요. 갑자기 남성 사업장들이, 갑자기 막 노동자들이 조직하겠다고, 자기 조직 만들겠다고, 노동조합 하겠다고 그래서 막 쏟아져 나오니까 아마 그런 것들에서 내 개인적으로는 뒤로 계속 밀려나는, 헐 것이 없는 [상황이 되었다고 생각했죠.]

이렇게 해서 어영부영하면서 세월 보냈어요. 어영부영 정말 외곽에서만 핑핑 돌고. 나와가지고 익산 노동자의집에서 보조 일을 좀 했지, 89년도[까지.] 내가 결혼하기 전까지. 그냥 노동조합도 어영부영, 그때도 정말 어영부영했지. 왜 그냐면 그때는 할 것이 없더라고. 왜 그냐면 정말 당사자들이 정말 다 알아서 일을 하고 있고, 노동자의집도 익산에서 일어나는 모든 노동 문제들을 다 그쪽으로 상담하고, 거그서 진행하고, 이랬던 것들이 인자 노동조합이 합법화되는 거지. 그때까지는 인정을 않고 법에서만 인정을 했지, 실제적으론 인정을 않고 있다가 많은 사업장들이, 노동조합을 설립을 해서 조직적으로 움직여지고, 그렇게 진행이 되고 있으니까 정말 우리같이 어리비리한 사람들은 할 것들이 없지.

결혼하면서 노동운동은 그만 하셨나 보네요.

결혼하고 주부로 그냥 생활한 것은 한 3년 했어요, 3년. 정말 아무것도 안 하고. 정말 아무 생각 없이 3년 동안 애기 키우고 살림하고 이렇게 살았는데, 아이도 한 서너 살 먹으니까, 아이도 내 품에서는 떠나잖아요. 왜 그냐면 내가 데꼬 놀을 수가 없는 것은 아이가 친구들하고 놀아야 되는 거야. 근데 우리 어렸을 때는 대문만 열면 친구들이 있어서 같이 놀 수가 있었는데, 아이가 세 살이 되니까 나하고 노는 것에는 한계가 있잖아요. 같이 놀아야 되는 [상황이 한계가 있는 거야.] 그러다 보니까 어린이집을 몇 시간씩이라도 보내게 되니까 낮에 시간들이 남아서 뭔가를 해야 되는 거예요. 근데 아까 얘기했던 것처럼 보험 설계사를 하더라도 [학력이 필요한 거예요.] 그때부터 제가 느꼈어요. 그때 그 학력, 이런 제한들, 이런 것들이 모든 부분에서 내가 자격이 안 됐다, 안 된다라는 거 하고, 내가 할려면은 다시 내가, 다시 현장으로 가서 해야 된다라는 거. 그래서 어떤 건가를 헐려고 하고 있을 때에 우리가 전북여성노동자회를 만들자, 이렇게 해서 전북여성노동자회를 만들기 위해 모임도 하고 막~ 이렇게 하면서 자연스럽게 밖으로 다시 이렇게 나왔어. 그서 전북여성노동자회가 처음에는 익산에서 [만들어졌어요.] 우리 직책으로 이렇게 만들었다가 익산서 담당하거나 꾸려낼 사람이 없어요. 한 4년인가를 익산에서 했는데, 더 이상 할 수 있는 사람이 없고 전주로, 인제 전북여성노동자회를 전북으로 옮기고 나는 열심히 생활 전선에서 있다가, 생활 전선이라는 것은 그 이전에는 내가 인제 내 개인적으로 할 수 있는 일들을 좀 했지, 돈 벌어야겠단 생각 때문에. 하면서 여성노동자회가 전주로 가고, 그래서 우리 지역에서는 80년대, 90년대에 굉장히 많이 활동했던 사람들, 특히 노동 부분에서 사람들이 활동들을 했잖아요. 그래서 그 활동들을 했던 사람들이 주축으로, 함께하는 사람들은 모임을 하나 이렇게 만들어서 낮에는 나의 생활, 개인 일상생활을 하면서 활동을 하다가 권영길[이 후보가 되었던] 대선이 오면서 함께하는 사람들이 지역으로 좀 나눠져서 민주노동당에 좀 참여를 할 수 있는 부분들은 참여를 하자, 그렇게 [해가지고] 함께하는 사람들이 다 전주, 군산으로, 자기 살고 있는 부분으로 해서 들어갔지. 그래서 활동하는 일이라고 고작 해봤자 민주노동당에 쪼금 관심 갖는 거 그게 전부가 되는 거지.

이 실업극복익산운동본부에서는 언제부터 활동하신 거예요?

벌써 1년, 거의 2년째 돼가네. 2, 3개월만 있으면 2년이네. 어떤 계기가 있었지. 내가 하고 있었던 일들이 정리가 됐어요. 내가 하고 있었던 일들이 정리가 돼갖고, 내가 일을 해야 될 상황이 돼서 직장을 구할려고 하고 있는데, 여그에 있던 사람이 내 전임자가 여기에서 일을 하는 것이 낫지 않겠느냐, 왜냐면 나도 많은 세월을 돌았잖아요.

아버지가 아주 엄격하신 분이셨던 것 같은데, 한참 운동할 때 어떠셨어요?

우리 아버지는 나를 걱정을 많이 했지. 왜 그냐면 툭하면 집에를 안 들어오고, 툭하면 어디론가 말없이 없어지고. 그리고 참 이해할 수 없는 상황이 벌어지고. 근데 요즘에는 그렇지 않잖아. 요즘에는 그렇게 위험한 활동도 없고, 우리 아버지야 내가 툭하면 행여나 어디로 잡혀갔을까봐, 이게 항상 걱정해서 걱정이었겠지만 지금은 그럴 일 절대 없고. 그때같이 내가 욱한 성질도 없어서, 예를 들어서 집회를 가도, 그때는 꼭 배후에 껴야만이 뭔가 되는 줄 알고 과거에는 좀 더 앞으로 앞으로 하면서 앞에 가 있지만, 지금은 최대한으로 멀리 멀리 멀리 해서 [있고.] 어쩌면 정말 방관자, 구경하는 자 정도로밖에. 설사 집회를 가서 있는다 해도 외곽에 있지, [앞에는] 있지 않잖아. 그러면 특별히 뭘 부딪혀야 되거나, 문제가 돼야 될 이유는 없는 거지, 그치. 지금껏 아버지와 갈등은 없었어요. 왜 없었냐면 우리 아버지는 우리 자기 동생한테 너무나 많은 것들을 몸으로 겪었기 때문에, 내 자식들은 그런 걸 겪는 것은 싫어. 그래서 좀 많은 부분들을 닫아놨던 부분들이 굉장히 많았고, 또 우리 오빠 같은 경우들은 적대감도 많아. 자기는 피해자, 남자이기 때문에 작은아버지로부터의 피해자란 생각이 많이 해요. 글고 우리는 왜 그냐면 어렸을 때 작은아버지가 돌아가시기 전까지는 우리 작은아버지가 순경하고 같이 생활을 해. 궁게 처음에는 감시하다가, 그러다가 낭중에는 왜 촌 인심이란 것이 그런 거잖아요. 밥 먹고 싶으면 밥 먹어라 하면서 같이 밥을 먹고 [그러면서 순경하고] 식구가 되는 거예요. 그치만 또 불편함은 말할 수가 없이 굉장히 불편하지. 이렇게 했는데 나도 이제 한 번은 원일섬유에서 이렇게 [운동을] 했을 때, 어떻게 허냐면 [회사 사람이 나를] 우리 집으로 끌고 갔지. 니네 부모한테 가서 말을 해야 된다고, 너 같은 것들은 부모 책임이고 부모한테 해결해야 된다고 허면서 끌고 갔지. 끌고 갈 때 그때 나도 굉장히 많이 [고민을 했어.] 도망갈 것인지 그만 되야(두어야) 될 것인지, 가서 우리 아빠가 나한테 욕하고 막 그러면

> 우리 아버지가 딱 한 말씀하시는 거야. "당신들이 어떤 말을 해도 나는 내 딸을 믿는다", "내 딸이 한 번도 나를 실망시킨 적이 없고, 우리 딸이 지금 믿어달라고 하니까 알아서 하라"고, 이 한마디에 끝났지 뭐.

어쩔까 이렇게 해가지고 [걱정을 많이 했어요.] 인자 차에 실려서 갔어요, 집에. 딱 갔는데, 우리 아버지 데리고 갔던 우리 관리자나 회사 사람이 [우리 아버지한테 그러는 거예요.] 당신 딸이 얼마나 나쁜지. 그때는 도산, 뭐 도시산업선교회인가, 그 도산이 굉장히 문제가 많이 되고 [그러는 때였거든.] "회사가 망하는 것은 그 산업선교회, 이 사람들 때문이다" 하면서 막 이거 하고 있을 때야. 근데 인자 나도 "당신 딸도 이렇게 해서 회사를 망해 먹으려고" [우리 아버지한테] 당신 책임지라고 하면서 일종의 [우리 아버지를 면박을 주는 거야.] 우리 아버지가 그런 걸 다 듣고 한 마디를 않고 있더라고. 다 듣고 난 다음에 우리 아버지가 나한테 뭐라고 하냐면 "너는 어떠냐" 그래요. 그래서 나는 위에 쪼그려서 앉아 있고 우리 아버지 아랫목에 있고, 그 사람들도 문 바로 옆에 앉아서 이렇게 넷이 앉아 있는데, [우리 아버지가 나한테] "너는 어떠냐"

[그래.] 그래서 내가 울면서 뭐라고 했냐면 그때는 당연히 울고 있지. 그 무서움, 두려움도 있고, 미안함 모든 것들이 있으니까. 아버지가 딱 한 번 "너는 어떠냐" 그래서 내가 "아버지, 내가 지금까지 한 번도 아버지 실망 안 시켜줬으니까 한 번만 저 믿어주세요" 그랬더니 우리 아버지가 회사 사람, 두 사람한테 딱 한 말씀만 하시더라. 그렇게 하는 게, 우리 아버지가, 촌에서는 반찬도 변변치 않는 그곳에서 손님을 맞을 때 고깃국을 끓이는 건 참 접대를 잘하는 거야. 우리 엄마한테 돈을 주면서 "고기를 사다가 반찬을 하라" 허고 있는데, 우리 아버지가 딱 한 말씀하시는 거야. "당신들이 어떤 말을 해도 나는 내 딸을 믿는다"고, "내 딸이 한 번도 나를 실망시킨 적이 없고, 우리 딸이 지금 믿어달라고 하니까 알아서 하라"고, 이 한마디에 끝났지 뭐. 우리 아버지는 그랬어. 아마 이렇게 했었던 것도, 다른 아버지들처럼 와서 자기 한을 자식한테 퍼붓지 않고, 그랬었던 것이 젤 좋지 뭐. 항상 고매워요.] 그때 그 고마움은 [잊을 수가 없어요.] 그래서 두 번 다시 회사에서는 우리 부모를 팔아먹는 거, 집에 델꼬 간 이런 것은 있지를 않았으니까. 글고 내가 백양에서도 그러고 있을 때 되면 그때도 우리 아버지는 와서 그냥 쳐다보고 그냥 가. [다른 집 같으면 딸을 집으로 데리고 오잖아요. [근데 우리 아버지는 내가 현장에서 그러면 쳐다보고 한마디도 않고 그냥 가. 그게 더 마음이 더 아프기는 했지만, 한 번도 그런 부분에 있어서 [나를 집으로 데려가거나 내가 운동하는 것을 못 하게 만류하거나 그러지 않았어요.] 글고 딱 나한테 한마디 했을 때는 언제 했었냐면, 내가 경찰에 잡혀가가지고 면회를 못 하잖아요, 면회를 못 해가지고 마지막 날에 인자 구치소로 넘어갈라고 할 때, 그때 인자 면회가 됐어. 면회가 돼가지고 우리 아버지를 만나야, 아버지를 만나라고 하는데,

그때 내가 안 만난다고 그랬어. 내가 만날 수가 없는 거야, 어떻게 만나. 만날 수가 없잖아요. 그래서 "안 만난다" 그랬더니 [경찰이 아버지를] 만나라고. 그래도 그 형사가 그때 인정을 베풀어서 만나라고 [했어요.] 어차피 들어가면 못 만나니까 만나라고. 그면 내 수갑을 풀러달라고 그랬어. 그랬더니 수갑을 풀어주더라고. 그래갖고 인자 만났어. 근데 인제 그때부터 엉엉 울지 당연히. 울고 있는데, 그때 우리 아버지도 그때도 한 말씀을 안 하시고 그냥 나를 이렇게 껴안더니 이 한마디 하더라고. "걱정하지 마라. 니가 나오면 니 인생은 내가 책임져 줄게." 자기가 뭘로 책임져? 책임 하나도 안 지면서. 그렇지만 그게 항상 그런 것들이 나는 아버지의 고마움을 입지. 그런 것들 때문에 내가 또한 그 힘들었던 과정들을 잘 이겨내었던 것 같애요.

당시의 노동운동이 지금의 삶에 미치는 영향이 있다면요?

다지! 내가 왜 그냐면, 모든 것들이 이미 몸으로 이미 이렇게, 내꺼화가 되어 있지 않는가 생각을 하고. 나는 이렇게 우리 사람들을 만날 때 제일 행복해. 그래서 난 이런 표현을 해요, 내가 살다가 산소가 필요한데, 우리 이렇게 같이 활동했던, 우리 이런 사람들은 나의 산소다, 산소가 필요하기 때문에 [이곳에 온다고.] 나는 꼭 이렇게, 사람들을 만날 때 이렇게 말하거든. "나 산소 먹고 올게."

¶ 진양명숙이 2006년 9월 8일 인터뷰하고 녹취록을 정리했다.

날 선 직업활동가에서 편안한 생활운동가로

전 희 남

전희남은 1961년 익산시 오산면 신지리에서 출생, 중고등학교 시절을 익산에서 보냈고 평범하지만 책을 많이 읽었다. 1979년 전북대에 입학한 후 1학년 2학기 때 기독학생연합회에 가입하면서 학생운동을 시작했다. 2학년 때인 1980년 5월 18일 새벽 전북대 학생회관에서 농성하던 중 계엄포고령 위반으로 붙잡혀서 35사단 유치장에 있다가 45일 만에 풀려났다. 그는 그때 처음으로 운동은 죽음을 동반할 수도 있다는 걸 알았다고 당시의 공포에 대해서 고백했다. 복학하여 학내 조직을 복구하며 활동을 하다가 4학년 때인 1982년 학내 시위 주동으로 구속되고, 이후 노동현장에 취업하여 조직적인 노동운동을 전개하고자 활동가 모임을 갖던 중 1986년 전라북도노동자투쟁위원회(전노투) 조직사건으로 와해되고 다시 감옥생활을 했다. 87년 6월항쟁을 감옥에서 겪고 나온 후 노해동 조직을 통해 전국적 조직체계에 합류하고 전북지역을 비롯한 전남, 충남 등에서 비합법 조직활동가로 활동을 했다. 1989년 다시 전북지역으로 돌아와 군산지역에 정착하고 노동상담소, 어머니 한글학교 등 지역운동을 다시 시작했다. 계엄포고령, 국가보안법, 집시법 위반 등의 꼬리표 때문에 취업을 할 수 없었던 그는 건설일용직 노동자로 생활하면서 생계를 유지하는 한편, 노동자로 살아가면서 운동을 다시 생각하게 되었다고 말했다. 현재는 민주노동당 군산시위원장으로 활동하면서 여전히 건설일용직 노동자로 생활하고 있다.

나는 저 익산 오산면 신지리에서 태어났는데, 오산면 신상부락 거기서 쭉 자라서 그 옆동네 이사 간 기억밖에 없으니까 거의 그 지역에 살았다고 보는 거죠. 머 내 어렸을 적 기억이란 건 뭐 특별한 건 없고 그냥 일이 싫었어요, 진짜. 우리 어렸을 때는 인자 보릿고개가 있어가지고 웬만한 집에서는 여름이나 봄 지나면 그때부터 인자 굶는 집안이 많았어요. 그래서 거의 점심 같은 경우에는 쑥 넣어가지고 보리개떡 쪄먹는 그런 배고픈 시절을 겪어가지고 대부분 초등학교 아이들도 집안일을 꾸준히 도와야만 했죠. 긍게 학교 갔다 오면은 집에서 키우는 가축들 돌보고, 인자 여름이랄지 이럴 때는 개구리 잡아가지고 삶아서 돼지, 닭 같은 거 키워야 됐죠. 또 추수철 되면 인자 논으로 나가가지고 서나 부모님들 일하는데 나락 같은 거 묶어주고 날르고, 뭐 어떤 때는 밤 10시든 12시든 될 때까지 그랬어요. 그렇게 좀 일한 기억만 있어가지고 내 어렸을 때 꿈은 진짜 농사하기 싫다, 일에서 좀 해방됐으면, 고런 기억이 좀 많이 남아 있는 거 같아요. 그래가지고 그 현실을 한번 좀 벗어나고자, 좀 이렇게 대학을 꼭 가고 싶다 이런 생각을 많이 가졌었던 것 같아요.

어렸을 적 가족 이야기를 좀 들려주세요.

우리 아버지가 그 아주 억척스런 분이었다고요. 긍게 우리 할아버지와 아버지 세대가 일제 시대 때 저 만주로 이주당한 케이스거든요, 만주로. 그러니까 여기 그 근방에 살다가 소작을 지었죠. 소작을 지었기 때문에 인자 그때 당시만 하더라도 살기가 어려웠고 또 할아버지 경우는 장에서 소 거간을 했다라고 그러더만요. 소를 갖다가 판매하고 이런 거간꾼이었다고 하는데, 뭐 그렇게 살다 보니까 여기서도 힘든 나날이기 때문에 인자 당시 일본놈들이 만주로 가면 땅도 주고 뭐 허고 한다고 하니까 그때 만주로 이주를 했다고 그래요. 할아버지가 이제 자식들 끌고 기차로 만주까지 이주를 하지요. 긍게 그때 만주에 도착해가지고 살 때 아버지 형제간이 남자가 셋, 여자도 셋, 3남 3녀였는데, 예전에 노동력이란 게 순전히 가사노동 아닙니까. 가족이 얼마만큼 있느냐가 실제 노동력을 좌우하기 때문에 인자 그 노동력이 어느 정도 갖춰져 있어서 만주에 정착해가지고 그런대로 일궈 먹고 살만 했던가 봐요. 땅도 넓고 방치되어 있는 땅들도 무지 많았기 때문에 소작농으로서 자기 땅을 가져보지 못한 한이 맺혀가지고 만주에서는 좀 억척스럽게 일군 모양이에요. 그러다가 아버지가 징병에 끌려가가지고 그 무렵 해방을 맞이한 거죠, 만주에서. 그때 인자 옛날에 할아버지, 할머니 얘길 들어보면 징병 갔던 아버지가 인자 만주로 올 것 같은가 아니면 고향땅으로 내려갈 것 같은가 고민을 하셨던가 봐요. 그때 어머니도 결혼해가지고 같이 있다가 아버지가 끌려간 케이스니까 어머니가 생각할 때도 아버지가 고향 땅으로 찾아갈 것 같다 생각하셨나 봐요. 그래서 해방되자 가족들이 만주에서 일궈놓은 땅을 다 버리고 [다시 고향으로] 이주를 했었던 모양이에요. 그래가지고 결국 아버지는 해방 후에 인천항을 거쳐가지고 [고향으로 오셨대요.] 그때 아버지도 생각할 때 이제 인천항으로 내릴까 아니면 저쪽 만주 무슨 항이라더라, 상해항인가, 뭐 여튼 두 가지 항 중에 어디서 내릴지를 일본놈들한테 얘기하는데 "아마 가족이 고향으로 갔을 것 같다. 타향에서 아무리 부귀영화를 누려본들 무슨 소용이 있겠느냐" 해가지고 인천항에서 내려가지고 걸어서 고향에서 드디어 만났다라고 얘기 들었어요. 그렇게 좀 억척시럽게 서로가 만나가지고 이렇게 살았던 분이라서 아버지가 굉장히 억척시럽게 일을 했어요. 그때 당시 논이 네 필진가 있었는데, 그런대로 당시 조건에서는 그래도 보릿고개에서 여름엔 꽁보리밥이라도 먹을 정도 수준은 됐단 말이죠. 근데 그 농사를 아버지가 가족을 데리고 혼자 지었어요, 거의 혼자. 가족들도 많이 고생을 했고요. 그래 땅을 일구면서 익산에서 계속 살았어요. 아버지 말로는 그때 저 인천항에서 내리는데, 봉급이라고 해가지고 일본놈들이 돈을 줬다고 그러더만요. 뭐 2,000원인가. 그래가지고 그놈을 가지고 내려와가지고 땅 좀 사고 해서 농사를 짓기 시작했다고 그렇게 말을 하더라구요, 아버지가. 지금은 노환으로 돌아가셨지요.

형제들은 어떻게 되나요?

현재 우리 형제는 인자 누이가 둘이 죽고 지금은 2남 3녀 살아요, 쭉. 위로 누나 둘, 현재 살아 있는 형제 중에서는 내가 셋째고, 여동생 하나, 막내 남동생 하나예요. 둘째 누이는 초등학교 교사 하다가 심장마비로 죽었고 셋째 누이도 죽었고, 또 누나들이 공부에 열정이 강해가지고, 당시 인자 여자들 같은 경우는 초등학교도 별로 안 보내고, [보내더라도] 초등학교만 졸업하면 바로 농사일 하고 가사 돌보고 이런 시절인데, 누나들이 인자 대학까지 나오고 억척시럽게 좀 그렇게 [공부를 했어요.] 아버지가 또 그랬던 것 같아요. 자기가 힘들게 일하면서 공부를 하고 싶었는데 어려워서 공부를 못 한 것이 한이 돼서 아버지가 늘 아이들만은 좀 가르치고 싶다 뭐 그런 말씀을 늘 많이 하셨어요. 그래가지고 누나들 대학 가르치고 하는데 그렇게 고생을 하고 좀 그러셨던 것 같네요.

학교 다닐 때는 친구들 사이에서 어떤 사람이었어요?

그냥 평범하고 내가 볼 때는 특출난 것도 없었던 것 같아요. 그리고 공부는 쪼금 잘했던 것 같고, 또 태권도 선수여가지고 도 대표선수까지 했고 뭐 그냥 지기 싫어했고 그랬죠. 기억나는 건 촌에서 내가 중학교 가면서 난생 처음으로 도시라는 데를 가봤거든요. 그전에 이제 한두 번 명절 때, 이제 누나들이 영화 보러 가자고 해서 한두 번 가본 적은 있고 아버지 따라 몇 번 가본 적은 있고 그랬지만요. 그 당시는 [도로가 대부분] 비포장도로인데, 전군가도1)가 신작로라고 해가지고 차도 별로 뭐 없고 시내버스도 어쩌다 한 대씩 있는데, 당시 시내버스 요금이 내가 생각할 때 2원인가 그랬었단 말여, 2원. 그때는 실제로 운송수단이란 게 달구지랄지 뭐 그런 것이지 트럭도 별로 없고 보기 힘들었을 때니까 목재랄지, 뭐 이런 큰 물건을 사기 위해서는 그냥 리어카를 끌고 익산까지 갔었다구요, 새벽에. 가가지고 인자 거기서 장을 보고 그 리어카를 끌고 다시 집에까지 오곤 했었는데, 그때마다 인자 아버지하고 익산에 들러본 적은 있거든요. 장 보러 가가지고 거기서 목재 같은 거, 기타 등등 사가지고 올 때는 밀고 오고 그랬죠. 그런 이후에는 처음으로 이제 도회지로 진출을 한 거죠. 그러니까 참 이 촌놈이라고 깔보고 그래요, 도시 애들이. 중학교 1학년 들어갔는데 우열반, 특별반을 만들고 그랬단 말이죠. 내가 다녔던 당시 학교에 특별반이 2개 반 있었는데, 특별반 안에 소위 그때 당시에 사립명문이라고 했던 남성초등학교 출신들이 거의 뭐 3분의 1 이상을 차지해버리는 거예요.

---

1) 전주-군산 간 26번 국도로 백 리(40km)에 달하는 전국에서 가장 긴 벚꽃길은 유명하지만, 아이러니하게도 이 길은 과거 군수물자를 실어 나르기 위해 일본이 닦아놓은 길이다. 1908년 우리나라에서 최초로 아스팔트 포장을 했다.

그러니까 무리를 껴가지고 좀 촌놈이라고 왕따시키고, 또 그런 부분을 못 참아서 싸움도 좀 많이 하고 그랬던 것 같아요.

고등학교 때도 뭐 평범하게 지냈던 것 같아요. 좀 고민도 많이 했는데 다들 그랬을 것 같다는 생각도 드네요. 누구든지 사춘기 그 경험이 뭐 나에게만 특별한 것 같다고 생각하겠지만, 뭐 보편적으로는 그런 과정을 겪었죠. 그냥 좀 시를 좋아해가지고 소설이랄지 어렸을 때부터 책 읽기는 좀 좋아했고요. 그건 인자 누나들의 영향인데, 누나들이 생일 때랄지 책 선물을 많이 줬어요. 그때 당시는 먹고 산다는 문제가 힘들었을 때니까 참 책이랄지 이런 부분에 참 인색하던 시기였거든요. 그런데 누나들이 대학 다니고 하면서 초등학교 몇 학년 생일선물인가 『이솝우화』를 선물로 받은 거 같고 그 뒤로 계속 생일선물로 책 선물을 누나들한테 받았어요. 그래가지고 뭐 『어린왕자』도 내 기억으로는 초등학교 5학년 생일선물인가로 받은 기억이 나고, 헤르만 헤세의 『데미안』 같은 경우도 중학교 1학년 땐가 생일선물로 받고, 그래가지고 중학교 때 거의 한국문학전집을 다 이렇게 읽었어요. 큰 누나들이 사다놓은 책장에서 단편이건 장편이건 무작위적으로 막 섭렵해가는 그런 스타일로 책을 읽었던 것 같고, 책을 한 권 잡으면 밤을 새고서라도 읽는 스타일이었어요. 그래가지고 방학 때도 거의 그냥 그렇게 책 읽고, 중고등학교 때는 소설 읽는 재미로 이렇게 살은 거 같아요. 시도 좀 좋아했는데, 그때 당시는 좀 낭만적이고 감상적인 그런 시, 박인환의 「목마와 숙녀」랄지, [하하하

> 누나들이 사다놓은 책장에서 단편이건 장편이건 한 권 잡으면 밤을 새고서라도 읽는 스타일이었어요. 그 외에 또 다른 세상에 대해 알려주는 사람이 없었기 때문이죠.

그런 거 읊조리면서 괜히 감상적으로 빠져들고 좀 그랬던 것 같아요. 그 외에 또 다른 세상에 대해 알려주는 사람이 없었기 때문에 [그랬죠.]

그렇게 고등학교를 졸업하고 대학에 들어가게 되면서는 어땠어요?

대학을 들어왔는데 별 재미가 없었어요. 좀 뭐랄까……, [첫 번째 이유는] 내가 전북대를 가고 싶지가 않았었거든요. 내가 원하지 않는 대학이었지만, 그렇지만 집안의 형편상 서울로는 갈 수가 없었고, 그 담에 인자 두 번째는 흔히들 고등학교에서 대학교 가면 낭만적이고 막 뭔가 또 다른 세계가 펼쳐져 있는 그런 곳이라고 이렇게 꿈꿔왔는데, 뭐 이건 고등학교 연장 같고 진짜 재미없더라구요. 그래가지고 1학년 때는 그냥 별 생각 없이 술만 마시고 어울려 다니면서 좀 그랬던 것 같아요. 특히 지금도 기억나는 건, 당시 총장이 뭐야, 빨간 티셔츠를 입고 왔다 해가지고 무안을 주고 그런 적이 있었어요. 나 1학년 때 총장이 이렇게 교실을 돌아다니는데, 난 누군지도 몰랐거든요. 나중에 총장이라고 그러던데, 빨간 티셔츠를 입고 왔는데 그 빨간색이 뭐이냐고, 무슨 뜻인 줄 아느냐고 해가지고 벗으라고 막 이렇게 무안을 주던 기억도 나서 참 어이가 없어가지고……. 심종섭이라고 그 당시 총장인데, 그렇게 말도 안 되는 그런 분위기랄지 그런 것들이 싫었고 그래가지고 군대를 가고 싶어서 군대를 지원했었어요, 1학년 1학기 때. [대학이] 재미없으니까 군대나 일찍 갔다와가지고 뭔가 또 다른 내 인생을 설계해야겠다는 생각이 있어가지고 해병대를 지원해서 입영날짜를 받았는데, 진해훈련소까지 갔다가 다시 쫓겨왔죠. 거기서 인제 신체검사에서 뭐가 하나 걸려가지고 [다시 왔어요.] 그때 인자 10·26사건 이후에 휴교령이 내려져가지고 계속적으로 [학교를] 쉬어서 선배나 친구들이랑 어울려 다니면서 여행도 하고 밤새 술 마시면서 얘기도 하고 이런 식으로 돌아다녔는데, 암튼 거기(진해훈련소)에서 귀가조치를 당하여 돌아오는 바람에 제2의 인생이 시작된 겁니다. [하하하] 그래서 2학년 1학기 초기에 '아, 1학년은 너무 아무 계획도 없이 지낸 것 같다. 나도 좀 이제는 이런 상황에서 무언가 해야겠구나'라는 생각이 들어가지고 서클을 들었어요. 그게 인자 기독학생연합회던가 그 서클을 가입했거든요. 기독학생연합회 서클을 가입하니까 거기 초등학교 선배인 최갑선 씨랄지 진창덕 씨, 이런 아는 분들이 있더라구요. 근데 무슨 기독교 사상에 대해서 연구하는 게 아니라 데모허는 방법을 가리키더라고. 그래가지고 인자 인생이 어떻게 거기서부터 사정없이 꼬이기 시작했지. [하하하.]

3월달 들어서면서 학원이 요동치기 시작했어요. 인제 당시까지는 학도호국단체제였었거든요. 79년까지 학도호국단체제였고, 박정희가 죽고 난 뒤에, 한 시대를 주물럭거렸던 독재자가 죽고 나면서 이제는 극악한 상황 속에서의 군대식 문화나 탄압 위주의 그러한 법규들, 이런 부분들이 일시에 깨져가기 시작한 겁니다. [그러면서] 대중적 분출이 일어나는데, [학내에서는] "학도호국단을 폐지하고 학생회를 부활시키자"라는 움직임이 3월달부터 있었습니다. 그리고 학원자율화추진위원회(학자추)를 구성했었거든요. 그때 그 멤버들이 인자 최인규 선배, 지금 현재 박종훈 씨, 그 담에 뭐 김남규, 김운주, 윤성모, 이광철 씨 등이었던 것 같아요. 그리고 현재 교사하고 있는 김형근이, 현재 익산 자활훈련기관 관장인 최갑선이네 해서 주로 KSCF(Korea Student Christian Federation, 한국기독학생총연맹) 출신 선배들이 중심이 돼가지고 학원자율화추진위원회가 구성이 됐는데, 그 사람들이 과거에 박정희 시대 때 긴급조치 위반으로 인자 구속을 몇 번 당한 경험이 있고, 박정희가 죽고 난 뒤에 인자 석방이 됐거든요. 석방이 돼서 학원으로 들어와 실제 학원자율화, 학원민주화 문제를 조직적으로 풀어가는 과정이었다고 봅니다. 그게 이제 전국적으로 진행되는 과정이었죠. 그래서 학원자율화추진위원회가 실제 학생회장 선거를 준비하고 처음으로 그때 학생들의 직선으로 학생회장이 선출됐죠. 그 회장이 현재 도의원 김희수 씨였고요. 근데 당시 집행부의 성격은 민주화하고는 좀 멀고, 동문들 간에 연합, 합종연횡에 의한 작품이거든요. 그게 그 당시 [저급했던] 사회적인 민주화의 수준이랄지 이런 부분을 반영했다라고 봐요. 예를 들면 뭐 전고와 전라고가 잡았다, 아니면 전고와 전여고, 그 담에는 어디 학교에 누구 뭐 이런 형태였어요. 그때 이쪽 학자추에서는 김형근 씨를 밀었는데 김형근 씨가 아쉽게 떨어졌죠. 그리고 어디 몇 개 연합인 김희수 씨가

> KSCF 외에 활동이 정지됐던 다양한 운동적 성향의 서클들이 민주화랄지 사회 문제에 대해 관심을 갖고 활성화돼가는 시기였다고 봐요. 시위 양상도 학내 시위에서 학외 가두시위로 발전하기 시작했습니다.

된 거였죠. 근데 3월, 내 기억으로는 3월달부터 이제 학자추를 하면서 학생회관을 점거를 하고 농성을 시작했어요. 그때 학내적으로는 주요 이슈가 학원민주화를 진행하는 것이었고, 사회적으로는 그때 당시에 슬로건이 그때 인자 전두환 구호가 나왔었거든요. 이른바 안개 정국이라 해가지고 박정희가 죽고 난 뒤에 당시 그게 누구든가 그 국무총리가 대행을 했었는데, 그도 사퇴시키고 이런 일련의 과정이 있는데, 그걸

움직이는 핵심에는 이른바 신군부가 있다고 우리는 봤었고, 신군부의 핵심에 전두환이 있다고 이렇게 본 거죠. 그래가지고 "군부 독재 물러가라", 안개정국에 대하여 제기하면서 "전두환 신군부 타도" 요런 부분들이 쪼끔씩 나오기 시작한 때입니다, 4월달부터. 인제 3월에 그런 학원민주화투쟁 과정 속에서 총학생회가 건설됐고, 또 박정희가 와가지고 식수한 나무도 다 뽑아버리고 그랬죠. 그리고 그 과거에 빨간색은 빨갱이라고 표현하고 그렇게도 몰지각했던 그 당시 심종섭 총장도 그때 쫓아냈었나 어쨌나 모르겠어요. 암튼 총장퇴진투쟁도 전개하고 이러면서 학내민주화 과정을 좀 전개시키고, 그리고 움츠러들었던 각 서클들, 특히 풍물패랄지 이런 문화패들이 막 급속도로 활성화되기 시작했고, 그리고 엄혹한 그 시기에 그 KSCF 이외에는 거의 활동이 정지됐던 다양한 운동적 성향의 서클들이 민주화랄지 사회 문제에 대해 관심을 갖고 활성화돼가는 시기였다고 봐요. 그러면서 4월 들어서면서 본격적으로 이제는 정치적인 문제가 전면으로 드러나는 시기였다고 봅니다. 4월부터는 이제 전국적으로 좀 연계가 이루어지면서 "신군부 독재타도" 요런 부분이 전면에 들어서고 시위 양상도 학내 시위에서 이제 학외 가두시위로 발전하기 시작을 했습니다. 예를 들자면 격렬한 투석전 같은 형태가 빈번하게 이루어지면서 [학교에서부터] 도청까지 우리가 진출한 게 한 3번 정도 되는 걸로 기억하고 있어요. 4월까지 그런 식으로 하고, 그 다음에 내 기억으로는 5월 14일날인가로 기억하는데, 그날도 [가두시위를 하면서] 도청까지 우리가 진출했거든요, 전주시내 학생연합 총궐기대회 명목으로 해가지고. 당시 도청에서 연좌시위를 하는데 전경대에게 사방을 막혀서 인자 무차별로 폭력을 당하면서 해산됐는데, 그때 오후 들어가지고 부슬부슬 비가 내리는데 인자 장갑차가 들어오더라구요. 장갑차가 들어오면서 전주시내를 한 바퀴 무력시위를 하는데, 그때 이제 계엄령이 확대됐다 뭐 이런 소문도 돌고 해가지고 당시 총학 집행부가 도망가고 이런 기억도 나요. 그게 5월 14인가 아니면 5월 12일인가를 모르겠어요. 그래가지고 그때 이제 몇몇 사람들이랑 같이 계엄령이 확대됐어도 우리가 좀 이러한 부분에 대하여 유인물이

> 당시 도청에서 연좌시위를 하는데 전경대에게 사방을 막혀서 인자 무차별로 폭력을 당하면서 해산됐는데, 그때 오후 들어가지고 인자 장갑차가 들어오더라구요.

라도 만들어서 배포를 해야 되기 때문에 최소한 등사기는 챙겨서 도망가자 해가지고 등사기 챙겨가지고 익산까지 갔는데 그거 뻥이다 해가지고, [하하하] 그래서 다시 학생회관으로 복귀한 생각이, 그때 기억이 나요. 그때 조직 내적으로는 KSCF가 합법화되면서 전라북도 전체 학생연합조직이 결성이 됐어요. 같이 MT도 많이 했죠. 아주 상당한 규모를 가졌었어요. 전주, 익산, 군산을 총괄해서 각 캠퍼스에 조직이 없는 데가 없었어요. 당시 5월 투쟁까지의 과정은 KSCF가 지도중심을 장악하고 이끌어가는 싸움이었죠.

5월 18일 같은 경우에는 인자, 아, 5월 17일이죠. 5월 17일 그날 토요일날로 기억하는데, 그때 인자 풍물을 치고 문화행사 끝나고 그럴 때였어요. 그때는 문화행사라는 게 주로 놀이, 마당굿이었는데, 세태를 풍자하는 마당굿이 아주 인기도 있었고 그랬어요. 당시 이석영 교수님이 우리 KSCF 지도교수였는데, 마당극이 끝나고 벤치에 앉아서 인자 KSCF 회원들 간에 막걸리도 한 잔 하고, 또 이석영 교수가 돈을

내가지고 그때 당시로는 구경할 수 없었던 캡틴큐에다가 통닭 몇 마리 시켜줘가지고 암튼 술도 많이 먹었죠. 먹고 학생회관에서 있는데, 그때 시각이 5월 17일 한 11시나 12시 된 거 같아요, 내 기억으로. 쪼금 자다가 깼죠. 깨가지고 있는데 웅성웅성 거리더라구요. 그러면서 그때 갑선이 형이 그러더라고요. 이화여댄가 뭐 어디 서울에서 연락이 왔는데 "계엄이 확대된다. 긴급하게 대피하라"고 연락이 왔다고 그래요. 그래가지고 나는 인제 못 간다고 그랬죠. 예전에도 5월 10일인가 14일쯤에도 우리가 사기 한번 당한 적도 있고, 또 그 이후에 우리는 죽더라도 여기서 결사항전하자 요런 부분이 있었고, 내가 생각할 때도 나는 [잡혀봤자] 학번이 낮은 초짜이고 뭐, 죽은들 어떠하리 뭐 [그런 생각도 있었고,] 그래서 "난 못 나간다, 안 나간다" 그랬어요. 피하지 않겠다. 대신 형님은 좀 가라, 다른 데로 도망가라, 어, 빵잽이고 그러니까 좀 죽을 수도 있지 않느냐, 그렇게 좀 [피해라 그랬죠.] 그래가지고 당시 인자 선배들은 이광철 씨로 해가지고 최인규, 뭐 다 피하고 대부분 인자 저학년들이 남아 있었죠. 이른바 당시에 싸움에서 지도중심으로 구성했던 사람들은 거의 다 피했고, 그때 피하지 못한 선배가 김운주, 운주 형이었거든요. 운주 형은 어디 있는가 못 찾아가지고 인자 못 피한 케이스예요. 그래가지고 한 [새벽] 1시나 2시 정도, 시간은 잘 개념은 없는데, 5월 18일 1시나 2시 정도 됐는데, 실제 장갑차에 거총을 하고 그 담에 양 옆으로 완전무장을 한 공수부대가 밀고 들어오더라구요. 근데 뭐 도저히 싸울 엄두도 안 나더라구요. 그 진짜 총칼, 탱크 앞에 뭐 바리케이트라도 쳐놨냐면 모르되 그런 거 아무것도 없이 학생회관 이층에서 농성하고 있는데 아무 대항할 준비도 없었고, 참 지금 생각하면 너무 순진했다는 생각이 들어요. 그 상황에서 장갑차

27년 전 학생회관에 같이 있었던 이들과 이세종 열사 추모비를 찾았다.
오른쪽 두 번째가 전희남 씨(2007년 5월 17일. 출처: 쿠키뉴스).

몰고 탱크 앞세우고 K1소총인가 M16인가 착검하고 밀고 들어오는데 이건 어떻게 할 수가 없어요. 그래가지고 입구에서부터 퍽퍽퍽, 인자 머리 터지는 소리가 나는데 무조건 개머리판으로 머리 조지고 들어오는 거죠. 여기저기서 비명 들리고, 엎드리고, 박박 기고, 궁게 그 순간이 어떻게 지나갔는가도 모르겠더라고. "꼼짝 마라, 이 빨갱이 새끼들, 개쉐끼들, 다 죽인다" 하면서 막 개머리판으로 때리는데, 인자 때리는 건 둘째 치고 그냥 대검으로 막 푹푹 찌르는데, 위협적으로 찌르는 거죠. 인자 뒤져버리라고 찔르는 것이 아니라, 그냥 살에다 대고 막 밀어버리는 형태로 찔르는 거죠. 그게 토요일날이어서 휴일 기간이니까 방송실이네 어디 학생회관에 좀 여기 저기 남아 있던 사람들이 있었는데, 전부 그렇게 다 당한 거죠. 그 과정에서 세종이, 세종이가 있다가 거기서 죽은 거고요.

그 뒤로 [나는] 경찰서에 있다가 35사단 헌병대 유치장으로 수감됐거든요. 근데 경찰서에 있을 때 인자 잡혀온 지 이틀째던가요, 기자들이 와가지고 바깥세상이 좀 궁금해서 상황이 어떻게 되냐고 기자한테 물었더니, 어, "전쟁 중이다"라고 얘기하더라구요. 그 뭔 소리냐고 하니까 "광주는 지금 전쟁 중이다, 당신들은 포로다"라고 얘기를 하더라구요. 그래가지고 '참, 젊은 청춘 여기서 끝장나는구나, 진짜'. 그런 생각을 했고 '죽음이 넘의(남의) 얘기가 아니구나'라는 생각을 많이 했죠. 그러다 이틀 후엔가 이제 35사단 유치장으로 수감돼 이송되는데, 사람들은 인자 산 속으로 이렇게 가고 그러니까 어디 끌고 가서 총살로 그냥 다 죽여뻐리는 줄 알고 울고 난리가 났어요. 나는 안 울었어요잉. [하하해] 나는 좀 뻔뻔시럽게 있었는데, 원래 내가 좀 뻔뻔해요, 암튼 그렇게들 울고 뭐 하고 그런 기억이 나고. 근데 이제 도착한 게 35사단 유치장이더라구요. 그래가지고 거기 수감돼가지고 있다가 거기에서 10일인지 12일이 지났나, 좀 시간이 지났는데, 계속 광주항쟁에 참여

> 기자들이 "광주는 지금 전쟁 중이다, 당신들은 포로다"라고 얘기를 하더라구요. 그래가지고 '죽음이 넘의(남의) 얘기가 아니구나'라는 생각을 많이 했죠.

했던 사람들이 인자 35사단 유치장으로 수감 넘어오는 사람들이 몇 명 있었어요. 그 사람들이 어떤 사람들이냐면 광주가 진압당하면서 실탄하고 총을 들고 산을 타고 도망가기 시작했어요, 광주 시민군들이. 그중에는 아랫녘으로 산길을 잡은 사람도 있겠지만 이쪽 순창 쪽으로 산을 타다가 계엄령하이기 때문에 군인들에게 순창에서 잡혀가지고 끌려온 사람들[이었어요.] 관할 구역이 전북이기 때문에 35사단 유치장으로 끌려왔더라구요. 한 사람은 M16, 아니, 뭐야, 저, 소총 실탄 30발을 차고 오다가 걸려가지고 들어오고, 또 나머지 한 사람도 그런 케이스 같았어요. 그래가지고 두 명이 끌려와가지고 헌병대 유치장 복도에서 무릎 꿇려놓고 "나는 폭도다, 나는 폭도다"라

고 외치게 하면서 그렇게 구타를 많이 당했어요. 그렇게 일상적으로 우리들이 보는 눈앞에서 벌어진 것이고……. 좀 비참했습니다, 좀, 그때. 그 뒤에 한 45일 만엔가 훈방조치 된 것이죠, 저학년들이라고. 그때 정도 되니까 인제 지도부들이 한두 명씩 잡히기 시작하고. 근데 참, 그때 생각하면 지금도 참 짠하거든요, 짠하고. 긍게 45일 정도 된 거 같아요. 내가 인자 집에 오니까 벼 모가지가, 모내기를 했는데 벼 모가지가 시커머니 자라서 한 30센티 정도, 30센티 좀 못 되나, 한 그 정도 자랐던 것 같아요. 그렇게 생각하니까 그때가 한 7월이나 된 거 같아요. 내 생일이 음력으로 6월 22일인데, 내가 헌병대 유치장에서 나온 지 얼마 안 돼서 후배가 내 생일이라고 해서 찾아온 기억을 더듬어 보면 당시가 방학 기간이었던 것 같아요. 한 7, 8월에 석방된 거 같고, 4차 훈방에 내가 석방됐죠.

인제 나와가지고 엄청나게 고민을 많이 했습니다. 첫째는 두려운 것이었고, 너무 두려웠고, 그때 처음으로 '운동이라는 것은 참 죽음을 동반하는 것이구나' 하는 생각을 하게 됐고, 두 번째는 왜 깨졌는가 [하는 것이었죠.] 그렇게 우리가 시위 한번 할 때마다 몇 천 명씩 가서 거리를 휩쓸고 막 그랬단 말이죠. 거칠 것이 없었고 그리고 다수 학생과 시민들이 같이 합세하면서 이렇게 벌어지는 시위이고, 모든 사람이 이렇게 돼야 된다고 원했던 것인데, 하루아침에 그 군대의 총칼에 의해가지고 무너지는 것을 볼 때 '아, 이건 아니구나, 뭔가 우리의 바람이 진짜 이루어지기 위해서는 이런 것 가지곤 안 되겠구나' 그러면 어떻게 해야 되나, 요런 고민, 이 두 가지의 고민이 좀 같이 겹쳐져 있었죠. 이건 비단 나뿐만이 아니라 그때 당시 5·18을 경험했던 모든 사람들의 고민이었다고 생각되어집니다. 그러고 난 뒤에 이제 2학기에 들어가지고 휴교령이 풀리고 개학을 했는데, 당시 같이 잡혀갔던 사람들이 얼굴도 쳐다보도(쳐다보지도) 않으려고 그러더라고요. 그 기억들이 좀 잔인해서 그런지 학교를 오가면서 마주치는데 서로 얼굴을 돌려버리고 가더라고. 그만큼 상처가 깊었고 또 패배의식이 깊었지 않았나라는 생각이 되고요. 그 많던 서클원들도 다 고만(그만)한다고 하고 도망가고, 있는 선배들도 이제 잡혀갔든가 아니면 은거해버리고 운동에서 멀어져가는 그런 상황들이 전개되고 [그랬죠.] 나도, 나 역시 좀 도망가고 싶은데, 그때 같이 있다가 학생회관에서 죽은 세종이 얼굴이 떠오르고, 또 당시 광주에서의 죽음들이 떠오를 때마다 차마 도망갈 수가 없더라구요. 당시 인자 우리 동기들만 좀 KSCF 서클에 남아 있었는데, 남자들 같은 경우는 전부 신검을 받아가지고 군대 입영날짜를 받아놨었다구요. 그 강태현이, 한해수, 자살한 한해수, 그 담에 김완술이, 이진경이는 후배지만, 전부 이렇게 신체검사를 받고 입영을 앞둔 상태에서 남자 중에는 나만 신검을 받지 않은, 아니, 신검을 받았지만 입영하지 않은, 군대를 가지 않겠다고 했던 상황이어서 특히 고민이 심했죠. 그럼에도 물러설 수는 없고 해서 다시 조직을 추스르기 시작했습니다. 해서 동기들 중심으로 한 8명인가, 여성까지 포함해가지고, 그리고 또 78학번 중에서 이제 신은채를 몇 번 찾아가가지고 합류시키고, 그 담에 우리 80학번에서는 이진경이를 합류시키고 해가지고 다시 인자 조직을 추스리면서 이대로 주저앉을 수 없다 해서 시작된 거 같아요. 그때 인자 80년부터 81년까지 우리가 해왔던 게 서클 내적으로는 의식화 교육 내지는 학내 민주화투쟁, 그 담에 그 전두환 신군부 타도 투쟁을 위한 시민 홍보, 뭐 이런 사업이었거든

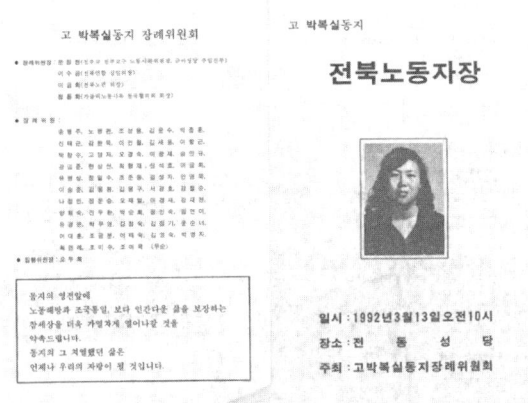

박복실 열사 장례 안내 유인물(1992. 3. 13).

요. 그 외에 또 하나가 있었는데 뭐였냐면 그 KSCF에서 담당하고 있었던 노동자 야학이 있었어요. 창인 성당, 어, 선배들부터 쭉 이어져 온 그 창인 성당 노동야학이 있었는데, 그 노동야학에서는 인자 노동법과 근로기준법이죠, 근로기준법과 노래, 풍물을 가르쳤어요. 글도 가르치고. 당시 전라북도 노동운동의 상황은 좀 자발적인 형태의 그 노동쟁의가 있었고, 그게 인자 백양으로, 백양싸움으로 기억하거든요, 죽은 복실이 누나2)가 중심이 됐던.

---

2) 박복실 열사는 1979년 태창메리야스에 입사하고 가톨릭노동청년회(JOC)에서 활동하면서 노동운동을 시작했다. 1981년 노동조합 위원장을 맡고, 전북지역 최초의 민주노조활동을 전개하면서 전두환 정권의 노조 탄압에 맞서 투쟁하다 1982년 간부 7명과 함께 해고되었고 노조 탄압 중지와 해고자 복직을 요구하며 9일간 단식 농성 투쟁을 전개했다. 1983년 이후 익산 광전자, 원일택시, 군산 경성고무 등 무려 7차례의 입사와 해고를 반복했으나 블랙리스트에 올라 어디에도 취업할 수 없었다. 1987년 전북지역 노동자 선배로서 천주교 전주교구 노동사목 '전주노동자의집'에서 활동을 시작하고 1990년 전북노련 지도위원으로 위촉되어 활동하던 중 1991년 6월 위암 수술을 받고 8개월간 투병생활을 하다가 1992년 3월

그리고 그 부분을 천주교 창인 성당에서 인권적 차원에서 지원하고 그래갖고 그 담에 태창싸움으로 이어지고 그랬거든요. 그걸 KSCF 노동야학팀이 들어가서 교육도 하고 그랬죠. 인자 81년 들어가지고는 그 강태현이라고 탈반 회원이었는데, 그 친구가 이제 노동야학을 책임지고 나 같은 경우는 학내조직을 책임지고 이런 형태로 편재가 돼서 역할분담을 이루고 진행이 좀 됐었죠. 그러면서 노동야학 같은 경우는 이제 탈반 같은 이런 오픈서클에서 거기를 가는 형태로 꾸준히 진행됐던 걸로 기억하고 있습니다.

당시 모든 운동하는 사람들의 공통 고민이었던 그 부분은 '군대의 힘을 이기는 건 무엇인가'라는 부분이었습니다. 거기서 예를 들면 조직의 문제랄지, 이론의 문제랄지, 이러한 부분들이 고민이 되어지고 거기서 이제 맑시즘과의 결합이 자연히 이뤄졌지 않았나 이렇게 생각됩니다. 그래가지고 광주 5·18을 끝내고, 그 전에는 좀 인권적 차원과 양심에 호소하는 그런 차원의 운동이었다면, 그 다음부터는 뭐냐면 우리 사회의 모순에 대하여 체계적이고도 실제 이론적으로 검증해 들어가고 그런 과정에서 실제 앞으로의 이른바 혁명은 어떻게 성공할 수 있는가의 부분에 대해 고민하는 그런 학습들이 좀 이루어지고, 이걸 과학적 운동의 시작이라고 저희들은 생각했습니다. 운동을 과학적으로 한다는 건 우리가 살고 있는 이 땅이 자본주의 사회이므로 실제 노동자가 조직되고 중심이 되는 그런 계급혁명이어야 된다는 생각을 가지게 됐고, 그러면서 자연스럽게 맑시즘을 실제 이론적 무기

11일 새벽 4시 사망했다. 당시 나이 36세였다.

와 실천적 지침으로 받아들이는 과정이었다고 생각됩니다. 그런 고민 끝에 언젠가, 내가 기억으로는 82년도에 제가 학내 시위 주동으로 구속되거든요. 당시는 80년 이후에 좀 패배주의가 만연해 있었고 조직 내적으로도 피라미드식 점조직 형태로 조직을 갖추고 확대시켜나가는 과정이었거든요. 그리고 전북대뿐만 아니라 다른 캠퍼스나 또 기존에 있던 캠퍼스 조직도 복원시켜내는 게 중점사업이었죠, 82년도 1학기까지. 그래가지고 이제는 전체 학생 대중이나 시민을 상대로 하는 선전 작업이 필요할 때다, 그리고 할 준비가 돼 있다고 판단해서 일차적으로 1학기 때는 신은채, 이진일이가 먼저 치고 들어가기로 했는데, 축제 때 유인물을 뿌리다가 잡혀들어간 케이스였고, 그 담에 2학기 때는 내가 허정이랑 둘이 학내 시위를 준비를 했죠. 그래가지고 2학기 때는 유인물은 한 세 차례 뿌렸나요. 내 기억으로는 석 달 동안 세 차례 뿌린 것 같은데, 전북대에 뿌렸는데, 유인물이 처음으로 이렇게 대량으로 살포되니까 정보기관이 아주 긴장을 했죠. 당시에는 인자 학원에 정보기관에서 아예 진주를 하고 있었으니까요. 그래서 야들의(정보기관의) 정보력과 관심을 분산시키기 위해 원광대하고 전주대를 뿌리고, 그 담에 또 한 2~3주 뒤에는 전북대에다 또 뿌리고 이런 식으로 한 세 차례 정도 그렇게 유인물

> 이 땅이 자본주의 사회이므로 실제 노동자가 중심이 되는 그런 계급혁명이어야 된다는 생각을 가지게 됐고, 그러면서 자연스럽게 맑시즘을 이론적 무기와 실천적 지침으로 받아들이는 과정이었다고 생각됩니다.

을 좀 뿌리고 다니면서 11월 3일인가 학내 시위를 하다가 구속됐죠. 1년 6개월 징역 살고 내가 나온 게 크리스마스 특사로 나왔는데, 그때

83년도 12월 크리스마스 특사로 나왔어요. 나와가지고 일단은 동기들, 후배들 만나가지고 이제는 좀 더 과학적인 운동, 체계적으로 준비하는 운동을 시작해야지 않겠느냐라는 부분에 의견이 모아졌고, 그래서 '이제 좀 틀을 깨자, 틀을. 더 이상 KSCF라는 종교적 틀로는 안 된다'라는 생각을 했죠. 과거에 학생운동 과정 속에서는 이념의 일치를 보이고 실천의 공유를 보였던 사람들의 인적 끈으로서 뭉쳐진 부분이었다면, 우리가 그때 가장 고민했던 부분은 한국 사회 변혁을 지향하는 조직으로서 새롭게 태어나지 않으면 안 되겠구나라는 부분을 절실하게 느끼고 반제와 반파쇼의 강령과 규약을 담아낼 수 있는 조직으로 새롭게 무장해 가야겠다는 생각을 하면서 문제 제기를 해나가거든요. 그러면서 그동안 같이 선후배라는 형태로 운동을 해왔던 선배 그룹들과 좀 마찰을 심하게 빚게 되죠. 그러면서 이제는 조직의 중심을 좀 노동에다 두고 학원은 이제 노동의 지탱을 받는 그런 형태로써 조직체계를 좀 잡고, 그리고 노동 조직은 현재 단계에서 아주 인자 초보적인 수준이기 때문에 현장활동가 모임의 협의체로 두기로 한 것이죠. 그리고 전주, 익산, 군산에 활동가 모임을 두고 활동가 모임의 책임자와 연락책임자 그리고 자료 수집, 요걸 중심으로 이제 지도를 구성했고 그런 형태에서 좀 진행을 하다가 이제 그 전노투(전라북도노동자투쟁위원회) 조직사건이 터져가지고 전부 구속되는 형태로 가게 된 거죠.

말씀하시는 그 선배들이라는 분들은 구체적으로 누구인가요?

KSCF 선배들이죠. 긍게 인자 78, 79학번 [선배들이죠.] 그동안에 82년도 이후에 학생운동을 주도해왔던 위에 선배 그룹들, 선배로는 인자 77학번으로 뭐 김운주 씨도 있었고, 기타 음, 최인규, 박종훈도 그 선배들이고, 그리고 신부님들도 계시고. 일단은 KSCF라는 조직적 틀에서 풍겨지는 종교적 색채들이 강했거든요. 종교라는 자유주의적 성향, 또 뭐랄까 자본주의 틀 속에서 일정한 한계를 보이는 운동, 그러한 부분을 강하게 부정하고 새롭게 사회주의 지향점을 분명하게 갖는 그런 이념적 선명성이 좀 필요하다라는 문제의식이 같이 공유되었거든요. 그리고 무엇보다도 형식적 틀을 깨자는 부분이 좀 우세했던 것 같아요. KSCF라는 그런 형태로 운동을 담보하기에는 이미 [KSCF] 운동의 내용이나 성격 그 자체가 진부하다는 그런 형태였거든요. 이제는 운동이 조직적으로, 또한 미래지향적 이념적 체계를 갖고 진행되어야 된다는 강한 문제의식이 존재했던 것이죠. 이제는 학생운동뿐만 아니라 노동운동이나 농민운동에 대한 현장조직화가 급선무이고 그런 상태에서 이제 다양한 제 운동을 지도할 통제력이 있고 강한 리더십을 가진 지도부가 필요하지 않겠는가라는 생각을 가졌던 거죠. 그렇게 내용적으로나 형식적으로 틀을 깨야 된다는 문제의식이 공유되면서 분명하게 변혁을 지향하는 새롭고 비밀스러운 조직틀로 탈바꿈을 해야 되겠다는 생각을 했어요. 그래서 조직의 위상을 변혁을 지향하는 그런 조직으로서 위치지우고 그 다음에 당면과제와 미래지향을 좀 설정을 했었죠. 당면과제로는 반제, 반파쇼, 전두환 독재정부를 깨트리는 형태고 싸움의 성격은 반제국주의적 성격, 그리고 자본주의의 기본 모순을 해결해가는 일련의 투쟁과정이다라는 형태였었죠. 근데 우리가 지향하는 그러한 부분들이 분명히 사회주의 혁명인가는 아직 합의를 못 한 것 같아요. 물론 성원들 간에 분명히 자본주의 이후 대안으로서 사회주의는 분명하다는 형태에 대해서 공감대는 있었지만, 그 사회주의 혁명이 어떠한 경로를 거쳐서 이루어질 수 있을 것인가에 대한 구체성은 좀 결여되어 있는 상태로서 반자본주의·반제 운동을 전개시켜야 되겠구나라는 형태는 일치를 본 부분이고, 그러한 공감대 속에서 조직을 다시 꾸리는 준비를 꾸준히 해왔고 그 부분이 85년도 말경에 좀 마무리를 짓게 되거든요. 그러면서 몇 회에 걸친 토론과 발제 끝에 의식을 진행하고, 그리고 노동운동 조직과 학생운동 조직, 농민조직 준비팀 이러한 부분을 조직적으로 분리시켜가는 체계를 잡는 과정이 존재했었죠. 그 과정에서 또 피치 못하게 선배 그룹들과의 갈등이 좀 불거졌고 그 갈등들이 좀 앙금으로 남아 있는 상태가 지역 내에서 좀 존재했었고, 그 이후 조직이 지역사업을 해가는 데 그러한 부분들이 쪼금 걸림돌로 작용을 했었죠.

그 선배 그룹들과의 갈등의 내용은 구체적으로 어떤 거였어요?

일차적으로는 이념적 부분에서 종교를 탈피하려는 부분들에서 좀 미묘한 차이가 존재했었고, 그리고는 그 과정에 있어서, 예를 들자면 전에는 대단히 비밀스런 상황이기 때문에 모든 사람들이 모여서 조직의 방향이랄지 운동의 과정을 평가하고 토론하는 과정들이 전혀 없었거든요. 몇몇 주요 핵심 부분들을 논의하고 또 해가는 과정이었는데, 그 과정에서 서로 간에 심도 있게 논의를 진행하지 못하기 때문에 조직이 탈바꿈되어가는, 그 과정에 불만을 품은 부분들이 존재했었죠. 허종현 신부로 해서 좀 강한 반발을 보였었던 그런 부분이 없잖아 있었어요. 그래가지고 그쪽에서는 또 따로 KSCF의 정통을 살린다는 그런 형태로서 학내 조직을 만들어가는 과정들이 존재했었고, 그때 이제 그 중심 멤버가 김완술이거든요. 완술이가 내 동긴데, 군대 갔다 와가지고 이제 완술이를 중심으로 해서 새롭게 옛날 구 KSCF 멤버들을 중심으로 해가지고 조직을 만들어가는 과정도 있었다고 기억됩니다. 근데 그런 부분을 나는 별로 개의치 않았거든요. 이미 학생운동은 정리가 됐고, 독자적으로 굴러갈 수 있는 체계와 내용을 갖췄다고 판단됐었고, 그 형태에서 이제 노동운동 조직의 일정한 사지(사상지도) 선만 존재하면 된다라는 생각이 었고, 학생운동 내의 여러 갈등이나 또 그 갈등을 해소하는 방식에 대해서는 전적으로 학생운동에 복무하는 활동가들의 몫이라고 생각되어졌거든요. 이미 학생운동은 다양한 동력을 갖추고 조직력을 기반으로 나름대로의 투쟁을 전개시켜갈 수 있는 내용성이 있다고 했을 때, 우선적으로 가장 시급한 것들은 뭐냐면 변혁운동의 구심이라고 할 수 있는 민중운동의 조직화 정도가 너무나 형편없었다고 생각됐어요. 그렇기 때문에 우리의 주 관심은 오히려 학생운동 내의 여러 제 정파 간의 갈등의 문제에 개입하는 것보다 우리가 해야 될 것을 준비해가는 과정이어야 된다고 판단을 했습니다. 그 과정에서 두 가지가 가장 중점사업으로 제기되었었는데, 그 하나는 이념적으로 좀 더 예리해지고 변혁의 경로에 대해서 좀 구체성을 띠어가는 작업이 진행되어야겠다는 것이고, 두 번째는 어떤 형태든 현장에 들어가서 현장노동자들을 조직하고 선전선동해가는, 노동자 스스로의 조직을 만들어나가는 것들이 필요하다는 이 두 가지가 이제 가장 중요한 당시의 우리의 고민으로 와닿았습니다. 그런 문제의식 속에서 이제 노동운동, 지역활동가 조직을

> 이념적으로 좀 더 예리해지고 변혁의 경로에 대해서 좀 구체성을 띠어가는 작업 …… 현장에 들어가서 노동자들을 조직하고 노동자 스스로의 조직을 만들어나가는 것 …… 이 두 가지가 가장 중요한 고민으로 와 닿았습니다.

만들어낸 것이죠. 그 준비과정은, 인자 사상적으로 분명하게 사적유물론에 기초한 철학적 공부를 시켜내자. 왜냐면 성원들 간에 조금 편차가 존재하고 그러한 편차를 동질적인 이념적 체계로 묶어낼 수 있는 그런 교육이 필요할 것 같다는 생각이 들었고, 그런 형태에서 각 지역 조직 내에 활동가들의 철학 및 경제학 공부를 재실시해가는 과정이었죠. 해나가면서 각 지역에서 뭐야, 일주일에 1회 정도 이런 모임을 가지면서 현장에서 느끼는 고민이나 그 외에 활동의 내용들을 점검하고 좀 그런 과정이었을 것 같애요. 그리고 준비프로그램 같은 경우 우리는 인자 별 특별한 게 없었어요. 왜 그냐면 그 전에 무수하게 학생운동부터 꾸준하게 단련되어 왔던 부분들이었기 때문에 별 무리감 없이 좀 현장에 [들어갈 수 있을 거다.] 자기 조건이 안 되면 주민등록 위장이라도 해가지고 들어갈 수 있는 그러한 부분이었기 때문에 거의 무리감 없이, 특별한 프로그램 없이 현장에 들어가는 과정이었던 것 같애요.

그러면 각 그룹들의 구분 기준은 뭐고 또 뭘 중심으로 분화돼나가는 건가요?

첫째는 80년 5월 이후 다시 학생운동을 재건해내기 시작하거든요. 전부 침체기에 있어가지고 거의 뭐 손을 놓다시피 패배주의에 빠져가고 있는 과정이었는데, 당시 상황이 너무나 폭압적이고 감시체계가 치밀하기 때문에 은밀하고도 비밀스럽게 활동할 수밖에 없었죠. 학생운동 같은 경우, 그러다 보니까 당시 KSCF 조직 재건의 중심 멤버를 차지했던 사람들이 뭐랄까 피라미드식으로 비밀스럽게 조직을 확장시켜갔거든요. 그러는 과정에서 인자 타 조직과의 서로 통화랄지 연대, 이러한 부분은 상당히 어려웠던 시점이거든요. 그러다 보니까 실제 인맥중심적으로 조직이 성장하는 과정이 80년부터 83~4년 이 과정이었지 않느냐 이렇게 판단하거든요. 긍게 그전에는 인자 뭐냐면 80년, 짧은 오픈 서클 활동 경험이 있었어요. 당시 인자 박정희가 죽고 난 뒤에 사회적으로 학원자율화 열풍을 타가지고 모든 서클활동이 오픈 적으로 진행되었거든요. 그러다가 5·18이 터지면서 전부 인자 지하로 수그러들어가는 과정들이고, 그 과정에서 진짜 이대로는 안 되겠다, 진짜 운동을 다시 시작해야겠다는 형태에 동의하는 부분들이 묶어져요. 초기에 79[학번] 그룹을 중심으로 인자 78학번 하고 80학번 이렇게 합세해가지고, 인자 거기에서 다시 신입생을 뽑고 인자 분화해가지고 또 그 아래 조직이 아래 조직을 뽑고 뭐 이런 과정이었는데, 이러한 과정들이 극히 초기에 있어서는 인맥 중심이었다 이렇게 판단되거든요.

거기서 인자 주의 깊게 기억나는 게 교도소 갔다 와가지고 83년도부턴가, 어, 83년 이후에 이른바 팸플릿들이 돌아다니면서 지역 내의 운동판이 급격하게 노선투쟁으로 휩쓸려 들어가더라구요. 그 노선투쟁 내용은 초기에는 학생운동의 위상을 놓고 벌인 논쟁이었어요. [첫째,] '학생운동이 실제적으로 한국사회 변혁운동 내에서 차지하는 지위와 역할이 뭔가'라는 부분이었고, 그 담에 '유일하게 조직화되어 있는 집단이기 때문에 치열하게 적과의 대중투쟁을 선도적으로 치러야 된다'는 그러한 부분이 있었고, 또 하나는 뭐냐면 '학생운동은 그 나름으로서 실제 기회주의적이기 때문에 운동

> 그게 이른바 '투쟁론'과 '준비론'이었거든요. 어떤 이들은 현장으로 바로 투입해 들어가는 부분이 있었고, 또 의식화 사업을 하고 타격투쟁을 전개하면서 구속되는 케이스를 밟는 그러한 부분들이 있었던 것 같아요.

의 중심 부대인 노동계급, 노동계급을 지원하고 활성화시키는 준비단계로 봐야 될 것이다'라는 부분에 대해 대립이 처음 이뤄졌던 것 같아요. 그게 인자 이른바 '투쟁론'과 '준비론'이었거든요. 그래가지고 어떤 이들은 그냥 학생운동 과정에서 기초교육을 끝내고 현장으로 그냥 바로 투입해 들어가는 코스를 잡은 부분이 있었고, 또 어떤 부분은 학생운동 조직 내에서 의식화 사업을 하고 학내 시위와 학외 시위 같은 그 타격투쟁을 전개하면서 구속되는 케이스를 밟는 그러한 부분들이 있었던 것 같아요. 이게 인자 좀 발전돼가지고 이제 사회구성체 논쟁으로 벌어지게 되었어요.

이른바 한국 사회를 독자적인 어떠한 자본주의 사회로 볼 것인가, 아니면 여전히 그 어떠한 봉건제 사회로 볼 것인가에 대한 논쟁이거든요. 인자 자민투와 민민투의 그 논투(이론투쟁)의 시작이었고 인자 본격적으로 붙었던 게임, 논투 전개였거든요, 그게. 그리고 이러한 부분이 소위 PD, NL로 대립돼가는 어떠한 과정이었거든요. 그때 나와 동지와 같은 입장에서는 한국 사회를 자본주의 사회로 좀 규정했죠. 그렇지만 왜곡된 자본주의 사회인 신식민지국가독점자본주의 형태로 [규정]하고, 전북 내에서도 이제 소위 서울지역이랄지 요런 지역의 팸플릿이나 뭐 이런 것을 보기도 하고 또 친구들의 [개인적] 루트를 통해 가지고 입수된 지도노선을 통해가지고 새롭게 인자 자민투 세력들이 성장하기 시작하는 계기였어요. 84년부터 좀 그랬죠. 당시는 PD가 우월적으로 조직적 우세를 앞세웠었는데, 나중에 소위 NL 진영들이 파고들기 시작했죠. 그 파고들기 시작하는 폭발력이 두 가지였는데 하나는 대중투쟁론이었고, 그 다음에 두 번째는 품성론이었죠, 이른바 강철서신으로 대별되는. 어떻게 보면 참 간단한 건데, 이전에 운동적인 발전 경로가 지독한 독재체제하에서 조직을 엄호하고 유지시켜야 되는 부담감 때문에 기존의 조직들이 지극히 비밀스럽고 조직을 폐쇄적으로 가져갔던 부분들에 반해서, 우리의 지도를 받던 서클이나 오픈조직들의 호응을 얻기가 아주 쉽게 다가가는 부분이 있었어요, 그러한 부분들이(대중투쟁론이나 품성론에 입각한 NL진영의 내용이). 그래가지고 오픈 서클들에서부터 그러한 강철서신이나 뭐 그런 사상들이 먹혀 들어가는 것 같았죠. 나는 그 당시에 노동현장으로 떠나 있어서 그런 부분에 별 무감각했었는데 학내에서는 아주 치열하게 그게 대립이 됐던 모양이에요. 내가 84년까지 학생 부분 지도하다가 85년부터 노동판으로 갔는데, [나중에 듣기로] 서로 간에 각목 싸움까지 벌어질 만큼 심각할 정도였다고 얘기를 들었어요.

그런 논쟁 과정을 거쳐서 조직이 분화돼나가는 과정을 좀 구체적으로 알고 싶은데요, 우선 각 그룹들의 초기의 인적 구성들이 어떻게 나뉘었는지를 기억하시나요?

기억하지. 초기에 긍게 80년 5·18 이후 81년 겨울까지 인자 조직을 구성하는 데 합의한 부분이, (기억을 더듬어 종이에 쓰기 시작하면서) 우선 여자애가 둘이 있었는데, 하, 이름이 생각이 안 나네. 긍게 우리가 79학번이고 여기에 여자가 둘이 포함되고 해서 79학번이 중심이 됐고, 그 다음에 신은채 78[학번,] 이진경 80[학번,] 그 다음에 80[학번]이 또

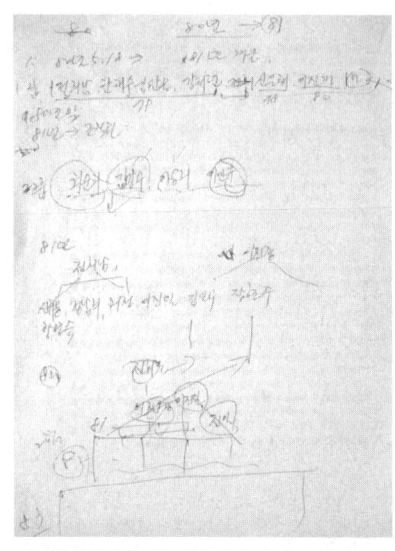

전희남 씨는 메모를 해가면서 당시 1그룹과 2그룹 멤버들에 대해서 기억해냈고, 학번별 인맥을 중심으로 꾸려졌던 조직 분화 과정에 대해서도 찬찬히 기억해주었다(2006. 4. 6).

하나 있었어요. 자, 이 부분들이 인자 다시 운동을 시작하자 해가지고 뭉쳐진 부분들입니다. 이 부분들이 인제 소위 말하는 1그룹이지. 그 다음에 인자 최순희로 해서 2그룹이라고 해야 될려나, 최순희, 김광수, 글고 인자 7해학벤들, 이승희, 이민우 등으로 해서 조직이 하나 꾸려졌어요. 그 당시에. 조직 구성은 이쪽 1그룹이 먼저 됐고, 2그룹이 조금 늦게 됐고, 81년부터는 1그룹은 체계를 완전히 잡아내고 조직화사업에 들어가요.

1그룹은 이미 81년부터 조직분화가 들어가거든요. 그래가지고 전희남이 밑에 신귀종이, 그 다음에 정남희, 허정, 이진일, 김인수, 장현주, 그 다음에 또 한명숙, 뭐 이렇게 해서 내가 한 팀, 이진경이로 또 한 팀, 이렇게 두 팀으로 81년 후배조직을 꾸려요. 82년도는 인제, 82년도 사지선이 어디냐, 장현주, 그 다음에 김인수 뭐 이렇게 해서 또 82년도 같은 경우는 또 세 그룹인가 네 그룹이 생겨나요. 이진경 밑에 81그룹이 세 그룹인가 있다가 나중에 한 그룹으로 통합을 시키고, 또 내부로 82학번 그룹, 82학번에서 또 83학번 그룹 이런 식으로 해가지고 나가는데, 82년도 2학기 때 내가 조직을 인계하죠. 치고 들어간다

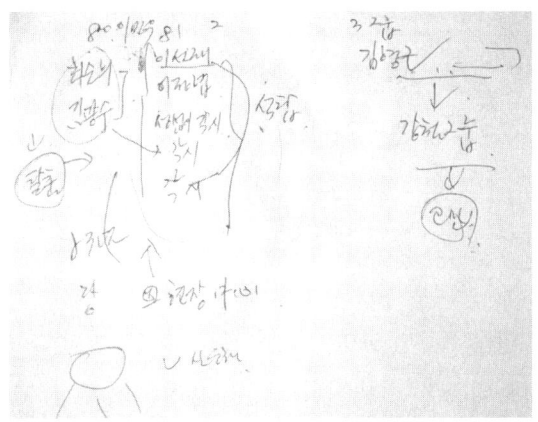

전희남 씨의 기억을 도왔던 메모. 힘들고 어려웠던 활동 과정 속에서 서로를 이해하는 인연이 됐던 경우가 많은 시절이라 누구와 누구 각시가 된 이들이 많다면서 웃었다(2006. 4. 6).

고.3) 긍게 나중에 [먼저 잡혀 들어갔던] 진일이가 집행유예를 받고 나와 가지고, 진일이가 인제 지도선을 가졌지. 진일이가 이제 구속되지 않은 유일한 사람이어서 [학생 조직을 맡게 되고,] 나머지는 다 교도소 간 거지. 그리고 2그룹 같은 경우는 처음에 최순희, 김광수로 해가지고 여기서 꾸려지는 애들이 81그룹이에요. 81그룹이 이선재, 그 다음에 선재 각시가 누구지, 그리 하고, 김광수 각시로, 선재만 남자고 다 여성들이었어요. 또 선재하고 이때 같이 어울렸던 친구들이 누구냐면 이정엽이, 그리고 탈춤반, 그동안 인자 KSCF 지도부의 지도를 받던 탈춤반이 얘네 2그룹으로 정리되어가는 과정이에요. 이정엽이 그 다음에 성섭이 각시, 광수 각시, 선재 각시, 이게 81멤버들이고, 여기에 인제 80학번 민우가 있었고요. 그리고 인제 3그룹은 내가 알기로 그

---

3) 82년 2학기 구술자와 허정 두 사람은 약 석 달에 걸쳐 전북대, 원광대, 전주대 등지에 유인물을 뿌리고 학내 시위를 하다가 11월 3일 구속된다.

김형근이로 해가지고 그쪽 그룹이지. 저 이쪽은(2그룹 쪽)은 뭘로 가냐면 석탑이야, 석탑. 이쪽은 석탑 쪽으로 가고, 김형근이로 해서 또 만들어진 부분이 있었는데 여기는 거시기 뭐냐면 품성론, 강철그룹으로 가가지고, 이게(2그룹과 3그룹이) 합쳐져서 나중에 NL로 가요.

근데 노동지향적이었던 애들이 이쪽 2그룹이죠. 좀 노동지향적, 현장, 현장중심 쪽으로 2그룹 애들이 가고, 강철그룹 같은 경우에는 노동현장에 대해서는 별 고민이 없었다고, 별 고민이 없었어. 이 고민을 하기 전에 애들은 좀 변질이 돼가서 현장으로 투신하고 뭐 이런 것들 못 봤어요. 그리고 4그룹은 내가 모르겠어요.[4] 왜냐면 나는 그 이후에는 현장, 노동운동 부분만 하고 학생운동은 손을 떼어버렸어요(정리해버렸어요). 선배들이 계속적으로 현장으로 들어간다고 하는 데도 자리 잡지 못하고 이러한 모습들이 전라북도 운동판에 좀 비일비재했었고, 저 뭐랄까 학생운동 주변을 운동 룸펜 형태로 머무는 것 같아 싫어서 우리는 학생운동의 지도선이라고 조직 내에서 선정했던 사람 외에 만남을 일체 금지시켜버렸어요, 조직적 만남을. 이게 83년도까지 [상황이죠.] 82년까지만 해도 1그룹과 2그룹 이렇게만 있었고, 나머지는 있는가 없는가를 몰랐어요. 거의 없었다고 보면 될 거예요. 3그룹 같은 경우는 소모임이 있다는 얘기는 들었는데, 별 움직임은 없었죠. 83년도에 좀 구체화되는 것 같더라고요.

---

4) 4그룹은 문학서클 쪽 일부에서 82학번 이후 정도부터 구성된 그룹으로 1, 2, 3그룹에 비해 시기적으로 늦게 형성되었다. 전북대를 중심으로 한 4개의 학내 서클 조직은 후에 1그룹과 4그룹이 PD그룹으로, 2그룹과 3그룹이 NL그룹으로 전화되었다.

그럼 일단 3, 4그룹은 좀 건너뛰고, 그렇게 해서 주요하게 1그룹과 2그룹을 중심으로 현장 이전에 대한 고민이 본격적으로 진행되는데, 취업과 현장 활동에 대한 이야기를 좀 자세히 해주시겠어요?

현장 취업은 인자 두 가지 부류에서 이루어졌는데, 하나는 학교를, 그러니까 어떤 형태든, 감옥을 갔다 왔든, 제적을 당했든 아니면 졸업을 했든, 그 상황에서 실제 학생운동을 떠나게 된 경우에 자연스럽게 자기 의지에 따라서 노동운동을 하겠다라면 자연스럽게 현장으로 들어가는 케이스고, 또 지역을 선점해가지고 어느 지역에 누구, 현장에 투신하겠다는 사람들을 모아서 지역을 나눠서 들어가라 이런 식으로 하는 과정이었죠. 조직 멤버들이니까 그런 건 좀 자연스럽게 이뤄졌지요. 예를 들면 85년 정도 되면은 조직적 응집력이랄지 지향점이 뚜렷해지거든요, 조직멤버들이. 그래가지고 일부를 제외하고는 대부분 노동현장에 투신하겠다고 결정을 내리게 돼요. 농민 운동으로 간 친구는 뭐 김진섭이, 지금 김제에서 시의원하고 있죠. 김진섭이를 중심으로 백구농민회를 독자적으로 만들어가지고 좀 NL성향과 대립적 시각을 가지면서 계속 투쟁을 해왔었고, 또 카농과 같이 익산농민회를 구성한 부분도 있었고 좀 그러거든요. 근데 대부분이 노동현장 투신을 결정하게 되거든요. 나, 신은채, 신귀종이, 허정, 김인수, 장현주, 그 다음에 김금순, 김인숙이, 노철호, 김강수, 정남희, 그 다음에 이현주, 그 다음에 또 누구드라, 심영선, 좀 그 정도였던 거 같애요. 거기에 몇 명 더 들어갔던 거 같은데 [기억이 안 나요.] 그래가지고 그 사람들을 나눴죠, 3개 시로. 전주, 익산, 군산 3개 지역 단위에서 현장 활동가 모임을 구성을 하고 그 대표들로 해가지고 협의체 형태의 조직틀을 구성을 했죠.

취업하는 과정은 어땠어요?

일단은 각 지역으로 세분화시켜서 결의한 형태에서 개별적으로 여성 같은 경우는, 특히 익산은 당시 대한민국 섬유공장의 총집적화 같은 형태 아닙니까, 쌍방울, 태창, 백양으로 해서, 여성은 [주로] 섬유공장이나 섬유 분사 내지는 하도급 업체에 들어가서 일을 했고, 누구냐, 어, 선숙이가 쌍방울 다녔지. 나 같은 경우는 익산에 동양물산에 들어갔죠. 들어가는 과정은 우리가 인자 신분이 노출된 사람은 신분증 위조를 해서 신분을 속여가지고, 소위 위장취업이죠, 대부분 다 위장취업으로 들어갔어요. 김강수, 노철호도 다른 신분증으로 해서 주민등록증을 위조해서 들어갔고 거의 다가 그렇게 신분증을 위조해서 들어가는 과정이었죠. 인자 나 같은 경우는 취업한 지 한 달도 못 돼가지고 도망 다니기 시작했을 거예요. 내가 취업이 좀 최고 늦었는데, 이제 조직 다스리고 학습 지도하고 지역 내 운동, 뭐 농민운동이랄지 이런 관계자들 만나고 어찌고 이런 과정들이 있었고, [늦게 취업했는데] 2개월 만인가 1개월 만에 조직 사건이 터지고 수배돼서 도망 다니기 바빴죠. 그리고 인자 저쪽 2그룹 같은 경우는 세풍에 김광수하고 이선재가 취업해 있었어요. 그래가지고 그 세풍사건이 일어났을 때 이 두 친구들이 주도적 역할을 해내거든요, 농성하고 그럴 때.

그러면 당시 현장에서의 생활이나 현장 들어가 있는 사람들과의 교류랄지 그런 건 어떻게 이루어졌어요?

다른 현장과의 교류는 거의 불가능한 상황이었어요. 그 당시에 상황들이 상호 간에 긴밀한 협의가 이루어질 수 있는 조건과 틀도 안 되고, 특히 운동 내의 조직 사건이 빈번하게 일어나던 시기거든요.

전두환 정권이 말기로 치달으면서 용공분자나 간첩단 사건이라는 형태로 대형 사건들을 만들고 터트리는 시기였기 때문에 상호 교류는 현장에서 부딪치지 않는 한 힘들었어요, 공식적 끈도 없었고. 그리고 워낙 대립적 시각들이 강해가지고 좀 어려웠던 측면들이 있었고. 물론 그런 가운데에서도 서로 간에 지역 내 운동 전망을 위해 서로 이야기를 하고 통일을 시켜내자는 부분에서 좀 만나기도 했지만, 그게 지속적으로 틀을 갖고 진행된 건 아니고 개인적 차원으로 전개된 부분이 많았어요.

> 누구 월급날이다 해가지고 회식이라도 할라치면 괴기(고기) 한 근 사다가 국을 끓여가지고 먹어야만 되는…… 다 쪼개면 남는 건 돈 만 원이나 남는 거예요. 만 원, 2만 원.

긍게 인자 상호 교류 같은 건, 현장에 가서 보면 그 사람이 있잖아요, 그러면 그런 식으로 또 알게 되는 거고 그랬죠. 그리고 당시에 우리는 '현장에 들어가서 적응한다, 노동자가 된다'라는 그런 생각이 강했던 것 같애요. 예를 들면 활동가로서 어떻게 노동자 대중에게 선전선동을 해내면서 전체 지역 노동자들을 향한 사업을 체계적으로 해낼 건가 이런 것보다는 굉장히 좀 이렇게 뭐랄까, 그 당시 분위기가 학출이라는 게 아주 많이 인구에 회자되고, 그건 학생운동권 출신 운동가들을 비하시키는 단어였거든요. 그러기 때문에 현장에 가서 그 사람이 돼라, 노동자면 노동자, 농민이면 농민이 돼라는 형태들이 아주 지배적인 분위기였다고 생각되거든요. 그런 부분에서 위축되고 좀 소극적인 방식의 현장 활동을 전개하지는 않았나라는 생각도 많이 듭니다. 그러면서 지역단위별로 한 달에 몇 회 모임이 있었고, 거기에서 학습하고, 자기의 현장 활동 경험을 이야기하면서 노동자들을 어떻게 만나고 조직해들어갈 것인가 요런 이야기를 나눴어요. 그 과정에서 인자 그때 느꼈던 건 다들 생소한 노동의 경험에 힘들어 하고 적응에 굉장히 힘들어 했어요. 긍게 활동가들이 실제 초기 현장에 들어가서 부딪치는 문제는 의욕적으로 어떻게 노동대중과 만나서 그걸 조직화할 건가, 요러한 부분은 사실상 굉장히 힘든 무리한 욕심이고 먼저 자기를 어떻게 단련시키고 적응해나갈 건가 이게 가장 급선무로 와 닿는 문제였던 거 같아요. 그 과정에서 인제 현장의 동료들과 어떻게 친화력을 가지면서 다양한 모임을 만들어내는가 요러한 부분이 될 수가 있었던 것 같아요. 현장 다니면서 노동을 견뎌내지 못하고 떠난 부분들도 있고. 그때 당시 그 노동의 조건이라는 게 만만치 않았거든요. 예를 들면 뭐 거의 10시간 이상 일하는 건 기본이고, 그럼에도 불구하고 기본급은 뭐 6만 원인가 요거밖에 안 됐거든요. 뭐 철야까지 해서 월급 받아오는 것 보면 여자들 13만 원, 16만 원 이 정도예요. 그래가지고 월급날 우리들이 누구 월급날이다 해가지고 모여가지고 같이 이렇게 회식이라도 할라치면 괴기(고기) 한 근 사다가 국을 끓여가지고, [하하하] 먹어야만 되는 형태로 굉장히 좀 빠듯했죠. 그중에서 뭐 방세로 뭐 얼매(얼마), 2만 원, 생활비로 얼매, 다 쪼개면 남는 건 돈 만 원이나 남는 거예요, 만 원, 2만 원.

그러면 다른 사업장들에 투쟁이나 이런 것을 계속적으로 접하고 지원을 한다든지 뭐가 참여를 한다든지 그런 부분들은 사실상 힘든 상황이었겠네요?

긍게 우리는 그 현장을 준비하고 정착해가는 과정에서 인자 조직 사건이 터져가지고 거의 대부분이 다니던 현장에서 도망가는 과정이었죠. 이탈을 해가지고 서울로 도망가든가. [하하하] 긍게 현장조직이 파괴된 거예요, 저희 전노투 같은 경우는 완전히. 그중에서 인자 전라북도 지역을 안 떠나고 여기서 은거하고 있던 사람은 몇 안 되고, 한 네다섯 명, 나도 이제 다니다가 들통 나고 사건이 터지니까 저 함열에 있는 돌공장으로 숨어들어가서 거기에서 인자 일하면서 은신해 있었고, 다른 여성 동지들도 마찬가지로 어디 하도급 조그만한 업체 가가지고 몸을 숨기면서 있는 상태였기 때문에 활동력이랄지 이러한 부분들이 굉장히 취약하고 그랬을 것 같다는 생각이 들어요.

노동운동에서 있었던 전노투 사건은 말하자면 지역 내에서 학생운동을 통해서 성장한 초기 활동가들이 조직적으로 노동현장으로 투신하려고 했던 초기 시도였는데요, 그것을 준비하던 당시 멤버들 사이에 공감되었던 문제의식들은 무엇이었고 또 조직을 만들어가는 과정은 어땠나요?

인자 고민의 출발점은 교도소 갔다가 우리들이 나올 때가 83년도 말, 84년 초란 말이죠. 그때는 인자 전두환이가 유화 제스처를 쪼끔 쓸 때예요. 그래가지고 교도소 들어갔다가 제적당했던 사람들에 대하여 다시 복학조치를 허용하겠다고 유화 제스처를 쓸 땐데, 거기에 인자 우리들은 복학생 대책위를 구성해가지고서나 맞서서 싸우던 때거든요. 그래가지고 우리는 '현재 상황들이 전혀 나아진 게 없고, 전두환이는 척결대상이다, 복학을 거부하겠다'라는 입장이 있었고, 또 다른 입장에서는 '그것은 개인의 문제 아니냐'라고 해서 들어가는(복학을 하는) 부분도 있었고 [그랬죠.] 근데 운동이란 것은 개인이 있을 수 없거든요. 조직적 문제고, 전선이 쳐졌을 때는 그 전선에 힘을 실어줘야 그 시대적 요구에 부응하는 형태가 된다고 봤기 때문에 우리들은 인자 공동전선으로써 전두환과 대립각을 세우고 폭로해내는 것이어야 된다는 것이었죠. 당시 전두환이가 취했던 그런 유화적인 제스처로 국풍이 있었어요. 그게 일련의 과정인데, 그게 당시 구속자들이 거의 전부 다 학생들이거든요. 왜냐면 조직화되어 있는 유일한 조직이었기 때문에. 그래서 구속된 학생들에 대하여 복학 조치를 취함과 동시에 사회적으로는 인자 국풍이라는 문화 행사를 통해서 사회적 통합을 이루려는 제스처를 취하던 그런 시기였다 이 말이죠. 그때가 85년인가 86년인가, 83년부터 이런 과정들이 [계속 됐죠.] 근데 인자 당시 운동적 조건들을 보면 날로 구속자들이 늘어나고 시위가 더 격화돼가고 수적으로도 늘어나는 상황이었단 말이죠. 그러면서 본격적으로 공공연하게 혁명을 얘기하는 시기였다 말이죠. 이른바 인자 마르크스의 공산당 선언에 보면 실제 유럽을 떠도는 유령으로 표현했잖아요, 공산당주의를. 마찬가지로 당시 캠퍼스 내에서는 진짜 혁명이란 단어와 마르크시즘이 유령처럼 공공연하게 떠돌고 무르익어가던 시기였다고 판단되고, 그런 상황 속에서 다양한 주의와 주장들이 대립하던 시기였었죠. 그래서 지도부 차원에서는 이전과 같이 막연한 형태 가지고는 이제 정확한 과학적 운동을 하기 어렵겠than 생각이 들은 것이고, 또 그만큼 조직의 세도 비대해졌고, 전북의 각 캠(캠퍼스)에 학생조직이 있고 또 농민이랄지 아니면 노동 부분에 고민하는 친구들도 있고 했기 때문에 더욱 그게 요구되어졌죠. 아, 그 당시에 우리가 지향하는 운동의 방향에 대하여 조심스럽게 사회주의라는 부분들을 상정하고, 당면 싸움 과제로서 인자 반제, 반파쇼 싸움으로 두고, 이 싸움을 승리로 이끌기 위하여 노동대중의 조직화가 시급하다는 부분과, 학생조직은 더욱 현재의 체제를 흔드는 타격 투쟁을 전개해야 된다는 것, 뿐만 아니라 노동조직으로, 현장조직으로 계속적으로 보낼 것을 요구를 했었고, 또 노동뿐만 아니라 농민조직도 건설이 돼야 된다고 생각했죠.] 한국적 상황에서는 산업화로 가면서 농촌사회가 해체되어가는 과정이었지만 실제 반봉건적인 유지들이 아직도 남아 있다고 볼 때 당시의 그 속도는 좀 완만했기 때문에 농민조직의 건설도 커다란 과제로 됐죠. 그래가지고 본격적으로 84년, 85년도부터 좀 이론적으로 정교화시켜내는 작업이 좀 진행됐거든요. 그게 인제 신은채, 나, 허정, 신귀종이, 뭐 이진일이, 김인수, 장현주 그 담에 이현주, 김금순이 뭐 해가지고 한 열두어 명, 열셋, 한 그 정도 됐을 것 같아요. 그래가지고 만든 게 갑선이 형이랑 해가지고 그런 기조하에서 85년도부터 현장 조직으로 투입되기 시작합니다. 인숙이로도 그렇고, 명숙이, 금순이 할 거 없이, 좀 여성들이 먼저 익산 부근 현장 섬유공장에 들어가서 일을 시작했고, 또 그때 당시 철호와 강수가 수배 중이어가지고, 철호와 강수 걔들이 군산에 뿌리박으면서 군산 공장에 들어가서 좀 일을 하기 시작했고, 전주도 이제 좀 뭐 그게 누구지, 옛날 썬전자에, 어, 전현숙이도, 그때가 몇 년돈가, 86년도 같은데, 암튼 이렇게 현장에 투입이 좀, 85년도부터 좀 이루어지기 시작했어요. 그 담에는 익산농민회를 좀 그때 구성을 했죠, 인자. 그때 갑선 형이랑 그 담에 화춘이 형, 이화춘이, 그 담에 조정권이, 그 다음에 박의순이, 이렇게 중심이 돼가지고 인자 풍물모임을 만들어가지고 꽹과리 치고 뭐 하다가 익산농민회를 중심적으로 조직 사업으로 했어요. 이제 갑선이 형이 그 산파 역할을 하는데, 그래서 그렇게 익산농민회를 좀 준비하는 과정이 있었죠. 그리고 본격적으로 86년도부터 전 조직원이 현장으로 투입된 형태였죠. 익산이 그때 가장 인원이 많았는데, 한 12명 정도 학생운동 출신이 좀 들어가 있었고 또 하부 조직으로는 인자 염색공장이나 아니면 이런 소모임 공장 노동자들 소모임들이 좀 만들어져가고 있었고.

그러다가 이 조직 사건이 어떻게 만들어진 거죠?

긍게 우연적 계긴데, 인자 현주 걔가 눈이 안 좋아가지고 현주는 현장을 들어갈 수 있는 조건이 아니라고 우리는 판단했어요. 긍게 각 지역을 돌아다니면서 연락책임을 하라고 했거든요, 연락책임. 그러다가 인자 우리가 번역팀을 두고 [학습을 했었거든요.] 당시는 사회주의 원서를 공부할래도 금서 때문에 할 수가 없었어요. 근데 우리가 81년도부터 어떻게 학습을 했냐면, 직접 우리가 인자 배워가지고 일본어 원서를 놓고 공부를 했었거든요, 일본어를. 그게 좀 비능률적이고 소모적이라는 생각을 가졌기 때문에 주요 학습 테제에 관해서는 직접 번역을 하고, 또 주요 사회주의 원서나 저서들을 좀 번역을 해가지고 조직에 공급하는 번역팀을 뒀단 말이죠. 그걸 신은채 씨가 담당했었는데, 그 번역물의 일부를 가지고 가다가 이제 삼례 근방에서 인자 잡힌 거 같아요, 경찰들한테. 근데 그것도 좀 침착했으면 괜찮았는데, 지레 겁먹고 도망가다 [경찰이] 의심스러웅게 뛰어가서 잡았지. [하하하] 그래가지고 조사가 진행 중이었는데, 그때 마침 미리 황종철이로 그 담에 저 《내일신문》에 있는 그 누구지(이정엽을 말함), 걔들이 동양물산에 먼저 들어가 있었는데, 소모임을 하나 걔들이 거기서 만들었다가 그게 먼저 들통이 난 겁니다. 그때 나도 동양물산에 취직해 있었는데, 가명으로. 그렇게 들통이 나서 계속 조사를 받고 있는 중에 현주 그 사건이 걸려든 거죠. 그러니까 경찰애들이 이쪽으로 꿴 거예요. 황종철이 걔들도 자연스럽게 이제 그걸로 인정을 해버린 거죠. 또 그게 자기들 조직을 엄호하는 데 편하다고 생각을 했던 거죠. 학원 내에서는 뭐 우리가, 현주가 불어서 걔들이 잽혔다고 하는데, 그거는 아니고 걔들이 먼저 잡혀 있던 중에 [현주가 잡혀가지고] 정보과에 애들이 조직 사건으로 이걸 키우게 되는 과정이었죠. 뭐 그래가지고 대책을 논의할려고 인자 내 집에 모였는데, 현주가 자기 집이라고 내 집을 불었던 모양이에요. 긍게 그때 정이하고 인수, 나 세 명이 모여 있는데 경찰이 들이닥쳤어요. [이름이] 김해성이란 형사가 있었고, 그 외에 두 명인가가 들이닥쳐가지고 [우리는] '뻥' 찌는 거죠. "왜 왔냐" 그러니까 현주가 자기 집이라고 불었다고 그래요. [그래서] "아, 얼마나 때렸길래 그랬겠느냐" 하면서 [경찰하고 좀 붙었죠. 그때까지만 해도 [조직 사건으로] 확대되지는 않았던 것 같아요. 그냥 개인선[에서 수사하는 것이었죠. 경찰이 그날의 우리를 보고 그냥 갔거든요. [그런데] 우리는 '아따, 뜨겁다' [판단]해가지고 거기서 바로 철수를 하고 싹 하니 도망갔고, 그 뒤에 가서 인자 [경찰이] 현주한테 '가보니까 전희남이랑 다 와서 모여 있더라. 어떻게 된 거냐' 해가지고 이제 더 확대된 거라 생각이 들어요.

그렇게 해서 엮인 게 전부 한 12명 정도 되나요?

솔찬히(상당히) 많아요. 많은데 노동자들은 그냥 조사 단계에서 빼버리고, [학출로 해서 전부 조직으로 엮은 거죠. 이름도] 우리는 원래 '현장활동가모임'으로 했는데, [걔들이] 전노투로 만든 거지. '전라북도 노동자투쟁위원회'라고 만든 거지. 총책이랑 다 갸들이 만든 거야.

신은채로, 강현주로 총책을 맨들었어요, 걔들이. 우리는 조직을 일단 협의체로 뒀어요. 아직 우리 조직의 형태가 현재는 통합적 지도력을 낼 수 있는 부분이 아니기 때문에 인자 노동조직 자체가 구심을 가져야 되는데, 노동조직에 실제 조직적 실세가 없는 상황에서는 각 지역에 현장 활동가들에게 독자성을 최대한 주는 형태여야 된다고 판단했던 거죠. 그런 형태에서 현주는 인자 연락책으로 하고 신은채는 그때 당시 쪼금 문제가 있어서 그냥 번역 책임자로 이렇게 했었고, 현장활동가모임에 지역협의회 책임자로 내가 있었고, 그리고 당시에 학생 책임자로는 이진일 [이렇게 했었죠.] 그렇게 해가지고 조직 회의를 내가 주도하던 그런 상황이었는데, 걔들이 인자 북 치고 장구 치고 한 거예요. 그 당시는 이제 저 부천서 성고문 사건이 일어나가지고, 권인숙 성고문 사건이요, 그러니까 탄압의 실체가 이제, 문화적 제스처에서 이제 탄압 일변도로 이렇게 돌변하던 때거든요. 그래가지고 전국적으로 각종의 조직 사건이 무수히 엮어졌어요. 실제 반제동맹, 뭐 제헌의회, 그 다음에 뭔 투쟁위 해가지고 이루 말할 수 없는 조직 사건들이 엮어지고, 또 그러면서 공안 정국을 만들려던 그런 상황에서 자기네들 안기부의 위상도 좀 높이려고 했었던 것이고 뭐 그러한 속에서 좀 걔들의 작품으로 조직 사건이 엮어진 것이죠, 인자.

그게 시기적으로 정확히 언젠가요?

내가 현상수배 당해가지고 도망 다니다 잡힌 게, 구속된 게 87년도예요. 초기에는 인자 잡힌 사람이 별로 없었고 현주만 잡힌 것 같애. 그리고 그 다음에 한두 명씩 잡히기 시작하다가 내가 87년도 2월달엔가 잡혔어요. 그때 현상수배 해가지고서나 전단을 갖다가 전라북도

각지에다 붙이고 당시 200만 원, 300만 원 이렇게 현상수배 해가지고 내부적으로는 1계급 특진, 2계급 특진을 걸어가지고 전담반을 형성해서 이렇게 잡으러 다녔어요. 그래갖고 내 초등학교 동창, 중학교 동창들까지도 무차별로 탐문수사를 하던 그런 시기였었는데, 어쨌든 친구의 고발로 잡힌 거죠. 이 독재정권은 사실상 단순히 권력의 독재성에 의한 사회적 파탄뿐만 아니라 인간과의 관계마저도 단절시키고 왜곡시켜내는 아주 비열한 형태거든요. 친구마저도 고발시키게 하는 그런 형태니까요. 그렇게 해서 내가 잡혔을 때는 이미 현주가 잡히고 난 다음에 8개월 지나가지고 조사가 다 끝나버렸어. 재판 진행 중이었어요. 그러기 때문에 그냥 여기다 사인만 해라 뭐 이런 형태였죠. 내용에 대해서 인정만 하는 거였죠. [조서를] 이렇게 두껍게 가져왔는데, 별명까지 다 나와 있더라고, 개인적으로 부르는 별명까지. 긍게 나를 잡고서는 뭐 특별한 거 없고, 그냥 인정하고 안 잡힌 다른 사람 소재를 물어보는 것 정도였어요. 근데 [다른 소재는] 모르지 뭐. 알아도 모르는 거고 몰라도 모르는 거고. 이게 한 번에 다 잡은 게 아니고 사건을 이미 만들어놓고 몇 개월에 걸쳐서 열 몇 명 정도 엮인 거죠.

그럼 87년 대투쟁을 구속돼서 교도소에서 겪으셨어요?

그렇죠. 87년도 8월에 나왔어요. 6월항쟁이 일어나면서 [나왔죠.] 내가 8년 구형을 받는데, 당시 전과가 있고 그러기 때문에 누범이었거든요. 그러니까 집행유예는 나는 없으니까 실제 거의 6년이나 아니면 뭐 얼마 정도 받을 것이라고 판단을 했는데, 87년에 6월항쟁이 일어났어요. 그때 난 교도소에 있어가지고 우리 어머니, 어머니가 싸웠어요, 87년을. 어머니가 우리 아들 내놓으라고 집회마다 소리

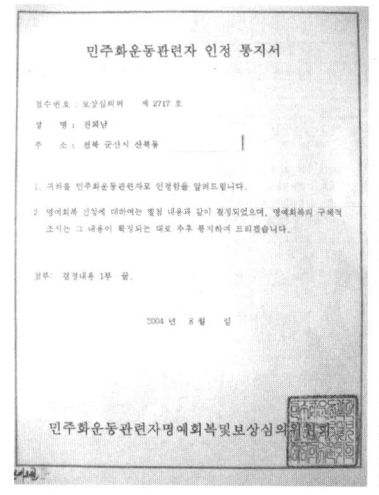
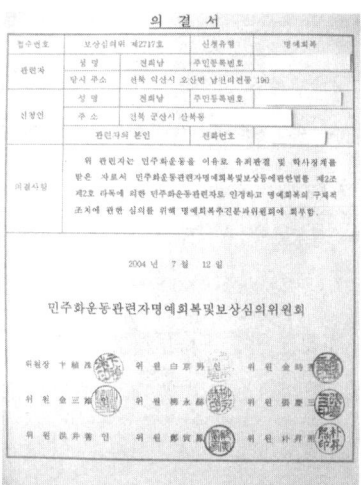

전희남 씨의 '민주화운동관련자 인정통지서와 의결서 내용' (2004. 8).

지르고 대니고, 마이크 잡고 [그랬죠.] 긍게 내가 6개월로 살고 나왔지요. [하하하.]

지금 전노투 사건이 민주화운동으로 인정돼 있죠?

예, 인정됐지. 긍게 당시에 우리가 조사를 받을 때 현주가 나름대로 뺄 사람은 다 뺐더라고. 특히 학생 조직은 다 뺐어요. 학생 책임자 이진일로 해서 학생 책임자는 싹 뺐고, 그래서 안 드러났어요. 그리고 또 구속되지 않고 현장 조직으로 간 케이스들이 있거든요. 그 사람들도 다 뺐더라고. 많은 부분은 빼긴 뺐어요. 그런데 빵에 갔다 온 빵잽이들만 붙어서 드러난 거지.

그런데 전북지역에도 80년도 초반부터 상당히 많은 인원들이 의욕적으로 문제의식을 갖고 현장 이전을 하고 그랬는데, 그 활동이 이후에 계속 이어지고 지역 노동운동에 성과로 남지 못하고 맥이 끊어져버린 것 같은데, 그 이유는 뭘까요?

일단은 조직이 파괴되면서 실제 지역 내에서 꾸준하게 사업을 전개시킬 수 없는 그런 객관적 조건이 크게 작용했던 것 같고, 두 번째는 뭐냐면 전국적 조직이라는 노해동 조직으로 같이 편입되면서 실제 전혀 다른 형태의 운동이 펼쳐진 것 아닌가, 그리고 그런 부분들이 많은 마찰을 빚었던 부분이 있을 것 같다는 생각이 들어요. 긍게 [노해동 합류하고 내가 [지역을 떠났다가] 2년 만엔가 지역에 다시 내려와가지고 지역에 있는 동지들과 이야기를 하면서 그 당시의 갈등이랄지 이런 부분을 풀어가는 과정에서도 보면, 노해동 그 조직이 지역 내에서 도움도 됐겠지만, 좀 폐단으로 됐던 부분은 너무나 기계적으로 편재한 부분들이 없잖아 있지 않았느냐 이런 생각도 많이 가드라고요. 돌아와서 불만만 들었지 경험하지 않아서 자세히는 모르겠고, 상당히 불만들이 많았거든요. 그래갖고 그걸 해결하는 데 상당히 시간도 많이 걸렸고요.

87년 이전 당시 서울, 경인지역 쪽 상황은 80년대 초반부터 학생운동 출신들이 현장으로 대거 이전하고 노학연대 같은 문제의식이 공유되고, 구로동맹 파업이 벌써 85년이니까요, 또 여러 조직들이 한참 만들어지고 그러던 시긴데, 그런 전국적인 상황이나 타 지역과의 교류를 할 수 있는 통로들은 어떻게 됐었어요?

그런 공식적 통로는 없었고 대부분 인자 운동하는 서로 간의 사적인 친구들을 통해서 알았죠. [조직적 관계를] 연결한 적은 없었어요. 근데 실제적으로는 서울에 선후배, 친구들도 있고 해가지고 서로 간에 문건 교류랄지 뭐 이런 정황에 대해서 나누는 부분은 있었어도 공식적인 관계는 안 맺었어요. 뭐냐면 어떤 자기의 성향에 따라 이제 맺어지는 거 아닙니까, 운동의 그 부분도. 나의 노선은 이건데 팽개치고 다른 부분과 결합할 수는 없기 때문에, 당시 한국 상황을 봉건적 사회로 보는 형태에서 해방투쟁으로 보는 건 낡은 생각이라고 보고, 잘못됐다고 봤기 때문에 고런 부분들과의 끈은 자연적으로 좀 대립되게 판단됐고, 우리와 비슷한 생각을 가졌던 부분과의 연계 끈들은 비공식적 부분에서 좀 있었죠. 그리고 그러한 부분들이 인자 87년 석방되고 난 뒤에 이제는 공식적인 끈으로 연결이 되거든요. 그게 인자 노동자해방투쟁동맹(노해동)5)으로 가입하는 과정들이거든요, 전북조직이. 전

---

5) 1980년대 중반 이후 한국 변혁운동 진영을 양분하고 있던 세력 중 반(反) NL혹은 비(非)NL 진영의 경우 독자적인 전위조직 건설을 지속적으로 시도했다. 1980년대 초에는 이른바 1970년대 학생운동과 민주노조운동을 통해 성장한 운동가들을 중심으로 한 '전민학련', '전민노련'이 있었으나 1981년경 조직이 파괴된다. 1980년대 중반 이후에는 '반제동맹', '마르크스-레닌주의당', '제헌의회', '노해동', '인민노련', '사노맹', '노동계급', '국제사회주의자' 등 보다 다양한 시도들이 이루어졌다. 1980년대 초 이미 전민학련에 참여했던 몇몇 활동가들은 당시 직선제 개헌을 슬로건으로 하던 NL진영에 대립하여 '파쇼하의 개헌 반대, 혁명으로 제헌의회 소집'을 내걸면서 1986년 제헌의회 그룹을 결성하고 전위조직의 건설을 구체화하고자 했으나 1987년 대대적인 검거로 파괴되고 마는데, 이때 잔류 성원들이 2차 제헌의회 그룹을 재건한 것이 '노해동'이다. 1987년 4월경 결성되어 그해 대선 시기 백기완을 후보로 하는 독자후보 전술을 전개했는데, 이 과정에서 당면 정세에 대한 판단 및 전략 전술을 둘러싸고 조직 내 이견이 심화되고 그 결과 다수파와 소수파로 분리된다. 1988년 4월경 민중 집권을 강조하던 소수파는 노해동으로부터 분리되었고, 잔류한 다수파는 상이한 의견 그룹 간 논쟁으로 대립하다 일정한 의견 수렴을 보게 되지만 결국 대중운동 속으로 산개할 것을 결의하고 1988년 말경 해체했다. 그 후 소수파는 약 17개월여의 준비 기간을 거쳐 재집결하게 되는데, 이때 결성한 것이 '사노맹'이다.

북조직이 노동자해방투쟁동맹으로 이렇게 가입하고 조직적으로 합류를 하면서 인자 전국적 단일의 체계 속에서 활동을 하게 된 거죠.

노해동에 합류하게 되는 과정은 어떻게 이루어졌나요?

그게 인자 예를 들자면 공식적으로 거기서 왔어요, 사람이. 노해동 호남 책임잔가 누군가는 모르겠는데, 중앙위에 소속돼 있었어요. 중앙위원이 와가지고 인자 관계를 갖게 됐죠. 우리 조직원 중에 그 친구가 있었어요. 그래가지고 이야기를 계속 진행해가면서 서로 상황 인식을 공유하고 또 앞으로의 지향점이랄지 이러한 부분에 대해서 계속적으로 일치시켜가는 과정들이 좀 있었고, 그러면서 조직의 재편 형태들로 좀 이루어졌죠. 87, 88, 89년은 대선도 있고 국회의원 선거도 있고 이런 과정에서 여러 상황들을 놓고 치열하게 대립이 이어졌던 시기였어요. 예를 들자면 소부르주아지라고 보는 김대중에 대하여 어떻게 생각할 건가, 민주당에 대하여 어떤 태도를 가져야 될 건가, 당시 정치세력에 대한 이러한 부분에 대하여 극렬하게 대립하게 된 시기여가지고 도저히 같이할 수 없는 지경이라고 본 것이죠. 우리와 같은 경우는 일정 정도 반독재 투쟁에서 궤를 같이하는 기회주의적 세력들을 엮을 필요는 있겠지만 그들에게 힘을 실어줘서는 안 된다는 부분이었고, 그게 바로 이제 '타격논쟁'이었거든요. 투쟁을 함에 있어서 주타격, 주요 부분에 공격을 진행하지만, 즉 '파시즘에 공격하지만 그 외에 기회주의 세력의 기회주의성을 폭로를 해야 된다, 그럼으로써 노동자계급의 헤게모니가 장악되어지는 것이다'라는 부분이 우리 입장이었고, 다른 부분에 있어서는 이제 해방투쟁 과정 속에서는 실제 두 단계의 싸움이 있는데, 현 단계에 싸움은 자주민주정부를 구성하는 것(부르주아 민주주의의 완성), 그리고 여기서는 노동자 계급이 주도하는 게 아니라 부르주아지가 주도하는 것, 이런 형태로 정리하는 것 같았죠. 그러기 때문에 계속적으로 김대중 지지하냐 아니면 김영삼 지지하냐 뭐 이런 형태로 나타나고 그랬던 터라 도저히 같이할 수 없겠다는 생각을 한 것이죠. 아주 극렬하게 대립전선이 그서졌고(그어졌고), 그런 상황에서 우리도 사실상 전국적인 단일 전선이 필요하다는 요구를 하게 된 거예요, 지역에서도. 그래가지고 인제 노해동에 같이 합류해 가지고 하게 되는 과정이 있었죠.

당시에 노해동 말고 자민정부를 수립하자는 입장 쪽에 사람들도 있잖아요, 그 사람들은 주로 어떤 사람들이 있나요?

그니까 그 김광수로, 선재, 그 담에 선재 각시, 또 민우, 죽은 순희,6) 승희 형, 승희 형 만나면 거의 얘기가 다 나올 거예요. 그쪽도 파벌이 많아가지고, 나중에 김형근이 쪽, 긍게 석탑 라인이 있었고, 그 담에 강철 라인이 있었고 그리고 또 뭔 라인 있어가지고 아무튼 선에 따라서

---

6) 최순희 열사는 1978년 전북대학교 사범대에 입학하여 학내 동아리 '민속극연구회'에 참여하면서 학생운동을 시작했고, 1980년 5월 당시 '전두환의 광주살육작전', '시민 여러분께 드리는 호소의 글' 유인물을 제작, 배포하는 활동을 전개하여 수배 상태에 놓이게 되었다. 1981년 정보기관의 강요로 강제 휴학을 당해 학생운동을 중단하고 1984년 익산 후레아훼숀에 입사하여 노조 결성과 함께 노동운동을 적극적으로 시작, 1985년 블랙리스트에 의해 해고되었다. 곧이어 경성고무에 입사했으나 1987년 블랙리스트에 의해 다시 해고되었다. 1991년 정보기관의 보안심사에 의해 교사임용 제외자로 분류되어 임용이 거부되자 광주 고등법원에 행정소송을 제기했으나 극심한 생활난으로 인해 변호사 선임명령 불이행으로 재판이 중단되었다. 그러던 중 1991년 11월에 위암이 발견되어 수술했으나 병세의 급속한 악화로 1992년 4월 24일 34세로 세상을 떠났다.

제각기 틀려가지고 그리고 그러한 부분들이 주로 학생운동 쪽에서 잘 알죠. 당시 전라북도가 학생운동이 활성화돼 있지 노동운동은 그렇게 활성화돼 있지 않았거든. 87년 이후에 급속도로 꽉 터져가지고 이제 전북노련이 만들어지고 이런 형태였기 때문에 87년 이전과 같은 경우는 학생운동 내부에서 격렬하게 싸웠던 사람들이 인자 그걸 더 잘 알 거예요. 근데 일단 내 관점은 뭐였냐면 노동에 관심이 있고, 또 그런 형태로 접근했던 것이고요. 아마 그 과정은 내가 볼 때는 문익이가 가장 잘 알거야, 문익이. 그리고 김동성이도 좀 잘 알거야.

그럼 87년 이전까지 전북지역 초기 비합법정파, 서클들, 또 공개적인 상담소 등 노동운동으로 투신하거나 계속 연대하려고 하는 단체, 조직이 어떤 것들이 있었는지, 관계들은 어땠는지 지금 기억할 수 있나요?

긍게 인자 크게는 노동 현장으로 투신한 조직은 우리하고 저쪽 걔들이 있었는데, 우리 경우에는 전주, 익산, 군산이 있었고, 이 협의체의 장으로 해가지고 인자 회의 주제는 내가 하고, 지도부 구성은 [전주, 익산, 군산 책임자들하고 학생, 연락책, 이렇게 해서 회의를 했던 것 같고, 이게 인자 우리 쪽 구도고, 그 담에 익산에서 인자 현장 조직하고 농민회는 익산농민회, 이렇게 좀 있었던 거 하고, 또 나름대로 인자 공장 들어가가지고 뭐 [했었고,] 저쪽 같은 경우도 서로 비슷한 구조였는데, 저쪽도 익산에 이정엽, 황종철로 했는데 얘들이 인자 전노투 때 같이 깨져버린 거죠. 그 담에 군산에는 세풍합판 들어가서 싸움했던 김광수, 선재, 그 담에 민우, 선재 각시, 이 정도고, 전주는 순희 누나, 승희 형, 이 정도에서 아마 있었을 거예요. 저쪽도 역시 비슷한 그림이 었을 것 같고요. 근데 상호 간에 유기성이, 이쪽은 통합성이 느슨하고,

왜 그냐면 그 전에 여기에 있던 사람들이 거의 다가 대부분이 우리의 지도를 받던 오픈조직이었단 말이죠. 순희 누나 같은 경우도 탈반 출신이고 뭐 전부 그런 상황이었기 때문에 그랬고. 여기가 인제 신귀종이로, 허정이로, 김강수로, 뭐 그 담에 노철호, 그 담에 여기 익산이 한 12명인가 됐고, 전주가 누구였지, 인수였던가 [그랬을 거예요.] 이렇게 학출

> 아주 극렬하게 대립전선이 그어졌고 그런 상황에서 우리도 사실상 전국적인 단일 전선이 필요하다는 요구를 하게 된 거예요. 그래가지고 인제 노해동에 같이 합류해가지고 하게 되는 거죠.

들이 [드러나지 않는 소모임 형태로] 있었고, 그리고 이제 그 외에 노집에 두희 누나 있었고. 그전에는 인자 노집하고 우리가 관계를 맺고 노집은 야학 정도만 개입했던 시기였는데, 징역 갔다 오고 난 뒤에 태현이가 군대를 가면서 이 끈이 끊어진 거예요. 그러면서 두희 누나가 일루 들어온 거지, 오두희 씨가. 그래가지고 노집은 나름대로 독자의 라인을 가지기 시작한 거예요, 노동자들을 만나고 이런 형태로. 그리고 군산은 군산 나름대로 또 노집과의 관계를 맺어가고요. 긍게 이런 관계를 갖다가 이제 이게 변화되기 시작한 게 뭐냐면 87년 이후에 노동자들이 대거 대투쟁 일어났잖아. 그랬기 때문에 구태여 비밀스러운 형태로 모든 조직을 가져갈 필요가 없겠다는 생각이 들면서 공간을 어떻게 확보할 건가라는 부분에서 87년 이후에는 오픈적으로 이제 노동상담소로 다 만들어내는 거지.

그러면 이런 관계들이나 구체적으로는 사람들의 인맥이 87년 이후에는 조직 내적으로 어떻게 분화돼가는 거죠?

그대로 이어져오는 거지, 그대로 나름대로. 87년 이후에는 인자 조직적 배치가 이루어지는 거예요. 노해동, 노해동 조직으로 해가지고 인제 뭐냐면 점선으로 해가지고 [조직적 배치가 된 거죠.] 이제 태수가 전주에 있었고, 그 담에 누구야 썬전자에 있던, 뭐 그렇게 해서 이제는 노해동의 체계 속에서 조직적으로 다시 재배치하면서, 오픈조직의 형태는 노동상담소로 가져가고 또 노집과의 관계를 강화시켜나가고 이런 형태로 [갔어요.] 나는 이제 노해동 체계로 틀을 잡고 내가 광주로 갔거든요. 전북 조직이 노해동으로 다 완전히 되고, 체계가 좀 잡히고 난 뒤에 그 다음에 광주로 간 거죠, 후배들 데리고. 그때 문제가, 광주로 가게 된 이유 중 하나가 뭐였냐면, [정보 경찰에 신분이] 하도 많이 드러나가지고 지역에서 활동하는 게 상당히 어려웠어요. 그래가지고 나 스스로도 '운동을 계속하기 위해서는 좀 다른 데로 떠야겠구나'라는 생각을 가졌고, 그러면서 노해동 내에서 당시 전라북도에 그 실제 인력 풀이 상당히 강했어요, 서울하고 전라북도, 그리고 저기 경북 그쪽 정도. 그래가지고 전라북도에서 뭐 창원으로도 가고 이렇게 전라북도의 학생운동 인자들이 [다른 지역으로] 굉장히 많이 갔어요. 광주로도 많이 갔고, 광주 가서 정착한 사람들도 있고요. 광주에 간 때가 88년도 5월인가 6월인가 갔을 거예요, 내가. 88년도 그때 가서 광주에 조직틀을 잡고 다시 난 충남으로 갔지, 인자. 거기서 조직운동을 하다가 우리 각시를 만나가지고 89년도엔가 [다시 지역으로 오게 돼요.]

근데 인제 87년경부터 89년까지 시기가 조직 내부적으로 좀 복잡했던 시기인데, 그 시기에 나는 인자 광주·전남하고 충청지역에서 일을 하는 바람에 없었고, 내가 다시 지역에 내려온 게 89년 촌데, 그동안 지역 내에서 갈등이 끊이질 않았어요, 갈등이. 그래가지고 내가 89년

기록에 의하면 당시 입장을 달리하는 양 그룹에서 각각 문제의식을 담은 제안서를 제출한 것으로 되어 있다. 총 11페이지의 이 문서는 아마도 당시 NL 측의 활동가들에 의해 제출된 것으로 보이며, 1차 88년 6월 29일 일터교회, 2차 7월 7일 이리 노동자의집에서 각각 토론회를 가진 내용을 정리하고 향후 구성할 단체의 성격에 대해서 제안하고 있다. 당시 여기에 참여했던 이정엽 씨는 정파협의회의 성격이라기보다는 노동운동단체들이 폭넓게 참여하는 느슨한 조직체로 기억하고 있었다(출처: 민주화운동기념사업회).

촌가 다시 내려와서 조직 정리를 좀 했죠, 전부. 그때 내려와서 보니까 아주 복잡한 거야. 왜 그냐면 지역의 특성이 있었고, 또 [지역을 책임지고 있던 지도부개] 개성이 강한 친구들이었다고요, 문익이랑 인자 이러한 부분들이 노해동 전북지부에 지도노선이랄지 이런 부분과 계속 마찰을 빚었고, 또 노해동의 내부에서도 중심이 계속 흔들렸다고. 그게 이른바 인자 그 실제 그 사노맹과 노해동 내의 다수 소수 논쟁(각주 5 참고)이 붙어가면서 그랬거든요. 그 시기를 겪으면서 같이, 지역 내에서도 내부의 논쟁이 가속화되기 시작했던 것 같애요. 그리고 또 조직의 불신이 서로 간에 [심했어요.] 군산, 익산, 전주 상호 간에 불신이 있고, 또 이 불신이 심했어요. 어, 그건 실제 너무 폐쇄적이다라는 부분이 가장 컸어요. 왜 그냐면 노해동의 조직 스타일이 철저하게 점조직, 비밀스럽게 사람을 찍어가지고 하는데 그 자체를 용납을 못하는 거죠. 근데 이 지역판을 모르는 행태로써 이걸 막 무리하게 재편하려고 한 거 같았어요. 그런 부분도 있고 또 학생조직과 같은 경우에도 나름대로 내공이 있는 부분들이거든요. 그러한 부분을 폄하하고 무조건적인 지도 노선이랄지 이러한 부분들도 안 맞았던 것 같았고요. 그래가지고 이제 내려와서 최고 선배로서 좀 관리에 들어갔죠. 광범위한 책임자들 대책회의를 구성해가지고 여관을 전전하면서 토론을 전개하고 그러면서 어느 정도 그걸 봉합을 시켜낸 거죠, 인자. 봉합이었지, 이게 치열하게 서로가 드러낸 부분에 대하여 완전히 깔끔하게 해결하고 정리된 것은 아니었던 것 같아요. 인자 그런 과정을 겪어나가면서 지도 중심을 이제 이양시킨 것이죠. 그렇게 하면서 나는 인자 그 비밀조직, 즉 지하조직 같은 경우는 2선으로서 그 노동조직 성섭이와 그 담에 누구지, 옛날에 민민짱이었던, 아, 선숙이, 또 문익이, 동성이, 그들에게 넘긴 게 89년도에 넘겼죠. 지하조직을 넘기고 나는 오픈 조직으로 가는 걸로 [그렇게 했어요.] 이제 나 자체의 포지션이랄지 이러한 부분이 비밀조직에 걸맞지 않고 그래가지고 노동상담소[를 하면서,] 그때 노동운동단체 연대회의(노운협)를 구성하자고 했었거든요, 익산에서. 그래서 노운협 활동을 잠시 했었고, 근데 노운협이 유명무실했어요, 별로 활동력도 없었고.

그 전북지역 노운협은 어떤 성격의 조직이었어요?

글쎄, 인자 대부분 노동운동 현장에서 활동하던 활동가들이 이제 오픈으로 나와가지고 노동운동에 대하여 좀 선전선동 하는 그런 형태의 틀이었는데, 지역 내 노동운동을 지향하는 각 단체들의 협의체라고 보면 돼요. 협의첸데 그 부분들이 얼마만큼 위력적으로 일을 해나갔는가, 이런 부분들은 내가 볼 때는 의심스럽고요. 노동운동상담소들하고, 그때 노동자의집도 참가했던가, 안 했던가. 일단은 예전에 비밀스럽게 노동운동을 지향했던 부분들이 노동자대투쟁이 일어나면서 노동자의 조직, 노조를 만드는 일은 노동자들이 [스스로] 할 수 있는 일로 돼버렸죠. 긍게 예전과 같이 내 신분을 감추고 현장에 들어가서 무엇을 한달지 이러한 부분들도 필요하겠지만 그것이 전부이던 시기는 인자 아니라는 거죠. 그러기 때문에 노동운동을 했던 그룹들, 상담소랄지 뭐 이러한 부분들이 이제는 공동으로 서로가 협의하고 또 협의되는 것을 노동자들에게 선전선동을 해낼 수 있는 그러한 대중적 매개체가 필요했고 그 형태에서 협의체를, 노동운동단체협의회를 구성한 거 같아요. 노동운동단체협의회는 내가 충남에 가 있었을 때, 그때 인자 결성된 것 같더라고. 그래가지고 충남에서 내려와서 조직 정리를 하고 난 뒤에 노동운동단체협의회로 내가 들어갔죠. 편집부로 들어가서 바로 노동 현장으로 노가대(노가다)로 들어갔기 때문에 노동운동단체협의회에서 기간은 한 2개월이나 되는데 별 기억나는 게 없어요. 그때 이영훈이라는 친구, 신정일하고 몇 명을 좀 봤는데, 체계 있게 모임을 정례화하고 거기에서 지역운동 전반에 관해 고민하는 그런 부분은 아니었고, 또 별로 애착심을 못 느꼈어요.

지역을 떠나 있던 시절 얘기를 좀 해보죠. 광주나 충청에서는 얼마 동안 계신 거예요?

광주에서 한 6개월 있었나. 광주 같은 경우는 조직이 아예 없었어요. 거기는 거의 다 자민투, 통일[일색]이어가지고, 거기 가니까 뭐냐면 '대동단결' 요게 이게 일반적이죠. 내가 교도소 안에서 생활할 때 보면, 광주 애들도 싹 들어와. 들어오는데 자민투도 있고 민민투도 있고 그러거든요. 그런데 보면 같은 틀[로 존재]하면서 내부에서 싸우는 어떠한 그런 조직 기풍이 있더라고. 그래가지고 인자 거기 같은 경우는 커다란 대세 있잖아, 대세의 흐름에 반기를 드는 그런 부분을 용납지 않았다고. 근데 인자 그 당시 여기 교도소에서 사귄 후배들이랄지 요런 애들 통해가지고 광주 가서 조직을 만드는 거였죠. 인자 후배들도 [먼저] 넘어가 있었고. 그래가지고 저기 여수 여천 조직, 뭐 광양 조직, 그 담에 광주 하남공단 조직, 그 담에 뭔 광주 거시기 조직, 인자 공단 조직들

> 아무런 외부의 도움 없이 집이나 친구가 부쳐주는 돈 가지고 [생활했는데], 그 얼마 되기나 했가니, 그때 내 나이 또래가 직장 다니는 애들도 별로 없었고. 근데 사실상 너무 힘들더라고.

을 어느 정도 만들고 그 담에 다시 충청도로 가가지고 충청도에서 이제 [또 조직 작업을 했어요.] 대전으로 88년 말경에 갔는데, 가서 제일 먼저 내가 한 일이, 뭐 아무것도 없는 기반이니까요, 거기는 몇 명 있더라구요. 조직원이 한 3명인가 있는데, 일단은 좀 지역의 운동을 좀 활성화시키고, 또 인자 좀 요구했던 게 쁘락션 작업이었어요. 저쪽 그, 이를테면 강철파라든지 뭐 NL의 중심 멤버들을 소개시켜라 해가지고 사상투쟁을 좀 전개시켜나가야 되겠다라고 했었던 거죠. 그러면서

소개받았던 친구들이 좀 있었는데, 그중에 하나가 우리 각시였어요. [하하하] 그리고 인자 그 지역 노동운동판을 이제 객관적으로 조명하면서 좀 꾸준하게 노동운동판에서 지도력을 장악하도록 접근해서 사지선 뚫고 좀 그런 과정이었죠. 그렇게 하다가 내가 인자 휴가서를 제출한 거예요, 89년 돼가지고. 좀 너무 힘들 뿐만 아니라 당시 아무런 외부의 도움 없이 집이나 친구가 부쳐주는 돈 가지고 [생활했는데,] 그 얼마 되기나 했가니, 그때 내 나이 또래가 얼마나, 직장 다니는 애들도 별로 없었고. 근데 사실상 너무 힘들더라고, 힘들고. 그리고 향수병에 걸려가지고, 좀 이건 아닌 것 같다는 생각을 했죠.] 그리고 이 싸움이 또 단기간에 결판 날 싸움도 아닐 것 같고, 그리고 또 노해동 내에 다수파 소수파 논쟁이 벌어지면서 다수파가 세는 많아서 조직은 장악해 있는데, 실제 이론적 정리 내용이 주사(주체사상)와 별반 다름 없이 흘러가. 그래가지고 휴가를 제출했지. 그때 얼마를 할 거냐 해서 2년 요구했네, 2년. 그래가지고 지역으로 내려온 거죠. 그래가지고 지역으로 내려와서 인자 좀 노해동과의 관계를 끊고 이제 좀 지역판을 정리에 들어갔죠. 익산에 그러니까 89년도 1월인가 2월인가에 다시 왔어요. 내 개인적으로는 그냥 계속 땅굴만 파가지고, 그 학생 운동 때부터 근 운동 10년을 땅굴만 파가지고 좀 인자 다른 형태의 대중적 운동을 하고 싶더라고. 또 결혼도 하고 했기 때문에.

89년에 다시 익산에 온 이후에 개인적인 행보에 대해서 좀 얘기를 해보죠. 충청도에 있을 때 부인되는 분을 만나셨다고 했는데, 결혼은 언제 하셨어요?

89년 4월에 인자 결혼을 했어요. 그러니까 다시 지역에 내려와서 결혼할 때까지 정리 작업을 계속 했던 거예요. 그때 그 겨울에 인자 좀 통합시켜내고 뭣 하고 하면서. 결혼하고 나서는 인자 좀, 예전에 비밀 조직을 할 때는 돈이 뭐 한 달에 5만 원이 있어도 생활하고 그랬는데, [없으면] 굶기도 하고, 인자 결혼하고 아이를 갖고 그러니까 도저히 불가능한 거예요. 그러던 어느 날인가 그 사무실(노동상담소)에 있는데 제환이가 갑자기 저기 노가대를 가자고 그러더라고. 거기 가면은 저 뭐야 한 달만 일하면 한 몇 개월은 먹고 산다고, 막 2만 원씩을 받으니까. 그래가지고 이제, 가서 일하고 어쩌고, 이렇게 돼가지고 노가대로 인자 들어간 거죠, 내가. 그리고 이제 군산으로 이주를 했어요. 그게 89년 10월경이나 될 거 같아요. 그때 우리가 집이 없었거든요, 살 집이. 돈도 없었고. 그래가지고 우리 와이프는 애들 과외해서 돈 번다고 성남으로 올라가고 나는 노가대 한다고 장항에 있다가 사글셋방이라도 얻을 돈을 마련해가지고 해망동에다가 첫 번째로 살림집을 차렸죠, 사글셋방을. 그래가지고 이제 군산에 정착하면서 일을 한 거죠. 군산에 이전했을 때 나의 기본적 생각은 두 가지 고민이었어요. 하나는 뭐냐면 운동이라는 걸 다시 시작해야 되는 거 아니냐 하는 생각이 가장 큰 고민이었거든요. 나의 것으로 만들어가는 운동을 하지 않을 때 이건 한계가 있다, 그냥 지치고 끝날 것 같다는 생각이 들었어요. 즉, 현재 운동의 시기는 급격하게 뭘 절단내가지고 민중 세상을 금방 만들어내는 혁명의 시기도 아니고, 진짜 꾸준하게 사업을 전개시키면서 내가 살아가면서 이루어가는 장기적 과정일 것 같은데, 이렇게 일정한 근거도 없이 직업적 활동가라는 형태로 지역을 오가며 이렇게 해가는 게 의미가 별로 없을 것 같다는 생각이 좀 있었거든요. 그리고 너무 운동을 도식적으로, 당위적으로만 받아들이는 것은 생명력이 없지 않느냐, 창의력도 없고. 그러면서 내 개인적으로는 새롭게 운동이라는 부분이 내 내부에서 샘솟는 에너지로 나오는 그런 과정들로 하지 않는 한 나 역시도 운동의 전선에서 멀어져가는 그런 부분이 되지 않겠냐라는 생각이 좀 강했습니다. 그렇기 때문에 새롭게 내가 하고 싶은 일 속에서 운동의 의지도 이끌어내고 전망도 세워나가는 그런 운동을 하고 싶다라는 게 강했고, 그 형태에서 노가대를 시작한 것이죠. 물론 노가대는 그런 운동적 결단뿐만이 아니라 내가 택할 수 있는 직업이 그거밖에 없었거든요. 장기적으로 지역 내에서의 노동운동이나 뭐 그런 활동 속에서 이미 블랙리스트에 찍혀가지고 어디도 취업하기가 힘들었어요. 거의 없었죠. 그렇지만 운동과 무관한 직업을 갖기는 더더욱 싫었고, 그런 형태에서 현장을 찾다 보니까 인자 건설현장[밖에 없었죠.] 건설현장은 뭐 신분증이 필요가 없이 오는 대로 다 받아주는 곳잉게(곳이니까). 그래가지고 이제 건설노동자로서 일을 시작했고, 그 당시에 내 주된 관심은 내가 건설노동자로 일을 하면서 내가 할 수 있는 일이 무언가 그걸 찾는 것이었습니다.

> 운동이라는 걸 다시 시작해야 되는 거 아니냐 하는 게 가장 큰 고민이었죠. 나의 것으로 만들어가는 운동을 하지 않을 때 이건 한계가 있다, 그냥 지치고 끝날 것 같다는 생각이 들었어요.

그렇게 처음 자리 잡은 해망동에 한 5개월 살았나, 살다가 거기 해뜨는 동산 어린이집이라고 있었어요, 빈민 탁아 운동을 하던. 거기에 사람이 없다고 와서 해달라고 그러더라구요. 그래가지고 우리 와이프더러 자네가 하면 되지 않느냐 해가지고 인자 탁아소로 갔죠, 해뜨는 동산 어린이집으로. 거기를 들어가니까 지역에서 난리가 났어요. "전희남이가 지역 말아 먹을라고 들어왔다, 해뜨는 동산으로" 해가지고 인자 태클이 많이 들어오고 뭐 그랬었는데, 그래도 거기서 지역탁아운동을 와이프가 한 6년 했나요, 그래가지고 전국빈민탁아운동연합 부회장도 하고 열심히 활동을 했죠. 허고 나는 인제 노가대 계속하면서 92년도 이후에 정당이 해체되잖아요.7) 해체되면서 그 사무실 공간에서 인자 뭔가 시민들을 규합하는 운동을 하자라고 해가지고 그때 한게 수지침 강좌하고 어머니 한글학교 그 두 가지를 했거든요. 어머니 한글학교는 지금까지 하고 있고, 수지침 강좌는 한 1년 했나, 시민들이 어떨 땐 한 80명까지 모이고 그랬거든요. 어머니 한글학교도 아주 성황리에 잘했고, 그러면서 인자 노동운동과는 좀 거리를 뒀었죠. 문익이나 누구든 찾아오고 그러면 같이 이야기를 나누고 또 활동가들이 서울에서랄지 이렇게 찾아오면 고민도 나누고 좀 이런 시기였거든요. 고민하고 공부하고 하는 [시기였죠.] 그 이후에 노동현장 내에 투쟁

---

7) 87년 대선의 실패 이후 진보세력은 전선운동을 중심으로 한 축과 독자적인 정당건설을 중심으로 한 축으로 나누어 행보를 하게 되면서, 진보정당 건설을 위한 지속적인 시도를 하게 된다. 88년 3월 '민중의 당', 4월 '한겨레민주당'이 탄생했으나 88년 총선에서 성과를 거두지 못하고 90년 두 당과 전민연의 통합으로 '민중당'이 건설되었다. 91년에 합법적 노동자정당 건설을 목표로 한국노동당(한노당)창당준비위가 결성됐으나 92년 총선을 앞두고 '민중당'과 합쳐져 '통합민주당'을 결성, 92년 총선에서 51명의 후보를 내며 자신감을 비쳤지만 결국 한명의 당선자도 내지 못하고 평균 6.5% 득표를 하고 좌절, 해산하고 만다. 이어 92년 말 대선에서는 다시 민중정당 건설을 표방하며 '백기완선거대책본부(백선본)'을 꾸렸으나 1.1%를 득표한 후 다시 와해되었다. 96년 겨울 '국민승리21' 건설, 97 대선에서 전국연합, 진보정치연합, 정치연대 등과 함께 권영길을 후보로 출마시켜 1.2%를 득표하였다. 97년 대선 과정에서 국민후보운동과 민중후보운동 진영은 치열한 사상투쟁을 벌이게 되고 결국 대선 직후 민중후보운동 진영은 98년 '청년진보당'을 건설함으로써 이들 간 사상적 봉합은 깨지고, 이후 '국민승리 21'과 민주노총이 중심이 된 진보정당추진위는 2000년 1월 민주노동당을 창당하게 된다.

이나 집회랄지 뭐 이러한 데 가보긴 가보지만 좀 남에 일 같고 동질감이 안 느껴지더라구요. 글쎄, 뭐 소원해져서 그런 것 같아요. 자주 얼굴을 보고 자주 이렇게 해야 되는데 어쩌다 한번 가니까 반가이 맞이하긴 하는데, 좀 내 것은 아닌 것 같아요. 그리고 빈번하게 지역 내에 뭐 연대모임이나 이런 게 있냐 하면 그것이 아니라, 어디 저 후원의 밤이랄지 뭐 요럴 때에 가니까요. 또 그때는 내 개인적으로는 노동운동의 전선에서 좀 멀어져가는 시기였고. 그리고 그때는 또 많은 부분들이 동구라파가 붕괴되면서 자기가 생각했던 이념적 가치가 과연 옳은가 아닌가 굉장한 혼란에 싸여 있던 시기였거든요. 그 혼란의 소용돌이 속에서 많은 동지들이 떠나갔고, 떠나가는 것도 일사분란하게 정리를 해나가면서 향후에 무슨 과제로 우리가 다시 만나야 될 건가라는 부분에서 조직적으로 후퇴한 게 아니라 어느 날 갑자기 현장에서 일하고 노동운동 열심히 하겠다던 사람들이 지역 운동에서 보이지 않고, 개별적으로 알아서 정리해가는 과정이 90년대 중반 이후의 진행과정이 아니었나라는 생각을 많이 갖습니다.

당시 그런 활동은 개인적인 운동이랄지 앞으로 운동 방향과 관련해서 특별한 고민이나 판단의 결과라기보다는 현실적인 상황 속에서 그렇게 갔던 거라고 봐야 되나요?

그렇죠. 긍게 주변에 나와 같이 [과거 운동적 동지들과의] 운동을 진지하게 고민하고 했던 틀들이 없어진 거예요. 틀들이 없어지고 인자 전북에서 같이 이렇게 운동을 했던 여러 사람들도 점점 진보정당을 성장시키기 위해선 무슨 준비를 해야 될 것인가라는 고민들을 많이 했었던 것 같고, 그런 형태에서 개인적으로는 어머니 한글학교, 그 담에 생활협동조합, 고런 거 만들고 하면서 이제 지역을 다 떠나가니까 인자 혼자 남은 거죠. 결국 나 혼자 남았어요, 지역에. 그래가지고 쪼금 힘들었지. 왜냐면 다른 정파 사람들이랄지 이런 사람들은 시민운동 쪽으로 일을 해나가긴 하는데 그런 건 [대안은 아닌 것 같고, 또 아직도 내가 노가다를 하는 입장으로서 아직도 혁명의 꿈을 접을 수는 없는데 전체의 조류는 그게 정반대로 가고, 그런 부분에서 같이 휩쓸리기는 거부하고 좀 그런 과정이었죠. 그런 과정을 겪으면서 오랫동안 운동적 바람이었던 진보정당 운동이 일어나면서 90년부턴가 동참하여 지금에 이르고 있죠.

그러면서 건설노동을 계속 하셨었나요?

그렇죠. 그게 우리 가족을 먹여 살리는 생업이기 때문에 1990년 이후 쭉 노동일을 해온 것이죠. 건설노동 쪽에 예전에 플랜트 노조가 있었는데, 군산에 중심을 잡고 플랜트공을 중심으로 초기 건설노조를 만들고 90년대 후반에 다시 지역 건설노조로 결성되지만 수준이 미미했어요. 그 후에 2001년돈가, 2002년도부턴가 현재의 최재석 씨가 군산 지부장을 하면서 노조다운 노조로 만들려고 노력하고 체계가 좀 잡혀 대중적으로 가게 되죠. 그래서 지금도 거기에 노조원으로 같이 동참하고 있고요.

현재는 민노당 활동을 하고 계신데, 어떻게 현재의 활동을 시작하게 됐는지 그 과정을 말씀해주시겠어요?

87년 이후에는 우리 운동 내부가 극심하게 대립이 첨예화되는 시기거든요. 87년 대선 때 내가 광주에 있을 땐데, 격렬한 논쟁이 이제 벌어져서 전라북도에서 지원 요청이 와서 제가 들어간 거죠(전북민주화운동협의회의 대선 방침을 결정하는 토론이었다). 인자 광주에서 와가지고 허정이하고 들어갔나, 둘이 간 것 같아요. 김대중 비판적 지지의 허구성과 문제점을 격렬하게 밤을 새워가며 얘기하고, 왜 독자적인 정치세력화가 필요한가에 대한 격론이 벌어졌는데, 거기 모였던 집단들은 대부분 지역에 청년, 그때 당시 뭐 민주화운동청년연합도 있었고 그 다음에 학생운동 조직, 총학생회, 그 담에 농민회 있었고, 그 다음에 노동자 조직도 온 거 같아요. 거의 한 새벽 3시까지 격론이 벌어졌는데, 표 대결을 요구했죠. 역사의 기록으로 남기자라고 하고 분명하게 결과에 책임을 져야 될 거 아니냐 했는데 무참히 깨졌죠. 그 이후에는 90년까지는 혁명이 진짜 필요하고 혁명을 위하여 전위조직이 필요하다는 그런 주의에 사로잡혀서 운동을 했던 것 같고, 그리고 그 이후에 과정은 새롭게 좀 나를 가다듬는 시기였던 것 같아요. 일종의 의무감이 굉장히

> 광주의 무수한 사람들의 죽음을 보면서 그 죽음에 대한 의무감을 버릴 수 없었고 …… 과연 나는 진짜 이걸 기쁜 마음으로 하고 있는가, 이게 참다운 운동인가 고민하는 시기였던 것 같아요.

강했어요, 운동에 대한. 80년도에 5·18을 겪고 난 뒤에 다시 운동을 시작했을 때는 80년 당시 현장에 있던 우리 동료, 세종이가 죽었거든요, 그때 공수부대에게. 그리고 광주의 무수한 사람들의 죽음을 보면서 그 죽음에 대한 의무감을 버릴 수 없었고, 그러면서 무수하게 나도 내부적으로는 동요를 했죠, 어린 마음에. 진짜 운동이라는 게 죽음이라는 것을 처절하게 느꼈기 때문에. 그 이후에는 거침없이 앞만 보면서 조직을 만들어내고 또 이렇게 해야 된다는 형태로 이끌려 왔었고,

다시 몇 번에 걸쳐서 교도소 갔다 나왔을 때도 역시 마찬가지로 변혁을 위하여 이렇게 해야 된다라는 부분도 있고, 또 우리 조직의 재건을 위하여 뭘 어떻게 할 건가 뭐 요런 형태로 왔던 것 같애요. 그러면서 '내 자신에 대하여 돌아볼 기회가 별로 없었구나'하는 생각을 많이 했습니다. '과연 나는 내 내부적으로 진짜 이걸 기쁜 마음으로 하고 있는가'라는 부분, '항상 피로해 있고 항상 찌들어 있는 이게 과연 참다운 운동인가' 좀 이렇게 고민하는 시기였던 것 같애요. 90년부터 쭉. 특히나 우리 와이프는 NL운동을 했던 친구거든요. 주사파 운동을 했던 친구인데, 서로 간에 이야기를 전개하고 사투(사상투쟁)를 전개하는 과정에서 일정하게 합의되는 부분도 있고 합의되지 않는 부분도 있어요. 근데 어떤 형태든 인간적인 끈을 갖고 서로 같이 부부로 살아간다는 것도 가능하더라구요. 물론 우리 와이프도 굉장히 많이 변했지만요. 그러면서 좀 운동을 내 내부에서 우러나오는 기쁨의 요소로, 그런 운동으로 다시 시작하고 싶다는 그런 게 강했고 그걸 내 생활영역에서 찾아내지 못하면 나도 기회주의자가 되지 않느냐, 낙오자가 되지 않느냐 이런 생각을 많이 가졌어요. 그래가지고 좀 편한 마음으로 조직적 의무도 떨쳐버리고 또 무슨 필연성도 떨쳐버리고 탈탈 훌훌 털고 싶었어요. 그 과정이 89년도 다시 내려와가지고 조직의 갈등을 해결하는 과정이었고 그 해결이 어느 정도 끝났을 때 다 털었어요. 다 털고 나 개인으로, 어디 조직 멤버의 수장인 전희남 내지는 어디 출신의 누구, 이게 아니라 내 자연인 전희남이라는 형태로 다시 시작하고 싶다는 생각이었고 또한 그런 형태로 후배들이 찾아보면 후배들에게도 이야기를 했죠. 그리고 과정에서 좀 같이 새롭게 만나자고 이야기 했고. 그러면서 건설노동자로서 살아갔는데 어떻게 보면 내 가족을

땀 흘리는 생활인이 되면서 훌훌 털고 다시 운동의 전선에 돌아올 수 있었다는 노동자 전희남 씨. 사진은 2007년 8월 작업하는 현장에서의 모습이다(2007. 8).

먹여 살리기 위하여 인자 일을 한 거죠. 배가 불러오는데, 우리 와이프, 곧 태어날 아이를 생각하면 까마득하더라구요. 나는 이 땅에서 전혀 생활력이 없는 무능한 사람이거든요. 여태껏 노동을 해서 내가 돈을 벌어본 기억도 없고, 운동이라는 명목하에 이리저리 도망 다니고 감옥 생활하고, 또 비밀스럽게 운동하는 비밀조직원이라는 형태로 사람들 만나고 다니고 돈이 없으면 그저 굶고, 요런 생활을 지난 10여 년 동안 해왔지, 내가 땀 흘려 일해가지고 내 주변 사람을 먹여 살린 적은 없었죠. 나는 도움만 받고 살아왔죠. 가족의 도움, 친구의 도움. 주변의 도움만 받고 살아왔죠. 그러나 가족을 갖게 되고 한 아이의 아버지가 되면서 이제는 비로소 가족을 위하여 내가 일을 해야 하는 최초의 상황에 직면하게 된 것이죠. 그래서 이제 닥치는 대로 아무 데나 '우리 아이를 위하여 이제는 내가 뭔가를 해야 되겠구나' 해서 노동현장에 들어갔고, 노동현장에 들어가서 느낀 게 굉장히 많아요. 동구라파가 붕괴되면서 "이념이 붕괴됐다, 이제는 끝났다 사회주의, 이제는 자본주의밖에 없다"라고 운동을 같이했던 친구들이나 주변에서 이야기할 때 나는 인자 건설노동자로서 새벽에 일어나가지고 밤늦게까지 근육이 경련이 일어나도록 일하면서, 내 아이를 먹여 살리기 위해 그 굴욕을 참아가면서도 건설일용직이라는 항상적인 고용의 불안에 만성적으로 시달려야 되거든요. 그 일이 끝나면 또 다른 현장으로 가야 되는 거니까, 그렇지 않으면 놀아야 되니까. 그 과정에서 자본주의는 진짜 나쁜 사회라는 걸 내가 뼈저리게 느꼈어요. 진짜 이 땅에 노동자로 살아간다는 게 얼마나 힘들고 비참한 것인가, 특히나 일용노동자로 살아간다는 게. 어떤 때는 실컷 일해놓고 돈마저 뗏기고(떼이고), 뭐 안 주고서나 도망가버리는 경우도 많았고, 그럴 때는 그걸 찾기 위하여 일꾼들이랑 합세해서 무지 쌈도 많이 했어요. 또 IMF 때 같은 경우에는 진짜 임금이 반 이상도 깎여가지고나 그 이런 상태에서도 '내가 일을 해야 되는가' 해가지고 밤새 내가 올리는 건물 아파트 한 오층인가 거기 앉아서 밤에 퇴근하지 않고 소주 두 병을 까고 그 자리에서 자고 다음날 새벽에 일을 한 기억도 나요. 진짜 '이 사회에 또 다른 전망이 없다면 차라리 죽는 게 낫지 않느냐'라는 생각까지 들 정도였어요. 그런 형태에서 나는 당연하게 건설노동자로서 내 삶을 변화시키고 이 사회를 좀 깨기 위하여 다시 운동의 전선으로 내부에서 우러나는 의지로서 일을 시작한 게 노조일과 당 사업을 먼저 시작한 거예요. 물론 그 과정에서 내가 예전에 배웠고 터득했던 이론들이 분명 도움이 됐겠죠. 내가 받는 고통의 근원이 무엇이고 또 어떻게 풀어가야 되는 것인가 요러한 부분을 손쉽게 정리할 수 있었기 때문에 그 이전의 활동경험이나 이론적인 축적들이 분명히 도움이 됐겠죠. 그렇지만 기본적으로는 내가 노동자로 살았기 때문에 모든 걸 훌훌 털고 다시 어떤 운동의 전선에 돌아올 수 있지 않았는가라는 생각을 합니다.

지금까지 오랫동안 운동을 해오는 과정에서 가장 기억에 남는 동지, 혹은 나한테 가장 영향을 많이 미쳤던 사람이 있다면 누구인가요?

두 친구가 있거든요. 허정이라는 친구하고 문익이. 허정이는 나하고 학생운동부터 꾸준히 같이했고 또 내가 교도소를 들어갈 때 후배로서 같이 데리고 들어간 케이스여가지고 계속적으로 인간적 끈뿐만 아니라 운동적 부분도 이렇게 얘기해왔던 친구죠. 그리고 90년 이후에 이제 운동에 대하여 얘기했던 친구는 문익이, 문익이가 유일했던 것 같애요, 지역 내에서. 운동의 방향과 내용을 놓고, 그리고 동구라파가 붕괴되어가는 과정 속에서 운동이 어떻게 정착되어야 될 건가 이런 고민을 서로 나누고 했던 게 문익이죠. 뭐 외부에서 이렇게 좀, 노해동 활동하는 과정 속에서 만났던 친구들도 간혹 서로 간에 만나고 허는 부분도 있었지만 지역 내에서는 그 두 친구가 이제 좀 영향력을 미치고 또 가장 심도 있게 운동에 대해서 논의했던 친구죠.

끝으로 잠깐 평가를 좀 해보자면 우리가 보통 전북지역 노동운동에 대해서 얘기할 때, 뭐 자료가 일단 많진 않지만, 서울이나 다른 지역에 비해서 열악했고 뒤쳐져 있었다는 식으로 많이 평가해왔는데, 제가 다른 분들 만나서 얘기도 들어보고 또 당시 과정을 쭉 짚어보니까 노동운동이 스스로 재생산과 조직화가 이루어지던 출발 시기가 약간 늦은 감은 있지만 전북지역이 굉장히 뒤쳐졌거나 뭐 노동운동이 거의 없었다거나 그렇게 평가할 수는 없을 것 같더라구요.

발전한 케이스예요. 내가 광주를 가보고 충청도도 가보고 했는데, 전북의 노동운동은 상당히 발전한 수준이었다라고 내가 그걸 느꼈어요. 광주를 가니까 노동운동판으로 이렇게 투신하는 사람들도 별로 없더라고. 그래가지고 우리가 가서 투신자들을 만들어내고 뭐 하고 이렇게 하고, 충청도도 그렇고, 거의 자발성에 의존하는 그런 형태였거든요. 근데 그 당시까지만 하더라도 전북 같은 경우 활동가들이 노동에 투신하는 게 일상화되어 있고 의례껏 학생운동을 거치면 당연히 해야 되는 걸로 인식되는 그런 형태였거든요. 긍게 전국적 부분으로 볼 때, 적어도 내가 경험한 어떤 운동판에서 볼 때는 뒤쳐진 게 아니라 앞선 부분도 있다고 생각되더라구요.

근데 전북지역의 운동이 제대로 평가되지 못하고 많이 폄하되어왔던 건 왜 그럴까요?

운동은 좀 보면은 실제 그 어떤 역사도 마찬가진데, 역사는 승자의 역사이고 승자의 입장에서 쓰여지는 것이고, 또 하나는 우리가 인자 겪어야 했던 이중의 고통이 있었는데, 하나는 실제 그 어려운 엄혹한 시기를 비밀스럽게 활동해가면서도 노동계급을 각성하고 또 조직해 내가는 그런 열정을 품고 현장에 투신하는 과정이 있었지만 그 87년도 이후에 급속도로 노동자계급이 인자 성장했을 때는 학출이라고 또 외면당하는 어떠한 시기가 있었거든요. 그니까 이중의 고통을 겪는 형태인데, 어, 실제 노동운동 내의 그 부분들이 학생이었다는 이유만으로, 일테면 그 운동에 대한 과학적 조명이나 이런 부분을 거부하는 분위기가 팽배했었어요. 이런 과정에서 실제 오픈운동, 딱 허니 노동자의 어떤, 스스로의 운동만이 전체의 역사인 양 인정해왔고, 또 그러한 부분들이 만들어지는 풍조였다 이렇게 생각하는 거죠, 나는. 긍게 어떤 운동이든 그 뿌리가 없는, 과정이 없는 운동은 없다라고 이렇게 판단되어지고, 독재정권에 파열구를 냈던 중심 세력들은 분명하게 과거 혁명적인 입장을 견지하면서 치열하게 자기 몸을 돌보지 않고 헌신하게 투쟁했던 그런 노동운동 및 활동가들이 있었고, 그런 부분들이 이뤄냈던 파열구를 틈타서 그 속에서 자주적인, 노동자의 자주적인 운동이 일어났다는 것, 나는 그렇게 인자 판단하고 싶은 거죠. 그리고 거기에서 인자 활동가들 스스로가 내가 무엇을 어떻게 했다라고 이렇게 주장하는 것을 원치 않아요, 사실상. 그리고 그 후에는 어떤 형태든 활동가들이 실제 대중적 노동운동과 함께 결합을 해내가면서 이렇게 성장해가는 과정이 중요했지 전북 내에서 조직적 틀을 갖추고 조직적 관점에서 하는 부분은 그걸로 끝이었다라고 판단되는 거죠. 92년도부터 그러면서 독자적으로 이제 성장해오는 과정이었지 않느냐, 각개의 경험을 자산으로, [그렇게 생각해요.] 예를 들면 나는 이제 그동안 목수 일을 했기 때문에 이전에는 이제 좀 관념적으로, 이론적으로 정리하고 운동에 뛰어들었다면, 이젠 내가 하나의 가족을 책임져야 되는 가장의 역할로서 치열하게 생존권을 위하여 이 사회와 부딪쳐가면서 느꼈던 그 분노, 그 고통들, 이러한 부분들이 진짜 '우리의 무기인 노동자 해방의 무기를 놓을 순 없구나'를 더 뼈져리게 느껴가는 [과정이었고,]

> 이젠 치열하게 생존권을 위하여 이 사회와 부딪쳐가면서 …… 진짜 노동자 해방의 무기를 놓을 순 없구나, 우리가 옳았다, 여전히 혁명은 필요하다라는 부분을 더욱 느껴가는 과정이었죠.

'우리가 옳았다, 여전히 혁명은 필요하다'라는 부분을 새롭게 노동의 과정 속에서 더욱 느껴가는 과정이었던 것이죠. 또 시민운동이나 여타의 또 다른 사업들에서 경험한 부분들은 나름대로 사회적 지위를 확보해가면서 자기 지위 속에서 이제는 좀 이렇게 괜찮은 사회 아닌가 느껴가는 과정이었을 것이다라고 판단되는 것이죠. 긍게 '진짜 운동의 원칙이 옳고, 맞다, 즉 물질이 의식을 반영하는 거지, 의식이 물질을 추동하는 것은 아니다'라는 것을 많이 느껴요. 요새 과거 운동을 했던 그런 사람들의 거취를 보면.

현재 전북지역의 노동운동 상황에 대해서는 어떻게 생각하세요? 가장 필요한 건 뭘까요?

지금 현재의 노동운동을 보면은 예전에 내가 경험했던 부분보다 굉장히 발전했어요. 그런데 뭔가 부족하다는 느낌을 갖거든요. 그 부족한 부분은 뭐냐면 첫째, 전략적 목표가 없다는 겁니다. 이 부분은 우리 운동 전반의 문제라는 생각을 갖거든요. 전략적 목표가 없는 운동은 근시안적이고 개개의 사안별 대처밖에 없는 거예요. 그러다 보면 실제적으로 거기에 복무하는 개별 운동가 자신도 반복된 숙련가가 돼갈 뿐, 철학적 내용을 깊이 터득하는 운동가로 발전하기는 어렵다는 생각을 갖거든요. 즉 노동해방에 대한 꿈과 의지, 이 현실을 혁파시키고자 하는 강한 자기 결연함 같은 게 없다는 것입니다. 부족하다는 것이죠. 없다고는 할 수 없겠고요. 그런 의미에서 현재의 운동이 다시 그런 이념성을 복원시켜가는 작업들을 해야 한다고 봐요. 노동자가 자기가 어떤 길을 가야 되고, 또 어떤 목표를 가져야 되는가를 모를 때 좌충우돌할 수밖에 없는 거 아니냐라는 거죠. 그리고 두 번째는 예전과 다르게 지역운동의 결집이 없어요. 전노협 시대랄지 그런 때는 수는 적었지만 익산이면 익산, 전북이면 전북 차원의 큰 결집력을 갖고 이렇게 덤벼들었거든요. 그런데 그때보다도 몇십 배 역량이 커진 지금 현 시점 내에서는 각 지역 내에서 사안이 발생했을 때 그 지역 노동자들이 단결하여 풀어갈려는 과정이 없다는 거예요. 이것이 진짜 문제라고 생각해요. 이것은 지역운동의 구심을 세우는 것, 그리고 운동을 중앙적 차원이 아니라 지역운동의 차원으로 내려보내는 것, 이런 어떠한 부분이 진짜 필요하다는 거예요. 지금 인자 그걸 하고 있는 부분들이 지역 노조운동이거든요. 근데 이것도 깊이 들어가보면 각 산별로 또 엮여져 있고 연맹별로 엮여져 있어요. 그래가지고 연맹이나 산별의 하달이나 행동적 결집 이런 부분을 우선시하지, 지역노조협의 차원에서의 지역적 노동자의 단결이라는 차원은 하부개념으로 치부해버린다고요. 그렇기 때문에 되들 않는다 이 말이죠. 세 번째는 실제 이러한 몇 가지 문제점들이 분명히 있지만 또 장점도 있다 이 말이죠. 근데 요러한 부분을 선전선동하고 교육해나가는 공간이나 조직이 없다는 겁니다. 분명히 노동운동 내에는 노동조합도 있고, 노동조합 연대체도 있고 또 미래지향적 의식을 갖는 활동가도 존재한다 이 말이죠. 이랬을 때 다양한 노동자의 요구를 담고 선전선동 할 수 있는 매개체와 조직적 틀이 필요한데 요것이 또 부족하다는 생각을 갖거든요. 그러기 때문에 많은 문제점들이 고쳐지지 않고 일정한 습관적인 형태로 유지되고 있다는 생각을 갖거든요. 이른바 노동운동에 복무하는 활동가들이라고 하는 사람들은 조직된 대중에 대해서 어떻게 할 것인가, 이게 아니라 어떻게 노동자 의식을 가지고 전라북도 전체 노동자, 농민, 일반 시민을 상대로 노동자의 이념과 가치에 동의

하게 만들어가는 공간을 만들 것인가를 고민해야 된다는 생각을 좀 갖습니다.

¶ 이지연, 전준형이 인터뷰했고, 이지연이 녹취 및 정리 편집했다. 전희남 씨 인터뷰는 2006년 4월, 3차례에 걸쳐 이루어졌다. 민노당 군산시위원회 위원장인 그는 2006년 지방선거에서 군산시장 후보로 출마 중이었다. 1차 인터뷰를 하러 사무실로 찾아갔다가 급작스런 일정 때문에 그냥 돌아왔고, 선거 운동에 나서기 전 이른 아침밖에 시간이 없던 그를 인터뷰하기 위해 이틀 동안 전주에서 군산 자택으로 찾았다. 군산시 산북동 자택에서 4월 6일 2차 인터뷰, 4월 7일 3차 인터뷰가 이루어졌다.

시, 소설을 쓰던 문학도에서 성명서를 쓰는 교육선전 활동가가 되다

이 정 엽

이정엽은 1960년 장수군에서 출생했다. 고등학교 졸업 후 습작을 하던 문학도였다가 지역문화운동을 하던 이들과 만나게 되면서 당시 2그룹이라 불리던 전북대 정치서클에 결합하여 노동운동을 하게 되었다. 1984년 군산 경성고무에 최초 취업하여 현장 활동을 시작하게 되고 8개월 만에 익산 동양물산에 다시 취업했으나 1986년 당시 지역 활동가 조직사건 '전노투' 사건에 연루되어 구속되었다. 1987년 6월항쟁 기간에 국본 산하 노동대책위에서 신문, 성명서 등의 선전 작업을 주도적으로 맡아 활동했다. 노동자의집에서 활동하다가 1988년 익산 노동교육연구소 설립에 참여하여 노동상담 및 노동자에 대한 교육활동을 지속적으로 했고 이 과정에 대해서 자세하게 구술해주었다. 1992년 이후 노동운동을 정리하고 최근까지 내일신문에 몸담고 일했다. 2007년 여름 현재는 사업차 가족과 함께 중국에 체류 중이다.

처음 어떻게 노동운동을 시작했는지부터 얘기를 하지요. 학생운동을 하셨었 나요?

저는 인제 대학을 안 다녔어요. 근데 묘하게 하여튼 그 전북대 2팀 그쪽하고 결합이 됐어요, 일찌감치. 그게 84년도엔가 그래요. 그 당시 84년도엔가 먼저 이승희 씨를 만나가지고 함께 군산에 처음에 경성고 무를 들어가면서 현장 활동을 하게 됐죠.

그러면 84년도에 이승희 씨를 처음 만나게 된 인연은 어떻게 만들어진 건가요?

전에 그 뭐야, 우리가 문학에 관심이 많아서 시 쓰고 소설 쓰고 그러던 시절인데, 그때 박남준[1])이나 뭐 많이들 만나고, 또 당시 문화운 동했던 녹두꽃 그 누구죠, 은호네, 뭐 이런 사람들과 어울리고 술 먹고 그러던 시절이죠. 그러면서 만나게 된 거죠. 그때 당시에는 무슨 소속이 있는 것도 아니고 문학청년들이 항상 하듯이 술 좋아하고 뭐 그러면서 어울렸던 거죠.

근데 문학을 하시다가 어떻게 경성고무에 입사를 하시게 됐어요?

문학을 했다기보다 그냥 문학도였죠. 어디 발표한 적은 없고 열심히 습작하다가 뭐. [하하하] 그러다 그때 당시 그 표현을 뭐라고 해야 하나, 2패밀리 그쪽하고 결합이 되면서 그쪽에서 조직적으로 어떻게

---

1) 시인 박남준은 1957년 전남 법성포에서 출생하여 전주대 영문과를 졸업하고 1984년 시 전문지 ≪시인≫에 시를 발표하면서 작품 활동을 시작하여 「세상의 길가에 나무가 되어」, 「풀여치의 노래」, 「그 숲에 새를 묻지 못한 사람이 있다」, 「적막」 등의 작품을 남겼다. 지역 문화운동의 대부로도 불렸던 그는 모악산 외딴 집에서 혼자 살고 있다.

경성고무와 세풍합판의 착취와 노동탄압에 대해서 규탄하는 내용의 유인물(전민협 노동분과, 1986. 6. 출처: 민주화운동 기념사업회).

거점을 좀 확보해야 될 게 아니냐 해서 그런 차원에서 경성고무도 들어가고 한국합판도 들어가고 그랬던 거죠. 한국합판(당시 세풍합판) 들어간 팀이 이선재, 김광수 이런 사람들이 들어갔고, 거기는 결과는 뭐 별로지만 여튼 스트라이크하는 데까지는 성공을 했고, 그 담에 나오고 나서 이남숙이가 거기 들어갔어요. 그 담에 두희 누나랑 같이했었던 누구야, 한 사람이 거기 또 들어갔는데, 아, 박복실, 박복실이 거기 또 들어갔어요. 그래서 이남숙이랑 같이했었죠, 잠깐. 저는 인제 경성고무를 들어가서 한 8개월 정도 근무를 했었는데, 경성고무에서는 특별한 문제는 없었는데, 거기서 인제 적응을 못 했어요. 근무조건이 너무 열악하고 너무 힘든 일을 해가지고 체력도 못 버티고 아무것도 못 하고 그래서, 하여튼 도저히 안 되겠다 싶어서 익산으로 옮겼어요.
 익산 동양물산으로 옮겼고, 거기에서 와서 인제 그 소모임을 만들었어요. 그때 당시 노동조합이 있었는데 그게 보통 어용노조라고 지칭되어지는 그런 노조여서 활동성이 없는 노조였다 보니까 노동조합이 제대로 되면 뭐가 좋은지 뭐 이런 내용으로 모임을 좀 했죠. 근로기준법 같은 걸 보고 [했었죠.] 모임이 한 다섯 몇 정도 됐는데, 86년도 말쯤에 모임 구성원 중에 한 명이 저기를(고발을) 했어요. [어떻게 된 거냐면] 그 모임 중에 한 명이 전과자가 있었어요. 소매치기 뭐 이런 쪽이었는데, 그쪽이 좀 [그런 모양이에요.] 그때 우리 모임, 그때 당시 노동법만 [공부한 것은 아니고 광주민주화항쟁에 대한 테이프 같은 것, 녹음테이프죠, 노래 뭐 이런 것들. 그때 당시 운동권에서 그게 유행이어가지고 그런 것들을 같이 들었는데 [그런 것들이] 굉장히 무서웠던 모양이에요, 이 친구가. 당시 동양물산은 그 본사가 원래 창원에 있었죠. 거기는 농기계를 만들고 이쪽은 양식기를 만들고 그랬어요. 그 친구가 이제 공장장을 찾아가서 우리 회사에 좀 이상한 사람들이 있다고, 그니까 이 공장장이, 이 사람은 얼마 전까지 익산 상공회의소 회장하고 그러던 사람인데, 그 사람이 경찰서 대공과에다 연락을 한 모양이에요. 그래서 잡혀갔는데 당시 이제 소모임을 함께했던 사람 중에 전북대 출신 황종철이하고 이우길이라고 하는 친구가 있어요. 그 친구들은

> 익산 동양물산으로 옮겼고, 거기에서 인제 그 소모임을 만들었어요. 근로기준법 같은 걸 보고, 모임이 한 다섯 몇 정도 됐는데, 86년도 말쯤에 모임 구성원 중에 한 명이 고발을 했어요.

인제 모임에 같이했고 제가 그 모임에 회장 비슷하게 했거든요. 당시에는 『what is to be done?』 뭐 이런 원전들 읽자고 해서 읽고 있었던 시기인데, 그게 어디 이우길 씨 자취방에서 나왔던 모양이에요. 인제 그게 [발단이] 돼서 조사가 시작이 됐고, 당시 여기 대공과에서 한 며칠 있다가 공교롭게도 그 전노투 사건이 터졌어요.

전노투 사건에는 어떻게 엮이게 된 건가요?

인제 그쪽은 당시 그 패밀리가 이른바 좀 달랐죠. 거긴 1팀이었고 우린 2팀이었고 그런데 인제 엮이다 보니까 걔네들이(대공과에서) 계속 그, 그쪽(1팀 쪽)에 묶고 싶어 하더라고요. [1팀과 2팀 두 조직을] 한 팀으로 엮고 싶어 하더라고. 그래서 처음에는 "아니다, 우리는 좀 다르다" 했었는데 많이 맞다 보니까 안 되겠더라고요. 대공분실로 바로 가서 조사를 시작하는데 거기 알 만한 친구들이 인제 뭐 장현주랑 뭐 미리 잡혀 와가지고 죽 다 털어났더라고요. 좀 덜 맞고 조직을 보호하는 방법이 뭘까, 짱구를 돌리다 보니까 걔네들이 원하는 대로 들러붙는 게 편하겠다 싶더라고요. 원래 걔네들도 좀 아닌지는 알겠죠. 아는데 하여튼 걔네들도 빨리 뭔가 그림은 그리고 싶었을 테고, 또 저는 저대로 [그렇게 엮여지는 게] 편리했고요. 알리바이 맞출 것도 없고 대충 그렇게 진행이 됐어요. [그렇게 1팀과 같은 사건으로 엮여서, [우리 쪽에서는] 이우길, 그 담에 뭐 황종철, 저 정도가 그렇게 돼서 감옥을 갔다 왔어요. 그때 또 크게 저기하지 못한 게, 걔네들도 서둘러 종결짓고 싶었던 이유가 그 모임 구성원 중에 하나가 잘못했다고 했잖아요, 고발을 한 셈이라고. 근데 그 친구가 양심의 가책을 느껴가지고 자살을 기도했어요, 조사 기간 중에. 그 친구가 자살을 기도하니까 이거 뭐 내용도 없는 거 가지고 우리가 너무 심했나, 이런 생각을 했던 거 같애요. 그래서 당시에 이쪽이 뭐 별 내용이 없었으니까 집행유예로 다 나왔어요. 그렇게 갔다 오고 나서 이쪽에 그 석방이 되고 바로 또 한 일주일 정도 있다가 후레아휄숀 노조민주화 투쟁이 좀 있었거든요. 그때 거기가 이제 해고되고 막 그랬어요. 전에 인제 내가 여기(동양물산) 소모임할 때 같이 모임도 이끌었던 사람이 거기에 해고 당사자에 다 끼어 있고 다 그랬어요. 구술례 씨나 박경희 씨나 이런 사람들이 인제 저하고 모임도 같이하고 그랬으니까요. 좀 안타깝더라고요. 창인동 성당에서 규탄대회 그런 걸 했는데, 그때 좀 세게 했어요. 우리가 좀 다혈질이었는지는 모르겠는데, 돌멩이를 던지다가 잡혔는데 공교롭게도 또 저하고 황종철이하고 다시 잡혔어요. 그래서 일주일 만에 다시 잡혀 들어갔어요. 그래서 "야, 이게 이번에 들어가면 인제 외상값도 그전에 있었고, 집행유예 그것도 있고 해서 오래 살 모양이다" 각오를 하고 들어갔죠. 근데 그때 인제 우리가 군산교도소 있었을 땐데 그때만 해도 [군산교도소가] 시내에 있었어요. 시내에 있었는데 이 데모하는 소리가 말이지 상당히 커지드라고요.

시내에서 뭐 최루탄 터지는 소리 이런 게 아주 격렬하게 아주 대중적으로 진행된다는 느낌이 들더라구요. 그때 제가 황종철이한테 얘기를 했죠. '야, 이러다 우리 나가게 되는 거 아냐, 잘 되는 거 같애' 그랬더니, 여튼 진짜로 함성소리가 굉장히 정점에 올라갈 때 교도소 저기(교도관)가 와가지고 그동안 정말 애썼다고 상당히 저자세로 얘기를 하더라고요. 나가면 꼭 한번 보자고 이런 식으로 얘길 해서 '아, 이거 나가는 게 확실하구나' [그랬죠]. 그니까 걔네들도 바로 속행을 시켰던 것 같애요, 빨리. 재판을 진행시켜서 두 달이 채 못 된 상태에서 또 집행유예를

87년 6월항쟁 당시 시내 가두행진, 전주 풍년제과 앞 군중 집결 모습(1987. 6).

받았어요. 그래서 나와가지고 그때부터 인제 갈 곳이 없으니까 나와서 일단 대학, 전북대를 중심으로 한 대학에서 [노동] 현장을 들어가고 싶어 하는 사람들을 부분적으로 우리가 인제 현장경험이 있으니까 좀 도와주고 [그랬죠.]

그러니까 두 번째 감옥 갔다 나와가지고 본격적으로 활동을 하게 되신 거네요. 그 과정에서 구체적으로 했던 역할이나 만났던 사람들에 대해서 얘기해주시겠어요?

그 당시에 주요한 임무는 그 오픈된 활동이라기보다 당시만 해도 전북대에 운동권 후배들이 많이 나오니까 거기에 일정 정도 현장에 들어가는 데 도움을 주는 팀이 필요하잖아요. 그 팀을 제가 책임을 졌어요. 그런 사람들 교육을 시키는, 그니까 약간 언더적인 게 주 업무였고, 그게 일주일에 한 두세 번 만나서 교육하고 관리하고 그러는 건데, 시간이 그렇게 많이 걸리는 것도 아니기 때문에 나머지 시간이 많잖아요. 그런 시간을 보내는 방편으로 다음에 뭔가를 활동을 해야 되는데, 처음에는 당시 오픈된 조직들이 그때 막 우후죽순처럼 생겼잖아요, 뭐 국민운동본부 이런 게. 그래가지고 거기에서 국본 활동도 좀 도와주면서 하고 그러다가 인제 오두희 씨를 만나서 그, 노동자의 집, 당시 근로자의집이죠. 창인동 근로자의집에 기거를 하게 됐지요.

그 국본활동에 대해서 좀 말씀해주세요. 활동한 그 단위는 정확히 어떤 성격이었나요?

국본 산하에서 그 단위가 있었는데, 뭐냐면 노동대책위였어요. 거기서 뭐냐면 끊임없이 성명서 만들어야 되고, 그 다음에 신문 같은 거

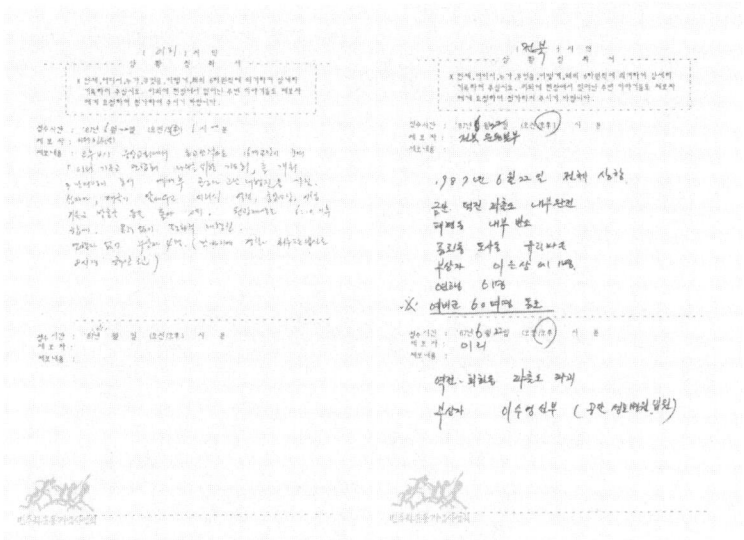

87년 6월 당시 국민운동본부에서 취합한 전북지역 상황청취서 내용. 6월 22일 전주 덕진파출소 내부가 전소되고 익산에서는 이수영 신부가 부상으로 입원했다. 중간쯤 '예비군 60여 명 동조'가 눈에 띈다(1987. 6. 22. 출처: 민주화운동기념사업회).

만들어야 되고 막 그런 업무가 있었는데 인제 그 총책임을 제가 맡았어요. 그니까 당시에 무슨 일이 조금만 있으면, 뭐 이석규[2]가 죽고 누가 죽고 하면 성명서를 만들었는데, 저는 하여튼 성명서 쓰는 것이 일이었

---

[2] 1987년 8월 24일 거제 대우조선 노동자 시위 도중 경찰이 쏜 직격 최루탄에 맞아 사망했다. 8월 셋째 주와 넷째 주에 해당하는 이 시기는 6·29 선언 이후 6월항쟁 승리의 분위기로 전국적으로 확산되어가던 투쟁의 폭발적 고양이 최정점에 이르렀던 시기다. 이석규 씨의 장례일인 8월 28일 전국의 노조 대표자들과 인권변호사 등 재야 인사들은 총집결해서 투쟁을 벌였고, 각 지역에서도 대대적인 추모 집회가 열렸다. 경찰은 이날 이석규 씨의 시신을 탈취한 데 이어 각 지역 추모집회에서 933명을 연행하고 67명을 구속하는 등 대대적인 탄압을 가했다. 이 날을 기점으로 87년 7, 8, 9월로 이어지던 노동자 대투쟁은 급속히 하강곡선을 그리게 되고 9월 말에 이르러 일단락된다.

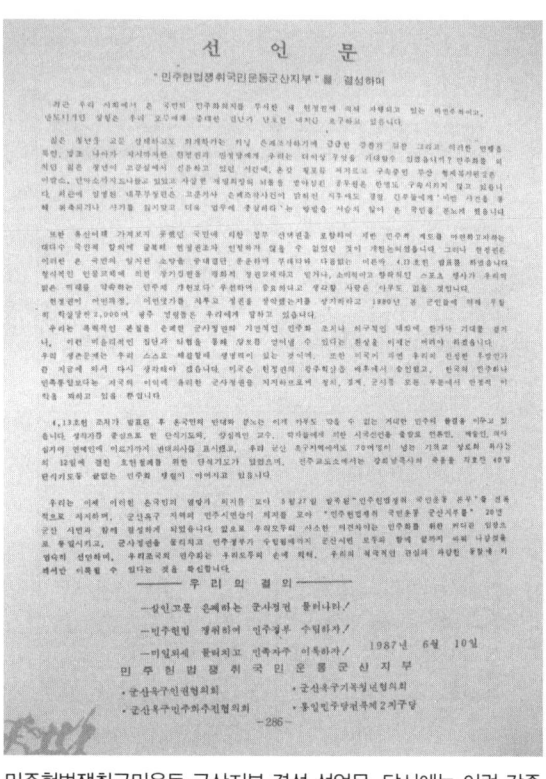

민주헌법쟁취국민운동 군산지부 결성 선언문. 당시에는 이런 각종 선언문, 성명서, 유인물 등이 하루에도 수십 종씩 쏟아져나왔다 (1987. 6. 10 출처: 민주화운동기념사업회).

고 그 다음에 신문 만드는 게 제 일이었어요. 하다 보니까 인제 그 전민노련 뭐 이런 것들도 초창기에 신문을 제가 [만들었죠.] 내용상 편집장은 제가 한 거고, 그 실무적인 일을 많이 했고, 외부에 얼굴은 다른 사람을 했기 때문에 이름은 안 들어갔어요. 원래 그게 언더에서 일하는 사람들의 특징이었고요.

국본 산하에 노동대책위는 언제부터 언제까지 쭉 유지됐던 거죠?

당시 국민운동본부가 활발하게 돌아가는 그 시점하고 일치를 해요. 당시 6·29 선언 나오고 선거 직전까지, 대선 직전까지 그게 인제 쭉 영향력을 갖고 갔었잖아요, 그 단체 자체가 오픈된 상태에서. 그때 뭐냐면 주로 인제 제가 있었던 곳은 익산이라기보다 전주에서 많이 있었어요. 그때 뭐냐면 그, 기독교사회운동연합에 노병관 씨, 노병관 씨랑 [있곤 했어요.] 사무실이 그쪽에 있었어요. 그렇게 그쪽(노동대책위) 활동을 오픈 공간에서 주 업무로 하고, 그게 끝나고 시들해져갈 때쯤 저기를 했죠. 근로자의집에 의탁을 해서 갔죠.

87년 당시에 노동대책위에서 신문이나 유인물 같은 거를 굉장히 많이 만들었던 걸로 알고 있는데, 주로 직접 글을 쓰시거나 인쇄물 만드는 작업을 많이 하셨어요?

그때 당시 글의 80~90% 가까이를 제가 썼고, 나머지는 좀 받아서 했고, 성명서는 100% 제가 다 쓴 거고 그런 식이었어요. 그때 그 신문, 유인물들 제가 만든 거고 제가 쓴 거라 애정이 있어가지고 90년대까지만 해도 갖고 댕겼거든요. 보관을 했었는데, 지금은 다 버렸어요. 이사 다니면서 다 없어졌어요. 어느 날, 그, 좀 시들해지잖아요, 사람이. 그래서 [다 버렸죠.] 우리 집사람 같은 경우는 이걸 왜 들고 댕기냐고 짜증내고. [하하하] 버려라 그래서 버렸어요.

그러다가 오두희 씨는 처음 어떻게 만나게 됐어요? 노동자의집 활동을 하기 전에 국본 활동을 먼저 하다가 거기서 만나게 된 건가요?

그건 오두희 씨도 이쪽 조직 흐름을 다 아니까, 그 오두희 씨 같은

87년 당시 국민운동본부 군산옥구지부에서 발행한 신문 ≪민주군산≫ 4호. 이정엽 씨는 당시 87년 대선 직전까지 줄곧 국본에서 신문과 유인물을 썼다. 발행 및 편집인은 국본으로 되어 있고, 성금을 모금하던 계좌의 예금주는 박창신 신부다(1987. 10. 3 출처: 민주화운동기념사업회).

경우 우리 같은 사람을 또 필요로 했죠. 왜냐면 노동자 출신들은 그때 당시는 실무능력이 없으니까 다 카바를 못해주니까 우리 같은 사람들이 필요해서 연합을 한 셈이죠. 서로 알고, 니네 팀 있는 것도 알고 하니까. [하하해] 하여튼 같이하자 그렇게 한 거죠. 오두희 씨가 폭넓게 그렇게 한 게 도움이 됐다고 생각해요. '근로자의집'도 그렇고 또 우리 언더 쪽도 기반을 잡는 데 상당히 좋았고요.

그러면 노동자의집은 몇 년부터 활동을 하게 된 거죠?

87년도죠. 87년부터 했다고 봐야죠. 저하고 황종철이하고 같이했는데, 황종철이는 한 1년 같이하고 먼저 저기했고(그만뒀고), 나는 거기서 한 2년 실무자로 근무했나 그렇게 했어요. 그때 당시는 상근이라는 개념보다는 좀 어정쩡했어요. 뭐 직책이 있다거나 그런 것은 아니고, 워낙이 그때 당시 노동조합이 우후죽순처럼 생기고 그래서 바쁘기도 했어요. 월급을 받은 게 아마 88년도부턴가, 월급이 5만 원인가 그랬어요. 월급이라기보다 뭐 이런 거 있잖아요, 인제 활동비 [개념이죠.] 오두희 씨가 인정을 해서 오두희 씨가 돈을 용돈이라도 주면 그게 인제 활동빈 거고 [그랬죠.] 왜냐면 오두희 씨도 그때 당시 큰돈을 받던 사람도 아니었기 때문에 자기 월급에서 조끔씩 떼 주는 거잖아요. 우리는 그때 당시 조금 인제 원고료 받은 거 외에 수입이 없었고, 원고료도 이제 우리 이름으로 쓰지도 못하고 그랬었으니까요. 또 워낙 그때 당시 국본 활동도 또 바빴어요. 처음은 그런 정도로 활동을 했었고, 이후에는 금방 또 상담소니 노동단체협의회 뭐 이런 걸 만들었거든요. 그게 인제 좀 지나니까 인제 뭔 바람이 불었냐면 그, 갈등 같은 것도 많이 생기고, 이른바 노동자 출신이냐 뭐 학생 출신이냐 뭐 이런 쓸데없는 갈등들이 많이 노출되고 하다 보니까 그 당시 인제 그런 거에 대한 문제의식이 좀 있어서 새로운 계획을 좀 세우게 되죠. 인제 험한 시절도 지나갔고, 뭐 옛날에는 노동상담소 이런 개념은 엄두도 못 냈으니까요. 6·29 이전에는 다 인제 그게 빨갱이 이런 게 되는 거니까 결국은 종교에 몸을 좀 의탁해서 할 수밖에 없었잖아요. 그래서 소극적으로 하던 방식을 지양하고 노동교육상담소, 우리는 인제 익산노동교육연구소라고 하는 것을 만들었어요. 거기에 제가 인제 가게 됐죠.

그 노동교육연구소를 만들었던 주축이 누구였어요?
그거는 인제 조직적 차원에서 인제 결정을 해서 한 것이었고, 거기에

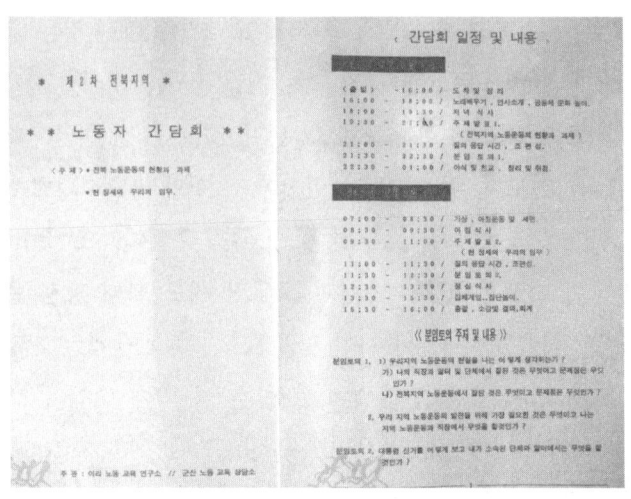

이리노동교육연구소와 군산노동교육상담소는 90년대 초반까지 지속되었다. 문서는 1992년 대선 즈음 개최된 노동자간담회 개최 문서(1992. 출처: 민주화운동기념사업회).

인제 박두술 씨라고 서울대 출신인데 거기가 서울대 79학번 정도 돼요. 원래는 77학번인데 꿇어서 [그렇게 돼요.] 여기 군산 제일고 출신이고, 그때 서울 구로에서 공장 생활을 하다가 거기가 많이 깨지고 그러면서 잠시 고향에 왔다가 우리하고 어떻게 결합이 돼서 노동교육연구소 소장을 맡기로 됐었고, 저는 이제 거기에 실무를, 제가 제일 많이 해봤으니까 실무를 맡게 됐죠. 어찌됐던 노동조합 설립에서부터 당시 할 수 있었던 게 근로기준법, 산재 이런 것들에 대한 [상담을 주로 했었죠.] 그게 상당히 실무적인 능력이 필요하거든요. 그때그때 상담해줘야 되고 사람들을 이제 그 돈을 받게 해줘야 되는 문제들이 생기니까요. 그런 문제들하고, 그 담에 설립하는 데 필요한 서식같이, 뭐뭐, 교육 일정을 쭉 짜고 그런 것들이 필요해서 그래서 고런 실무 능력이 필요하니까 저하고 박두술 씨하고 했죠, 그거를. 그것도 꽤 상당기간

했어요. 그때부터 저는 그것만 했으니까요. 그거 하고 나서 노동운동도 시들해지고 모든 게 시들해지면서 이제 신문이나 하자 해서 한 게 ≪내일신문≫이죠. 김영삼 씨 당선되고 그때 시작했으니까요.

당시에 익산에 노동교육연구소 이외에도 군산에도 상담소가 있었고, 또 2그룹 외에 1그룹에서도 따로 상담소를 꾸렸고, 당시 비슷한 시기에 군산, 익산, 전주에 노동상담소가 꽤 여러 개가 있었던 것 같은데요?

생기기 시작한 게 그게 아마 내가 볼 때는 89년도부터나 그게 생기기 시작한 게 아닐까 싶어요. 여기 익산에는 순서가 인제 노동자의집이 상담 역할을 했고, 그 담에 노동교육연구소 우리가 했던 것이 있고, 그 담에 저쪽은 노동상담소라고 해갖고 하나 만든 게 있었어요. 당시 그쪽은 처음에는 누가 한 건지 정확히 기억이 잘 안 나요. 처음에 그쪽에도 겉으로 드러난 얼굴이 달랐어요. 당시는 무슨 목사 출신이라고 했던 것 같은데, 처음에는 좀 애매하게 출발을 했어요. 그쪽은 꼭 1그룹 뭐 이렇게 출발한 게 아닐 거예요. 그냥 어떻게 좀 서울에서 내려왔던 친군데, 그리고 거의 뭐, 문 열어놓고 활동을 거의 안 하던 사람들이었는데, 나중에 그거를 아마 저기 1그룹 멤버들이, 그 친구들이 그거를 들어가서 정리를 좀 하고 중심을 세우고 했었던 걸로 알고 있어요. 그게 정확한 기억은 없어요. 당시에는 그 대충은 알고 있지만 자기 서클 아니면 그런 것들에 대해서 자세하게 알려고 하지도 않고 그랬으니까요.

그럼 전에는 양쪽 그룹 모두 노동자의집을 중심으로 해서 함께 활동을 하다가 각각 따로 상담소를 꾸리게 된 게, 그 과정에서 구체적인 문제나 갈등이 있었기 때문인가요?

　그런 갈등이었던 것 같아요. 그니까 학생운동 조직 간에 갈등은 그야말로 아무것도 아니었고, 현장 출신 노동자들이 의식화되고 상당히 자기 논리가 생기고 이러면서 뭔가 그, 2그룹 같은 경우는 독자성이 좀 필요했던 것 같아요. 그런 필요성을 느꼈던 것 같아요. 그리고 노동자의집에서 갈등도 상당히 좀 심화되는 경향이 있었고요. 예를 들어서 후레아훼숀 문제를 풀어가는 데 그 노조위원장이 누가 되느냐 하는 문제랄지, 서서히 그게 근로자의집에서 함께 모임 하는 그쪽이 처음에는 [주도를] 하다가 그쪽이 아무래도 좀 약하죠. 약하니까 이게 뒤집어진다고요. 2그룹 출신들에 의해서 의식화된 사람들이 대부분 중심이 돼서 쭉 주도를 해나가게 되니까 아마 그런저런 것에서 서로 갈등이 좀 있었겠죠. 그런 갈등들을 뭔가 해소하는 차원은 그러면 더 이상 뭐 엉거주춤 거기에 같이 있는 거보다 찢어지는 게 좋겠대고 판단을 한 거죠.] 그리고 사회환경도 좋아졌고요. 그래서 노동교육연구소가 88년 말쯤에 생기고 노동상담소가 그 이후에 생긴 거죠.

　그럼 익산은 그렇고, 군산에도 상담소가 따로 있었는데, 그건 누가 했었나요?
　거기는 인제 이민우가 군산 노동자의집에 계속 있었기 때문에 따로 꾸릴 필요가 사실은 없었는데, 나중에는 그렇다 하더라도 너무 천주교 쪽이 이게 뭔가를 조직하면 다 보고를 해야 하잖아요. 그러면 인제 그게 결국은 어디로 가냐, 그 다 미국 놈들한테 우리 정보가 다 가는 게 아니냐, 뭐 이런 식의 뭐, 어떤 문제의식도 내부에는 있었고 그걸 뭐, 표출시켜서 얘기는 안했지만 또 뭔가 자주적인 공간이 필요한 거 아니냐, 그런 논리가 중심이 돼서 따로 하나 만들었죠. [이름은]

노동교육상담소 이렇게 했어요. 우리는 '교육'자를 많이 넣었어요. 그리고 인제 1그룹 쪽에서는 군산에 김강수 씨가 진나루노동상담소 그걸 했고요.

　당시에 그럼 전주, 익산, 군산 세 지역을 중심으로 해서 군산이 가장 먼저 활발하게 조직이 됐었고, 다음에 익산, 전주가 조금 뒤처지고 그런 상황이었나요?

　그건 인제 학출, 이른바 학생운동 출신을 중심으로 보면 그런 거고, 그건 좀 잘못된 시각이라고 저는 보거든요. 익산이 인제 그 두희 누나 있기 전에 순희 누나(박순희) 있을 때 노동자들 조직사업이 오히려 활발했었고, 그게 모태가 돼서 거기에 인제 조직운동이라고 하는 개념이 도입되고 그러면서 이게 뿌리는 익산이 훨씬 깊었죠. 그래서 그게 익산에 그 후레아훼숀이라고 하는 튼튼한 진지 구성이 된 거죠, 사실은. 그리고 그 전에 인제 태창이랄지 아세아스와니 이런 것들이 쭉 있었고, 그래서 익산이 내가 볼 때는 당시에는 중요한 역할을 했죠. 그리고 군산 같은 경우는 인제, 익산이 여성을 중심으로 한 이런 흐름이 있었다면 군산은 남성 중심의 노동운동이 폭발적으로 일어났죠. 폭발력에서는 군산은 파급력이랄지 산업에 미치는 영향이랄지 이런 것에서는 군산이 주류라고 봐야지요. 오히려 운동의 중심성은 익산이 가지고 있었죠.

　당시에 같이 모임하던 2그룹 외에도 지역에서 조직적 운동을 하던 다른 그룹이 있었는데, 활동 과정에서 이 양 그룹들 간의 관계나 갈등 같은 거에 대해서는 어떻게 기억하시나요?

첫째는 그, 전노투로 털렸던 1패밀리 팀들은 현장 기반이 거의 없었다고 봐야죠. 할려다가 다 털린 거니까요. 할려고 준비하다가 다 털려서 그쪽은 [기반이] 없었고, 2패밀리 쪽은 하나도 안 털렸잖아요, 어찌 됐든. 나 혼자만, 나하고 우길이하고 황종철이 세 명만 그렇게 해서 좀 거덜이 난 거지. 나머지는 아무 영향도 안 받았으니까 현장에 그래도 소모임 하나씩은 다 만들어지고, 그게 인제 87년 상황하고 겹치니까 대중적으로 쭉 결합이 돼서 된 거고 그렇죠. 예를 들어서 후레아훼숀 같은 경우는 지도부가 아무래도 대졸 출신들이고 논리적이고 또 싸움 요령이랄지 전반적인 것에서 좀 더 영향력이 인제 쭉 생겨나간 거죠. 그 씨앗은 순희 누나 같은 사람들이 뿌렸고, 인제 사람들과 구체적으로 결합해서 하는 것은 2패밀리 멤버들이 다 했죠. 그런데 그 속에서 오히려 갈등이 있었다면, 아까 그 학생운동 조직에 뿌리를 둔 조직 간 갈등이라기보다는 노동자 출신, 이쪽 2패밀리하고 결합하지 못한 이런 쪽 같은 경우는 상당히 갈등 요소가 됐죠. 학출들 불신하고 이런 갈등이 오히려 좀 심했다고 봐야죠. 그리고 그런 갈등으로부터 나는 좀 애매했던 게, 나는 학출도 아니고 그렇다고 뭐 [사람들이 보기에는] 이쪽도 아닌 것 같고, [하하하] 그랬어요. 제 위치가 좋았어요. 대졸 출신이 아니라는 거, 뭐 이런 것으로 인해서 상당히 노동자 출신들이 우호적이어서 저한테 집중이 많이 됐던 것 같아요. 그래서 당시 노동조합 설립하는 과정이 그때는 한 달에 막 서너 개씩 만들었어요, 노동조합을. 굉장히 바빴어요. 87년 노동자 대투쟁 터지고 88년도쯤에 피크를 이뤄갔잖아요. 그때 생긴 노동조합들이 뭐 한성공업, 그리고 저기 이송준이가 하던 국제, 그 담에 손으로 셀 수 없을 만큼 많이 생겼죠. 초창기에는 우리가 교육을 해서 어느 정도 하다가 거기에 학출이나

운동권 출신이 결합되지 않은 노동조합들은 대부분 이제 한국노총으로 가기도 하고 약간 변질이 되는 경향이 좀 심했어요. 저는 이렇게 생각해요. 노동자의집에 순희 누나, 그리고 그 뒤에 오두희 씨, 두희 누나가 했는데, 그분이 한 역할이 굉장히 크다 이런 생각을 하게 되거든요. 왜냐면 그런 갈등들이 있을 때 그 갈등을 증폭시켜서 깨지게 하지 않고 이렇게 묶어서 같이 가자고 이렇게 해서 많이 참았다는 생각이 들어요. 물론 나중에는 이제 해도 해도 안 되니까 쪼개지기도 했지만, 당시에 막 업무는 폭주하고 뭔가 노동자의 요구를 담아낼 수 있는 전문 역량은 약하고 그랬을 때 그것을 적절하게 갈등들을 없애고 그런 역량을 보존시켜가면서 상당히 소화를 잘 했다는 생각이 들거든요, 지나놓고 보면. 그러기 쉽지 않은 거거든요. 왜냐면 이쪽(2그룹)이 당시만 해도 재정적인 열악함 이런 것들로 인해서 사무실 하나 낸다는 것도 쉽지 않은 문제였고, 나중에 그 석탑노동연구원, 그쪽하고 우리가 인제 결합을 하게 되면서 그쪽이 상당히 좀 [소원해졌죠.]

> 장명국 씨 그분이 그 당시에는 탤런트였어요. 엄청난 인기를 끌었죠. [지역에서도] 그 교육 한 번 들으려고 막 그랬죠. 그 조절을 거의 저희가 했거든요.

장명국 씨 그분이 그 당시에는 탤런트였어요. 엄청난 인기를 끌었죠. [지역에서도] 그 교육 한번 들으려고 막 그랬죠. 그 조절을 거의 저희가 했거든요. 그 양반이 2패밀리하고 결합이 됐으니까 우리가 초청을 해서 하는 식이었죠. 최초로 접촉은 감옥에서 나 나오기 전에 만났다고 하더라고요. 그분이 한 번 딱 왔다고 하더라고요. 얘기를

노동자들에 대한 실무교육서로 장명국 씨와 석탑의 저서들은 선풍적인 인기를 끌었고 이정엽 씨의 표현대로 베스트셀러 중의 베스트셀러였다. 사진은 『노동법해설』 1987년판 표지.

들어보니까, 우리는 그때만 해도 뭐냐면, 뭐 레닌이 어쩌고, 뭐 어쩌고 맨 그런 소리만 하고 있었을 시절인데, 이분 같은 경우는 구체적으로 싸움은 어떻게 해야 되는가, 그런 실천적인 부분에서 상당히 도움을 많이 받다 보니까 실제로 그때 당시 그런 쪽 교육의 주류는 석탑이 석권을 했다고 봐야죠. 모든 교육을 그냥 [휩쓸었죠.] 왜냐면 또 그만한 실무능력이 있는 데가 없었어요.

왜냐면 거기는 『노동법해설』이 베스트셀러 중에서 베스트셀러였잖아요. 그런 기반으로 해서 당시만 해도 후레아훼손이 그렇게 간 거죠. 사람들의 결합력도 그쪽이 제일 높았고요.

처음에 장명국 씨가 지역에 접촉하게 된 경위를 자세히 아세요?

나는 그때 당시 감옥에 있었기 때문에 잘 모르고, 아마 그 광주, 광주하고 우리가 좀 교류가 있었으니까요. 학생운동 이후에 졸업하고 했던 세대들이 있었는데 그쪽에서 인제 '우리가 보니까 좋은 사람이 있드라, 얘기 들어볼 만한 분이 계신데, 2패밀리 사람들 모아놓고 한번 얘기나 들어봐라' 해서 들어봤던 것 같아요. 나는 그때 당시 감옥에 있어서 잘 몰라요. 나와서 보니까 그렇게 돼 있더라고요. 87년이었는데, 당시에 인제 무슨 뭐 사회구성체논쟁도 있었고 복잡했죠. 그때 인제 주체사상이 어쩌구 저쩌구 막 들어오던 시기였어요. 해서 그런 데서 오는 갈등이나 고민들을 정리를 잘해줬죠. 뭐냐면 그거보다 더 중요한 게 대중성이고, 대중과 함께 호흡하는 거고, 조직이라고 하는 것은 어떤 이심전심해서 마음으로 하는 거지, 꼭 그 모임의 강령 정하고 뭐하고 그런 식으로 하니까 자꾸 털리는 거 아니냐. 왜 꼭 모임의 강령 정하고 뭐하고 하면 다 털리잖아요. 그런 거랄지, 그런 차원에서 상당히 설득력이 있었고, 그렇게 해서 결합이 된 거 같아요.

87년 지나고 88년 7월경이 되면 익산에 노운협이라는 단체가 만들어지는데, 이 단체가 결성되는 과정에 결합하셨는지요?

당시 이제 그 학생운동 조직에 2개 계열이 있었고, 그 다음에 이제 NL과 PD로 분화된 거죠. 그 전에는 뭐 그런 게 아니었죠. 사실은 그냥 서클이 달랐을 뿐이었는데 그때부터 분화되기 시작한 게 PD, NL 이런 식으로 갔어요. 우리는 이제 NL로 간 거고 그쪽은 PD로 가는 거예요. 그래서 그때부터 정파를 대변하는 뭔가 좀 협의회가 있어야 되는 거 아니냐 그렇게 해서 생긴 거죠. 그리고 거기에 오두희 씨나 이런 사람들도 그게 필요했을 거예요. 왜냐면 이게 우리 쪽하고만 계속 하기에도 그렇잖아요. 서로 양 쪽이 가지고 있는 대중적인 영향력도 있고 그런 건데 그렇게 해서 만난 거라고 봐요.

처음에 누가 제안을 해서 각 주체들이 어떻게 만나서 이 단체를 결성을 하게 된 거죠?

아니, 자연스러웠던 것 같아요. 뭐냐면 PD쪽도 어찌 됐건 현장에 결합하려고 하는 굉장한 노력이 있었을 거고, 그런데 그 목소리가 이제, 그쪽 같은 경우는 대중적인 영향력이 많이 없었을 시기고, 그렇지만 하기는 해야 되겠고, 그러면서 어느 정도 노력을 해서 그 어느 정도는 그래도 학생운동 출신의 친구들이 대부분 또 모여라 그러면 한 100명씩 모여가지고 할 수 있는 그런 것이 있어 동원력도 있고 그랬으니까요. 그때 당시 집회를 할 때 양쪽이 서로 연합하게 되면 서로 합의를 잘해서 집회를 하게 되면 선도 부대가 한 200명 되는데, 그런 거 잘 안 하고 독자적으로 뭔가 좀 하게 되면 숫자가 좀 줄잖아요. 그러니까 그런 필요성도 있었어요, 구체적으로는.

기록에는 노운협이 1988년 7월경에 구성된 걸로 나오거든요. 노운협이 구성되는 그 모임에서 양쪽 그룹에서 각각 한 명씩 모임을 제안하는 문제의식을 발제하고 그랬다고 되어 있던데 기억하세요?

그 방향성을 가지고 논쟁을 좀 한 거죠. 논쟁을 한 건데, 그 정리를 우리 쪽에서는 이승희 씨가 했나, 그렇지, 이민우가 했지. 그리고 그때 당시 누가 왔었나, 잘 기억이 없어요. 거기 모였던 사람들은 다 기억은 안 나는데, 뭐 두희 누나 당연히 있었을 거고, 나도 있었고, 그 다음에 이민우, 김광수 그 정도 있었고, 그리고 저쪽에서는 김강수 같은 애들 왔을 거고, 개도 조금 늦게 결합했는데 하여튼 개도 있었고, 또 원대 출신 중에서 김제에서 시의원 하던 친구가 있는데, 이름이 감감하네요.

1988년 당시 노운협 구성을 제안하면서 토론 문서로 제출되었던 '전북지역 노동운동의 평가와 과제' 문서. 이정엽 씨가 기억하는 것과 같이 이민우 씨가 작성한 것으로 기록되어 있다 (1988. 6. 출처: 민주화운동기념사업회).

그러니까 노운협은 지역에 협의할 수 있는 논의 구조가 필요해서 각 그룹에서 조직적으로 만나서 협의테이블 성격으로 만든 건가요?

그것은 내용적으로 그런 필요성을 느껴서 그런 쪽으로 가긴 갔지만 무슨 대표를 파견해서 이렇게 이루어진 것은 아니고, 뭐냐면 근로자의 집도 한 명씩 나오고, 당시 현장에서 우리 같은 사람들도 거기 이민우도 있고 이렇게 있고, 또 일터 교회랄지, 또 '노동' 자 붙은 데는 대부분 좀 함께 묶어서 그냥 노동단체협의회 이런 형식이었기 때문에 정파협의회 이런 것은 아니었던 것 같아요.

그렇다면 실질적으로 정파협의회 역할을 했지만 모임의 성격 자체는 그런 걸 표방하지는 않았었다는 말씀인가요?

그렇죠. 왜냐면 그때 당시 노동 문제에 어떤 사안이 벌어졌을 때 당시만 해도 주체로 참여해야 될 필요성도 있었고요. 그때만 해도 대규모 집회도 많이 설정이 되고 그랬잖아요. 그러면 그 집회에 노동자의 목소리를 정확하게 대변하는 단체도 필요했고, 정황이 그랬다는 생각이 드는 거죠. 무슨 조직 간에 협의 이런 기능은 나중에 부차적이었다고 봐야죠. 우선 필요한 것은 노동자의 목소리를 대외적으로, 뭐 국민운동본부가 됐든 뭐가 됐든, 전체 민중에, 전체 조직에, 전국적인 큰 흐름에 전라북도 노동자들의 목소리를 대변하고 그 대표성을 갖고 그 모임에도 나가야 되고 그럴 필요성이 있었죠. 그게 주 업무였다고 봐야죠.

1987년 국본 활동에 이어서 1988년이 되면 지역 내에서도 분위기가 확 일어나게 되고 그게 현장 단위에서는 전민노련 결성으로 이어지고 나중에 전북노련으로 전화하게 되잖아요. 이때까지도 보면 두 그룹이 노동자의집에서 같이 활동하면서 전민노련 결성에 같이 참여하다가 전북노련으로 가는 과정에서 좀 달라지게 되는데, 그런 갈등들이 한편에서 점점 커지게 된 것은 아닌가요?

전민노련은 초창기니까 민주노동조합 대 어용노동조합 이런 개념으로 세웠던 건데, 신규노조들이 다 전민노련이고 그래서 신규노조 교육을 아시다시피 우리 같은 사람들이 다 했기 때문에 노조위원장들이 다 우리 영향력 아래 있었을 거 아니에요. 초창기에는 그렇게 가는데 그게 이제 전북노련 뭐 이런 형태로 가면서 대의원제도를 도입하고 조금 더 발전이 된 거죠. 그렇게 전북노련으로 가고 전북노련에서 이제 노동조합위원장들이 대의원이 되니까 노동조합위원장 숫자 가지고 되는 문제는 아니잖아요. 그런 문제도 있고, 내가 볼 때는 전북노련 되고 나서 상당기간은 그런 식의 영향력이 있었는데, 말하자면 그, 뭐라고 표현해야 하나, 처음에는 갈등이 없었다고 봐야 돼요. 근데 나중에 뭔 갈등이 생겼냐면 전북노련이 이제 실질적으로 조직사업이 이루어지고 조직이 좀 방대해지니까 그 부분에서 인제 상당히 정파 간의 의견이 첨예하게 부딪치게 되고, 또 그런저런 거를 몰랐던 노동조합 간부들도 이제 약간 전염이 되는 거죠. 전염이 되면서 갈등이 좀 심화됐다고 보거든요.

전민노련이 처음 결성되던 과정에서는 조직적인 개입이나 그런 건 없었나요?
전민노련은 절대적으로 거의 뭐 노동조합위원장 연합체라고 봐야죠. 그래서 위원장들 간의 모임인데 초창기에는 갈등이 있을 수 없었던 게, 이제 노동조합위원장의 절대다수가 우리 같은 사람들한테 설립하는 데 도움을 받았잖아요. 그러니까 그때만 해도 뭐 노동조합위원장들이 크게 무슨 저기가 없었고 그래서 대충 좀 갈등 없이 [갔죠.] 갈등이 있을 수 없었던 것 같아요, 전민노련 시기에는. 근데 그게 인제 전북노련이라고 하는 것은 조직이 약간 위원장연합체에서 대의원제도로 뭐 2명씩 이렇게 되다 보니까 약간 그때부터 이제 정파 간에 의견이랄지 이런 게 생기게 되고 그랬던 게 아닐까 싶은데요.

전민노련에서 전북노련으로 바뀌게 되는 과정에 대해서는 하나의 사실이지만 이거를 어떻게 기억하느냐에 따라서 조금씩 다르게 판단을 하고 계시더라구요.
아, 저는 그렇게 생각을 하고 있어요. 그냥 전민노련은 위원장들

협의하는 모임이었고 이제 전북노련으로 가면서 좀 더 조직을 조직답게 대의원제도를 도입하고, 그게 인제 이른바 민노총의 전신 아니에요. 전민노련은 민노총의 전신이라기보다 이제 신규 노동조합위원장들 모아서 이렇게 하는 모임이었고, 차원이 좀 달랐다고 보거든요.

예를 들면 중간에 고진곤 씨가 화학연맹에서 한국노총으로 가는 사건이 끼어 있는데, 고진곤 씨가 89년 4월달에 화학연맹 만들어가지고 한국노총으로 다 가고, 그러고 나서 89년 5월달에 월례회의를 거쳐서 전북노련으로 이름을 바꾸게 되는 과정이 있더라구요. 여기에 대해서 어떤 분은 전민노련과 전북노련을 전혀 다른 조직으로 설명하기도 하고, 또 전민노련이 1대에서 2대로 넘어가는 과정으로 설명하기도 하고 다르거든요.

그렇지는 않죠. 단절된 것은 아니구요. 고진곤이나 이런 특수한 그런 친구들, 그건 뭐 대세에 영향을 미치는 움직임은 아니었다는 생각이 들어요. 당시에 노동조합위원장들이 사람 하나 바뀌면 왔다 갔다 하는 그런 투였다면, 세풍제지 고진곤 씨 같은 경우는 공교롭게 뭐냐면 학출이나 노동자의집이나 뭐 이런 쪽에서 그 사람에 대해서 갖는 영향력이 없었어요. 왜냐면 그 대부분의 노조가 학생 출신이 하나 가서 끼어 있든지, 아니면 노동자의집에서 의식화된 노동자가 한 명 있던지 대부분 그랬거든요. 그렇게 해서 하다 보면 그런 사람이 끼어 있는 데는 함부로 노조위원장이 못 움직여요. 자기 맘대로 못 한다구요. 내용은 [노조위원장이 아니래 그 사람(학출 혹은 노동자의집에서 의식화된 활동가)이 다 쥐고 있기 때문에. 근데 이제 세풍제지는 그런 게 없었기 때문에 그랬던 거고, 그 나머지는 대부분 그런 식으로 어떻게든 다 결합이 되어 있었어요. 2그룹 사람이 직접 들어가 있든지,

아니면 2그룹을 통해서 의식화된 노동자가 영향력을 미치고 있든지, 아니면 노동자의집을 통해서 의식화된 노동자가 있든지, 이렇게 해서 그런 데는 위원장들이 이렇게 못 빼나가죠. 그게 이제 전민노련으로 가다가 이제 "야, 이거 그렇게 하지 말고 대의원제도를 도입하고 말이지 앞으로 이렇게 뭐 가야 되는 거 아니야" 이런 식으로 갔던 거고, 그 이후에 인제 이후에 노총을 민주화시킬 거냐, 노총을 와해시킬 거냐 내지는 제2노총을 가야 되는 거냐, 이런 논쟁이 있었던 거고, 그런 논쟁의 결과가 결국은 이제 민주노총으로 나중에는 귀결이 된 거고, 노동조합법 개정투쟁에서 본격적으로 인제 그 저기가 많이 생겼죠, 노선갈등이 아주 첨예화된 그런 부분들로.

장명국 씨가 처음 지역에서 교육하기 시작한 87년도부터 말하자면 석탑 계열의 주요한 논지 중에 하나가 노총민주화론이잖아요. 사실 전민노련이 결성되는 과정에서 2그룹이 군산지역 큰 사업장들을 조직화하고 그것이 전민노련 결성의 기반이 되기도 하고 그랬는데, 고진곤 씨가 화학연맹을 만들어서 한국노총으로 간 것에 대해서는 그 논쟁과 관련해서 이후에라도 어떤 평가가 있었을 것 같은데요?

아니, 그런 거는 아니고, 당시 그 논쟁에서 자꾸 사람들이 헷갈리는 게 인제 '노총민주화론'이라고 우리를 그렇게 불렀거든요. 그거는 이제 그런 개념은 아니었고 당시 논쟁의 핵심은 그런 거였어요. '단위사업장 노동조합까지 민주노총노동조합, 한국노총노동조합 이게 인제 좀 안 맞는 거다. 그러면 인제 노동조합이 뭐 단위 사업장별로 기독교를 믿는 노동조합, 불교를 믿는 노동조합 생길 수 있는 거고, 대부분 서구에서는 그런 복수노조 그런 개념으로 해서 [하잖아요.] 우리는 단위

사업장에서의 복수노조가 문제가 있다' [이런 문제의식이었죠.] 근데 그거를 그 노총을 민주화시키자, 이런 개념으로 자꾸 사람들이 오해를 하게 되는 과정들이었지요. 그래서 그것에 대한 평가나, 또 물어봤던, 그 운동론에 대한 평가나 이런 부분들은 뭐랄까, 그때는 크게 정리된 게 없어요. 왜냐면 이미 노동운동이 당시만 해도 처음에는 그런 학생운동 출신이랄지 운동권 이쪽에 많이 저기했지만, 그 이후로는 노동자들이 더 똑똑해졌고 본인이 스스로들 자각하면서 자기에게 맞는 조직사업을 하기 시작했기 때문에 사실은 그 뒤에 우리 같은 사람들의 역할을 그렇게 필요로 하지 않았거든요. 불과 몇 년 사이에. 그러면서 인제 각자 또 자기 생업으로 돌아가기도 했고요. 그렇게 됐던 게 아닐까 싶어요. 제가 기억하는 것은 [그래요.]

그러니까 문제의식의 핵심은 노총을 민주화하느냐 하는 주장이었다기보다는 단위사업장에 노조가 하나 있어야 된다, 그걸 어떻게 하느냐 이런 정도였다는 말씀인가요?

이런 거죠. 뭐냐면 복수노조라고 하는 개념으로 받아들이지 말라는 거죠, 우리가 얘기할 때는. 그건 뭐냐면 그 노총은 사실은 당시에 민주화시킬 대상도 아니었고 상당히 그 조합원 대중과 유리된 그런 조직인데, 자꾸 그 민주노총이냐 뭐냐 해가지고 편을 좀 떼어놓으면 우리가 대중과 결합해가는 하나의 통로를 또 잃어버리는 거고, 또 노총 자체를 우리는 인정하지 않는다, 노총이라고 하는 것은 허구의 조직이고 당시의 어떤 지배자들이 만들어놓은, 발 달린 조직이 아닌 대표자들의 어떤, 자기들끼리 하는 거니까요. 그러나 그것이 하나의 통로 역할은 해주잖아요. 대중과 결합할 수 있는, 만나게 되는 통로역할, 이런 것들이 있으면 그걸 민주노조냐 아니냐 이런 걸 자꾸 구분해서 차별화하는 것보다는 그런 큰 구분 없이 우리가 단위 노동조합에서 대중과 어떻게 결합해서 [할 것이냐,] 이 복수노조가 아닌 단위노조, 단위조합에서는 하나의 노동조합으로서 좀 대중과 우리가 결합하는 것이 중요하다. 근데 이게 민주노총, 제2노총을 추진했던 사람들은 뭐, 앞으로 목표를 그렇게 설정해서 단위 사업장에 하나의 노조 이런 개념이 없었죠. 그런 개념보다는

당시 석탑 계열의 이론적 주장들이 실렸었던 소위 베스트셀러 이론지 ≪새벽≫ 창간호 표지 (1988)

아, 민주노총 만들면 되는 거죠, 몇 사람 만나서. 그거는 대중으로부터 우리가 지지를 얻는 운동방식이 아니라고 생각을 했어요. 기존에 있는 노동조합을, 대중들을 하나로 엮는 게 중요하다, 그들 간에. 기독교 믿으니까 따로 가고 뭐 이런 개념으로 가서는 운동 발전에, 큰 대중운동론이 아니다, 우리는 그렇게 봤죠. 그런 차이였지 다른 거는 없었다고 봐요. 그 이후로 많은 노동조합들이 인건비 올라가고 외국계 기업들도 철수하고 그런 분위기가 왔었잖아요. 중심이 오히려 인제 현대자동차나 큰 대기업들[로 바뀌었죠.] 지금 제가 알기로 그 안에 정파가 10개가 있어요. 노조위원장들이 다 연합하고 우리보다 더 복잡해지고 영악

해져가지고 그야말로 기존 정치권보다 더 저기해요. 그런 것들 얘기 들으면 좀 그래요. 그렇다 하더라도 지금 복수노조는 아니잖아요. 지금 민주노총이 있지만 단위노동조합에 노조가 2개인 곳, 이런 곳들은 거의 없죠. 앞으로 복수노조가 허용돼 들어왔을 때도, 그 뭐라고 그럴까, 민주노총이 더 강화되는지 아닌지 이런 부분들은 좀 다른 문제라고 봐요.

고진곤 씨가 가고 나서 전민노련에서 전북노련으로 이름을 바꾸면서 '민주' 자만 빼고 전북노동조합연합 이렇게 했죠. 이게 어떤 의미인지 사실 좀 헷갈려요. 말씀하시는 걸로 판단을 해보면 고진곤 씨가 한국노총으로 갔던 일이 중간에 끼어 있는 사건이긴 하지만, 전민노련에서 전북노련으로 전화해가는 그 과정하고 직접적인 관련이 있는 건 아니었다는 식으로 이해가 되는데요.

전북노련은, 저는 그렇게 생각을 해요. 저는 딱 기억하기를 전민노련은 위원장들 친목 모임이었고, 전북노련이야말로 이제 대의원 제도를 도입하자, 대의원을. 연합이라고 하는 것은요, 그 노동조합연합, 이것은 전제조건이 뭐냐면 사업장 크기에 따라서 대의원 수도 달라야되고 이제 이런 개념이 도입되기 시작한 거죠. 전에는 노조위원장, 부위원장들 해가지고 전부 다 어디 노조위원장이든 [똑같이 한 표 그랬잖아요.] 한 20명 되는 데도 1표, 뭐 이런 개념이었잖아요. 그건 비민주적이다 그런 거죠.

조직이 본격적으로 정비가 되는 그런 과정으로 봐야 된다는 말씀이신가요?
저는 그렇게 보고 있죠. 왜냐면 예를 들어 당시 국제공업사 송준이 같은 애들은, 거기는 한 20명밖에 안 되잖아요. 근데 송준이 이빨은 세잖아. [하하해] 그 위원장 숫자로 치면 거기도 1명이란 말이지. 그러면 예를 들어 이게 얘가 다행히 말이야 우리하고 좀 비슷한 놈 같으면 모르는데 얘가 PD계열이라고 생각해봐요, 예를 들어 NL쪽 입장에서 봤을 때. '저거 저거 저 새끼도 한 표잖아, 안 돼, 야, 숫자를 늘려, 대의원을, 후레아훼숀은 2,000명이나 되니까 몇 표 던져' 말이지, 이런 거죠. 좀 더 민주적인 조직으로 성장해가는 조직이라고 저는 보지, 그거를 특별히 갈등으로 인한 그런 건 [아니었다고 봐요.]

근데 전민노련까지만 해도 사무차장 하시던 김광수 씨를 비롯해 2그룹 활동가들이 꽤 결합을 하다가 전북노련으로 바뀌고 얼마 안돼서 전부 빠지게 되는데요, 그건 고진곤 씨가 한국노총으로 가고 거기에 대한 조직적 평가와 관련된 것은 전혀 아니었나요?

그런 게 있었죠. 근데 제가 기억하는 건 그런 거라기보다는, 당시에 그 노동법 개정투쟁에서 상당히 논란이 되기도 했고, 그 다음에 그 현주억이라는 사람이 거기 전북노련 의장이 됐죠, 나중에. 근데 이제 그 사람 같은 경우가 전북대 출신이었고, 그 담에 상당히 똑똑했던 것 같애요. 그러다 보니까 조직이 좀, 노동조합에 그쪽의 영향력이 커진 거죠. 노동자들 스스로가 자기 전문성을 가지게 되고 판단력이 생기게 되고, 영향력을 미쳐서 움직일 수 있는 단계를 이미 넘어섰고 그런 것이 아니었을까 생각해요. 그런 것과 연관성이 없다고 꼭 단언하기도 좀 그렇겠지만 어쨌건 고진곤 씨나 이런 것 하고는 별개의 문제로 이미 노동자들이 성장하고 있었다는 생각이 들어요. 스스로 자기 문제를 고민했고 자기의 조직이라고 하는 애정을 가지기 시작했고요. 그전에는 다 그렇게 했겠지만 우리가 주도할 수밖에 없었죠. 왜냐면 노동자들이 사람들이 그런 사고가 없었으니까요. 근데 자기들끼리 모이고 노조위원장들끼리 아무래도 인제 그 동병상련 있고 그러면 고민하고 서로 상담하고 그러면서 전문성도 키워지고 그러니까요. 사실 그 현주억 씨가 처음에 노동조합 만들 때도 나하고 통화를 했거든요. 내가 현주억 씨네 집으로 교육을 하러 갔어요. 처음 접선이 집이었어요. 역 앞인데, 어디로 들어오세요, 뭐 이렇게 해가지고 만나서 했던 것 같아요. 그리고 거기 노동조합 되고 나서 전주설계사무소 바로 또 연결시켜서 제가 교육했고, 그때 당시만 해도 석탑에서 와서 교육을 거의 다 했죠. 처음에 간단한 건 우리가 하고 그랬는데, 나중에 그러다 보니까 아무래도 인제 그 설계사노조 같은 경우는 나중에 건축사 될 사람들이고 이런 사람들이 주축이다 보니까 그런 게 되고, 또 병원노조 같은 게 생기고 하다 보니까 상당히 자기들이 누구한테 의존하지 않고 자기 스스로 판단하는 요런 경향성이 커지니까 굳이 꼭 그런 문제를

> 전민노련은 위원장들 친목 모임이었고, 전북노련이야말로 이제 대의원 제도를 …… 좀 더 민주적인 조직으로 성장해가는 …… 특별히 갈등으로 인한 그런 건 [아니었다고 봐요.]

가지고 결합하지 않아도 될 정도로 일정 정도 성장을 했던 거라고 봐요, 저는. 전북노련 자체가 과거의 어떤 운동권 출신의 전문성을 빌려서 쓸 정도가 아니고, 그런 허약체질이 아니고 이젠 체질이 강화됐던 거고, 거기에서 대중적으로 결합하지 못하거나 그런 사람들은 소외될 수도 있었겠고, 그 다음에 그, 이전에는 일방적인 교육 대상이었지만 이제 동료잖아요, 동료로서 이렇게 해야 됐던 거고. 아무래도 그쪽은 노동조합, 직접적으로 자기가 위원장을 하고 그런 팀들이기 때문에 유리한

조건에 있었다고 해야 되나요. 그리고 나머지는 다 이제 그 단체에서 멀어지거나 독자적으로 하거나 이렇게 된 거죠.

고진곤 씨가 한국노총으로 가기까지 과정을 당시에 조직활동가들이 통제하거나 제어하는 것이 불가능했던 상황이었나요?

그렇죠. 아니 뭐 고진곤 씨 그 팀에는 그게 없었어요. 뭐냐면 그 노동조합 간부들 중에는 2패밀리나 또는 노동자의집이나 그렇게 결합된 인자가 없었죠. 그 친구가 원래 정치지향적이고 [좀 그랬어요.] 그런 게 보였으면 그것을 잘 사전에 저기를 했었어야 되는데 [그러지 못한 거죠.] 세풍제지 같은 경우는 그때 당시에 근로조건이 좋았어요, 다른 데보다. 그러다 보니까 뭐냐면 같은 노동조합 하는 것보다 자기가 우월의식도 있었겠고, 그런 게 있었다고요. 그래서 결합이 원래 처음부터 잘 안 됐던 거죠. 근데 이제 그쪽이 워낙에 저기하니까, 그때 당시에 협의회 수준인데, 위원장들 협의회 수준인데, 그걸 뭐 아주 중차대한 조직으로 우린 보지를 않았던 거고. 제 생각은 그랬어요. 한 사람 간 거는 간 거고 그것이 미치는 영향은 개별적인 요소고, 그렇게 봤지, 우리는. 어떤 사물을 보고 판단할 때 개별적인 서운함이나 개별적인 소외감이나 이런 것 하고는 별개의 큰 흐름이 중요하다는 생각이 들거든요. 전북노련도 노동조합 조직이 인제 자기 조직의 필요성을 느껴서 대의원제도를 두고 만나기 시작했던 거고, 하다 보니까 병원노련도 생기고 뭣도 생기고 하면서 거기에 더 이상 보조적인 역할을 해주는, 전문적인 능력을 누구한테 빌려서 쓰지 않아도 되는 자주성이 성장한 거죠, 노조 간부들이. 내가 볼 때는 [그래요.] 그렇게 해서 결국은, 보세요, 뭐냐면 PD가 거기에 뭣이 어쩌고 NL이 어쩌고 그런 것 하고 관계없이 정리된 거거든요.

근데 사후적일지는 몰라도 이제 객관적으로 진행과정을 보면 그렇게 보이거든요. 즉 일정한 시기가 딱 되면 2그룹에서 1그룹보다 좀 먼저 현장에 들어가서 영향력을 넓혀갔고 사실 군산지역의 경우 상당한 성과를 남기기도 했고 그게 기반이 돼서 전민노련이 결성됐고, 이게 역사적으로 중요한 성과잖아요. 근데 이게 고진곤 씨 일이나 또 중간에 여러 과정이 있으면서 전북노련으로 전화해가고 또 민주노총의 전신으로 죽 발전해가는데, 그 과정에서 상당한 노력을 하고 상당한 성과를 거두고 했던 2그룹 활동가들이 거기서 전부 다 빠져나오고, 다음 시기가 되면 1그룹 활동가들이 거기에 들어가서 영향력을 넓혀가는 시기가 있거든요. 이것이 보기에는 어떤 조직적 운동의 흐름으로 보인다는 거죠. 그래서 자꾸 여쭤봤던 거거든요.

하여튼 나는 좀 시선이 다르다는 거지. 어떤 전민노련이 구성했던 조직 논리나 내지는 방향성 이런 것들이 틀려서라기보다는 큰 흐름으로 보면 위원장들 협의 모임 중에 느슨한 단계의 친목 모임이 좀 더 높은 단계로 변화돼가면서 나타났던 현상 중에 하나라고 보거든요. 왜냐면 고진곤이라는 사람은 위기의식이 있었을 거란 말이죠. 혼자 참여하면 괜찮은데 노조간부들을 그 모임에 참여시키라는 거잖아요. 대의원을 파견해라, 그렇게 되면 부담이 있잖아요. 위원장 혼자 자기가 자발적으로 하면 좋은데 같이 성장하고 이런 것은 바라지 않았던 거죠. 그렇게 되면 파벌이 생긴다고 생각했겠죠, 잘못하면. 나는 그런 것들을 과도하게 강조하면 큰 흐름을 보는 데 별로 도움이 안 된다고 생각해서 개인적인 역사 이런 것들이 있었겠지만 크게 흐름을 보면, 노골적으로 보면 고진곤이는 위기의식을 느껴서 자기가 뛰쳐나간 거예요. 위원장들끼리 모여가지고 대장 노릇 하기는 쉽지만 자기 노조 간부들이 의식화돼가면서 하나가 된다고 생각해봐요. 무섭죠. 결국은 그렇게 하니까 한국노총에서 뭐야 위원장도 하고 그랬잖아요. 결국은 뭐 동네유지 되고 싶어서, 유지로 남는 길이기도 하잖아요. 나중에 시의원도 다 출마할 수 있고. 정치지향적이죠. 위기의식이라는 것이 뭐냐면 예를 들자면 후레아훼숀 같은 경우는 그런 위기의식을 느낄 이유가 없잖아요. 가장 적극적이지. 오히려 그런 데 사람들 보내면 더 의식화되고 하나하나 더 깨우치고 그러니까 좋은 거죠.

선배로서 지금 노동운동에 대해서는 어떤 견해를 갖고 계세요?

저는 신문 일을 하니까 크게 멀리 있는 것 같지는 않아요. 그리고 그쪽 소식 같은 거나 이런 걸 자주 접하게 되고, 나름대로 지금 시기에서는 그 사회의 어떤 대타협이라고 해야 하나요, 이런 것들에 대해서도 고민을 좀 더 하고 [그래요.] 민주노동당이라고 하는 정당도 생겼고 그래서 그런지 모르겠는데, 열심히들 하고 계시다 그런 느낌이 제일 강하고, 좀 더 잘 할려면 민주노총도 좀, 지금 너무 개혁세력이 고립되고 그러잖아요. 노동운동이 나는 좀 더 대중적으로, 그 다음에 국민과 함께하는 그런 것들에 대해서 좀 더 고민이 더 있어야 노동당 지지도 올라갈 거고 그런 생각을 하는데, 그런 쪽으로 노력하고 있지 않나 그렇게 보고 있어요. 그런 문제의식을 갖고 있는 사람들도 많이 봤고요.

지금 계시는 ≪내일신문≫에 들어가실 때도 장명국 씨와의 인연으로 가신 건가요?

그때 당시에 그 팀들은 거의 다 그쪽으로 갔어요, 신문을 하기 위해서. 92년에 《내일신문》 가면서 노동운동은 다 정리가 된 거죠. 개인적인 인간관계 외에는 조직적이랄지 그런 것은 없었지요. 그때부터는 《내일신문》만 했어요. 《내일신문》 하기 이전에는 저는 인제 먹고 살기가 힘들어서, 말하자면 노동운동이 돈이 생기는 직업이 아니니까, 그 뭐죠, 냉동기능사 자격증 뭐 이런 걸 땄어요. 그걸 땄더니 취업이 잘 되더라고요. 그거 뭐 안 걸려요. 그걸(개인 이력 같은 걸) 물어보지도 않고요. 그래서 그 보일러실에서 호구지책은 하고 그랬죠. 주로 그게 밤 근무가 많아요. 그래서 낮에는 활동하고 [밤에는 호구지책으로 일하고] 그런 식으로 했죠. 《내일신문》 하면서는 초창기에는 노동조합 간부들 교육도 시키고 했었는데, 그 뒤에는 그것도 시들해졌지요.

그 뒤에 당시 노동운동에 했던 사람들이 '함께하는 사람들'이라고 해갖고 모임을 만들어가지고 가끔 계모임 비슷하게 하거든요, 근데 대부분 뭐 인제 만나면 대부분 자영업자고 그렇잖아요. 노동자인 사람이 많지 않아요. 아직도 노동조합 간부인 사람은 거의 없더라고요. 지나고 보면 그 아웅다웅하고 말이지, 안 좋은 기억도 많거든요. 많은데 나중에 만나니까 상당히 반갑더라고요, 사회에서는. 옛날에 그 족보 다 나오잖아요. 얘기하다 보면 그때 뭐 너는 뭐했고. [하하하.]

> 가끔 계모임 비슷하게 하거든요. 근데 노동자인 사람이 많지 않아요. 아직도 노동조합 간부인 사람은 거의 없더라고요. 안 좋은 기억도 많거든요. 많은데 나중에 만나니까 상당히 반갑더라고요.

다들 그래도 그때가 재밌었다고 그렇게들 말씀하시네요.

[하하하] 나는 그 뒤로 신문일 하면서 벼라별(별의별) 노동조합들도

많이 봤거든요. 취재 차원에서 많이 만나기도 하고 이렇게 했지만 그냥 거기에 막 몰입을 못 하겠더라구요, 나중에는. 그니까 그때 그 마음 그런 절박한 마음 그걸 피부로 막 같이 느껴야 되는데 그래지지가 않더라구요. 자꾸 객관화시켜서 볼려고 하게 되고, 사용자의 어려움은 뭔지, 또 노동조합의 입장은 뭐고, 그 다음에 지역 차원에서 고민되는 것은 뭔지 이런 식의 고민을 하게 되니까요. 그렇잖아요. 뭐냐면 예를 들어 여기 저 덕산금속, 지금 바뀌었죠, 일진소재로 바뀌었어요. 거기 같은 경우는 파일을 박다가 덮어버리고 그냥 다른 데로 갔잖아요, 노동조합 하네 마네 하는 것 놔두고. 근데 그 파일을 박았으면 한 200명 정도가 신규 고용이 됐을 거란 말이에요. 근데 그게 인제 200명이 안 됨으로 인해서 아마 이런 장사하는 사람도 한두 사람 도산이 될 수밖에 없는 거고, 그럼 지역 전체에 어떤 침체되는 분위기에 일조하게 되거든요, 자칫 잘못하면. 근데 그렇다고 해서 그 잘못이 노동조합에 있느냐, 그렇지는 않아요. 그럼 사용자한테만 있느냐, 그 사용자한테, 물론 그 회장한테 있어요. 있긴 있지만 근데 그 사람이 가지고 있는 피해의식이 있기 때문에 그랬을 거란 생각이 들거든요. 그것을 사실은 노동운동 쪽에서도 그런 문제의식을 갖고 그쪽을 설득하려고 해야 되거든요. 노동조합이 싸가지 없는 것만은 아니다, 그러면 뭐냐면 민주노총 같은 경우가 나라의 문제에 대해서 고민하고, 나라의 큰 대소사에 대해서 고민하면서 현명한 대안을 제시하고 그렇게 설득력이 있었다면 그런 사용자가 좀 줄어들지 않겠어요. 그런 고민도 하게 되고 그래요.

¶ 인터뷰는 이지연, 전준형이 했고 녹취 및 정리 편집은 이지연이 했다. 이정엽 씨와의 인터뷰는 2006년 8월 23일 한 차례에 걸쳐 진행되었다. 신문사 일로 동분서주하던 그를 만나기 위해 이른 아침부터 전주에서 익산으로 찾아갔고 익산에서 소문난 청국장 집에서 점심시간이 되도록 긴 얘기를 주고받았다. 과거 문학도였고 오랫동안 노동운동의 선전에 관련된 일을 했고, 또 10여 년이 훨씬 넘게 신문사에서 일을 해온 그는 시종일관 차분하게 정리된 어조로 구술해주었다.

민주노조운동에서 시민운동으로

김 택 천

1955년 전주에서 태어나 고등학교를 마쳤다. 학교 졸업 후 몇 년 간 서울에서 직장 생활을 한 후 전주로 내려와 줄곧 택시회사에서 근무했다. 85년 우연히 회사 내에서 상조회를 조직하여 활동하다가 87년 이후 노동조합으로 발전시켰다. 전주 지역택시노조를 건설하여 한국노총 소속으로 활동하면서 한국노총 전북본부의 세대교체를 주도했다. 96년 민주노총의 설립과 함께 민주노총으로 소속을 옮겼으며, 지금까지 민주택시노조 지도위원으로 활동하고 있다. 환경운동연합을 거쳐 현재는 '전북의제 21'의 사무처장으로 있다.

고향은 어디세요?

저 고향은 여기 전주고요, 우리 가족 고향은 고창이에요, 고창 고수. 저희 아버님은 상이용사셨죠. 그 유명한 상이용사예요. 6·25 때 다치셔가지고 휠체어를 타셔야 이렇게 이동하실 수 있는 분이셔서…… 형제는…… 5형제, 원래 10형제였는데 다섯 분이 먼저 가시고 6·25 때도 돌아가셨다고 해요. 제가 막내예요. 저희 어머님이 늦게 나셔가지고 늦둥인데. [하하하] 돌아가신 형님도 계시고. 70살 보통 이러니까. [하하하] 제 위에, 바로 위에 있는 형이 50년생이니까 그 형만 제일 젊고 이분들 지금 예순 다 넘어서 인제 사업하시고…… 결혼은 않고 서울에서 그냥 인자(이제) 형님 밑에 있을 때, 어, 이 사람(아내)은 아버님이 또 육군 상사예요. 장인하고 아버님이 다, 두 분이 다 국립묘지에 계세요, 지금. 두 분이 대전국립묘지에 우리 아버님도 그렇고, 장인 양반도 그렇고. 제가 제대할 때 집사람 만났어요. 제대식장 회식장에서. 어, 회식장에서 만났는데, 그 당시에 군속이었어요, 집사람이. 제가 그 연천, 전곡! 연천 전곡 28사단 인사과에 있다가 육군 원화관리단으로 나왔어요. 그러면서 거기는 인제 그, 민간인도 같이 근무를 하게 돼서 같이 근무했었던 때 회식자리에서…… 그때 처음으로……. [하하하] 제대할 때 처음 [아내를] 봤어요. 갖고 제대하고 나와서 가끔 제가 연락하고 좀 그랬는데 그게 인제 그 집사람도 또 같은 군속이지만 서울 보광동으로, 그때 군인아파트가 있었는데 거기 또 관리사무실로 또 발령을 받아서 저하고 만날라고 발령받았죠. [하하하] 살다가 2년 만에 결혼했어요. 어, 문규현 신부님한테. 했는데 신부님이 서학동 성당 계실 때 해달라고 했어요. [하하하.]

그럼 그 후에는 전주를 안 떠나신 거죠?

그렇죠. 환경운동연합 있을 때에도 우리 은주 씨가 지금 그때 환경운동연합에 같이 있었던 식구예요. 근데 그 당시에도 우리 그때 상근자들도 한 30만 원 이 정도밖에 못 받았죠. 근데 저는 그때도 안 받았어요. 왜 그냐면 너무 예산이 적으니까 적고 뭐 이러니까……. [그래서 돈은 집사람이 좀, 주로 벌었죠. 집사람이 주로 인자 직장생활하면서 좀 많이 혼자 감당하다가 힘들어…… 별 거 다 했어요, 우리 집사람이 아주. 요구르트도 배달하고, 또 옷 같은 경우에 매니저 생활도 하고 하이튼(하여튼) 기술이 있는가 봐요. 예전에 옷가게 같은 경우에 대개 인제 백화점 같은 경우에는 매니저를 두는데 실적 매니저예요. 당신이 잘 팔으시면 그 수당을 어떻게 하겠다. 코아에서 1등을 3개월 동안 뭐 몇 번 했대요. 3개월 동안 1등을 했대요. 아, 내 대신 많이 욕봤죠. [하하하] 지금은 좀 쉬라고 해서 쉬어요. 아, 작게 벌어서 우리 작게 쓰기로 그렇게 하는 거죠. [하하하] 그래서 애들한텐 많이 미안해하죠. 1남 1녀 됬는데, 딸이 스물다섯, 아들이 스물넷, 군대 갔다 온 지 얼마 안됐고. 큰 딸내미는 이번에 최인규 목사님 있는 실업자지원센터 거기서 일해요. [하하하] 왜 그냐면 큰애가 지금 원대 2학년 다니다가 아, 그때 수업료를 못 줘가지고, 못 줬어요, 졸업을 못 시켰어요. 복학도 아직 못 하고……. 애들한테 가장 미안해서 최인규 목사가 그래서 자기가 자기 딸처럼 데리고 있겠다고, 그래서 데리고 갔어요. 데리고 가라고 부탁을 막 했죠. [하하하.]

83년도에 서울에서 전주교통으로 오시는데 그 후에 이야기를 해주세요. 그 당시 전주교통의 상황이나 전체 택시노조에 대해서도 말씀을 해주시고요.

87년에 마음에 맞는 사람들이, 각 회사에 있는 사람들이 각 회사마다 노조를 먼저 결성을 했었죠. 단위노조로 결성을 했었는데, 상조회를 갖다가 노동조합으로 전환을 시킨 것이죠. 그 전에 전주교통에서 그런 노동조합 결성 이전에 노사갈등이나 이런, 굉장히 많았어요. 그 당시에는 택시 회사가 일종의 차량과장이란 것이 있는데 그 차량과장들이 거의 다 깡패 출신이었어요. 지금도 일부 애들이 껄렁껄렁하고 좀 그러긴 한데 그놈들이 뭐 말도 못하게 협박 많았었죠. 더군다나 택시 회사가 대개 보면, 뭐 정식으로 자본을 가지고 이렇게 하는 사람도 있겠지만 대리경영이 좀 많았어요. 사장은 따로 있고 회사 경영은 어깨 좀 이렇게 하는 놈들이 운영을 하는 그런 상태였었는데, 전주교통도 마찬가지였죠. 그 당시 차량과장 하는 놈이 몸에 칼자국이 여기서부터 막 있는 놈인데, 지금은 이제 암에 걸려가지고 누워 있더라구요. 그런 놈들이 아주 거기에 대해서 아, 그 당시 우리 택시기사들이 1교대 했었죠. 차 한 대당 한 사람! 하루에, 오전에 이제 택시에 앉으면 한 16시간, 15시간 이상을 운행을 했어요. 한 사람이 하루에 얼마를 붙여주면 나머지는 가져가라, 일종의 그 도급제라는 게 있어요. 기본급도 없었고, 니가 벌어서 알아서 먹어라, 뭐 이런 식이었으니까. 이러다 보니까 사고가 나고 그러면. 자기가 혼자서. 그 당시엔 이제 사무처…… 그 당시 기사들이 참 사고가 많았어요. 그러다 보니까 이제 보증인을 짱짱하게 하기 위해서 보증인을 한 사람씩 딱 세웠죠. 나는 이 양반(우제태)이

> 우리 택시기사들이 1교대 했었죠. 차 한 대당 한 사람! 하루에, 오전에 이제 택시에 앉으면 한 16시간, 15시간 이상을 운행을 했어요. 기본급도 없었고, 니가 벌어서 알아서 먹어라.

보증인이나 마찬가지였어요. 교회에서 소개를 받은 분인데 이분이 그 당시에 전북경찰청에 정보계장인가 아마 그랬어요. 그래서 이 양반은 이제 진급을 해서 서장으로, 전주대 교수까지 허셨는데…….

[그 당시 전주교통의 규모가 한 75대 정도 되니까 종업원이 한 170~180명. 그래도 전라북도에서는 두 번째, 세 번째로 컸었어요. 저희가 [87년에만 노조결성] 시도를 한 4번 정도 했어요. 처음에 참여 인원이 170명 중에서 한 12명 참여했죠. 그 이후에 인제 전국적으로 흐름이 그러니까 처음에 창립식은 12명으로 했는데 나중에 이제 30명, 40명, 50명, 100명까지 늘었죠. 회사에서는 못 하고 숨어 다니면서 했는데 저희가 오목대와서 여기서 했을 거예요, 오목대. 그 산 밑에 정자 있는데 거기서 창립총회를 했었는데, 이후에 회사하고 대립은 말도 못 하게 많아졌죠. 협박도 많이 받았는데 그 당시에 내가 부, 부위원장 출신 한 사람 있는데, 차량과장이 우릴 여관방에 데려다놓고 저녁 내 하여튼 이렇게 회유 비슷하게 이렇게 하기도 하고, 그러면서 술 한 잔 딱 먹고 맥주병도 탁 깨고……. 근데 이놈이 하여튼 절대 손은 안 대더라고요. 왜냐면 제가 인제 우제태 씨를 통해서 이렇게 했기 때문에…… 이 양반이 참 입장이 좀 난처했어요. 그래서 제가 전주교통위원장하고 다음에 전주시 노조를 처음으로 만들었을 때 그 이후부터는 이분한테 손을 떼달라고 말했죠. 너무 또 카바하는 거 힘드시니까. 하여튼 우리 노조라고 등록할려고 하는 사람들에 대해선 미리 다 회사 측에서 다 회유하고 회사에 아는 사람들을 주로 입사를 받았죠. 그중에 주주가 많아가지고 주주가 한 12명 정도 됐었는데, 주주의 아는 사람들만 이렇게 통해서 다 입사를 시켜줘서 말을 잘 들었죠. 근데 그 외들은 이제 좀 그렇지 않은 사람들 2명 정도는 과거부

터 좀 이렇게 택시에 대해 불만이 있거나 이런 사람들 중심으로 해서 있었죠. 필증은 한국노총에서 받고…….

그럼 그 전에도 한국노총하고 관계가 있으셨던 건가요?

그렇죠. 한국노총…… 그때 위원장이 잘 생각이 안 나는데…… 그 한국노총 노동상담실하고 제가 좀 자주 연락을 하면서 그러면서 이제 각각 필증 만드는 거, 단체협약 하는 거, 규약하고 위임장 만드는 거 하면서 한국노총 측하고 그때 연관이 좀…… 그 당시 한국노총에서 제가 대의원으로 좀 참여를 했었고, 전주시 위원장 하면서 정식으로 제가 운영위원, 집행위원 이렇게 좀 했죠. 그런데 한국노총으로부터는 실제적인 도움을 별로 안 받았어요. 더군다나 중앙에 우리가 이렇게 각 지역마다, 이렇게 서로 연락하는 네트워크들이 있었는데 광주에 그 당시, 87년 당시 운수노조와 관련해서 노조창립을 위해서 각 지역마다 이 조직을 확산시켜나가기 위해서, 말하자면 부산 같은 경우엔 권오만이랄지 서울에는 지금 이광남이라고 한국노총 고문이에요. 이광남이가 서울노조, 서울택시 노조위원장을 한참 했었죠. 그리고 이번에 민주택시에서 구속됐었던 강승규라고 민주택시, 지금 상임부위원장…… 강승규 씨도 서울 택시노조를 이광남 위원장 다음에 했거든요. 그리고 전북에서는 이제 저하고 김영길 씨하고, 광주에서는 그때 이형각이라고, 이형각 위원장이라고 있어요. 이런 사람들이 이제 전국에 네트워크를 이뤄서 서로 교류를 했어요. 그러면서 이제 단체협약, 임금협상, 또 노조 조직결성 관리하고 서로가 이렇게 자체 교육을 해 나갔었고.

87년 7월에 노조를 만들고 8월에 필증을 받고 그 후에 87년 7, 8월 대투쟁이 한창 벌어지고 있었던 시절인데 그때 말씀 좀 해주세요.

그때 단체협약이라는 걸 처음 해보겠다고 각 위원장들이 싹 모여서, 그 단체협약에서 최초로 파업을 한번 해보는 것이죠. 전체 한 1,500명 가량이 다가공원에 처음으로 그렇게 많이 모였다고 해요. 그때부터 7월부터 계속 해나갔으니까요. 칠, 팔, 구 이때까지 근데 인제 그 당시에 단체협약을 하자고 하니까 이야기를 안 들어주죠. 이제까지 없었는데……. 근데 우리 단체협약에서 굉장히 무리하긴 했었죠. 완전월급제였었으니까. [하하하, 그 당시] 파업에 참여하지 않는 개인택시나 택시들은 많이 뒤집어졌어요. 그 당시에 백 몇 대나 뒤집어졌어요. 그때 포니 차량이어서 한 세 사람이 한쪽에서 탁탁 들면 확 뒤집어졌어, 차가……. [하하해 동료들도 많이 다치기도 하고 좀 그랬는데 그 당시에 구속된 사람들도 한두 사람 나왔었고 조사받은 사람도 한 30명 정도 되고. 택시들이 그때 한 120대가량 이상 파손됐다고 전 그렇게 들었거든요. 개인택시 같은 경우, 또 일반 택시 같은 경우 파업에 참여하지 않았던 택시 같은 거. 그래서 다가공원서 전체 아침에 모여서 결의대회를 하고 앞에 택시가 쫘악 3열로 서고 그 뒤에 인자 우리 노조원들 딱 스면서(서면서) 전주시청, 전주시내를 하루 종일 걸었던 거 같아요. 이 전경도 못 막았어요. 왜냐면 택시노조 파업에는 전경들이 못 막아요. 버스하고 택시노조 같은 경우엔 차로 밀어버리니까 못 막고 그냥 그대로. 그리고 그 당시에는 시민들도 웬만큼 또 호응이 괜찮았어요. 택시 월급 하루에 잘해봐야 만 원 정도 번다 이랬으니까. 그런 형태에서 며칠 정도 계속되었는데, 파업이 되면서도 파업 규찰대를 모집을 해가지고 규찰대가 계속 운행을 정지시키고, 또 기관에서는 정보과나 이런 데서는 사용자하고 우리하고 교섭을 하고 하도록 유도를 했었어요. 그때 파업이, 전체 파업이 한 25일가량 갔었어요. 맨 마지막에 원일기업이 최고 늦게까지 했었는데 원일기업이 약 한 달 정도 했어요. 이 정치적으로 해소를 하고 나머지 단위노조에서 인자 또 해결해야 될 협약이 있잖아요. 그런 협약이 남아 있다 보니까. 처음엔 [사용자 측에서] 안 나왔었죠. 왜냐면 우리가 단위사업별로 조합을 하겠다 이랬었는데 결국에는 정보과나 안기부나 이런 데서도 사용자 대표를 뽑아라 해가지고 김택수 이사장이 …… 지금 현재 ≪도민일보≫ 부사장이죠. 지금도 호남여객 대표이사구요. 신진교통이라고 신진택시 사장에요. [이 자리에서 교섭이 타결된 게 정말 많았죠. 단체교섭이라고 하는 명목은 처음 나왔고, 또 규정에서 기본급이라고 하는 것을 처음으로 책정을 했었고, 그리고 인제 임금협약 협정서라고 하는 것을 처음으로 만들었어요. 그걸 처음으로 만들어서 각 회사에 뿌리기도 하고 택시 노동자들한테 공부도 좀 시키고 회사를 돌아다니면서 파업하는 중에도 계속 이제 회사를 순회를 했죠. 그때 기본급이……. 한 30만 원선이었던 것 같아요. 지금도 완전월급제는 아닌데, [하하해 명목이 임금이라고 하는 것을 처음으로 한번 쟁점화해본 거죠.

87년에 그렇게 노사교섭이 마무리가 되고 92년에 해고가 되시잖아요. 그 87년부터 92년까지는 대개 회사에서 노동조합이 계속해서 단협도 하고 그렇게 유지가 잘 되나요?

그게 하나 전례인 것처럼 됐어요. 김영삼 대통령 때니까 92년도에 내가 위원장을 했었죠. 92년도에 파업 또 한번 했는데, 그때는 김영삼 대통령이 무파업 선언을 했어요. 전국 무파업 선언을 했는데 그때도 이제 완전월급제였었어요. 전국적으로 그, 계속 우리가 매년 완전월급제 이야기는 했어도…… 그 당시에도 매년 2일 내지 3일 정도 파업을 정기적으로 했었어요. 93년도에는 하이튼 그날 전국적으로 완전월급제에 대해서 박살을 내자 막 이런 [구호를 외쳤죠.] 그 당시에는 또 차에 에어컨도 없었어요. 그 당시에는 택시기사 두 사람이 자기가 돈 반반씩 내서 에어컨 설치하고 그랬어요. 근데 88년 단체협약에 그걸 넣게 되기도 하고. 2교대가…… 근로조건 개선이었으니까 8시간 노동제를 지키자, 그런 차원에서 2교대 하는 사람을 모집을 하게 되죠. 그러면서 88년부터 1인 2교대 처음으로 시행되곤 했었죠. 우리가 파업하고 이틀 정도, 3일 정도 되면, 저희 택시노조는 한 열흘 넘어가면 안 돼요. 배고프니까. 3일 정도 되면 다시 대의원들 불러서 어느 정도 조건까지 올라갔다, 이런 거 어떠냐, 투표 탁 하고…… [이후에] 거의 다 매년 파업을 했어요. 93년도에는 전국적으로 택시 근로자들이 인천에서 석광수 씨랄지, 광주에서 그때는 택시 노동자 두세 명 정도가 분신자살을 했어요. 지금까지 택시노조 근로자들이 분신한 사람들 한 10명 정도는 돼요. 참, 다른 업계에서 이 정도 분신자살 했으면 벌써 해결됐을 겁니다. 근데 너무 시민들의 호응이나 이런 것들도 적고 우리가 또 잘난 노조도 아니고 그러다 보니까

> 지금까지 택시 노조 근로자들이 분신한 사람들 한 10명 정도는 돼요. 참, 다른 업계에서 이 정도 분신자살 했으면 벌써 해결됐을 겁니다.

그런 걸 확보받지 못하더라구요. 93년도에 한번 전국적으로 완전월급제 해보자, 이렇게 결의를 한 상태에서 정부에서 무파업 선언을, 청와대에서 딱 하니까 이럴 때 해보자, 정말 파업 들어갔어요. 제가 지역택

시노조 위원장을 할 때였는데……, 파업을 하니까, 집에까지 막 경관들이 들이닥쳐가지고 그래서 갈 데가 없어서 전북대학교 총학생회 복도로 도망갔는데, 그때 총학생회 선봉대 1학년 학생들이 몽둥이 들고 지켜주고 집행부가 한 10명 정도 지원해서 교문을 닫았었는데. 그 안에 있으면서 사용자들이 들어와서 계속 교섭은 했어요. 이때 엄청나게 압력이 많아가지고 최고 길게 한 것이 한 10일 정도 파업을 했어요. 그냥 평상시에 10일 정도 택시가 파업하기가 굉장히 어렵거든요. 열흘 넘어가니까 배고파하고, 이 정도 했으면 됐지 못 하겠다 해서, 10일 정도 하고 저희가 파업한 거에 대해서 서로 민사상의 책임을 묻지 않는 걸로 합의를 하고 풀었죠. 이때 전북대학교에서 한 4일 있었던가요. 완전월급제 주장했었는데 근로조건 개선밖에는 못 했어요. 이때 대학에 들어간 이유가 그 당시 우리가 좀 여러 방향을 생각했었는데, 사무실 같은 경우에는 이제 공권력이 들어온다라고 생각을 했었고 투입된다라고 보았었고, 어, 또 노총 같은 경우에는 그 당시에 또 많이 투입이 됐었어요. 그래서 인제 앉혀놓고 뚝, 전경들이 막 뒤에 다 둘러싸놓고 인자 협상하기도 하고 이야기 나누기도 하고 화장실 간다 그랬다가 그냥 빠져나가고 막 이러기도 하고 그랬는데, 그 당시에는 그래도 대학생 학교에 들어가고 그러면 그 숨을 곳이 좀 넓을 거 같다, 뭐 이런, [하하하] 느낌이 좀 있었죠. 그래서 들어가게 된 거죠.

그때 한국노총 전북지부에서 지원해주었나요? 그리고 그 당시 한국노총의 상황이나 분위기 같은 것을 말씀해주세요.

지원이라고 해봐야 무슨 정보기관이나 이런 데서 내일까지 풀지 않으면 구속하겠다 뭐하겠다, 이러면 막아주고 그런 것이죠. 그러니까 대개 이제 정보과에서 먼저 제시를 해요. 내일까지 지부장님이 풀도록 해주라. 무파업 선언이어서 청와대 수석들까지 막 나와서 전라북도에 뜨고 그러니까, 경찰서장이나 이런 사람들이 내일까지 설득을 좀 해달라. 우리는 설득하겠다 하지만 저희가 노총 이야기를 별로 잘 안 듣죠. [하하하] 조합원들의 찬반이 중요한 것이니까. 그 이후에 제가 해고가 되는데, 그것도 해고된 게 좀 나와 있는데, 그 양반이 지금 돌아가셨는데, 제가 사기 사건으로 구속됐어요. 아버님 친구 분이 똑같이 국가유공자

> 청와대 수석들까지 막 나와서 전라북도에 뜨고 그러니까, 경찰서장이나 이런 사람들이 내일까지 설득을 좀 해달라. 하지만 노총 이야기를 별로 잘 안 듣죠. 조합원들의 찬반이 중요한 것이니까.

데, 아버님한테, 아버님 친구한테 1,000만 원을 빌렸는데, 그 1,000만 원이 이상하게 사기 형태로 이 양반이 고소를 했더라구요. 그 당시에 이제 내 담당이 전봉호 변호사였어. 나중에는 이제 그 사건이 그냥 벌금형으로 대치가 됐는데, 그 당시에 구속된 건 내가 사기로 구속됐어요. 실형을 좀 받기도 하고……. 아버님 친구한테 돈을 꿨는데 그게 어떻게 그렇게 돼 버린 것이 그 당시에 봉호가 이야기하기에는 사용자들이 아버님 친구를 꼬셨다 하는 뭐 이런 얘기도 있고 그런 이야기도 있었어요. 그 양반한테는 빌린 거로 되어 있는데 이게 그렇더만요. 잘 몰랐었는데 내가 1,000만 원을 빌렸으면 1,000만 원어치의 자산, 재산이 있어야 사기가 아닌데 1,000만 원어치가 안 되면 사기예요. 그렇더라고요. 근데 전 변호사가 나중에는 그게 사기가 아니고 벌금형으로 대체를 했었던, 처음에 구속 당시 1,000만 원 갖고 구속된 게

여간 없었다고 해요, 사기라 하더래도. 더군다나 이게 면식범이잖아요. 이렇게 괘씸죄로 해서 회사에서 자동 해고를 저를 시킨 거죠. 그래서 결국엔 나중에 그걸로 해고가 됐지만, 나중에 회사에서 이게 또 전봉호 변호사가 계속 했어요. 그래 가지고 회사하고 합의를 해서 끝냈었죠. 한 3년인가 걸렸어요.

저희들한테는 그 당시에 [한국노총] 집행부는 타도의 대상이었어요. 택시노조가 이빨이, 이가 좀 셌다고…… 주장이 강해서 그분이, 돌아가셨는데, 아~ 이름이 …… 김준희 씨 전에 …… 지금 김준희 위원장 전에 김영길이었고, 김영길 전에가 또 항운노조 위원장이었고. 그 양반이 암으로 돌아가셨는데 그 양반이 계셨을 때인데, 우리 택시노조한테 큰힘이 별로 못되고 그 당시에 87년도 다른 노조들, 그 섬유노조랄지 삼양사 노조랄지, 그 당시엔 한국노총이었으니까 중재 역할들을 많이 해주게 된 것이죠. 근데 우리 또 그때 노총위원장 선거할 때 보면 뻔해요. 나도, 다들 돈을 받았다고 다들 그러긴 해요. 그런데도 불구하고 그게 넘어가고 좀 그러더라구요. 하루 전날 봉투를 돌리느라고, 이런 저기도 하고 유혹도 받고 그랬는데. 엄청 말하자면 노조위원장 자리가 그렇게 좋았던 거 같애요. 한국노총 위원장 자리. 그 위원장들이 가끔 단체교섭하거나 임금협상하면 가장 타도의 대상이었던 게, 역할이 적었어요. 노총의 역할이랄지 상급단체의 역할, 이런 게 적어서…… [이후 활동도] 별로 없었어요. 당시에 재야에 있던 우리 오두희 씨나 이런 사람들이 활동이 많아서, 도움을 많이 받고, 왜 그냐면 우리처럼 도움은 재야에서 받았더라도 그 당시에 민주노총이라는 상급단체가 없으니까 한국노총, 일단은 상급단체로 해야 되잖아요. 그러면서도 한국노총이 상급단체하고 약간의 대립각을 이루고 있는 형태…….

그러면 한국노총 내부에서 87년 당시에 노조를 만들었던 신진세력과 예전의 구세력하고의 갈등 같은 게 꽤 있었던 셈이네요?

그렇죠, 선거 때마다. 노총위원장 선거나 지역지부장 선거, 긍게 전주시 노조, 전주시 택시노조가 아니고 전주시 협의회죠. 시지부, 익산지부 이런 데가 선거할 때마다 신진세력들과 구세력들과 갈등이나 세력다툼이 있었어요.] 그래도 참 신진세력이 건강한 목소리 있었지만 구세력들이 워낙 기본적인 대의원 티켓을 확보하고 있으니까 점점 이렇게 같이 흡입이 돼가더라구요. 그 이후에 김영길 위원장 체제가 출범하면서 신진세력이 이제 장악하게 되는 계기……. 그 당시에는 이제 각 위원장들도 솔직히 많이 좀 체질개선이 되었고 또 민주노총이 활동력을 딱 시작하게 되니까 한국노총이 또 거기에 걸맞은 멤버십을 가진 사람을 출마시켜야 되겠다라고 하는 그런 조건들도 있었고, 그 당시에 위원장들이 한 거의 60살에 이르는데, 김영길 위원장이 이제 막 40살 초반 이렇게 되니까 젊은 신진세력이 이미지 개선에도 좋겠다라고 하는 그런 흐름이라는 게 있었죠. 그러다 보니까 김영길 위원장이 무난하게 된 편이었어요. 그 당시에 김준희 씨도 같이 경합했었는데 결국에는 사전에 김영길 위원장한테 양보를 하는 걸로…… 힘을 좀 합한 거죠. 김영길 위원장 올라오면서 노총 개혁 부분이 상당히 좀 이슈가 있었어요. 예를 들어 판공비 공개 같은 경우 판공비 공개하기로 하고, 공개도 안 했지만. [하하해] 그리고 조합비의 투명성, 조합비의 투명성 이런 것들을 다뤘어요. 선거에, 지금 이 선거가 보면 대의원 선거였었는데 전체 조합원 총회 선거를 하자, 뭐 이런 주장이 있었죠. 그리고 이제 노총 복지재단 운영과 관련해서 복지재단을 운영하자, 그때 제가 거시기할 때 출마서를 써줬거든요. 총회 노선이나 이런 거에 대해서는 솔직히 이야기하기가 힘들었어요. 생각은 가지고 있어도 또 우리 택시노조 중에서도 김영길 위원장이랑 저랑 좀 틀렸죠, 노선이. 전 재야 쪽에 가까운 노선 멤버였고, 김영길 씨는 결국에는 저쪽에 흡수가 되는 그런 형태에서…….

87년에 8월에 무슨 일이 있었는지 자세히 말씀해주세요.

원일기업에서만 인자, 그때는 원일기업 노조원들이 상당히 좀 목소리가 괜찮았어요, 다른 그 노동조합보다도. 그래서 인제 그 당시에 택시노조를 처음 창설했었던 김영길 의장이나 저나 몇 사람들이 그 원일기업에 했었던 그 식구들하고 자주 좀, 막 이렇게 교류를 좀 했죠. 근데 그 교류도 보면 뭐 특별나게 이런 회의실을 만들어놓고 이렇게 했던 게 아니고 막걸리 집이나 저, 저 어디야 저, 여기 저 다가산 있는 뭐 이런 데. 왜냐하면 그때는 정보과에서 굉장히 좀, 이게 좀 민감하게 애들이 꼭 받아들여졌어요. 노동조합 창립 전이어서 그런 거에 대해서. 어, 그리고 또 한벽루 같은 데, 뭐 이런 데서 가끔 논의를 하고 그랬는데, 그래도 조합원들하고 교류가 좀 마음에 심적 교류가 가장 좋은 게 그래도 원일기업이었어요. 원일기업이 그 한 12명이 시작했는데 한번 바람이 불기 시작하니까 전주시내에서는 가장 많게 인자 노동조합원들이 결집이 되더라구요. 그래서 인자 그쪽으로 의식이 있는 사람들이 많이 좀 모여서, 일주일에 한두 번씩 꼬박 만나서 막걸리도 하면서 그런 토론들을 좀 많이 하고 그랬는데, 그때 저는 평조합원이었고, 근데 그런 게 있더라구요. 각 지역에서 보면 각 회사마다 이렇게 의식 있는 사람들이 보면 그 당시에 노동조합 안 만들어졌지만 저는 그 당시에, 회사에서는 제가 상조회장을 했어요. 노동조합

전이죠. 택시기사들이 편리에 의해서 [만든] 일종의 친목단체잖아요. 근데 그게 인자 노조로 발전하는 거예요. 그래서 제가 인제 각 회사마다 이렇게 영향력 있는 사람들이 서로 교류를 할 때에 그래도 상조회장도 회사 편이기도 하고 좀 그러지만 의식을 가지고 있는 사람들은 좀 괜찮애서 바로 그런 사람들이 전환이 되는 사람, 노동조합으로 전환이 되는 사람도 있고, 좀 이래서 그럴 때 서로 이렇게 교류를 하게 된 거죠. [그때 같이 했던 사람 중에] 김원복이라고 있었는데 전주시 노조도 이 사

> 원일기업이 한 12명이 시작했는데 한 번 바람이 불기 시작하니까 전주시내에서는 가장 많게 노동조합원들이 결집이 되더라구요. 일주일에 한두 번씩 만나서 막걸리도 하면서 토론 많이 하고…….

람이 제 다음, 다음에, 3대죠. 제가 1대고, 3대 위원장을 했었어요. 그 사람이 초창기부터 아마 그 창설 멤버인데, 그 참, 그때 그 처음 창설, 만들어졌던 사람들은 그 이후에 참 생활고나 이런 거 때문에 참 길게 가지를 못하더라구요. 원일기업에서는 그래도 이 사람(김원복)이 그때 그 노동조합의 감사, 초창기에는 감사였어요, [노조가] 만들어진 뒤에 감사여가지고, 나는 그때 인자 전주교통 노동조합을 했었고 전주교통 노동조합을 하다가 이제 전주시 노조를 만들 땐데 그때는 서로 경합을 할 수밖에 없죠. 근데 각 회사마다 간부들로 있는 사람들은 제가 전주시 노조를 만들면서 각 회사를 아주 밤늦도록 쫓아다녔어요. 그래가지고 그 조합원들을 설득하느라고. 왜 그냐면 2교대기 때문에 낮에 3시 아니면 저녁에 1시예요. 그럼 그 회사를 쫓아가서 조합원들 끝나는 시간도 또, 다 똑같이 끝나는 것도 아니니까 서로 틀리고(다르고) 그러니까 막걸리 먹는 데랄지 이런 데 가서 조합원들 하나씩

설득하는 거예요. 우리가 전체적으로 힘을 갖기 위해서는 지역 노조를 만들어야 된다. 이렇게 설득하는 과정에서 그 당시에 이제 김원복 씨도 원일기업의 간부였었기 때문에 그때 만나게 됐었죠.

김영길 의장은 어떻게 만나셨어요?

김영길 의장은 원래 인자 조양교통의 노동조합을 처음 만들었잖아요. 조양교통을 만들면서 자연스럽게 전북에 있는 식구들이 다 모였죠. 그 당시에 제가 인자 그 전북지부를 만들때 제가 부지부장을 했어요. 김영길 의장이 인자 전북지부장을 하고. 거의 그 노동조합의 창설 시기하고 전북지부 시기하고 한두 달 차이밖엔 안 돼요. 각 지역 노조, 각 기업별 노조 만들어지면서, "야, 이거 우리가 그래도 좀 전북지역 사람들 모이다 보니까 전북지역이 이 지부 하나 있어야 되겠다" 그래서 그 당시에는 이제 전국택시 노동조합이 만들어졌을 때니까. 이번에 구속되었던 권오만이라고 하는 사람은 부산 택시노조였었고…….

이렇게 만나게 되는 과정에서 한국노총은 어떤 역할을 했었나요?

아니요, 한국노총에서는 그러지를 못했어요. 자발적으로 저희들이, 하이튼 그 당시에 그런 87년도 같은 경우에는 저희 택시노조뿐만 아니고 각, 그 뭐 섬유노조나 이런 데서도 뭐 다양하게 노조 창립들이 이루어져 있고 그게 하나의 또 붐이였었잖아요. 그러다 보니까 자발적으로, 좀 그때 서로 만나게 되었었고, 김영길 의장 같은 경우는 우리가 전북지부를 만들어놓고 저는 인제 전주택시 위원장, 전주교통 위원장 할 때, 야 기왕이면, 그때가 87년도 우리가 임금협상을 처음 할 때 같애요. 하이튼 전북지역에서 노조를 창립한 이후로 처음으로 우리가

민주택시연맹노조가

그 말하자면 전진대오를 한번 한 거죠. 다가공원에 모여서 택시노조가 그때 1,400명 정도 모였어요. 하이튼 한국노총 생긴 연후로 노동조합이 생긴 연후로 처음으로 저희들이 했다고 하더라구요. 그때 택시노조만 참여한 전체, 인제 뭐 노동자, 그 완전월급제 쟁취, 뭐 인제 완전월급제 쟁취가 지금도 완전월급제 [하하하] 쟁취를 못하고 있지만 그리고 운수근로자들, 어 뭐, 근로조건 개선 그리고 어, 그 당시에는 저 단체협약도 없었으니까 단체협약 체결, 단체협약 쟁취 뭐 이런 이슈로 그때 이제 그런 논의를 하면서 김영길, 김원복 이 사람들이 다 함께 노조위원장들이 모이게 되죠, 자주. 야, 우리가 여차여차 함 하자. 그럴 때 이제 지난번에 그 택시 뒤집어진 게 많았어요. 전진대회를 할 때가 18개 회사들이 참여했고 단식이라고 했었지만 좀 아직 약한 단식이다 보니까 그러나 그 시작이라고 하는 게 참 다른 회사들한테는 굉장히 파급효과가 있더라구요. 그 당시 정부에서는 무파업 선언 했었고 막 이런 상태였었는데, 그때 저희는 인제 지역노동조합을 막 올라오고 나서 뭔가 한번 큰힘을 발휘해볼 필요가 있다라고 좀 생각해서 조합원, 그때 찬성율도 한 90% 정도, 보통 우리 이제 투표하면 그 정도 계속 나와요. [하하하] 쉬고 싶어 하고 한번 으쌰으쌰 하고 싶어 하는 마음들이 많아서 그러는지 찬성률이 그렇게 나와서 인제 그 파업에 들어가는, 무파업 선언 시기에 선언헌 지 며칠 안 되었었다고 저희는 기억하거든요. 그때 인제 파업에 들어갔었죠. 솔직히 저희가 지역노동조합을 전국에서 두 번째로 만들었어요. 그러다 보니까 그 당시에 막 열기가 찼고 그래도 우리가 전북지역에, 전주지역에 노동조합이 뭔가 이 선두에 스고(서고) 이슈를 받았으면 좋겠고, 그 당시에 우리가 완전월급제,

> 다른 회사들한테는 굉장히 파급효과가 있더라구요. 그때 찬성률도 한 90% 정도, 보통 우리 이제 투표하면 그 정도 계속 나와요.

완전월급제 막 이야기했지만 참 그게 굉장히 어려운 것이잖아요. 그 당시에 전국에서 택시 근로자들 중에서 한 두세 명 정도가 분신자살 하고 정말 이런 시기였었어요. 굉장히 좀 그런 이슈가 많았는데, 전주에서 막 의욕이 많다 보니까 그렇다면 정부가 그럴 때 우리가 정말 파업 결정 한번 해보자, 그래서 택시 근로자들이 이렇게 어렵다고 하는 걸 정말 정부나

노동부에 좀 보여줬으면 좋겠다라고 하는, 좀 그런 영향이 더 많았어요, 오히려. [하하하] 그리고 한두 사람 정도가 정말 크게 희생할 수 있는 이런 집행부가 돼야 조합원들이 더 따르고 그럴 거 아니냐라고 하는 형태여서 그 당시에 우리가 최고의 꿈이 개인택시 나가는 거였는데, 제가 조합원들헌테 저는 개인택시 안 나가겠다라고 선언까지 하고 그 노동조합을 하고 그러겠다, 저는 지금까지도 그 약속을 지키기는 해요. [하하하] 시민운동에 지금까지 남아 있는 식구는 아직 저밖에 없어가지고……. 근데 이후에 조철권 노동부 장관이 내려오는데, 그때 주로 나온 이야기가 뭐였냐면 그때 당시 이슈가 그 당시에 인자 단체협약도 있었지만 완전월급제 정말 한번 해보자는 것이었고, 그걸 좀 주장을 했었고, 완전월급제 외에 이제 다른 복안은 가지고 있었지만 먼저 주장을, 인자 완전월급제 큰 주장을 먼저 해놓은 것이죠. 나중에 협상할 때는 결국에는 인제 사납금제를 우리가 하긴 했는데 그 당시에는 인자 그 전국적으로 큰 이슈가 완전월급제였었어요. 정식근무를 하고, 정시간에 정식근무를 하고 일정액의 월급을 받고 싶다고 하는 게 그 당시에 인자 그 운수 근로자들의 하이튼 최고의 전국적인 이슈여서 그게 가장 많았었죠. 근데 뭐 사업조합에서는 전혀 못 하죠. 왜 그러냐면 전주에서 만약 이거를 들어줬을 경우에 이건 뭐 전국적으로 파급효과가 있기 때문에 니가 뭐 파업을 몇 년 동안 해봐라 우린 못 한다, 뭐 이런 형태였으니까, 인제 저희들도 저희들의 약점을 좀 알았죠. 왜 그냐면 택시근로자들이 돈을 모아놓은 게 없으니까 10일 이상 넘어가면 오히려 택시근로자들이 힘들어 해요. 왜 그냐면 집안에 당장 먹을 게 없으니까 그 마지노선이라고 하는 게 참 언제든지 저희가 염두를 가지고 있어서 그 전까지는 그래도 우리가 조합원들이 철회를 요구하기 전까지는 그대로 유지한다 그래서 두 번 정도 얼굴만 볼 정도, 우리 요구만 이야기하고 그냥, 그냥 나오는 형태였어요. 이때 장관이 한 말이 무파업 선언이고 그러니까 더군다나 자기(장관) 고향이 잖아요. 야, "내가 너희들 무슨 장관 올려 보내놓고 내 고향에서 정말 이래야 되냐 뭐냐" 이런 이야기였어요. 우리는 뭐 저기 할 수 없고. 하도 인자 그 이후에 저희들한테 들리는 정보로는 구속영장 준비됐다고 그러는 거예요. 그래서 인제 한 4일 만인가 3일 만에 전북대학교로 우리가 피신, 피신하게 됐죠.

그 전까지는 택시노조가 파업을 하고 이러는 데 별로 공권력의 제약이나 이런 게 크지 않았던 거 같애요. 그런데 장관이 내려왔던 이 시기부터 집에도 못 들어가시고 전북대학교로 피신을 하고, 그런 공권력의 변화가 갑자기 그 시절에 감지됐었는가요?

아, 각 지역마다 그 당시에 쫌 구속됐던 노조위원장들이 전국적으로 몇 사람 있었어요. 사례가 되면서, 왜 그냐면, 아, 한국노총, 한국노총 중에서도 택시노조가 가장 이 또 파업이나 그 단체행동의 횟수가 가장 많았고 하이튼 그만큼 또 어려웠다는 것이죠. 그러고 이제 또 민주노총의 흐름들이 점점 많아지고 이러다 보니까 그 민주노총에서도 인제 한번 딱 이슈가 나면 거의 파업이잖아요. 전북노련의 스타일하고 저희하고 똑같이 나가버리니까, 그 당시에 교류도 있었으니까, 또 이송준 의장이랑 오두희 씨랑 계속 우리가, 저는 또 제가 천주교여서 오두희 씨나 이분하고 더 교류가 많았잖아요, 문정현 신부님이나 이런 분들하고는. 그러다 보니까 인자 더 주목을 이상하게 받드라구요. 왜 그냐면 김영길 씨나 이런 분들은 아직 그 의식화라고 뭐 이런 것보다도 저희들 같은 경우에는 가톨릭 농민회에서부터 그런 지역에 운동가들한테 그런 의식교육을 많이 받았단 말이에요. 그러다 보니까 이건 더군다나 제가 전주고등학교 출신이어서 지역에서 사장들이 전고 출신이 많았어요. 그러다 보니까 저 자식은 택시헐라고 저 노조 들어온 게 아니고 나중에 정치헐라고 노조허는 놈이니까 저놈은 어떻게 허든지 좀 뭐 해야 되는 거 아니냐 뭐 이러기도 하고, [하하하] 그런 하여튼 사적에서는 그런 이야기들이 많이 들어오잖아요. 그리고 무파업 선언 이후에 구속자 수가 갑자기 많아지면서 해당 정보과 작은 형사들, 저희들하고 연관된 형사들 있잖아요. 이번에는 니가 안 풀 경우에는 분명히 구속이다, 구속했을 경우에는 그 뒤에 인자 제2집행부가 없지 않냐 그서 저희들은 인자 섀도우 집행부까지는 미리 했었어요. 제가 구속이 될 경우에 제2집행부, 비상 대책기구를 저희들 내부적으로 일단 염두해두고서 구성을 해놨기 때문에 그때는 뭐 구속된다고 하는 뭐 이런 거에 대해 많이 염두해두거나 뭐 그러지는 않았어요. 당연히 또 하나의 투쟁의 상품인 것처럼 그렇게 여기기도 하고 작은 생각에 그러기도 했었죠. 그 당시 우리가 87년에도 그렇고 파업할 때에도 차 몇 대가 부서졌어요. 참가하지 않은 차, 아, 그때 경찰력이 굉장히 깔렸었죠. 굉장히 깔려가지고 인제 어떤 경우에는 저녁에 운행하는 차들 같은 경우에는 차 유리창도 뿌시고(부수고) 그랬었어요. 그러기도 하고 그랬는데. 그것 때문에 각 경찰들이 많이 좀 풀어졌었어요. 그때 우리 조합원들 중에서도 두 사람이 구속되고 하이튼 벌금 먹은 사람도 많고 경찰과 대치하고 막 이런 상태는 87년도에 굉장히 많았었죠. 택시노조 같은 경우에는 우리가 밀린 적은 없어요. 왜, 차가 있기 때문에 솔직히 저 공권력 하고는 그런, 이제 전경들하고 그런 다툼들은 보통으로 생각하죠. [하하하] 그때는 집에 들어가지도 못 했죠. 파업 기간이나 뭐 교섭기간에는 뭐 한 달 정도 못 들어가고 그러는데 그 당시에는 제가 집이 성덕이었나 그랬는데, 성덕까지도 경찰들이 배치가 됐었어요. 그래서 집에서 저한테 사람들이 대여섯 사람이 자꾸 대문 앞에 있다, 뭔지 모르겠다 풀어봐라, 뻔하다 경찰이다, 그냥 들어가지 않고 대개 인제 옷이나 이런 것도 저희가 속옷 같은 경우에는 우리가 사서 입고 그냥 그러기도 하고. [하하하] 그전에는 그래도 정보과나 이런 사람들이 이런 구속의 우려랄지 이런 거보다도 "야 임마 니가 뭐 해봐야 나중에 조합원들이 알아주지도 않잖냐", 택시노조의 그 낮은 그 의식화율을 좀 알기 때문에 이런 데서 회유하는 이런 것이 좀 많았지만 94년도에는 탁 그 결연허게 이거는 분명히 구속이다, 저희들도 또 그렇게 느낌을 받었어요. 왜냐면 그 당시에 분위기가 좀 그렇더라구요. 민주, 전북노련 식구들 같은 경우에 하이튼 단호하게 대처하고

> 87년에도 그렇고 파업할 때에도 차 몇 대가 부서졌어요. 참가하지 않은 차, 저녁에 운행하는 차들 같은 경우에는 차 유리창도 뿌시고 그랬었어요. 그것 때문에 경찰들이 많이 좀 풀어졌었어요.

뭐 이런 걸 보면 아 이번에는 분명히 그럴 거 같다, 각오하고 또 인제, 또 그때 저를 소개했던 분이 우제태 그 양반이 했었는데, 그 양반한테 상당히 좀 미안하기도 해요. 미안한데, 음, 그 분이 시켜 보내준 사람들이 보면 제가 손을 떼라고 떼어달라고 했어요. 선배님이 이렇게 저 아껴주신 거 좋은데 그 선배님의 입장까지도 난처하게는, 제가 그런 뻔뻔한 사람은 못 될 거 같으니까 이번에는 그 어떤 이야기를 해주시지 말고 그냥 손을 떼어주시는 게 좋고 원래 방침대로 그냥 허도록 이 양반이

그때 정보주임인가 도경에 정보주임이기도 하고 그 다음엔 또 경비주임도 하고 뭐 이랬어요. 지금은 제대하셔가지고 어디 경찰서, 김제경찰서장 마지막 하시고 제대하셨더라구요.

김영삼 정부 들어선 이후에 사람들의 태도가 변하나요?

오히려 그때가 더 세더라구요. 저희들도 참 어려운 거를 가지고 시작을 했지만 그 당시에 택시 식구들 같은 경우엔 거의가 노동부도 많이 들락거리기도 하고 또 경찰에서도 우호적으로 이야기하고 그 당시에 손해가, 어 뭐 각 회사 전체 전주시내가 뭐 80억 났느니, 100억 났느니, 뭐 그 당시에 80억, 100억이면 컸거든요. 자꾸 그러니까 손배 청구하겠다 막 이러기도 하고. 그 당시에 그 누구냐 노무사 한 사람이 있었어요. 사용자편 노무사 한 사람 있었는데 우리 사건도 요즘에 많이 맡고 좀 그러는데, 하여튼 그 전문적으로, 아주 그 사업조합을 도와주는 노무사가 있었어요. 그러니 그런 협박까지도 나올 수 있는 게 그 당시에 인천에 있는 보루네오 가구인가 무슨 가구에서 한번 손배 청구가 결정이 된 적이 있어요, 최초론가. 그러다 보니까 사용자들이 계속 손배 이야기를 하네. 근데 조합원들은 또 마음이 약하잖아요. 너희들 수입금에서 앞으로 뭐 6개월 동안 뗄 지도 모른다 뭐한다 이러니까. [하하해 조합원들이 흔들리기는 했는데 그런 이야기도 좀 하기도 하고 사업조합에서는 굉장히 좀 그 느슨했었죠. 너희들이 파업해봐라 뭐하라, 인자 그러긴 하는 건데 이때에도 한국노총으로부터 받은 도움은 적어요. 그 당시에 한국노총 내에서도 또 택시노조가 입김이 너무 세다 보니까 택시노조 알아서 잘하고 있고 뭐 노총에 지원을 받을 수 있는, 뭐 이런 형태는 상담, 그때 상담소장이 한 분

계셨는데, 자주 이제 중재를 많이 했죠. 그 김종순 의장님도 하셨지만 그 노동부 소장이나 노동부 측하고 사업조합 측하고 만나게끔 하고 이제 구속이나 이런 문제가 좀 있고 그러면 이건 합의할 때 서로가 좀 조정을 잘하면 되지 않느냐 이런 형태로 해서…… 몇 번 하지도 못했어요. 저희가 보거나 그러면 [한국노총 지도부와 공권력과 만나세] 거의 뭐 밥도 같이 먹고 고스톱도 치고 그런 형태였는데 우리는 그런 적이 없어봤는데 그게 아주 생활화돼 있는 것처럼 그러는 거죠, 그 당시에는. 한국노총 내에서 택시노조가 너무 설치고 젊고 그러다 보니까 좀 그렇게 반가운 형태는 아니었어요. 왜 그냐면 대의원 물갈이해야 된다, 뭐 집행부도 어떠어떠케 해야 된다, 계속 우리가 주장을 하니까 그, 그 인자 신문 같은 경우에도 그래서 내가 먼저 돈을 내라 빨리, 이런 노총에서 적어도 조합원 소식지가 하나 없다, 그래서 이게 말이나 되냐, 우리가 설쳐가지고 만든 것이잖아요. [하하하] 그러듯이 그니까 중재하고 이야기는 해주었지만 뭐, 적극적으로 해주거나 뭐 그러지는 못했어요. 그래서 한국노총 내부에서 택시노조가 가장 견제되는 세력이었죠. 다음 또 노총위원장 선거에 대장이었었고, 막 이러고, 실제 그 다음에도 영길이가 바로 했으니까. [하하하] 그 당시에 그 각 산별노조라고 있잖아요. 인자 섬유 산별노조 중에서 아 이 택시노조가 가장 젊었으니까, 그 담에 섬유노조였었고, 그러다 보니까 가장 젊은 나이 어린 놈이 그 다음에 이제 의장을 하게 되는 거예요. 그르케 해서(그렇게 해서) 뒤집었다고 봐야죠, 한번. [하하하, 한국노총과 공권력과의 관계에 대해 언급하자면] 저희가 나중에 들은 이야긴데, 그 양반이 그때 근로감독과장 하시던 분이었는데, 그 양반이 익산노동사무소 소장도 하시고 인자 그렇게 해서 막 제대허셨다고 제가 알고 있는데, 고(그)분으로서는 영장이 발부됐다 뭐했다 뭐 이런 얘기까지도 자주 좀 이야기 해줬거든요. 그, 그분이 그때 대개는 영장을 경찰이 가지고 있는 것보다도 노동사무소가 먼저 가지고 있더라구요. 갖고 경찰이 요청을 하죠. 인원투입 요청을. 그래서 가는데 이 분이 발부됐다, 안 됐다, 이런……. 거짓말 했었던가 뭐 확인을 못 했어요. 인자 가까운 사람들이 그러다 보니까, 그래서 인자 우리 판단으로 그때 인자 피했던 것이죠.

그러다가 이제 93년에 공세로 돌아섰고 이후에 택시노조가 어느 순간 투쟁의 전면에서 뒤로 물러나는 시기가 있는데요.

내부 갈등들이 좀 있었어요. 처음 만들 때는 힘을 좀 그르케 모아서 쫌 만들기는 했는데 어 김영길 위원장하고 저하고 인제 그런 관계죠, 갈등이 좀. 제가 인제 택시, 그 사람은 인자 전북지부 지부장이었고 저는 전주시 지역……. 근데 이제 전주시 지역노조가 오히려 더 단결력이 좋았죠. 전북지역은 남원이나 뭐, 정읍이나 익산이나 이런 데 인자 모아져 있기 때문에 그르케 쫌 힘을 많이 가지지 못하고 상징적이긴 하고 그랬는데 그 내부적으로 인제 그 전북지부장 자리를 놓고, 아마 저는 출마를 하지 않았는데 사람들이 그러케 관심이 많더라구요. 저를 추종하는 사람하고 또 김영길 지부장을 추종하는 사람하고 저절로 이러케 나눠져버리는 현상이 됐어요. 그리고 또 인자 저 같은 경우에는 그 당시에 인자 민주택시노조를 선호를 했고 그때가 98년돈가, 99년돈가 그랬는데 그 당시에 인제 서울에서는 강승규 위원장, 광주에서는 이형각이, 뭐 그 인천에서는 구수영이, 뭐 이런 사람들이 민주택시 선호, 그게 한국노총 내에서도, 또 택시노조 내에서도 민주파가 있었고 또 이르케 한국노총파가 있었고 그랬어요. 저는 인제 민주택시

파이고 김영길 지부장은 인제 한국노총파여서 그런 형태의, 파라고 딱 정해져 있는 건 아닌데 그렇게 사람들이 나누어지는 거죠. 그때가 98년도였는데 그런 갈등들이 좀 생기면서 그 힘들이 좀 많이, 좀 약화가 됐는데, 저는 지부장 선거 출마나 이런 것도 좀 내가 않겠다 좀 그러기는 했는데, 그럼에도 불구하고 이제 일종의 의식화 그룹하고 그렇지 않은 그룹, 말하자면 생계형 위원장이 있는가 하면 저희들 같은 경우엔 뭐 의식화노동자 위원장이라고 해서 그 사람들이 그렇게 붙였어요, 막 이름을. 근데 그렇게 좀 나누어지면서 내부 싸움들이 좀 전개가 되는 거죠. 이후에 제가 1대였었고 2대가 권영생 위원장이

> 벌금형도 떨어지고 막 이러니까 전과자 된다 뭐한다, 이래가지고 굉장히 좀 편안하게 노동조합 할려고 하는 식구들이 많이 생기더라구요.

인제 올라오게 되는데 2년 있다가 권영생 위원장이 아, 그 권영생 위원장이 신광기업이네요, 신광기업. 신광택시 위원장 했었는데, 아, 올라오면서 이게 [갈등이] 표면화가 좀 되기 시작하죠. 인제 2대 오면서 제가 있을 때가, 여기 있는 노동조합들의 거시기 중에는 하이튼 저 있을 때 최고 많았어. [하하하] 그렇게 돼버렸어요, 어떻게. 근데 그 이후에는 파업이나 이런 것들이 좀 작아지고 오히려 지역 노동조합을 빠져나가고 저때는 한 회사 빼고 25개가 지역노동조합에 다 들어왔는데, 권영생 위원장 하면서 그런 갈등들이 있으면서 개별 노조로 나가기 시작하더라구요, 개별노조로. 그러면서 힘이 좀 약화……. 그 당시 외부 압력은 그렇게 많이는 없었고, 그쪽에선 영길 씨가 받았거나 그랬는진 모르겠는데 저희들 같은 경우에는 뭐 [별로 없었어요.] 그런 갈등들이 표면화되기 시작하게 되죠.

요컨대 의식화파와 한국노총파 또는 뭐 민주파, 이런 식으로 나누어져버리는 거죠?

그렇죠. 한번 파업을 허고 난 다음에, 그 당시에 인자 우리 94년 파업 이후에 파업 평가를 할 때에 그런 게 좀 약간 불거지는 게 뭐냐면 파업만이 능사냐 교섭 잘하면 되지, 그러면서 일종의 교섭파, 교섭 위주파, 협상 위주파가 나오는가 하면 저희들 같은 경우에는 그래도 그, 따로 택시 근로자들이 2교대기 때문에 교육 시간을 만들어서 하거나 이런 게 참 어려웠기 때문에 1년에 그래도 한 번 정도, 한 5일이나 10일 정도 파업을 통해서 그것을 하나의, 교육화하자, 그렇게 해서 정말 모일 수 있는 기간들이 적기 때메(때문에) 이것들을 좀 모아서라도 그 기간을 하나의 교육을 할 수 있는 그런 대상으로, 또 시기로 잡자고 하는 것들이 저희들의 주장이었었고, 그 당시에는 인제 협상 잘하면 우리가 뭐 그 정도는 기본적으로 잡는 거 아니냐, 그때 막 벌금형도 떨어지고 막 이러니까 또 자기가 또 전과자 된다 뭐한다, 뭐 이래가지고 굉장히 좀 편안하게 좀 노동조합 할려고 하는 식구들이 좀 많이 생기더라구요. 왜냐면 택시노조들이, 위원장들이 보면 그 회사의 또 인친척들이 되는 경우가 되어버렸어요, 어쩌다가. 그러니까 그런 사람들은 자꾸 인제, 회사와 관련된 그런 이야기들은 인제 또 그쪽 편을 많이 좀 손을 거들잖아요, 그러다 보니까 인제 이래선 안된다 그러면서 그런 갈등들이 좀 많았어요. 그리고 이후, 그니깐 96년에 민주노총이 만들어질 때 그때 갈등이 제일 많았어요. 가자 말자 막 이런 걸로, 내부적으로 그것도 대의원 대회에서 이미 그 민주노총으로 가야 되는 거 아니냐 하는 것이 나의 주장이었었고, 또 저쪽에 있는 유한 사람들 같은 경우에는 갑자기 김영길 지부장을 굉장히,

그쪽 파는 아직은 좀 더 지켜보자, 김영길 지부장도 민주파에 좀 가깝긴 했었는데 그, 나중에 인자 저하고 좀 나눠지기고 하고 그러더라구요. 그 대의원대회 때 내부적으로 그건 토의도 하고 그랬어요. 그쪽으로 가자 뭐하자, 근데 이제 그 당시에는 전주시나 지역에서도 민주택시로 가자고 하는 식구들이 한 30% 이상 논의가 되고 의사를 그렇게 표명하기도 하고 나중에 갈 때는 몇 분 안 됐지만, 참 그때 회사에 사용자들의 회유가 보통이 아니었던 것 같애요. 각 회사마다 노조위원장 보고 너희들 교섭할 때 너희들이 요구하는 게 뭐냐 몇 퍼센트냐 막 하면은 그게 공식적이지는 않은데 몇몇 구역 같은 경우엔 위원장들이 포섭되기도 하고 솔직히 그랬어요. 저한테도 보면 사적으로 이렇게 사람을 만날 이야기하고 그러면 저는 개인택시 안 나가기로 하고 조합원들을 하이튼 단결해서 모았잖아요. 근데 개인택시를 주겠다 뭐하겠다 뭐 이런 이야기도 하고 그랬으니까, 그 당시에 뭐······. 개인택시는 꿈이고······. 그 당시 민주택시 그 회사도 보면 한번 파업을 하잖아요, 한번 파업을 하게 되면 그날그날 현찰이에요. 택시 회사들이 힘들지만 그래도 괜찮은 게 그게 외상장사가 아니고 그날그날 현찰 장사예요. 이게 더군다나 또 택시 근로자들이 아프건 뭐하든지 간에 문 앞에만 끌고 나가면 그날 수입금은 월급에서 제하든 뭐하든 자기 껀 나와요, 택시 노동자 껀 안 나와도. 그르기 때문에 하루라도 쉬면 그만큼 벌써 손해가 되니까. 하루에 벌써 한 100대가량 이르케 하면 한 6만, 그 당시에는 사납금이 하루에 한 10만 원 정도 됐으니까. 100대가량 되고 한 1,000만 원이란 말이에요. 1,000만 원이면 열흘 하면 1억이잖아요. 궁게 한 달 반 쉰다고 뭐한다고, 그 원일기업 같은 경우에는 한 달 넘게 이케 막 쉬었으니까. 그러면 상당히 지장이 오죠. 그래갖고 98년에 인제 완전히 이렇게 나눠지게 되는 거죠. 그때가 김영길 위원장이 한국노총 위원장 할 때인데, 그때 토의가, 토의는 전주에서는 그때 10군데, 익산에서 2군데, 정읍에서, 남원 같은 경우에는 전체 다 한번 모아……. 제가 아예 그 깨놓고 창설 준비를 했으니까요. 한일기업, 한일교통 그 내부에 인자 그 비상사무실을 해놓고 지금도 제가 민주택시 지도위원이에요. [하하하] 지금도 지도위원이고 근데 그 당시에 그걸 지금까지 가져오고 있는데, 한번 모이라고 하니까 그 당시에 전라북도 전체에서 열…… 여덟…… 한 20군데 위원장들이 모이더라구요. 20군데……. 근데 이제 나중에 가입은 전주에서 4군데, 나머지는 하지 못하고 좀 그랬는데, 그 뒤에 인제 김영길 지부장이나 몇 사람들이 가서 설득을 많이 했다고 하더라구요. 설득도 하고……. 위원장 설득하고 또 사장들을 막 데리고 대동하고 설득하기도 하고……. 그 민주택시 가면은 일단 너희들 모두 죽인다, 뭐 국회에서 정책적으로 민주택시 식구들 같은 경우에는 아, 너희들 뭐 과거까지도 다 캐서

> 개인택시 나간 사람들도 자그마한 사고들이 한둘씩 있어요. 그걸 돈으로 때우잖아요. 그런 것들은 회사노조위원장이나 회사들이 다 알고 있어요. 다 고거 가지고 협박하는 거예요.

개인택시 나갈지 안 나갈지, 그 당시에는 사고처리를 갖고 협박을 많이 했던 게 뭐냐면 지금 개인택시 나간 사람들도 자그마한 사고들이 한둘씩 있어요. 그걸 돈으로 때우잖아요. 그런 것들은 회사노조위원장이나 회사들이 다 알고 있어요. 다 고거 가지고 협박하는 거예요. 너희들 개인택시 나갈 때 만약에 이거…… 그렇게 해서 못 나간 사례들이 있었어요. 뭐 입소문이 빠르잖아요, 택시들. [하하해] 그거 나중에

들통이 나고 그러면 근무하기 힘들다, 그 또 사장하고 또 한국노총 의장이 설득하고 뭐 하고 그러니까 애들이 많이 넘어갔어요.

그러면 한국노총하고 결별하시는 시기가 그때인가요, 민주택시 나오시면서?

그렇죠. 김영길 의장하고 한창 도의원 뭐 준비한다 뭐한다 한창 그 시기, 그 시기 전이죠. 바로. 그게 인제 98년……. 그렇게 되면서 이제 민주노총에 정식으로 가입을 하게 되는 것이죠. 그때 직함이 정책실장, 교육홍보실장 뭐 이것도 가지고 있었는데, 가지고 있으면서도 제가 했어요. 그런 자리 가지고 잘못허면은 조직이, 그런 경우가 많았었거든요. 그 전까지는, 제가 인제 지역택시노조 위원장 하기 전까지는 제가 부지부장을 했기 때매 계속 인자 자기가 그런 위험…… 뭐 위험이라기보다도 마음에 압, 거시기를 받았던가 봐요. 자기 또 언제 튀어서 내 자리 언제 또 가져갈지 모른다 뭐 이런 거. 그랬었던 거 같애요. 그러다가 인제 98년에 민주택시를 준비하면서 내가 정식으로 인자 출근하지 않고 난 민주택시 준비하겠다, 노총 내에서는 다 그렇게, 김종순 의장 계실 때죠. 아이 참, 김종순 의장도 설득을 많이 했어요, 저를. 아직 저 있는 게 좀 좋지 않으냐 뭐하냐 하는데 오히려 우리 택시 식구들이 자꾸 제명을, 더 제청을 해버리니까 그 양반도 보호를 못 하더라구요. 왜 그냐면 인제 그 식구들이 자꾸 빠져나가고 또 그런 자기 단위노동조합에 있는 식구들 중에서도 민주택시를 선호하는 사람이 있고, 한국노총 계열이 있고 또 그랬어요. 그 당시에 제가 인제 그 민주택시 계열이라는 걸 알기 때문에 그, 저를 도와줬던 식구들이 개별적으로, 모임들이 그때 한 60명 됐는데, 그게 우리 회사만 있는 게 아니고 각 회사마다 이렇게 의식화돼 있는 사람들, 멤버들

부인과 함께.

이 있었어요. 그 멤버들 때문에 시끄럽고 그러니까 전체 조합원 투표에서는 날 제명 못 하잖아요. 근데 대표단에선 할 수 있잖아요. 왜 그냐면 그 의식화되어 있는 식구들이 계속 또 위원장직을 노리고 있기 때문에 아예 이 참, 이 판에 뭐 자를 필요도 있다라고 해서, 하이튼 그 이후에 한국노총과 택시노조 쪽 모두에서 제명이 되고 이러면서 인간적인 문제 같은 게 더 많죠. 비록 생각은 틀리지만 몇 년 동안 같이 지역사회에서 작은 한 부분이지만 택시노조를 끌어왔다고 하는 그런 것은 있어서 저는 인자 의견은 서로, 인제 서로 달라서 회의석상에선 싸우고 그러지만 저녁에는 같이 인자 일부 고참 위원장들이 또 서로 중재해서 술도 하고 밥도 하고 그러기도 해요. [하하하] 그런 것은 인제 각자 길을 가자 하고 이렇게 된 거죠. [하하하] 그때 내가 인제 해고싸움을 하고 있을 때예요. 해고싸움을 하고 있을 땐데 그때 인제 환경운동연합의 전봉호 변호사가 제 변호사였었고, 상대 변호사는 차종선 변호사. [하하하] 하이튼 이런 아이러니해요. [하하하] 참, 그 한 4년 동안 싸울 때니까 쫌 굉장히 제가 힘이 많이 지치잖아요. 지치는데 결국에는 인제 제가 합의를 했어요. 제가 4년, 4년 반, 이 민주택시 오면서 합의를 했어요. 복직투쟁하다가. 그리고 민주택시 오고 나서는 또 제가 인자 단위사업장을 안 가지고 있으니까 오히려 인자 그 위원장들 중심으로 쫌 조직을 끌어가게끔 어차피 민주택시, 인자 상담소장도 있고 염경석 의장도 있고 뭐 그러니까 그쪽에는 인자 그런 점에서 적극적으로 개입을 많이 해주잖아요. 그러니까 저는 인자 지도요원으로만 남아 있고 가끔 조합원들 교육 요구하고 그러면 뭐 교육시켜주고 뭐 이런 걸 했었죠. 그 이후에 익산도 [지역택시노조개] 만들어졌어요. 군산도 만들 어지고. 그 당시 정읍도 만들어지고. 하이튼 저희가 전국적으로 두 번째 하면서 그 지역노조가 만들어진 게, 왜냐면 각 회사별로 가지고 있으면 힘이 약하죠. 김제나 이런 데에는 조합원 6명 가지고 있는데 그러니까 힘드니까 오히려 지역 택시가 이렇게 확산시키다가는, 저희가 가서 막 교육도 하고 직접 조합원 설득도 하고 막 그랬던 시기죠. 지난번에도 말씀드렸던 바대로 한국노총 전북지부보다는 택시노련으로 연계가 더 강해요. 한국노총보다 오히려 더 그게 더 강했었어요, 택시노조 식구들이. 그 당시엔 중앙에서도 인자 노사대책국장이랄지 뭐 이런 사람들이 선임이 되어 있었기 때문에 상급기관에서도 인자 택시 상급기관에서도 내려오고 그래가지고…….

¶ 2005년 11월 21일 1차, 2006년 1월 5일 2차 인터뷰를 했다. 인터뷰는 이성호가 했고 정리는 박동진이 했다.

87년, 점진적 개혁을 선택, 한국노총의 세대교체 주도

김준희

1954년 전북 부안의 독실한 기독교 집안에서 태어났다. 종교적 분위기에서 성장하여 노조활동을 하리라고는 꿈도 꾸지 않았다. 고등학교를 마친 후 전주고속에서 운전기사로 직장생활을 시작했다. 87년 노동자대투쟁을 통해서 전북지역의 노동운동 활동가들을 알게 되었으며, 이를 계기로 노조활동을 시작하게 되었다. 노조활동을 통한 노동 조건의 점진적 개선이 필요하다고 생각하고 있으며, 노동자들의 실리 확보를 위해 지역 내의 네트워크를 확보하는 것이 중요하다고 생각하고 있다. 96년 김영길, 김택천 등과 함께 한국노총 전북본부의 세대교체를 주도한 주역이며, 한국노총 전북본부장을 지냈다.

우선 의장님 개인에 관한 이야기부터 해주세요. 어린 시절, 고향 이야기부터요.

부안입니다. 그 핵폐기장 유명한 부안입니다. [하하해] 정확히는 부안 동중리예요. [나이는] 제 주민등록상은 쉰인가요, 56년생으로 되어 있으니까. 그런데 실제는 54년생입니다. 좀 일 오래 허라고 두 살 줄여준 거 같애요. [하하하, 저의 어린 시절은] 뭐 평범했어요. 뭐 별거 있습니까, 평범허니 그냥 [다녔죠.] 그전에 부안에 있을 때는 얌전헌 사람이었고 평범헌 사람이었죠. 그러다가 80년도에 여기 전주로 취직을 해서 왔는데, 그전에는 뭐 개인적으로 형 밑에서 조그만 거 맡아서 경영도 해보고 그런 식이었는데, 원래 우리 집은 자동차 중에 트럭 사업을 해서 그 밑에서 좀, 트럭 사업을 좀 했어요. 우리 6남매 5형제, 내가 막내인데 원래 우리 집이 부안읍 제일교회 안방이었어요. 우리 집 안방에서 그 교회가 출범을 했죠. 어머님 아버지가, 음, 나 거기서 커서 유별나게 그렇게, 여기 와서 그렇게 살다가 장가가서, 직장와서 보니까, 그 전까지는 뭐 어디 가서 그렇게보다는 학창 시절에 그냥 누구 말대로 반장 정도, 그런 건데 와서 인제 내가 장가가서 독립해서 직업을 가지고 보니까 그 참 너무 이렇게 동료들이 억울허게 당하는 것도 보고 그래서 인자 노동운동을 허겠다는 친구를 지원하고 도와주다 보니까, 해고를 몇 번 당하고 그러다 보니까 화가 난 거죠. 안 되겠구나, 뛰어들어서 시작헌 것이 이제 [이렇게 된 거죠.]

그게 80년대 중반인데 그럼 직장 경력이 몇 년 안 된 상태에서 시작하신 거네요?

예, 그렇죠, 뭐. 일반 조합원으로 한 4년 정도 있다가 그때부터 인제 간접 선거를 허니까 대의원 출마를 허기 시작헌 거죠. 그때부터 대의원 출마를 허면 꼭 찍어주드라고. 그래서 1등 당선을 허고 그랬는데, 그때는 이제 나이가 있으니까 뭐 장(長) 생각은 못 해본 거죠. 그런데 이제 선배들이나 친구들이 허다가 다들 뭔가 결점이 생겨서 해고되고 나가고 그렇지 않으면 뭐 회사가 무슨 사법적 처리를 허고, 이런. 그런데 오동나무가 다섯 번 베면 속 차듯이 아마 그런 것 같애요. 내 앞으로 한 다섯 명이 그렇게 나갔거든. 그러고 인제 이어받았는데, 그러다 보니까 나는 해고를 몇 번 시키고 어디다 데려다 놓아도 그냥 잘 나오고 해고시켜도 내가 이기고 계속 그랬거든. 그러다 보니까 이제 그 자리에 살아남은 거죠. 다른 분들은 다 쌓아났는데 쌓아놓은 걸 내가 받았어. 그래서 받았기 때문에 그런 것 가지고 더 내가 잘해야 되겠구나 양심껏 해야 되겠구나 이런 생각을 더 많이 [하게 됐죠.] 왜냐면 그전에 그 피 흘린 사람들이 있었기 때문에 설 수 있었잖아요. 거기서 여기 왔고, 도로 왔고, 도에서 다시 여기 올 때까지 그렇게 이제 생각을 많이 했죠.

전주고속에서 조합원으로 계시던 그 시절 경험을 말씀해주세요.

[우선 규모를 볼 때] 전북고속 다음으로 컸죠. 아, 상당히 컸었죠, 그때는. 음, 조합원만 한 300명이 넘었지, 그때는. 그리고 회사 직원들까지 합치면 400, 근 500명은 됐을 거요. 그게 많이 떨어져나가서 지금 분리돼서 다 됐으니까. 그때는 전북고속 같은 경우 1,000명이 넘었죠? 1,000명이 넘었을 거예요. 삼양사가 그때 한 2,000명 안 됐나? 음, 담배 제조창이 옛날에 전주 경제를 책임진다고 그랬잖아요. 제조창, 근데 폐창되어가지고 참…….

그때 당시에는 노조에, 80년대는, 그 전에 박정희 정권 때는 그래도 산별노조가 있어서 노조의 힘이 좀 있었어요. 근데 그 후에는 전두환 군부가 들어서면서 전부 해체를 시켜버렸으니까. 제가 선배들한테 들은 얘기로 본다면 컨테이너 박스에 다 가두고 구타하고 막 고문하고 이래서 사표 안 쓰면, 뭐 이렇게 됐으니까 전부 수면 밑으로 잠적을 했죠. 살기 위해서 잠적을 했는데, 그러한 것들이 우리가 노동운동을 했던 계기가 아닌가, 너무 그렇게 우리가 직업 전선에 와서 짓밟히고 하다 보니까 그 억눌렸던 것이 6·29 선언 이후에 표출이 돼서 노동자 대투쟁이 이뤄진 게 아니냐. 그 전까지는 민주노총도 그때 당시에 있을 수도 없었고. 그래서 아마 그렇게까지는 안 왔고. 부분적으로 그때 당시 제가 알기로 80년대는 별다르게 쟁의를 헐 수가 없었고, 법으로 쟁의를 헐 수가 없었기 때문에 86, 87년 아마 이때쯤. 노동운동 손을 댄 것이 저 같은 경우도 87년, 그때 87년 초에 그때 인제 하도

> 우리가 회사에서 해고를 당하고 다닐 때 검사도 판사도 잘 모릅디다. 아무것도 몰라, 노동법에 대해서. 전라북도에도 책자가 없어서 서울에 마에스다 수녀원 가서 그 『노동법 총감』이라는 책을 우리가 처음 구입을 했었고…….

억압을 받으니까 그리고 노조가 있었지만 노조가 형식만 갖춘 노조였었지 싸울 수 있는 투쟁을 헐 수 있는 준비가 된 노조가 아니었잖아요. 그것이 한꺼번에 터진 게 노동자대투쟁 뭐 이렇게 되는 게 아니냐, 그렇게 생각해요. 그 전에 치는(것은) 좀 찾아보는데 뭐 활동사항만 좀 이렇게 있지, 없어요. 그때는 뭐 노조 간부는 했는데, 노조 간부라기보다는 대의원 정도 그런 걸 했는데 그때 당시에 너무 정보 교류가 안 되니까 회사 내에서만 있을 수 있는 일이었지. 왜냐면 어느 단체가 연계가 돼서 조직적으로 정보를

교환하고 조직적으로 같이 연합투쟁이 되는 것이 아니고 어느 부분만 했었고, 또 저 같은 경우는 필수 공익사업에 근무를 허다 보니까 상당히 좀 뭐라 그럴까, 노동운동이 좀 제약을 많이 받는 그런 현장에 있었어요. 또 그 후에 인자 87년, 88년, 87년, 86년도에 최초의 파업을 했어요. 전라북도 버스가 다 [파업을] 했어요. 정확히 날짜는 기억 안 나는데, 8월 10일이던가. 맞을 거예요, 아마. 그때 인제 그때가 저희들이 주도했던 전라북도 내 첫 번째 파업이었는데, 그때 당시에 제조업에서 기계 잠깐 끄고 파업했던 건 보도가 되질 않고 자료로 남질 않으니까. 이제 공익사업 같은 경우 택시가 또 그때 같이 파업을 하고 그랬었죠. 택시가 그때 띠 메고 임금 때문에 파업허고 그랬었지.

버스는 그때 파업을 얼마 정도 했나요?

3일 정도 했어요. 그때가 8월 10일일 거예요. 연수는 87년인가 86년인가 기억이 잘 나지 않네요. 그래서 인제 그때 파업을 통해서 노조집행부가 다 바뀐 거죠, 개별 사업장으로. 그니까 산별노동조합으로 갈 때는 어떤 게 있었냐면 이 기업단위 노동조합이 설립신고증이 없는 거지. 법적인 노조가 아니고 산별노동조합 중앙회 하나 있고 전라북도에 지부, 그 다음에 분회, 지역 분회가 있었기 때문에 힘이 없었죠. 그런데 전두환 군부가 들어와서 산별을 해체시켜버리고 기업별로 바꿔버린, 법으로 강행을 해버렸으니까, 인제 기업별로 되니까 힘이 없어진 거지. 거기다 대고 탄압을 해버리니까 그 뭐 회사 내에서 아무 힘도 쓸 수가 없었고, 또 그때 당시에 87년, 86년에도 우리가 회사에서 해고를 당하고 다닐 때 검사도 판사도 잘 모릅디다. 그때 아무것도 몰라, 노동법에 대해서. 그리고 전라북도에도 책자가 없어서 우리가 서울에 마에스다 수녀원 가서 그 옆에 그 책을, 그 『노동법 총감』이라는 책을 우리가 처음 구입을 했었고, 그때 석탑 장명국 씨가 돌아다니면서 교육을 많이 시키고 그랬죠. 그때 당시에는 거의 우리로서는 [장명국 씨를] 신으로 봤지. 그때 당시에 허면서 물론 한국노총 하나가 있다 보니까 그때 인제 전북 노동자협의회가 생겼어요, 노동자협의회가. 전라북도에 우리가 인제 거기에 소속될 수밖에 없었던 게 왜냐면, 기존의 노동조합에 들어갈 수 없었던 그런 시절이 있었잖아요. 그때 그 주종을 이루고 투쟁했던 사람이, 그때 그 섬유계통에 있던 사람들이, 박복실이라고 있었는데 죽었죠. 태창 텐트치고 허던 사람인데, 그렇게 해서 뭉쳐진 그룹들이 좀 있었지. 처음에 인자 그 사람들이, 다시 집행부가 한국노총 그 전북에, 단위사업장에 있던 집행부들이 바뀌면서 그 사람들이 전부 다 다시 한국노총으로 다 들어왔지. 그래서 인제 그때부터가 뭐 파업하고 집회허고 헌 것이 그 후부터죠. 그 전에는 거의 그렇게 투쟁해본 기억이 없어요.

87년을 계기로 해서 개별사업장에서 집행부가 교체되고 이런 것이 가지는 의미 같은 게 있나요? 예전 집행부가 가지고 있던 문제점이나 이런 거에 대한 불신임이라고 봐도 되나요?

그렇죠. 그 전에 있던 집행부에 대한 불신임이지. 어떻게 보면 그게 그때 당시에 파업을 주도한 게 내가 다른 산별은 그렇게 크게 파업을 해서 나타난 게 없기 때문에, 근데, 그때 당시에 인제 자동차가 했을 때 보면 그게 그 파업을 주도한 게 그때 당시 집행부가 아니라 반집행부들이 주도를 했죠, 반집행부들이. 그러기 때문에 그 반집행부를 주도를 함으로써 바로 그 파업을 통해서 그 조합원들의 의식을 일깨워준 계기가 됐죠. '이렇게 파업 주도하면 전부 해고되고 구속헐 줄 알았는데 인자 그런 것이 아니다. 바뀌었다.' 그때 당시도 우리가 필수 공익사업에서 풀린 지가 불과 몇 년 안 됩니다. 지금 자동차 같은 경우가, 불과 몇 년 안 돼요. 때문에 그 인자 그전에는 불법이지, 불법이었지만 뭐 징계도 받고 그러면서 쭉 해왔지만 조합원들이 아, 인제 힘을 얻은 거지. '아, 이건 그렇게 무서워헐 것만은 아니구나. 뭉치면은, 아, 뭔가를, 회사를 우리가 이기는구나' 느낀 거죠. 이래서 다음 선거에 불신임보다는 선거로 전부 다 간 거지. 그리고 본인들이 출마를 허지 않고. 그게 흐름이잖아요. 그렇게 해서 인제 온 거죠, 와서. 저도 그때

> 바로 그 파업을 통해서 조합원들의 의식을 일깨워준 계기가 됐죠. '아, 이건 그렇게 무서워헐 것만은 아니구나. 뭉치면은, 뭔가를, 회사를 우리가 이기는구나.'

당시에 이제 그걸 통해서 그 다음해인가 2년 후인가? 전주고속, 그때 말하자면 분회장에 당선이. 그게 직접선거의 최초여. 그 전까지는 제가 인제 88년부터 그 선거를 했는데 법적 인정을 허네 못 허네 그래서 인제 법적으로 한 6개월 끌다 보니까 88년 11월달에 정확히 취임을 헌 거 같고. 그 전에 인제 3월달부터 했죠. 그때 분회장으로 시작을 했는데, 그때 그렇게 직선으로 넘어가면서 여기에 인제 직접 선거가 다 뿌리를 내린 거죠. 연합단체는 지금도 대의원 대회에서 선출허지만 단위사업장은 거의, 거의가 아니라 100% 아마 지금 직접 선거에 의해 선출허는, 그러다 보니까 조합원들 민의가 제대로 반영이 되는 거죠.

그 이전 집행부는 그러면 87년에 그 노동운동이 막 불붙기 시작할 때 그걸 끌어갈 수 있는 힘을 제대로 갖추지 못하고 있었다는 건가요?

그니까 뭐, 뭣 보고 놀랜 가슴 뭣 보고 놀랜다고, 그때 당시에 80년대 군부에 짓밟히면서 살아남았던 사람들은 어용이죠. 죄송스러운 얘기인데……. 그때 저보고 하라고 했으면 저도 어쩔 수 없을 거라고 생각을 하는데. 참 선배들한테 예의가 아닌데 객관적으로 지금 흘러가는 걸 본다고 한다면 그때 사표를 쓰고 가신 분들은 강성이셨던 분들이고 보편적으로 뭐 어용이라는 표현보다는 뭐 온건, 온건파에 속허시던 분들이 그때 당시에 그래도 정부로부터 사표 압력을 받지 않고 구금당하지 않고 그냥 그래도 계속 이어왔다, 그분들이 인제 이어 있던 분들이 이제 바뀐 거죠. 87, 88년도에 그런, 그때는 뭐 시끄럽지 않았습니까. 그때 자료는 많이 있을 거예요, 전부 다. 제가 인제 한국노총에서 구체적으로 활동한 시기는 90년부터죠. 90년부터 여기 노총에 인제 참여를 허기 시작을, 90년부터 했는데. 그때는 상당히, 뭐 임금도 두 자리 숫자로 인상이 됐었고 또 뭐 상당히 새로운 것들이 많이 단체협약을 통해서 이루어지고 그 전에 못 느꼈던 것들이, 우리의 삶의 질이 바뀌기 시작하는 때가 그때부터 아니냐 이렇게 생각허거든요.

80년대 초반에 전북노협을 중심으로 노조들이 막 만들어지는데 이 노조들이 한국노총이 없으면 노조 필증을 받지 못하니까 등록이 안 됐지요. 이후에 한국노총을 중심으로 해서 노조 필증들을 다 받아서 노조가 엄청나게 늘어나게 되죠. 그런데 실제로는 한국노총 바깥에서 전북노협, 전북노련 등을 만들어서 활동을 하는 세력이 갈라져나가는 게 보여요.

음, 그때 당시에 한국노총이 설립신고증을 내는데, 그 인증증을 주는 부분은 노총이 아니고 노총 내에 산업별, 자기 직속된 산업별 노동자, 산업별 노동조합에서 그때 당시에 거기서 교부증을 주어서 설립증을 주게 했는데, 인제 그렇게 해서 갈라졌던 것들이 어떠냐면 선거를 통해서, 우리가 인제 그러다 보니까 선거를 통해 하잖아요. 옛날 같으면 그 선거가 대의원 대회에서 하고 그러니까 뭐 봉합이 잘 되는데, 인제 직접 선거를 하다 보니까 선거에 그 낙선, 또 어떻게 보면 의무를 허지 않고 권리를 주장허는 사람들, 이런 사람들이 명분을 찾아서 뛰쳐나간 거예요. 나가서 살림을 허겠다고 허고 법 외에 노조로 활동을 남아서 헌 거죠. 그런 부분들이 이제 됐는데, 예를 들어서 저도 그때 당시에 전북노협에 있다가, 전북노협에 간부를 맡고 들어왔던 이유는 뭐냐면 여기에 들어가서 내가 내 소신을 가지고 법 내에 들어가서 해봐야 되겠다, 그리고 현실에 맞는 노동운동을 해야지 현실하고 동떨어진 노동운동을 해서는 노동자에게 과연 줄 게 뭔가 이런 회의를 많이 느꼈어요. 그래서 나는 인제 한국노총 제도권 안으로 들어오고, 들어와서 인제 했고.

그때 당시에 상당히 시끄러울 때 필수 공익사업에 있다 보니까 전노협 이런 데서 뭐 간부도 시켜주면서 뭐 선봉대도 해야 되고 투쟁을 해야 되니까. 그런데 생각을 달리 헌 부분이 그때

> 현실에 맞는 노동운동을 해야지 현실하고 동떨어진 노동운동을 해서는 노동자에게 과연 줄 게 뭔가 이런 회의를 많이 느꼈어요. 그래서 나는 인제 한국노총 제도권 안으로 들어오고…….

당시에 노조가 들불처럼 일어날 때 힘이 셌는데, 꼭 그렇게 파업을 해서 얻어낼 게 뭐 있느냐, 그리고 얻어낼 만큼만 얻어내고 점진적으로 가야지 어느 한 번에 뭔가를 이루려면 이루어지지 않는다, 이런 생각에

불화도 좀 했는데. 그렇게 힘으로써 이 협의회 자체는 어떤 역사를 이어가는 데지, 이렇게 힘을 가지고 허는 데는 아니거든요. 각 산업별 노동조합이 힘이 있지, 거기서 인제 여기는 연합체일 뿐이고 하나의 정책을 가지고 우리 같으면 전라북도를 상대로 해서 또 중앙정부를 상대로 해서 그런 입법헐 수 있는 그런 거, 그런 거에 대해서 이렇게 허는 데지. 그리고 여기가 투쟁을 해야겠다고 허면 결집력이나 모아서 이렇게 허는 데지. 막 투쟁에 선봉에 스고 이런 데는 아니다, 선봉은 산업별 노동조합이 다 있습니다. 거기서 완전 다 맡아서 허거든. 허다가 인제 연대를 헐 때는 여기가 같이 연대를 해주고 이런 차원인데요. 기본적으로 우리는 더 이렇게 틀이 다 있으니까. 근데 이제 민주노총 같은 경우는 산업별이 전체가 전라북도에 없지 않습니까. 인제 민노총 (민주노총) 전북지역 본부가 할 일이 많이 있고 우리는 산별위원장만 소집을 해버리면, 거기서 결정이 나 버리고 지원만 해주고 허는 그런 부분이고. 중앙 내셔널 노총에서 인원 동원해라, 집회해라 이런 걸 다 집회하고. 그리고 뭐 나름대로 근로자 생계, 생태 문제 다 조사해서 설문조사하고 뭐 이런 거 우리가 역할을 [하고] 그러죠.

그러면 한국노총은 지금도 산별로 움직이는 게 민주노총에 비해 두드러진 활동이라는 말씀이신가요?

그렇죠, 우리는 산별 중심으로. 지금도 요 근래에 우리 이용득 위원장이 하시는 말씀 보면 정부 주도 아닌 노사 중심으로 가자는 3대 안을 제시를 했거든요, 이번에도 그래서 인제 중앙에 있는 노사정 아닌 노사를 구성해라, 그리고 노동계가 움직일 수 있는 기금 조성을 해달라, 이런 부분들 지금 많이 하고. 그 또 80년대 없어졌던 산별노동조합을 법으로 강행을 해달라. 그렇게 해주면 우리는 뭐 전임자 임금 문제에 대해서, 뭐 노사 자유에 맡겨주지 않애도 우리가 살 수 있다. 그리고 지금 뭐 주로 한국노총에서 하는 게 인제 재정 자립이잖아요. 재정 자립을 통해서 홀로 서야 된다, 그것이 지금 제일 큰 과제로, 복지사업을 여러 가지로 구상하고 있고 그러죠. 그래서 인제 조합원들한테 신뢰받는 그리고 한국노총 60년을 맞이해서 다시 태어나자, 그리고 많이 아시겠지만 여러 가지 제도를 규약에 넣어서 사외감사도 만들고 뭐 선거 제도도 바꾸고 지금 여러 가지 했잖아요. [하하해] 옛날같이 뭐 나눠먹기 그런 것이 아니고 부위원장도 다 대의원이 아닌 선거인단에서 뽑는데······. 선거인단에 출마를, 후보 등록을 해서 옛날의 지명이 아니라 후보 등록을 해서 그 선거인단의 표를 많이 얻어야, 그렇다고 본다면 윗사람 눈치보다는 노동자를 위해서 더 일을 할 수 있는 그런 사람들이 더 많이 대거 노총집행부에 포진되지 않느냐, 그래서 우리는 조합원들한테 희망이 보인다, 이런 얘기를 좀 하고 있습니다.

80년대로 거슬러 올라가서 그때 전북노협에 일을 같이하시던 분들 중에 이름 기억나시는 분들 있으세요?

지금은 고인이 된 박복실······. 그게 인제 그쪽이 제일 주도를 많이 했는데 죽고. 지금들 인제 아마 생각이 잘 나는 사람이 없는데, 군산에 고진곤, 우리 군산시지부장 있는데 그쪽이 우리보다 조금 먼저 했을 거예요, 아마. 그래서 인제 하다가 세풍합판이었던가? 음, 음······ 그때는 합판, 그러다가 인제 그쪽도 한국노총으로 들어오고.

그때 전북노협 시절에 향후 각 노조들이 가는 진로를 가지고 토론을 하거나 논쟁을 하거나 이런 일들은 없었나요? 아까도 말씀하신 점진적인, 어떻게든 실리를 많이 챙겨야 된다는 주장을 하신 입장들이 있을 것 같고, 이제 전북노협 시절에 같이 모여 있다가 일부는 저쪽으로 떨어져 나가버리면서 어떤 명분을 찾고 나갔다 그러셔서, 그때 인제 명분을 찾은 이유들을 사람들이 뭐라 주장을 했는지 이걸 한번 비교해주세요.

아, 그때 당시는 거기는 법을 바꿔야 된다는 논리였고 그걸 통해서 설립이 돼야 합법적인 노조가 되니까 그때는 전부 불법으로 보니까 이제 그런 차원이었고, 그게 그때 당시는 그것보다는 우선 노동력을 어느 한, 주로 삼아서 국가경쟁력을 이루었기 때문에 노동자의 찾을 몫을 우선 찾아놓고 해야 된다, 이런 생각도 가진 사람들은 이제 제도권 안으로 다시 들어와서 거기서 투쟁을 했고, 또 그분들은 거기 남아서 계속, 그리고 그때 당시에 그게 어떤 형식이었냐면 전국 단위는 잘 모르겠는데 지방 단위 같은 경우는 주로 해고된 사람들끼리 모여서 이렇게 만들었던 부분, 그리고 해고된 사람들이 어디 가서 자문 받을 수가 없었던 거죠, 그때. 그러니까 한국노총에 가면은 그때는 노총이 하나뿐이 없었으니까, 그때 거기를 가면은 한국노총보다는 한국노총 소속, 그런…… 나는 지금 목이 마란데(마른데) 좀 기달려야 된다라고 하면, 지금 당장 물 먹을라고 하면 그런 일 찾으라고. 지금도 마찬가지인데 그러다 보니 해고된 사람들이 모였고 억울헌 사람들이 모인 거죠. 그러다 보니까 자기 스스로 일들이 풀려야 되는데 풀리지 않는 부분에 대해서도 많이 힘들었을 것이고 그걸 위해 투쟁도 했을 것이고 그렇죠.

그럼 아까 말씀하신대로 한국노총은 여전히 산별체제로 가는 건가요?

음, 지금도 파업을 하면 우리는 한국노총은 한 개 산별, 그래도 자기 스스로 파업헐 수 있는 능력을 갖고 있거든. 그래서 개별, 자기들의 어느 한 단체협약이나 임금, 근로조건, 뭐 이런 것 가지고는 산별이 하고 그리고 정부를 상대로 입법을 해서 노동자에 대한, 예를 들자면, 비정규직법이나 신노사문화 로드맵 같은 거, 이런 문제를 가지고는 전체 산별이 다 모여 투쟁을 허지만 자기 산업별 노동조합으로 연계된 부분들은 다 거기서 허거든요. 예를 들어서 어느 화학이 어느 한 소속 사업장에서 분규가 났다 그럼 화학연맹이 다 맡아서 허거든요. 그러다 보니까 금융 같은 경우는 전국금융산업노동조합이 하나예요. 그건 산별로 갔어요, 지금. 가가지고 임금 교섭은 중앙에서 하고 단체교섭만큼은 지역별로 나눠서 지금 하는 거고. 민주노총 같은 경우는 의료보험노동조합이 그렇게 갔고 한국노총은 택시산업노동조합하고 금융산업노동조합이 갔고, 자동차 노동조합은 지금 지역적으로 전라북도 전체에 하나, 경남에 하나 이렇게 갔죠. 그래서 전북 같은 경우도 제가 지금 거기고 맡고 있지만 거기도 전북자동차지역노동조합이에요. 그래서 각 19개 회사에는 설립신고증이 없습니다. 거기가 된 것이 지금 그것보고 지역산업산별이라고, 지역산별로 갔죠. 그러다가 인제 중앙산별로 다시 인제, 중앙산별로 가기 위한 전철을 밟는 거죠.

87년 노동자대투쟁 당시 한국노총 조직이 개별노조에 어떤 실질적인 도움을 주었나요?

아, 인제 파업을 하면은 어느 한 지휘도 허고 그래야 되는데 그때 당시에 어떤 반대, 반집행부 허기 때문에 처음에는 큰 지원이 없었지만, 나중에는 흐름에 따라서 거기에서 이제 그 집회허는 방법이나 투쟁헐 수 있는 일정, 이런 것들을 지원허고. 인력 지원이 그때 당시에는 없었고, 왜냐면 그 반집행부들이 주도를 했기 때문에. [하하하] 나중에는 인제 인정을 받는 과정으로. 그러다가 인제 집행부가 같이 가세를 하면서 거기서 도움이 내려오고. 처음에는 집행부가 아니어도 도움을 못 준 거고, 그때 당시에는 반집행부가 했으니까 어떻게 보면 그 쿠데타였는데, [하하하] 그때는 참 그랬을 거예요. 너무 조여서 터지긴 터졌지만 그 조직을 끌고 가기가 상당히 힘들었어요, 무서워했고. 그리고 좀, 살기가 지금보다 안 좋았잖아요.

그래서 인제 88년에 전주고속 집행부를 맡으시고 당연직으로 한국노총 대의원에 선출되신 건가요?

아닙니다. 제가 한국노총 전북본부에서 가진 최초의 직함이 법규국장인데, 한국노총 대의원은 어떻게 선출을 허냐면 그 전주고속 분회에 분회장, 그리고 인제 전라북도 그때 당시에 자동차 지부가 또 있어요. 그게 전라북도 전체 지부가 그 지부에서 지부 대의원 대회를 헙니다. 지부 대의원 대회를 허면서 노총에 파견 대의원을 뽑아, 여기, 거기서 비밀 무기명 선출을 해서 우리가 의무금 낸 만큼 조합원 몇 명당 한 명, 50명당 한 명, 200명당 한 명, 3년치 의무금 낸 거 합쳐서 이렇게 계산을 하거든요. 거기서 인제 몇 명이 배정이 돼. 어디 산별은

한국노총 역대위원장

대의원이 몇 명 노총에, 그러면 자기 자체 산별 대의원 대회에서 선출을 해, 그 대의원을. 그것 보고 파견 대의원 선출이라고 해. 거기에서 뽑힌 사람들이 대의원 대회에 참석을 해서 대의원 대회를 하는 거지. 옛날에는 이 전라북도가 20~30명 정도 대의원을 갖고 있는데 지금은 규약으로 80명 이상을 해야 돼. 지금은 뭐 숫자가 많대던가, 하여간 지역본부 대의원은 80명 이상으로 한다고 규약으로 박아졌어. 그래서 그 이하로는 할 수가 없어. 지금은 그래도 80명, 90명 선 이렇게 하지. [이때가 아마 오석철 선배가 살아계셨을 때, 초선 때였으니까 90년이나 되겠네. 90년 정도!

90년도 이후에 한국노총 상황에 대해서 저희들이 상당히 궁금한데요. 전북 지부에도 상당한 변화가 있었던 거 같은데……. 그리고 96년에는 선거를 통해서 변화하는 거 같고, 그 시절 상황을 좀 이야기해주세요.

그 시절 90년도, 92년, 93년에 크게 막, 그때는 아마 택시 쪽이 많이 했는데 파업을 하고. 그때 아마 노동운동, 그때 보면 그 시기에 어느 산별이 중점적으로 허는 게 있어요. 그러면 처음에 헐 때는 자동차가 이렇게 하다가 자동차는 이제 안정세가 됐고 그 다음에 이제 택시가 막 투쟁을 헌 기억이 나는데. 택시[기사]가 뭐 삭발하고 플래카드 들고, 그때가 아마 김영길 전 의장이 주도를, 택시가 상당히 많이 했어요. 그리고 그때는 개인택시들이 많지 않을 때라 그때 택시가 서면 시민들이 많이 힘들어했지. 그래서 그때 기억은 자세히는, 택시가 많이 투쟁을 했다 뭐 그렇게만 생각이 나고 다른 부분은 뭐 이렇게 특별하게 기억나는 게 좀 없네요.

버스 파업이나 택시 파업 같은 걸 할 때 지역본부에서 하는 지원 같은 건 없었는가요?

그건 인제 아까도 말씀드렸지만 그 산별 자기들의 그 근로조건이나 임금, 단체협약 갖고 허니까. 다른 데 가야 동조만, 성명서 같은 것만 날려주고 그게 뭐 동참한다 연대 정도만 하는 거고. 결코 그 힘만 가지고 충분허니까 거기를 안 가는 거죠. 그리고 그때는 상당히 택시가 큰 조직력을 갖고 있어서 이렇게 뭐 도움받고 그러지는 않았어요.

96년에 한국노총 중앙집행부가 박인상 위원장 체제로 바뀌는데, 박 의장이 그 당시 선거 과정에서 이제 한국노총을 개혁하겠다, 개혁 노선을 표방하고 당선이 되고 취임을 해요. 근데 공교롭게도 전라북도에서 김영길 의장이 취임을 한 게 96년이거든요. 그래서 인제 혹시 전라북도에서 한국노총의 개혁 움직임이라든지 이런 움직임이 그 이전에 축적된 게 있었는지 궁금합니다.

그때는 그 아마 96년도 허면 박종근 위원장이 하다가 박인상 위원장으로 넘어갔고 우리는 김종순 선배님이 허시다가 김영길 의장으로 넘어갈 때인데 그때 이건 뭐 개혁이라고 하기보다는 세대교체가 이뤄지지 않았느냐, 세대교체가. 그래서 인제 그 세대교체가 그 선배들로부터 중간층으로 넘어간 세대가 아니었었냐. 그래서 한국노총 개혁이라고 허는 것은 여기 자체 개혁보다는 중앙단위부터 개혁이 시작되고, 또 여기는 현재 한국노총은 중앙의 규약을, 규정을 가지고 운영을 해요. 그래서 중앙에서 내려진 규정을 가지고 운영을 하고, 각 시지부, 우리 5개 시에 시지부가 있는데 거기는 우리가 내려준 규칙을 가지고 운영을 하고. 긍게 여기서 뭐 한국노총 전북지역 본부에서 크게 뭐 바꾸고 헐 수 있는 그런 것은 아니다, 근데 뭐 그렇게 바꿔야 되는 그런 것들, 필요성에 대해서는 중앙에 인자 건의하고 대의원으로 나가서, 또 거기 나가서 발의허고 이렇게 해서 허는 거지. 여기 자체로는 뭐, 지금이니까 지방자치가 생겨서 도가 조례허는 데 조례를 바꾸자고 요청도 허고, 어디 그 도에 가서, 노사정위원회 가서 뭐라고도 허지만, 그때 당시는 그런 기구가 없었잖아요. 전부 다 관선, 96년도는 아! 여기가 지방자치가, 그때는 이미 오긴 왔었죠. 지금 같은 경우는 도의회에다가, 예를 들어서 의원들 만나서 이런 것은 아니지 않느냐, 저런 건 아니다, 그러고 허지만. 그때 당시는 사실 2000년 전까지는 빵 문제가 더 급했지, 지금같이 뭐 문화생활을 찾고 이런 건 아니었잖아요. 지금은 뭐 거의 보면은, 중소기업 비정규직 제외하면은 우리가 교섭을 해보면 임금 교섭 해가지고 옛날같이 집행부가 탄핵당하고 불신임당하고 막 비판받고는 안 헌 거 같애요. 지금은 단체협약을 어떻게 하느냐 그런 거가 얼마만큼 뭘 얻어내서 찾느냐 이런 거지. 그때는 그러니까 노동조합이 지금같이 폭 넓은 활동보다는, 그때는 거기에 아마 임금 교섭에 주 사활을 걸고, 거기에 인제 띠 메고 투쟁허고 그랬지. 97년 가면서 김영삼 정부 들어서면서 노동법 개악, 요게 아마 노동계를 다시 한번 뭉치게 허는 계기가 아니었느냐. [그 당시에 결혼식 앞둔 신부 아버지가 삭발헐 때 고민이 제일 많았죠. [하하해 그때 우리가 삭발을, 전라북도가 제일 최초였어요. 그리고 그때 아무 그런 것도 없는데 버스가 다 섰어요, 그때. 딴 데는 한 한나절 정도 섰지. 서울 같은 데는 안 섰는데 전라북도가 섰지. 서서 그냥 중앙에서 풀으라 할 때까지 섰으니까. 그때 당시에는 지금으로 말하자면 다 구상권 청구했을 거요. [하하해 근데 그때만 해도 그걸 않더라고. 그전에는 보면 긍게 저보다는, 제가 아는 것은, 노총에 와서는 일은 했지만 여기에 있는 부분들은 그때 당시는 내 산별 갖고 가는 것도 힘들었기 때문에 또 각자 산별에 노조위원장들을, 그때 당시 그 산별에 그런 역사가 나올 거요, 고게 좀 나와야 진짜 제대로 될 거예요. 여기는 더 깊이를 모르니까. 아! 했다. 근데 어떻게 어떻게 했느냐는 모르니까, 인제 제대로 아실려면 조금 해서 택시도 지금 서영진 본부장이, 지금 바뀐지가, 지금 잘 모르죠. 섬유, 그때 당시 섬유가 투쟁을 많이 했잖아요. 80년대 그때에 섬유가 투쟁을 참 많이 했어, 섬유가. 섬유가 투쟁을 많이 했고. 그 후에 넘어오면서 대중교통수단이 투쟁을 하고 이런 수순으로, 섬유가 그 면방 같은 경우는 지금도 열악하지만 그때 당시 6·29 선언 막 했지. 또 그쪽들도 투쟁을……. 그러다 보니까 막 소사

> 결혼식 앞둔 신부 아버지가 삭발헐 때 고민이 제일 많았죠. 그때 전라북도가 최초였어요. 그때 아무 그런 것도 없는데 버스가 다 섰어요. 서울 같은 데는 안 섰는데 전라북도가 섰지.

장(小社長) 애들 다 만들어서 다 나눠버리고 그랬잖아.

그게 지금 BYC가 그 시기에 한번 파업……혹시 한국노총에 아까 말씀하신 세대교체가 진행되는 과정에서 그 당시에 젊은 세대들의 합의나 교감 같은 게 있었나요?

그 뭐 꼭 합의나 교감 그런 것보다는 그냥 서로 선거를 통해서 교체를 하기 때문에 선거 때 서로 인자 교감을 가질 수밖에 없죠. 선거 때를 통해서. 그니까 이제 그 전에 입후보하려고 하는 자가 교감을 갖게끔 하게 해서 개혁을 하자, 그리고 자기가 의장을 맡아서 어떻게 하겠다 아마 뭐 이런 게 교감이라고 봐야지. 그래서 그 뜻에 동의를 허는 사람들이 아마 그 투표를 해주면서 당선이 되다 보니까 그래서……

96년 한국노총의 세대교체에 대해서는 다른 분들도 상당히 의미를 부여하시는 것 같아요. "긍정적이든 부정적이든 어쨌거나 그 시기를 정점으로 해서 한국노총이 완전히 바뀌었다." 그런데 그 과정에 참여했던 젊은 세대 위원장들이 그 세대교체의 필요성이나 이런 것들에 대해서 생각을 같이하고 있었는지, 아니면 우연히 그냥 그 흐름에 따라 넘어간 건 지 이게 굉장히 궁금해지더라구요.

아니, 그것은 말하기가 상당히 좀 난해한 부분이 많이 있는데, 사실은 세대교체를 통해서 새롭게 변신을 했죠. 변신헐 수밖에 없었고 시대가 요구하는 그런 것보다는 어느 한 후보를 하고 어느 한 직책을 맡겠다는 사람은 아마 그 선구자 역할을 해서 앞서가는 걸 제의를 하지, 시대 흐름에 편승은 안 허는 거 같아요.

그 당시 세대교체를 지지하셨나요?

그 세대교체를 지지를 했죠. 지지를 했는데, 세대교체를 지지하면서도 저 후보는 아니다라는 생각은 가져서 세대교체를, 세대교체가 꼭 나이만 세대교체 허는 게 아니라 다른 후보를 지지를 했죠. 왜냐면 그때 섬유 쪽에서 나오신 분을 지지를 했었죠. [그런데 그 양반 지금은 중풍 걸려서 못 움직여요, 요새. 그랬었는데 그것이 인제, 그분 성함이 대한방직의 문희주 씨. 그 양반들이 잘 알지. 그때 당시에 80년대 노동운동 그때는 그 양반이 잘 알죠. 그러고는 지금 고영종 씨가 좀 알 거요. 지금은 사업자가 돼갖고 말을 잘 안 할 거예요. [하하해 삼양사 노조위원장 하다가 여기 노총 사무처장도 했고 고영종 씨가 했는데 노조 그만두고 회사로 들어가고 서울 본사로 가서 있다가 지금 사업을 허니까 이제 의식이 좀 틀려져갖고 물어봐야 잘 안 될 거야. 지금 근데 그때 당시에 했던 사람들이 전부 사업을 허시니까. 송기동 씨가 좀 잘 알고 그럴 텐데, 80년대는 잘 알 거야.

그렇게 변화가 됐는데 김종순 의장님 같은 이전 세대들은 한편으로는 세대교체를 받아들이면서도 한편으로는 조금 아쉬움도 있고 그러는 거 같아요. 그게 어떻게 드러나냐면 '세대교체로 당연히 갈 거였다'고 말씀을 하시면서도 '내가 김영길 의장 아버지하고 동갑이여' 이런 말씀을 하시거든요. 그 당시의 변화가 전과 비교해볼 때 어떤 게 있었는지 지적될 수 있을까요?

근데 그때 당시에 '내가 아버지허고 동갑이다' 한 것은 그때 당시 전 의장 김영길 의장이 사무처장을 했었거든요. 사무처장을 허다가 그렇게 되니까 그거에 대해서 더 많이 서운헌 게, 뭐 틀린 점이라고 허는 게 좀 빨라졌다, 생각이 좀……. 예를 들어서 옛날에 우리가 농경문화에서 지금 지식정보화 시대로 가듯이 지금 이렇게 바뀌는 게 아니냐, 이렇게 봐야 되지, 뭐 이렇게 크게 뭐가 나타나고 허는 것보다는. 그리고 이제 결집력이 전보다는 노총에 대해서 좀 많이 생겼다, 국장이 처장으로 바뀐 지가……. 아! 김호서 때 바뀌었어요, 김호서 때 사무처장으로. 지금 전북은행 노조위원장 도의원허던 김호서, 사무처장을 여기서 허다가 지금 도의원 나갔는데, 근데 제가 뭐 크게 이렇게 더 많은 걸 드리고 싶으고, 그런데 거짓말을 헐 수는 없고 이것이 다 기록에 남는 거니까 그럴 수는 없고 아는 게 크게 이렇게 없어요.

지금 그러면 의장을 맡고 계시니까 지금 한국노총이 가지고 있는 변화 등을 설명해주세요.

지금 한국노총이 변화하는 거는 처음에는 한국노총이, 아, 난 개혁 성향을 지금도 가지고 있지만 개혁성향을 띠어야 된다, 그리고 노동계는 하나로 가야 된다, 그래서 민주노총과 공동투쟁본부를 만들어서 최저임금법이나 그 다음에 비정규직, 지금 신노사문화 로드맵 같은 걸 전부 공동투쟁을 했어요. 그러다 얼마 전에 서로 헤어졌어요. 헤어졌는데 그 이수호 위원장과 우리 이용득 위원장은 같이 갔는데, 대표자가 바뀌다 보니까, 또 이용득 위원장도 민주노총은 민주노총 식의 정책을 가지고 가고 한국노총은 한국노총 식의 정책을 가지고 가자, 그리고 저도 거기에 동의를 합니다. 그래서 지금 한국노총이 갖고 가는 기조는 국민과 같이 가자, 현재 노동운동이, 국민이나 시민으로부터 외면받는 운동은 성공허지 못 한다, 이걸 좀 많이 허는 거 같애요. 많이 갖고 가고, 그리고 이제 첫 번째 과제가 투명성, 한국노총이 지금 조합원으로부터 받는 따가운 눈총을 이렇게 애정 어린 눈총으로 바꿀라면 어떻게 해야 되느냐, 그것이 이제 투명성, 사외감사를 두고 선거인단을 지금의 대의원의 10배로 늘려서 허겠다, 그리고 사무총장은 러닝메이트로 가서 허겠다, 그리고 부위원장들은 선거인단 선출이 옛날같이 위원장이 지명허는, 박수가 아닌 후보 등록을 해서 선거인들로부터 지지를 얻어내는, 그렇게 허겠다, 그런 것들은 깨끗허게 가자, 투명허게 가자, 그리고 건전허게 가자 이런 것이 있고, 또 하나는 재정 자립을 해서 지금까지 언론에 보도되고 그랬겠지만 김대환 장관하고 한동안 싸울 때 한국노총이 허고 있는 사업, 노동교육원이네,

> 민주노총은 민주노총 식의 정책을 가지고 가고 한국노총은 한국노총 식의 정책을 가지고 가자, 그리고 저도 거기에 동의를 합니다. 지금 한국노총이 갖고 가는 기조는 국민과 같이 가자……

뭐 여러 가지 그런 사업들이 있는데, 그런 사업을 정부로부터 지원을 받아서 허는 부분인데, 지원을 끊어버렸을 때 한국노총이 진로, 독자 생존을 해야 된다 해서 현재 조합비를 올렸죠. 300원씩 받는데 400원으로 올렸어요. 이번에 올리면서 복지 신한카드, 쇼핑몰 이런 걸 통해서 사업을 허겠다, 그리고 인제 어쨌든 그전같이 여의도에 큰 건물, 건물 그전에 있던 부채 같은, 그런 걸 다 청산을 하고 건물을 또 활용을 해서 임대 사업을 해서 거기서 얻는 수입, 그래서 앞으로를 본다면은, 일본을 본다고 봤을 때, 일본 닛산 자동차를 봤을 때, 조합원이 가입비만 내고나면 조합원에게 가입비를 받지 않고 복지매장을 통해서 운행을 하고 조합원에게 다시 조합원이 퇴직할 때 받은 가입비를 이자를 쳐서 내주는 걸 봤거든요. 이런 것도 한국에 이루어져야 되지 않겠느

냐, 그리고 앞으로 복수노조 시대를 대비해서 조합원들에게 서비스를 하는 노동조합으로 탈바꿈을 해야 된다, 그럴려면 뭐가 필요하냐, 재정이 필요허다, 재정을 정부가 아닌 우리가 우리 손으로 헐 수 있는 방법이 뭐냐, 그런 방법을 찾아내서 헌다고 한다면은 정말 그 노동조합이 독자적인 그런 노선으로 갈 수 있지 않느냐 그렇게 변화가 될 겁니다. 지금 천천히 허고 있으니까. 그래서 (한국노총 마크를 가리키며) 이게 무슨 뜻이냐면 위에서 보면 사람 둘이가 이렇게 있는 형상이랍니다. 안고 있는 형상이래요, 저게.

김종순 의장님을 만나서 쭉 얘기를 하다 보니까 80년대, 90년대 한국노총의 교섭력의 힘이라고 하는 게 네트워크다 이런 느낌을 받았어요. 그 대외활동을 엄청나게 하셨더라구요. 그러면서 말씀하시는 것이 이 건물을 어떻게 지었는지 장학기금을 어떻게 마련했는지 이 과정을 쭉 얘기하시는데, 한국노총의 교섭력의 힘이 이게 외부와의 네트워크가 굉장히 강했다는 느낌을 받았어요. 그런 네트워크가 한국노총에 지금도 유지되고 힘이 되나요?

지금도 이 노총의장 허는 일이 그거예요. 노총의장 허는 일이 때로는 뭐 투쟁 선봉에 서기도 하지만 지역민들과 기관과 저 역시 어떻게 표현을 하자면 새만금 사업에, 그 처음에 새만금 사업, 음…… 민주노총은 반대고 한국노총은 찬성을 허는 입장이거든요. 거기에 공동대표로 되어 있고, 거기 뭐 여의도에 지사님 삭발할 때 거기 집회 주도를 우리가 다 했어요, 한국노총이. 계획도 우리가 다 짜주고, 거기서 그날 가서 결의문 낭독, 구호 제창도 우리 전북은행 노조위원장이 가서 다 했고. 제가 '강한 전북 일등 도민'의 이사죠, 지금. 우리는 지금 전라북도가 하는 사업에 대해서 핵폐기장 같은 경우엔 낯 내놓고 못

했지만 반대는 안 했거든, 반대는 안 했고, 그러다 보니까 군산 시민한테 민주노총은 어차피, 허고 한국노총은 그렇게 교육을 통해서 우리가 이걸 유치를 하고 지킬 수 있는 지킴이가 돼야 한다, 이런 차원에서 하고. 새만금 문제도 수질 확보하고 환경 보존해가면서 허는 데 허고. 또 우리가 옛날에 유종근 지사 때 그런 걸 했는데 박인상 의장께서 환노위 의원으로 계실 때 그 반대허신다, 그래서 여기 다 몰고 올라간다 그랬어, 여의도로. 그래가지고 우리 박인상 의원이 유종근 지사한테 직접 전화해가지고, "아, 노조 못 올라오게 하라고 동의해주겠다." 그런 적도. 지금도 노동위원회, 뭐 각종 위원회 여기 있으면 한 열 몇 개쯤을 맡아요. 맡아서 얼마 전까지는 KBS 시청자 위원까지는 내가 했으니까. 그래서 거기 가서 알리고, 우리가 헐 일이 있으면 나름대로 뭐 여기에는 상근 직원이 적지만 수해당하면은 전북은행 노조 어디 가서 돕고 어디 가서 돕고, 체신은 자기들 노조원들 많은 데 가서 봉사 활동도 다 해주고, 다 그렇게 허는 거거든요. 지금은 인제 노동운동만이 노동조합이 헐 일이 아니고 국민 속에서 모든 국민의 삶과 질이 연결되는 거 같은 것은 다 참여를 해서 해야겠다. 그러나 뭐 주체가 돼서 막 하는 것보다는 거기에 서포터, 이런 식의, 뭐 때로는 주체가 없으면 주체를 허든 그렇게 해서 가야지, 꼭 노동조합 노동자들만 가지고는 아니다, 그래서 지금도 많이 하고 있습니다. 그게 실제로 한국노총의 교섭력이나 이런 데 도움이 되지요. 그리고 지금도 노사정위원, 그리고 또 며칠 안 있으면 또 산업평화 선언도 허자고 하고 그러는데 그런 건 좀 심사숙고를 허자, 이렇게도 얘기를 하고 있고. 또 저 혁신도시 위원도 좀 했고. 전라북도에 그 각종 참여를 합니다. 참여해서 우리 뜻도 전달도 하고 도의 뜻도 우리한테 접목도 시키고 여기가 그런 거 많이 허는 데요. [하하하.]

¶ 인터뷰는 2006년 4월 4일 이성호가 했고 박동진이 정리했다.

엮은이	남춘호	서울대학교 문학박사(사회학)
		전북대학교 사회학과 교수
		『현대 한국사회의 불평등』(공저)
		『전북지역의 실업문제와 지역사회의 대응』(공저)
		「고용의 질적 구조변화: 양극화 대 고급화」
		「노동빈곤층의 사회적 배제와 빈곤화 유형분석」
		「87노동운동체제하 전북지역 민주노동운동」 외 다수
	이성호	동국대학교 문학박사(사회학)
		전북대학교 인문한국 쌀·삶·문명 연구원 HK교수
		『지역발전과 기업전략』(공저)
		『근대 항구도시 군산의 형성과 변화』(공저)
		「신자유주의 경제정책과 노동부문의 변화」
		「노동운동의 위기와 지역노동운동의 대응 전략: 전라북도 대기업 노동조합의 지역사회 개입을 중심으로」 외 다수

한울아카데미 1097
전북지역 노동운동사연구 1
전북지역 노동운동의 역사 다시 쓰기

ⓒ 남춘호·이성호, 2009

엮은이 | 남춘호·이성호(전북대학교 노동운동사 연구팀)
펴낸이 | 김종수
펴낸곳 | 도서출판 한울
편집책임 | 김현대
편 집 | 박록희

초판 1쇄 인쇄 | 2009년 1월 20일
초판 1쇄 발행 | 2009년 1월 30일

주소 | 413-832 파주시 교하읍 문발리 507-2(본사)
       121-801 서울시 마포구 공덕동 105-90 서울빌딩 3층(서울 사무소)
전화 | 영업 02-326-0095, 편집 02-336-6183
팩스 | 02-333-7543
홈페이지 | www.hanulbooks.co.kr
등록 | 1980년 3월 13일, 제406-2003-051호

Printed in Korea.
ISBN 978-89-460-5097-6 93330

* 가격은 겉표지에 표시되어 있습니다.